Virtuelle Ethnizität

# SOZIOLOGIE UND ANTHROPOLOGIE

Herausgegeben von Prof. Dr. Christian Sigrist

Band 11

PETER LANG
Frankfurt am Main · Berlin · Bern · Bruxelles · New York · Wien

Nils Zurawski

# Virtuelle Ethnizität

Studien zu Identität, Kultur und Internet

PETER LANG
Europäischer Verlag der Wissenschaften

Die Deutsche Bibliothek - CIP-Einheitsaufnahme

Zurawski, Nils:

Virtuelle Ethnizität : Studien zu Identität, Kultur und Internet / Nils Zurawski. - Frankfurt am Main ; Berlin ; Bern ; Bruxelles ; New York ; Wien : Lang, 2000
(Soziologie und Anthropologie ; Bd. 11)
Zugl.: Münster (Westfalen), Univ., Diss., 1999
ISBN 3-631-35769-9

D 6
ISSN 0721-4073
ISBN 3-631-35769-9

# Vorwort des Herausgebers

Nils Zurawski löst in diesem Buch das Versprechen ein, das bereits im Titel implizit formuliert ist: So innovativ wie der von ihm zuerst konzipierte Begriff der "virtuellen Ethnizität" sind auch seine Auflösungen bisheriger Agonien in der (weltweiten) Ethnizitätsdiskussion.
Dies beruht zunächst auf einer in jahrelangen Studien erworbenen umfassenden Kenntnis der wichtigsten Ethnizitätstheorien einschließlich der zugrundeliegenden (häufig: ethnologischen) Monographien.
"Virtuelle Ethnizität" ist zunächst auch als Gegenentwurf zu allen substantialistischen, tendenziell rassistischen Ethniebegriffen zu verstehen, was zugleich eine Kritik an einseitigen und falsch generalisierenden "Erfindungstheorien" beinhaltet.

Der Rückgriff auf die von meinen Beiträgen zur Ethnizitätsdiskussion entworfene Konzeption von Ethnizität als eines Modus sozialer Organisation ermöglicht ein sinnvolles Prinzip der kritischen Darstellung der Ethnizitätsdiskussion.
Selbstorganisation ist von mir in Fortführung der "Regulierten Anarchie" als Antonym zu zentraler Steuerung (speziell in Form politischer Herrschaft) definiert worden. Ganz nebenbei ist so auch ein Begriff, der weitgehend von naturwissenschaftlichen Disziplinen eingesetzt wurde, für die Sozialwissenschaften zurückgewonnen worden. Als ich 1992 mit der Ausarbeitung der Konzeption begann, war ich mir zwar dieser epistemologischen Zusammenhänge bewußt, einschließlich der technologischen Relevanz jener naturwissenschaftlichen Theorien. Was ich damals noch nicht absehen konnte, war die mit der Schaffung des World Wide Web eröffnete globale Dimension von Selbstorganisation, die zweifelsohne der Selbstorganisation von Ethnien weit eher kommensurabel ist als die Selbstorganisation ökonomischer Systeme.

Daß die technische Struktur des Internet bereits zuvor ausgerechnet durch das Pentagon geschaffen wurde, ist eine Paradoxie, die sich aber durch die antizipierte Nowendigkeit einer Dezentralisierung des militärischen Kommunikationssystemnetzes für den Fall eines atomaren Konflikts erklärt. Vorderhand hat sich das Internet als ein anarchisches System entwickelt, bei dessen soziologischer Evaluierung allerdings die enormen Zugangsdisparitäten zu beachten sind, die Zurawski im empirischen Teil seiner Untersuchung nachweist.
Gleichwohl hat sich im Internet die Chance ergeben, daß Ethnien sich präsentieren und Angehörige verschiedener Ethnien miteinander kommunizieren können. Nicht zuletzt ermöglicht das Internet die virtuelle Einheit von durch Migration und Deportation voneinander getrennten

Ethniesegmenten. Zurawskis Buch läßt sich auch als nachdrückliches Plädoyer gegen die seit einiger Zeit betriebenen Projekte zur politischen Reglementierung und kommerziellen Hegemonialisierung des Internet lesen.

Christian Sigrist im September 1999

# Vorwort des Autors

Die vorliegende Arbeit wurde im Frühjahr 1999 als Dissertation an der Philosophischen Fakultät in Münster eingereicht. Ihr Entstehungszeitraum umfaßt die Jahre 1995-1999. Bei einem Thema wie dem Internet, welches hier intensiv und immer mit dem Versuch, möglichst aktuell zu sein, behandelt wurde, besteht leicht die Gefahr, daß das gewählte Untersuchungsobjekt die Forschung einholt oder die gewonnenen Erkenntnisse als Schnee von gestern dastehen läßt.
Dieses ist hier nicht der Fall. Auch wenn die Daten der von mir durchgeführten Untersuchung bereits 1997 erhoben wurden, so sind die daraus gezogenen Schlußfolgerungen auch zweieinhalb Jahre später gültig. Das liegt an der von mir gewählten Herangehensweise, die eben gerade nicht die sich mit rasantem Tempo verändernde Technologie in den Mittelpunkt des Interesses stellt, sondern die Identität von Menschen, ihre Kultur und die damit verbundenen möglichen Formen von Selbstorganisation vor dem Hintergrund moderner Informations- und Kommunikationstechnologien.
Die Arbeit ist das Ergebnis der Auseinandersetzung mit diesem Thema, an deren Ende allerdings nicht eine Formel oder ein schlichtes Ergebnis steht, sondern die Darstellung eines Reflexionsprozesses, der einige der gestellten Fragen offen bzw. ohne eine endgültige Antwort dastehen läßt. Das am Ende präsentierte Modell ist als Anhaltspunkt und Diskussionsgrundlage konzipiert, um weitere Reflexionen zum Thema anzuregen bzw. um den Inhalt der Arbeit zu diskutieren.
Da niemand eine Doktorarbeit, die sich über einen Zeitraum von 4 Jahren hinzieht, 'allein' schreiben kann, also ohne die geistig-moralische, emotionale, intellektuelle, materielle und technische Hilfe und Unterstützung von Freunden, Verwandten und Kollegen, seien hier jetzt diese uneigennützigen Helfer einmal namentlich genannt.
Mein Dank gebührt dabei zu aller erst meinem Mentor und Doktorvater Christian Sigrist für die Betreuung, die vielen Anregungen speziell zum Komplex der Ethnizität sowie die Gespräche und das Vertrauen in mich und meine Arbeit.
Weiterhin dem Leiter des European Popular Science Projects H.J. 'Krys' Krysmanski, der mir über drei Jahre hinweg hervorragende Arbeitsbedingungen ermöglichte. Ohne ihn und das Projekt hätte ich den zweiten Teil der Arbeit wahrscheinlich nicht in dieser Weise schreiben können.
Annette Pietsch und Thomas Ulbrich für die Hilfe beim Fragebogen, der Untersuchung und die vielen Gespräche im Institut sowie Holger Grimm für sein Engagement mit Bill Gates Teufelsmaschinen ('es müßte eigentlich gehen...');Katy Teubener und Rudi Wiengarn, meinen Kollegen im EPS-Projekt für den Austausch, die Ablenkung und eine gute Zeit. Chri-

sta Egelseder und Marianne Pöpping für die Hilfe mit der Bürokratie. Für den intellektuellen Austausch, Quellen, Hinweise, Freundschaften, Gespräche und Kritik danke ich Paula Uimonen, Erik Voight, Debra Guzman, Marie Gillespie, Harry Cleaver, Jos Platenkamp, Uta Klein, Birgit Luig, Steve Cisler, Uwe Afemann, Hans Nienhaus, Lyn Moffet und Niall O Dochartaigh von INCORE, Rainer Rilling, den Studenten meiner Seminare und den Zuhörern meiner Vorträge, der Internet Society, Mark Poster, David Hudson, Jenny Paton, Christian Berthold, Dagmar Buck, Uli Hegge, Art McGee, Kate Stables und Geraldine Fitzgerald vom *bfi* in London, Florian Walter, Andi Gehling, Stefan Linden.
Susanne Walther, Christiane Brand, Angelika Uekötter und Marlis Nienhaus danke ich für die Korrekturen.
Dank auch meinen Eltern, die mir ohne Fragen nach dem Sinn meiner Studien halfen und mich unterstützen.
Nina Zurawski, meiner Frau und meinen Söhnen Paul und Jan, die mir Ansporn, Hilfe und Stärkung waren und sind.

# Inhaltsverzeichnis

# Verzeichnis der Abbildungen

# 1
# Einleitung

Im Herbst 1998 wurde in einer Zusammenarbeit zwischen der Stadt Münster und dem Institut für Soziologie (Arbeitsstelle für Friedens- und Konfliktforschung und *European Popular Science Information Project*) der Universität Münster im Rahmen der Feierlichkeiten zum 350. Jahrestag des Westfälischen Friedens ein Projekt realisiert, welches in unterschiedlicher Weise auf den dieser Arbeit zugrunde liegenden Untersuchungsgegenstand hinweist. Das Projekt mit dem Titel 'Frieden in Westfalen - Krieg in der Welt' war eine für das Internet konzipierte Aufbereitung des Themas 'Krieg und Frieden', um u. a. zu verdeutlichen, daß auch 350 Jahre nach dem so gefeierten Friedensschluß von Münster und Osnabrück in vielen Teilen der Welt noch kein Frieden herrscht.

Was an diesem Projekt exemplarisch deutlich wird - und weder intendiert, noch artikuliert worden ist - ist die scheinbare Widersprüchlichkeit von Thema und Medium.

Das Internet verspricht - spätestens seit 1995 mit dem Durchbruch des *World Wide Web* das Symbol für die Kommunikationstechnologie des ausgehenden Jahrhunderts oder gar des Millenniums - die freie, grenzüberschreitende und vom Staat weitgehend unkontrollierte Kommunikation und damit gleichzeitig (und in einem Atemzug) Frieden, Freiheit und das Ende jeglicher Despotie. Auf der anderen Seite zeigt sich das eher häßliche Vermächtnis der Moderne in Form von ethnisch motivierten oder geschürten Kriegen und Konflikten, die ganz im Gegensatz zum vereinenden Charakter des Internet, partikularistisch und weniger kosmopolitisch ausgerichtet sind - auch wenn die Auswirkungen häufig weit über das eigentliche Krisengebiet hinausreichen und wahrgenommen werden.

Die Frage, die sich hieran anschließt, ist, in in welcher Hinsicht sich aus dieser Widersprüchlichkeit ein Untersuchungsgegenstand ergeben kann.

Ethnizität erscheint als rückständig in einer Zeit, in der über elektronische Medien, wie das Fernsehen und das Internet, weltweit kommuniziert, sich ausgetauscht und Interkulturalität praktiziert wird. Besonders für das Internet gilt, daß es aufgrund der vielfältigen Kommunikationsformen auch erlaubt, seine Identität hinter einem Text zu verstecken. Eine *Face-to-face*-Kommunikation, in der sprachliche oder körperliche Merkmale beeinflussend zur Geltung kommen können, ist hier nicht

unbedingt nötig. Ethnizität und das Internet erscheinen so betrachtet als die beiden entgegengesetzten Pole einer weltgesellschaftlichen Verfassung - fragmentierend auf der einen Seite, global vereinigend auf der anderen. Wie lassen sich diese Gegensätze zusammendenken und welche Notwendigkeit besteht für eine solche Anstrengung?
Ein Zusammenhang zwischen den beiden Phänomenen besteht, gerade weil sie so unterschiedlich in dem sind, was sie eigentlich beinhalten. Ethnizität auf der einen Seite steht für eine Art der Vergesellschaftung, für ein Ordnungsprinzip, für eine Umschreibung von Kategorien[1], die sich grob umrissen an Kultur und kulturellen Symbolen orientieren. Das Internet ist zuerst eine Technologie, mit welcher verschiedene Ideologien - auch die von der globalen Einheit, dem viel zitierten globalen Dorf - verbunden werden. Es gibt daher auch unterschiedliche Interpretationen und Ansätze, wie diese Technologie zu bewerten ist, was sie ausmacht und welche Konsequenzen sich durch eine forgesetzte Digitalisierung und Virtualisierung für Gesellschaften ergeben können.
Trotz dieser begrifflichen Unterschiedlichkeiten - ein Ordnungsprinzip auf der einen, eine Technologie auf der anderen Seite - gibt es auch Gemeinsamkeiten, die beide Phänomene gleichermaßen charakterisieren. Ethnizität und und das Internet sind nicht auf nationale und staatliche Grenzen angewiesen, um ihre jeweils eigene Dynamik zu entfalten. Nationale und staatliche Grenzen können einen Einfluß auf das 'Wie' ihrer Gestaltung haben, sind aber nicht per se mit ihnen verbunden. Aus diesem Grund stellen beide eine Ressource dar, um sich ohne eine zentrale Instanz selbst zu organisieren. Und letztendlich, wenn Ethnizität aus Symbolen und Narrativen besteht, können diese über das Internet transportiert werden. Oder andersherum ausgedrückt, das Internet kann als ein Medium fungieren, welches auf der Basis egalitärer Kommunikation eine technologische Ressource für die Selbstorganisation ethnischer Gruppen bietet.
An genau diesem Punkt setzt die hier vorliegende Untersuchung ein. Auch wenn Ethnizität und das Internet nicht notwendigerweise vor Staatsgrenzen haltmachen müssen, so existieren beide Phänomene nicht in einem gesellschaftlichen Vakuum. Die Selbstorganisation beider hat Grenzen bzw. ihr werden von unterschiedlichen Seiten Grenzen gesetzt, z.B. aus wirtschaftlichen oder politischen Gründen. Und welche Gründe sollten ethnische Gruppen überhaupt haben, das Internet für eine Organisation welcher Art auch immer für sich zu nutzen?
Die Beantwortung dieser Frage sowie die sich aus dieser Beziehung ergebenden gesellschaftlichen Prozesse und Entwicklungen sollen im Mittelpunkt der vorliegenden Arbeit stehen. Dabei geht es nicht so sehr um das Internet als eine neue Technologie und ihren möglichen Einfluß auf Gesellschaft, sondern um Ethnizität und wie sich jene zu den Eigengesetzlichkeiten einer Technologie verhält. Das Internet und seine Technologien (insbesondere die verwandte Software) muß in dieser

[1] Vgl. auch Heckmann 1997, S. 47.

Hinsicht als ein kulturelles Phänomen aufgefasst und als solches studiert werden. Konkret untersucht werden deshalb die Möglichkeiten von Ethnizität als Ressource einer Selbstorganisation vor dem Hintergrund einer zunehmend mediatisierten, technisierten und gesellschaftlich globalisierten Welt.
Ein kurzer Abriß der einzelnen Kapitel soll hier einen groben Überblick über die Arbeit geben und dem Leser die Orientierung erleichtern.
Die Arbeit hat zwei Teile, welche eine grobe thematische Einteilung vornehmen. Der erste Teil befaßt sich ausschließlich theoretisch mit dem Phänomen der Ethnizität. Die einzelnen Kapitel darin stellen unterschiedliche Herangehensweisen und theoretische Perspektiven zu dem Punkt dar, wobei diese als Ergänzung zueinander zu verstehen sind und nicht als Widerspruch.
Der zweite Teil behandelt das Verhältnis von Identität, Internet und Globalgesellschaft in theoretischer als auch angewandter, d. h. empirischer und phänomenologischer Hinsicht. Dieser Teil stellt die Fort- und Ausführung der im ersten Teil gemachten theoretischen Aussagen dar. Das Thema 'Ethnizität' ist somit der Hintergrund, vor dem die dort angestellten Untersuchungen stattfinden
Um den Überblick zu komplettieren und dem Leser bereits im Vorwege eine kleine Orientierung zu geben, folgt ein kurzer Abriß der einzelnen Kapitel.
Kapitel 2 (das 1. ist die Einleitung) stellt eine Ein- und Abgrenzung des Themas dar. Hier wird einerseits der Begriff der Ethnizität und sein Verhältnis zu Konzepten von 'Rasse' untersucht, andererseits die etymologische und gesellschaftliche Herkunft von Ethnizität dargestellt.
Das dritte Kapitel beinhaltet die Begriffsbestimmung von Ethnizität, wobei auf die Formulierung einer verbindlichen Formel oder Definition für das Phänomen selbst verzichtet wird. Beginnend mit Weber, ist das Kapitel auch ein historischer Überblick über die Beschäftigung mit Ethnizität.
Daraus ergibt sich fast zwangsläufig der Inhalt des vierten Abschnitts, nämlich die Beschäftigung mit Ethnizität als konstruierter Kategorie und somit der mutmaßlichen 'Erfindung' von Identität. An Beispielen wird gezeigt, wie und unter welchen Bedingungen Ethnizität überhaupt als 'Erfindung' angesehen werden kann. Insbesondere wird das Verhältnis von Ethnizität und Nation bzw. Nationalismus behandelt, welches nicht genuin zu dem Phänomen der Ethnizität gehört, aber in Bezug auf das konstruktivistische Potential von Ethnizität eine wichtige Rolle spielt.
Ein weiteres Beispiel, auf welches Bezug genommen wird, ist das Phänomen der *New-ethnicity* in den USA seit den späten 1960er Jahren. Hier ist besonders das Verhältnis der schwarzen Bevölkerungsgruppe, der *African-Americans* zu dieser gesellschaftlichen Entwicklung interessant.
Kapitel fünf bildet ein Exkurs, der sich dem Thema mit Hilfe der Thesen René Girards aus philosophisch-anthropologischer Perspektive nähert. Es geht hierbei um die Erkundung der Frage, warum gerade Ethnizität

sich so hervorragend zur kollektiven (Selbst-) Organisation eignet. Die Theorie des Sündenbockes von Girard ermöglicht diesbezüglich einige aufschlußreiche Erkenntnisse.
Die 'Ergebnisse' der fünf Kapitel stellen die Grundlage für die Argumente des sechsten Abschnitts. Die Frage nach einer Konzeption von 'Ethnizität als Selbstorganisation' wurde in den vorherigen Kapiteln wiederholt angesprochen, aber nur als Möglichkeit bzw. Mutmaßung ohne eine tiefergehende argumentative Basis. In diesem Abschnitt werden diese Erkenntnisse sowie die Thesen Sigrists zum Konzept von 'Ethnizität als Selbstorganisation' zusammengeführt, um einerseits eine Überprüfung dieses Ansatzes vorzunehmen und um andererseits die Möglichkeiten einer Fortführung des Ansatzes zu erkunden. Das sechste Kapitel fungiert somit auch als das 'Verbindungsstück' zwischen dem ersten und dem zweiten Teil der Arbeit.
Mit dem zweiten Teil wechseln nicht nur die Herangehensweise, sondern eigentlich auch die Themen und der Aufbau der einzelnen Kapitel. Die Erkentnisse des ersten Teils sind die Voraussetzung für die Analysen und Betrachtungen des zweiten Teils und stellen somit den Hintergrund der Überlegungen bereit.
Kapitel sieben ist das 'technische' Kapitel des zweiten Teils. Hier werden die Hintergründe der in dieser Arbeit dargelegten empirischen Untersuchung erläutert, so wie die Untersuchung selbst vorgestellt; es wird die Geschichte des Internets als ein Beispiel für eine erfolgreiche Selbstorganisation aufgeführt, und es wird eine Analyse der mit dem Internet und einem heraufziehenden Informationszeitalter verbundenen Ideologien - hier Narrative genannt - vorgenommen sowie nach möglichen Alternativen gesucht.
Kapitel acht beinhaltet den Entwurf des Ansatzes der 'Virtuellen Ethnizität', basierend auf dem Konzept von 'Ethnizität als Selbstorganisation' sowie den technologischen Hintergründen und empirischen Ergebnissen wie sie in Kapitel sieben besprochen wurden. In dem dreigeteilten Kapitel wird der Ansatz in theoretischer, phänomenologischer und empirischer Hinsicht entwickelt und schließlich auf seine mögliche Reichweite hin überprüft.
Der neunte Abschnitt behandelt die das Informationszeitalter und sein *alter ego* Internet umgebende Perspektive einer globalen und globalisierten Welt. Es geht dabei vornehmlich um die Welt-Gesellschaftsbilder, die in besonderer Weise eine bewußtseinsstrukturierende Rolle hinsichtlich der Konstruktion von Gemeinschaft ausüben. Eine Analyse dieser Bilder und ihrer Funktionsweisen beabsichtigt deren Entmystifizierung und Offenlegung der von ihnen verschleierten sozialen, politischen und wirtschaftlichen Strukturen weltgesellschaftlicher Realität.
Der zehnte und letzte Abschnitt dieser Arbeit ist der Schluß, beinhaltet jedoch keine Zusammenfassung von bereits Gesagtem. Es werden zwei Modelle vorgestellt, die als Ergebnis dieser Arbeit und als Ansatzpunkt für weitere Forschung gedacht sind.

Die Technologie des Buches zwingt zu einem linearen Aufbau des Inhaltes dieser Arbeit, obschon das Thema selbst eine andere, weniger lineare Präsentation herausfordert. Hinweise auf andere Kapitel im laufenden Text sind ein Versuch, *Hyperlinks* in diese Arbeit einzubauen. Die Beschreibung der Kapitel soll zusätzlich dabei helfen, eine eigene Gewichtung vorzunehmen und gegebenenfalls eine lineare Lesart von Seite 1- 300 zugunsten einer nicht-linearen einzutauschen, also die Kapitel nach persönlichem Interesse und nicht nach meinen Vorgaben zu lesen. Nicht zuletzt das zehnte Kapitel soll dazu anregen, die Arbeit unter Zuhilfenahme der dort aufgeführten Modelle noch einmal zu lesen und zu analysieren.
In diesem Sinne möge der Leser oder die Leserin jetzt diese Arbeit lesen und für sich selbst über die Vorgehensweise entscheiden.

# Teil I
## Ethnizität

Oma klaut
Handtasche von Sinti
der deutsch nicht kauft
bei unser'm Türken
der seinen Kurden
für Deutsche ein Bergvolk
kühn bei Karl May
da unten im Süden
Roma nicht Sinti
für Deutsche Zigeuner
von Jugoslawien
Slovenen, Mazedonier
Serben, Kroaten
und auch noch Albaner
die geh'n lieber nicht
nach Italien
Wohin mit Tirolern
Wer soll an die Wolga
Was wollen die Polen
Russen, Ukrainer
Norddeutsche, Süddeutsche,
Bonner, Berliner
Mit jeder Duftmarke wird's
komplizierter
Erbarmen für Barmbek
Hamm ist behämmert
Dulsberg vergreist
Harburg verveddelt
Horn ist ein Dorn
im Fleische St. Paulis
Blankenese, Othmarschen
von Altona verarscht
Kopf gegen Kopf
Fuß gegen Hand
Zahn gegen Zahn
jeder sein Land
Zunge gegen Kehle
drückt Kehle zu
wenn alle tot sind
dann ist ruh

Aus: Mastino 'Heimatfront 1993/94

# 2
# Abgrenzungen

## 2.1 Rasse und Ethnizität

Rassenkonzepte gehören zum Diskurs von Ethnizität. Ihre pseudowissenschaftlichen Begründungen, die daran anschließenden Ideologien und die damit verbundenen Diskurse von Rassismus, Sexismus, Ethnozentrismus und Fremdenfeindlichkeit verzerren das Bild von Ethnizität und behindern eine Analyse kultureller Identitäten. Es bedarf daher hier einer Klärung des Begriffs der 'Rasse', da primordiale Semantiken nach wie vor ein Bestandteil von Ethnizität sind. Diese Semantiken beinhalten, wie Tambiah[2] bemerkt, *the substantialization and reification of qualities and attributes as enduring collective possessions, made realistic by mytho-historical charters and the claims of blood, descent, and race.*

Hobsbawm[3] stellt ebenfalls fest, daß 'Verwandtschaft' und 'Blut' offensichtlich von Vorteil sind, wenn es darum geht, die Mitglieder einer Gruppe aneinanderzubinden und Außenstehende auszuschließen und die beiden Begriffe deshalb im Mittelpunkt eines völkisch begründeten Nationalismus stehen.

Antweiler[4], der Rassismus gegenüber anderen dichotomen Weltbildern (Ethnozentrismus, Sexismus, Fremdenfeindlichkeit) abgrenzen möchte, um diese besser zueinander ins Verhältnis setzen zu können, betont, daß die Verwendung von tatsächlichen oder vermeintlichen (sozial konstruierten) körperlichen Merkmalen unbedingter Bestandteil rassistischen Denkens sind und diese daher in jede Rassismusdefinition aufgenommen werden müssen.

Rassenkonzepte beruhen auf körperlichen (sichtbaren und nicht sichtbaren) Merkmalen wie z.B. Hautfarbe, Augenform oder Blutgruppe, die unterschiedliche Gruppen bzw. 'Rassen' einteilen. Solche Rassenkategorien sind sinnvoll, um auf dem Gebiet der physischen Anthropologie die Entwicklung der Menschheit (vom Neandertaler zum homo homo sapiens) nachzuvollziehen, wie z.B. die Siedlungs- und Wanderungsgeschichte der Menschheit auf den verschiedenen Kontinenten. Werden solche Vorstellungen über die Verschiedenheit mit dem Begriff der 'Rasse' durch pseudowissenschaftliche Ideologien untermauert und mit den entsprechenden Kulturen assoziiert, so entstehen soziale Rassen-

---

[2] Tambiah 1989, S. 336.

[3] Vgl. Hobsbawm 1991, S. 78.

[4] Antweiler 1994, S. 157.

konzepte, die untragbare und wissenschaftlich fragwürdige Aussagen über mutmaßliche Höher- bzw. Minderwertigkeiten von einzelnen Kulturen zu machen versuchen.
Hahn[5] gibt einen guten Einblick in die Geschichte und die Verwendung des Begriffs der 'Rasse' in den USA und Europa. Speziell am Beispiel der USA zeigt er wie 'Rasse' sich von einem biologischen Konzept zu einem Konzept mit kultureller Konnotation wandelte, ohne dabei seine diskriminierende Bedeutung und Verwendung zu verlieren.
Ähnlich wie Keating[6] (*'race is a fiction. That does not preclude people from acting as if it were a fact'*) betont Hahn explizit die Nichtübertragbarkeit des biologischen Konzeptes der Rasse auf die Spezies Mensch:

> "Contrary to widespread beliefs, the species *homo sapiens* cannot be divided into biologically or genetically distinct races. Of course, human skin colors, hair textures, or blood groups vary imensely. However, they do so not as sets of *discrete* racial types but along a *continuum*. Racial categorisation imposes *social* criteria on this *biological* continuum."[7]

Daß solche Ideologien noch immer vorhanden sind, zeigen Ausdrücke wie 'Afrikaner haben Musik/Rhythmus im Blut' oder 'die 'Schwarzen können schneller laufen/sind besser im Sport, weil sie anders konstituiert sind', welche von Menschen quer zu allen Schichten geäußert werden. Daß solche Annahmen auch von der betroffenen Gruppe verinnerlicht sein können führt Merz in einem Artikel über das schwarze Bewußtsein in Brasilien aus: "Sie [die Weißen, Anm. des Autors) gebrauchen sprichwörtliche Sätze wie 'ein Neger ist ein guter Neger mit einer weißen Seele.' Das tut auch die Hälfte der Afrobrasilianer und ist überzeugt: 'Die einzigen Dinge, die ein Schwarzer gut kann, sind Musik und Sport.'"[8]
Eine Untersuchung, die unter dem Namen der 'Bell-Kurve'[9] bekannt geworden ist, versuchte mit 'wissenschaftlichen' Methoden nachzuweisen, daß Schwarze als Rasse weniger intelligent sind als Weiße (bezogen auf die USA).
Hier wurde versucht Unterschiede, die sich höchst wahrscheinlich aus den unterschiedlichen sozialen Situationen der Gruppen ergeben - oder aber aus der Methode der Untersuchung - zu naturalisieren.
Antweiler[10] schlägt hierfür den Ausdruck 'racialisation' vor, der die soziale Konstruktion solcher oberflächlichen Unterschiede beschreibt.

---

[5] Vgl. Hahn 1996; vgl auch Banton 1987.

[6] Vgl. Keating 1993, S 47.

[7] Hahn 1996, S. 85

[8] Merz 1995, S.96; vgl. auch Heider 1996, die ähnliche Verhaltensweisen in der Geschichte der afro-amerikanischen Bevölkerung in den USA beschreibt.

[9] Im Original: Charles Murray/Richard J. Hernstein: *Bell Curve. Intelligence and Class Structure in American Life*. Free Pres 1994; vgl. Heider 1997, S. 65.

[10] Antweiler 1994, S. 159; vgl. auch van den Berghe 1975, S.x, der das Konzept der Rasse definiert als *socially defined as physically distinct*.

Mit diesen Unterschieden verbunden waren und sind immer noch Dominierungs,- Abhängigkeits- und Ausbeutungsverhältnisse, die auf diese Weise wissenschaftlich gerechtfertigt werden sollen. Dabei vereinfachen die Rassenkonzepte diese Hierarchien noch, denn mit Rasse werden gleichsam große Populationen gekennzeichnet und damit einer möglichen Diskriminierung unterworfen. Dazu kommt, daß Rassen als eher starre Gebilde angesehen werden, d.h. nach außen sehr geschlossen, was ihnen einen Anspruch auf Dynamik und Entwicklung abspricht und somit die Chance auf eine Veränderung ihrer Situation.
Antweiler verweist auf die Bezeichnung der Klinen (*clines*), die von Biologen hinsichtlich somatischer Unterschiede anstatt Rasse benutzt wird. Es ergibt sich damit die Chance, die oftmals fließenden Übergänge besser zu analysieren. Auf menschliche Gruppen angewandt, würde es die Wahrnehmung zugunsten der Vielfalt menschlicher Kulturen und auch deren intra-kulturelle Diversität beleuchten. Das Konzept der ethnischen Gruppe oder auch der Ethnie bietet sich hier an, eine feinere, kleinräumigere und der kulturellen Unterschiede einzelner Gruppen angemessenere Kategorie zu schaffen.
Anthias[11] verwendet den Begriff des 'Ethnos' als übergreifende Kategorie, welcher Ethnizität, Nationalismus, Rasse und Rassismus beinhaltet. Ethnos stellt eine komplexe übergeordnete Kategorie dar, innerhalb derer Ethnizität , Rassismus und Nationalismus die Diskurse bilden, über die sich eine kollektive Identität herausbildet.
Um Rasse als einen Diskurs der Dominanz und Ausbeutung zu betrachten, reicht es nicht aus, die vermeintlichen oder tatsächlichen körperlichen Merkmale zugrunde zu legen. Eine Betrachtung muß einerseits andere Diskurse, wie etwa Ethnizität und Nationalismus, mitbeinhalten, da sie auf jeweils spezifische Art und Weise eine Identität 'konstruieren', andererseits die gesellschaftlichen Prozesse unter denen Benachteiligung und Unterdrückung stattfinden, miteinbeziehen wie etwa Klasse, Geschlecht und Alter.[12]
Rex[13] sieht in den Rassenkonzepten ebenfalls Versuche, Unterdrückungs-, Ausbeutungs- und Konfliktsituationen zu verschleiern, möchte aber 'rassische' Konflikte, in denen körperliche Merkmale eine Rolle spielen, nicht einfach durch 'ethnische' ersetzt sehen, die sich in der Hauptsache auf kulturelle Merkmale stützen. Was hier mitschwingt ist die Vorstellung von Ethnizität als etwas primär Harmlosem, wie sie in den USA verwendet wird, wenn es um die *White Ethnics* geht, den europäischen Immigranten. Im Gegensatz dazu stehen die 'Asiaten' (*Asians*), die 'Schwarzen' (*African-Americans*) oder die Indianer Nordamerikas (*Native-Americans*), welche mit dem Begriff *race* bzw. die Diskussionen um deren Situation mit *race relations* belegt werden.

---

[11] Vgl. Anthias 1992, S. 90.
[12] Vgl Anthias 1992; vgl auch Rex 1990; Ng 1992; Hahn 1996.
[13] Vgl. Rex 1990, S. 143f.

Rex plädiert jedoch nicht dafür, den Nordirlandkonflikt als einen Rassenkonflikt zu betrachten, sondern in solchen Fällen, wo es sich offenbar um ethnische, aber nicht harmlose Konflikte handelt, die gesellschaftlichen Ausbeutungs-, Unterdrückungs- und Konfliktverhältnisse bei deren Analyse zu berücksichtigen.
Diese gesellschaftlichen Verhältnisse sind auch dafür mitverantwortlich, in welcher Weise ein Begriff wie 'Rasse' oder 'ethnische Gruppe' verwendet wird. Ein Wandel dieser Bezeichnungen gibt auch immer einen Wandel aktueller gesellschaftlicher Gegebenheiten wieder.
Ng[14] sieht in Kanada den Ausdruck 'ethnische Gruppen' in erster Linie für MigrantInnen nicht britischer Herkunft verwendet, speziell für solche aus Drittweltländern. In der Vergangenheit, führt sie weiter aus, wurden ImmigrantInnen als 'Europäer', 'Orientalen', 'Neger' usw. angesprochen, womit ihre angeblich verschiedenen 'rassischen' Ursprünge bezeichnet wurden. In diesem Zusammenhang sollte in Erinnerung gerufen werden, daß die gegen Ende der sechziger, Anfang der siebziger Jahre vollzogene Wende von den Untersuchungen der *race relations* zu denen der *ethnic relations* eine politische Richtungsänderung von Seiten des Staates war, um die steigenden 'Rassen'-Spannungen zwischen den verschiedenen Gruppen in den USA, vor allem zwischen schwarzen und weißen Amerikanern, zu verwischen. Es sei daher wichtig, sich ständig klarzumachen, daß eine Definition und die Bedeutungen von Ethnizität und 'Rasse' soziale Konstruktionen sind, die sich permanent verschieben und die wechselnde Dynamik der Geschlechts-, Rassen-/Ethnizität- und Klassenverhältnisse zeitlich widerspiegeln.
Auch mit der Verwendung des Begriffs Ethnie bzw. ethnische Gruppe für kollektive Identitäten, die im weitesten Sinne auf kulturellen Komponenten beruhen, und der Verwerfung des Rassenbegriffs lassen sich die von Rex, Ng und Hahn angesprochenen gesellschaftlichen Verhältnisse der Unterdrückung und Ausbeutung untersuchen und werden nicht gezwungenermaßen verschleiert. Die von Anthias in dem Begriff des 'Ethnos' beinhalteten Diskurse bleiben bestehen und damit auch deren Einbeziehung in 'ethnische' Prozesse.
Ausgehend vom Begriff der Ethnie / ethnische Gruppe lassen sich Ethnozentrismus, Rassismus, Fremdenfeindlichkeit oder auch Klassenverhältnisse viel besser untersuchen. Während 'Rasse' etwas in sich Geschlossenes suggeriert und - wie bereits erwähnt - viel zu großräumig angelegt ist, kann man sich mit Ethnizitätsdiskursen auf kleinräumigere und damit vielschichtigere Analysen konzentrieren. Das bedeutet auch, daß Ethnizität als Ressource eine Identität von mehreren ist und somit nicht unbedingt die maßgebliche Rolle in einem Konflikt spielen muß, was den Blick auf andere Probleme wesentlich schneller freigeben kann als dieses die starren Rassenkonzepten ermöglichen.
Die wichtigste Unterscheidung von Ethnie und Rasse ergibt sich bei der Konstitution von Identität. Während Rasse immer eine negative, d.h.

[14] Vgl. Ng 1992, S. 106, bezogen auf Kanada und ihr Argument warum sie 'Rasse' und Ethnizität austauschbar benutzt. Vgl. auch Banton 1987; S. 168; Hahn 1996, S.64ff.

eine über Diskriminierung anderer erreichte Identität darstellt, konstituiert Ethnizität oder ethnischer Gemeinschaftsglaube, wie es Weber nennt, Gleichheit und ist zunächst auf die Gemeinsamkeiten der eigenen Gruppe gerichtet, denn "das dann entstehende Gemeinschaftshandeln (durch Rassenunterschiede hervorgerufene, Anm. d. A.) pflegt sich generell nur rein negativ: als Absonderung und Verachtung oder umgekehrt abergläubische Scheu gegenüber den in auffälliger Weise Andersgearteten zu äußern."[15]
Die positive Gemeinschaftsbildung aufgrund 'ethnischer' Faktoren betont die Selbstbestimmung ethnischer Gruppen bei der 'Konstruktion', Verwendung und Veränderung ihrer kollektiven Identität. Diese Möglichkeit der Selbstbestimmung schließen auch Ausgrenzungsmechanismen und Wertungsschemata ein wie etwa Ethnozentrismen[16], Fremdethnisierungen oder Rassismen. Ethnizität verhindert nicht das Weiterbestehen von Ausbeutung, Ausgrenzung und Rassismus, wohl kann aber hierdurch eine großräumige und pauschale Abqualifizierung heterogener Gruppengebilde, die solche Rassen darstellen, vermieden und der Bildung von verquasten Theorien entgegengewirkt werden. Daß dabei für einzelne Gruppen 'rassische' (vererbte) und ethnische (erworbene) Merkmale und Identitäten nicht auseinanderzuhalten sind[17], ist für den Einzelfall von Bedeutung, darf aber nicht verallgemeinert werden, um eine Ideologisierung solcher Theorien zu vermeiden.
Bei der Untersuchung von Rassismus und anderen Ausgrenzungsmechanismen muß daher ein besonderes Gewicht auf die sozioökonomischen Verhältnisse gelegt werden, unter denen sich diese Diskurse manifestieren.
Die Konstruktion und Verwendung von Ethnizität als kollektive Identität wird davon in vielfältiger Hinsicht berührt. Bevor aber eine Analyse solcher 'ethnischen' Prozesse durchgeführt werden kann, müssen die Begriffe 'ethnische' Gruppe, Ethnie' und 'Ethnizität', die bisher unbestimmt benutzt wurden, einer näheren Betrachtung unterzogen werden.

## 2.2 *L'ethnie, ethnic group*, ethnische Gruppe, *tribe*.

Der Ursprung von *l'ethnie, ethnic group*, ethnischer Gruppe / Gemeinschaft ist auf das griechische *ethnos* zurückzuführen, welches auf *εθνοσ* ("Heide") zurückgeht. *Ethnos* steht in diesem Fall für "Nation" und bezeichnete alle nicht-israelitischen Nationen und Nicht-Juden.[18] Smith[19] differenziert den Begriff *ethnos* noch etwas feiner und findet im Griechischen noch andere Anwendungen außer "Nation". So bedeutet *ethnos etairon* ein "Verband von Kameraden" (*a band of comrades*) oder *ethnos*

[15] Weber 1980, S 234.
[16] Vgl. Antweiler 1994, S. 143ff.
[17] Vgl. M.G. Smith. 1986; Wallman 1986, Antweiler 1994, S. 144.
[18] Vgl. du Toit 1978, siehe auch Amselle 1985.
[19] Vgl. A.D. Smith 1986, S. 21.

*Achaion* für den "Stamm der Achaener" (*tribe of Achaeans*). Er beschreibt Verwendungen des Begriffs auch für "Rassen", Herden/Schwärme von Tieren oder auch Geschlecht. Schließlich wird von Schreibern des Neuen Testaments *ethnos* als *ta ethne* für alle Gruppen außer Christen und Juden verwendet. In einer weiteren Entwicklung und Abgrenzung zu *genos* wird *ethnos* mit kulturellen Faktoren in Verbindung gebracht.[20]
Für seine weiteren Ausführungen wählt Smith das französische Wort *ethnie*, welches seiner Meinung nach dem *ethnos* am nächsten kommt, da die englische Sprache kein Wort für ein Konzept einer ethnischen Gruppe (*ethnic group*) bzw. einer ethnischen Gemeinschaft (*ethnic community*) hat[21]. Hier zeigt sich die unterschiedliche Entwicklung und der unterschiedliche Gebrauch von *ethnie* bzw. *ethnic group*. Um diese Schwierigkeiten zu verdeutlichen und um möglicherweise eine Abgrenzung zu *tribe*/Stamm und Rasse zu finden, müssen zunächst die jeweiligen Bedeutungen in ihrer Entwicklung und Verwendung dargestellt und diskutiert werden.

### 2.21 *L'ethnie*

Der Begriff *ethnie* , der von Smith gewählt wurde, wird in Frankreich anders benutzt, als er ihn hier verwendet. Smiths Gebrauch ist wesentlich offener als der französische. Bei Smith steht *ethnie* für eine soziale und kulturelle Entität, die auf Gruppen jeder Gesellschaftsform anzuwenden ist. Im französischen Gebrauch geht *ethnie* noch sehr auf die Unterscheidung von *ethnos* und *polis* zurück. *Ethnos* ist hier eine Kategorie politischer Organisationsform. Es bezeichnet dann die polysegmentär organisierten Stämme oder nur sehr vage definierte Formen und Gruppen, im Gegensatz zur *polis*, dem griechischen Stadtstaat, wie Amselle es ausführt:

> "Ainsi que l´explique E. Will: '[...] le terme ethnos est utilisé par eux [les Grecs] pour désigner les groupements humain de caractères différents et par l´origine et par l´étendue et par l´originalité politique, qu´il s´agisse de l´Hélénisme entier, de grands peuples barbares comme les Perses, des habitants d´une Cité ou de tribus insignificantes'."[22]

Diese Vorstellungen sprechen dem *ethnos* eine Integration oder eine Arbeitsteilung ab, wie sie bei der *polis* gefunden werden, sagt Amselle[23] und verweist auf Mauss, der in Abhandlung über die Nation den polysegmentären und den Stammesgesellschaften *(société polysegmentaire;*

---

[20] Vgl. A.D. Smith 1986, S. 21.

[21] Vgl. Mühlmann 1964 S. 137. Er setzt *ethnie* mit *ethnos* gleich und übersetzt es mit "Volkstum".

[22] Amselle 1990, S. 17.

[23] Vgl. Amselle 1990, S. 17, vgl. auch Mauss 1969, S. 580ff; Gellner 1991, u.a. S. 26f. und 50ff.

*les organisations tribales)* eine dauerhafte Existenz und Organisationsform sowie den Führern eine anerkannte Macht zuspricht.
Der Begriff der *ethnie* stammt von Vacher de Lapouge und wurde von ihm 1896 in die französische Sprache eingeführt.[24] Mit dieser ethnologischen und bei ihm auch rassischen Konzeption kamen u.a. die Ideen einer rassischen Nation als einzigem Identitätsprinzip auf, welche die europäischen Nationalismen begleiteten und die Konzepte einer nationalen Hochkultur (*haute culture*) und eines Territorialstaates hervorbrachten, in denen eine Mehrheit die wahre Nation bildete (*vraies nations*), während die anderen die Rolle der ethnischen Minderheiten zugewiesen bekamen, woraus sich ergab, daß *l´ethnie devenant ainsi une sorte de nation au rabais.*[25]
Die Schwierigkeiten bei der Verbreitung des Begriffs sind nach Breton auf die rassistischen Tendenzen seiner Verfechter zurückzuführen. Während Breton den Begriff heute positiv besetzt sieht, hält Verbunt ihn immer noch für quasi nicht existent im französischen Sprachgebrauch. Das Wort *ethnicité* kommt in Wörterbüchern nicht vor und wird selbst von Soziologen selten benutzt. Die Konnotation von *ethnie* ist im allgemeinen Sprachgebrauch nach wie vor negativ besetzt und bezeichnet die von Anthropologen untersuchten 'primitiven Stämme'.[26]
Verbunt führt weiter aus, daß das Wort *ethnie* auf eine Gruppe in Frankreich angewandt, die Menschen an eine Gruppe Farbiger denken ließe, die eine gemeinsame Kultur und eine gemeinsame geographische Herkunft teilen. Migranten oder Angehörige regionaler Minderheiten würden niemals wie im englischen Sprachraum als 'ethnics' bezeichnet. Als Substantiv existiert das Wort in der französischen Sprache nicht. Niemand würde einen Satz wie *We are all ethnics* verstehen.[27]
So wird in Frankreich von Minoritäten und Migranten als Gemeinschaft gesprochen, um damit ihre kulturelle Identität hervorzuheben. Mit Gemeinschaft wird eine Gruppe bezeichnet, die sich durch eigene Werte und Verhaltensweisen ausdrückt, aber generell auf die französische Nation hin orientiert ist. Der Begriff "Migranten" bezeichnet dann Gruppen, die eine Affinität zu Gebieten außerhalb Frankreichs haben oder von dort kommen. Eine Wahrnehmung Frankreichs als multikulturelle Gesellschaft ist auf Grund dieser Faktoren für die Franzosen nicht möglich, da der Assimilationsgedanke und der einer einheitlichen Nation überwiegt.[28]

---

[24] Vgl. Amselle 1985 und Breton 1981.

[25] Vgl. Amselle 1990, S. 18; vgl. auch Gellner 1991.

[26] Vgl. Verbunt 1992, S. 73ff.

[27] Verbunt 1992, S. 73. Vgl. auch Chrétien 1989. Er macht deutlich, welche Probleme es bei der Verwendung von *l'ethnie* in Frankreich gibt im Zusammenhang mit der Untersuchung afrikanischer Gesellschaften, aber auch im Zusammenhang mit Afrikanern in Frankreich selbst.

[28] Vgl. Verbunt 1992, S. 74. Eine Diskussion über den Begriff der Nation in Frankreich möchte ich an dieser Stelle nicht führen. Ich werde aber darauf noch einmal im Zusammenhang mit Assimilationsmodellen und Wahrnehmungen von Ethnizität weiter unten zurückkommen.

*Ethnie* wird so im öffentlichen Diskurs noch immer nicht in Verbindung mit den verschiedenen Kulturen innerhalb Frankreichs benutzt, außer in spezifischer Weise von Politikern der extremen Rechten und ihr zuzurechnenden Schriftstellern. Eine Verbreitung des Begriffs außerhalb der Anthropologie wird es auch aus diesem Grund weiterhin schwer haben.

## 2.22 *Ethnic*

Eine etwas andere Geschichte und auch Anwendung hat der Begriff *ethnic* bzw. *ethnicity* im englischen Sprachraum. Hier ergibt sich dann jedoch ein Abgrenzungsproblem zu dem Terminus *tribe,* der im Englischen etwas anderes bedeutet als *ethnic.*[29] In dem Sinn wie Smith (siehe oben) *ethnie* benutzt, nämlich in einem kulturellen Zusammenhang, ist auch *ethnic* zu verstehen. Du Toit führt hier verschiedene Bedeutungen von *ethnic* an und ihr Erscheinen in diversen englischsprachigen Wörterbüchern, Nachschlagewerken und wissenschaftlichen Untersuchungen. Ein erstes Auftreten des Begriffs sieht er in der Gründung der *Ethnological Society* in London im Jahre 1843, der *Société Ethnologique* in Paris im Jahre 1838 und der *American Ethnological Society* in New York im Jahre 1942. Der Begriff *ethnic* erscheint in den oben genannten Veröffentlichungen (Nachschlagewerken etc.) in den 1920er und 1930er Jahren zum ersten Mal.
Die unterschiedlichen Einträge geben eine Reihe von Definitionen von *ethnic* bzw. *ethnic group,* wobei in vielen Fällen eine Vermischung mit dem Begriff der Rasse stattfindet. Dabei bezieht sich *ethnic* zwar manchmal auf "Rasse", stellt aber keinen vollständigen Ersatz dar. *Ethnic* hatte im Amerikanischen von Anfang an eine soziokulturelle Bedeutung, wohingegen es in England auch noch zum Ersatz des Begriffs "Rasse" diente. Die Problematik der verschiedenen Deutungen des Rassenbegriffs wurde bereits angesprochen und wird durch die Definitionsprobleme bei der Einführung des Terminus der *ethnic group* noch einmal deutlich. *Ethnic (ethnic group)* wird aber im Durchschnitt aller Definitionen eher als kulturell denn als rassisch konnotiert dargestellt. Du Toit faßt die verschiedenen Bedeutungen noch einmal zusammen, wobei er fünf mehr oder weniger unterschiedliche "Definitionen" herausstellt. Hier soll nur die fünfte "Definition" herausgestellt werden, da sie am weitesten gefaßt ist und die anderen in gewisser Weise integriert.

> "The fifth meaning uses *ethnic group* when a group of people contrast themselves or are contrasted by others, on the basis primarily of sharing certain cultural criteria such as language, beliefs and values, religion, or history. Such an ethnic group may have geographical contiguity and may include "racial characteristics", though neither of these is required."[30]

---
[29] Du Toit 1978, S. 2.
[30] Vgl. du Toit 1978, S. 4.

Inwieweit diese Zusammenfassung verschiedener Erklärungsversuche auf Definitionen des Begriffs *ethnic group* zutrifft, soll im folgenden geklärt werden. Zuvor ist noch einmal auf das bereits angesprochene Problem der Unterscheidung von *tribe* und *ethnic group* einzugehen.
*Tribe* steht im Englischen (und ist hier durchaus vergleichbar mit der deutschen Verwendung) für segmentäre (Stammes-)Gesellschaften[31], wobei immer eine abwertende Konnotation mitschwingt: *Often tribe means an ethnic group, with the additional invidious connotation of primitivism.*[32]
In demselben Aufsatz weist van den Berghe[33] auf die Verwendung des Begriffs in der von ihm herausgegebenen Aufsatzsammlung hin. Dort wird *tribe* nicht wertend für eingeborene (*indigenious*) afrikanische ethnische Gruppen benutzt. Jenkins kritisiert eine solche Besetzung des Begriffs ebenfalls. Er stellt fest, daß *tribe* in vielen Fällen primitive-atavistische "*non-Western*"-Gruppen ("Stämme") meint.[34] Aus diesem Grund sieht van den Berghe asiatische und europäische Gruppen selten einbezogen in Untersuchungen über ethnische Gruppen in Afrika, obwohl diese Gruppen - nicht zuletzt durch die Kolonialisierung - zu den einfluß- und folgenreichsten gehörten. Sie waren schlichtweg nicht primitiv genug.[35]
Barth und Nadel - neben einigen anderen - benutzen *tribe* und *ethnic group* austauschbar. Amselle gibt unter Referenz auf Nadel[36] für *tribe* eine Definition, wie sie an anderer Stelle für *ethnic group* gebraucht wird. Jenkins sieht weiterhin einen Wechsel in der Wahrnehmung von Gruppen und somit auch eine Veränderung bei der Schwerpunktsetzung der Forschung. Nicht fixiert auf die Untersuchung von Religion, Verwandtschaftsbeziehungen und -systemen bei Gruppen, beobachtet er einen Wechsel *from the evocation of tribal identity as a defining feature of social structure, to a celebration of ethnic identity as an aspect of social organisation.*[37]
Wallerstein trennt *tribe* und *ethnic group* nach Land und Stadt. *Tribes* sind die Gruppen auf dem Land, *ethnic groups* die in der Stadt, entstanden durch Verstädterung, Migration, die Bildung neuer Loyalitäten, durch die die alten Bindungen keineswegs in Vergessenheit geraten, aber nicht mehr die entscheidende Rolle spielen. *Tribe* allerdings hängt bei ihm enger mit der Familienorganisation zusammen, während *ethnic group* sich auf Grund des Fehlens der Familie an anderen Faktoren zur Identitätsbildung orientiert.[38] Im Deutschen wird der Begriff der ethni-

---

[31] Vgl. Amselle 1985, S. 15f.
[32] van den Berghe 1975, S. xi.
[33] Vgl. van den Berghe 1975.
[34] Vgl. Jenkins 1986, S. 172ff.
[35] van den Berghe 1975, S.ixff
[36] Vgl. Jenkins 1986, S. 172ff; du Toit 1978, S. 2f.; Amselle 1985, S. 17.
[37] Jenkins 1986, S. 173.
[38] Vgl. Wallerstein 1960.

schen Gruppe wie das englische Pendant verwendet. Mühlmann[39] benutzt *Ethnie* als Ersatz für Volk/Volkstum. Heckmann[40] sieht allerdings dadurch die Gefahr, den Begriff des Volkes nicht neu interpretieren zu können. Er gibt innerwissenschaftlich dem Begriff *Ethnie* eine Chance. Hier zeigt sich, daß im Gegensatz zu Frankreich *Ethnie* keine Bedeutung im öffentlichen Diskurs hat, wie auch das Konzept der ethnischen Gruppe eher von englischsprachigen Autoren behandelt wird. Es gibt nach Heckmann ein Defizit bei der wissenschaftlichen Behandlung dieser Phänomene in Deutschland. Dasselbe trifft nach seiner Auffassung auch bei der Migrantenforschung und der Beschäftigung mit ethnischen Minderheiten zu.

[39] Vgl. Mühlmann 1964, S.137.
[40] Vgl. Heckmann 1992 S. 49.

# 3
# Ethnizität: Bestimmung eines Begriffs

## 3.1 Weber und ethnische Gemeinschaften

Weber definiert ethnische Gruppen wie folgt:

> "Wir wollen solche Menschengruppen, welche aufgrund von Ähnlichkeiten des äußeren Habitus oder der Sitten oder beider oder von Erinnerungen an Kolonisation und Wanderung einen subjektiven Glauben an eine Abstammungsgemeinschaft hegen, derart, daß dieser für die Propagierung von Vergemeinschaftungen wichtig wird, dann, wenn sie nicht 'Sippen' darstellen, 'ethnische' Gruppen nennen, ganz einerlei, ob eine Blutsverwandtschaft objektiv vorliegt oder nicht. Von der 'Sippengemeinschaft' scheidet sich die 'ethnische' Gemeinsamkeit dadurch, daß sie eben an sich nur (geglaubte) 'Gemeinsamkeit', nicht aber 'Gemeinschaft' ist, wie die Sippe, zu deren Wesen ein reales Gemeinschaftshandeln gehört. Die ethnische Gemeinsamkeit (im hier gemeinten Sinn) ist demgegenüber nicht selbst Gemeinschaft, sondern nur ein die Vergemeinschaftung erleichterndes Moment."[41]

Diese Definition betont die Verbindung des 'Ethnischen' mit Kultur und Habitus und stellt die Möglichkeiten einer 'Konstruktion' von 'Gemeinsamkeit' heraus. In der bereits erwähnten Abgrenzung (siehe Kapitel 2.1) zum Rassenbegriff ermöglicht Weber den Blick auf die Selbstbestimmung von Ethnizität, wenn er von 'geglaubter Gemeinsamkeit' spricht.

Weiterhin unterstreicht er die Rolle, die ethnische Gemeinsamkeit bei politischer Vergemeinschaftung haben kann. Er unterstreicht damit die 'Künstlichkeit von Ethnizität', wenn er sagt, daß "unter Bedingungen geringer Verbreitung rational versachlichten Gesellschaftshandelns fast jede, auch eine rein rational geschaffene Vergesellschaftung ein übergreifendes Gemeinschaftsbewußtsein in der Form einer persönlichen Verbrüderung auf der Basis 'ethnischen' Gemeinsamkeitsglaubens [attrahiert] "[42] Eine solche politische Gemeinschaft kann auch ethnische Gemeinsamkeit fördern, die dann auch über den Zerfall der politischen

[41] Weber 1980, S. 237.

[42] Weber 1980, S. 237; vgl. dazu auch Raum 1995, mit einer interessanten Reflektion über Webers Gedanken zu ethnischen Gruppen, in denen Raum vor allem deutlich macht, wie wichtig es ist, a.) Weber im Original zu lesen und zu zitieren - seine Beispiele sind englische Übersetzungen und darauf beruhende (Fehl-) Interpretationen - und b.) die Bedeutung herausstellt, die diese Thesen immer noch haben, wie sie aber laut Raum in der deutschen Ethnologie nie richtig erkannt und gewürdigt worden sind.

Institutionen hinaus erhalten bleibt, wenn sie weiterhin von anderen Kultgemeinschaften, gemeinsamen Erinnerungen an eine gemeinsame Migration oder einer Sprachgemeinschaft aufrechterhalten wird. Wo diese Institutionen fehlen, existiert nach Weber auch keine ethnische Gemeinsamkeit mehr.[43]
Auf der Suche nach dem Kern ethnischer Gemeinsamkeiten sieht Weber vor allem in Habitus und persönlicher Lebensführung von Gruppen wie etwa rituellen Lebensreglementierungen die wichtigsten ethnischen Differenzierungen. Er läßt hierbei die politischen, religiösen und sprachlichen Potentiale für eine Vergemeinschaftung aus. In einer weiteren Eingrenzung stellt er die 'ethnische Ehre' als ein die Vergemeinschaftung erleichterndes Moment dar und sieht durchaus auch Ähnlichkeiten zur 'ständischen Ehre', die zu einem Großteil auf dem Konzept von 'Schicklichkeit' beruht. Diese Differenzierungen konstituieren ein Gemeinsamkeitsgefühl, welches die eigene Gruppe zum auserwählten Volk werden lassen kann, zumindest aber Deklassierungen hervorruft und (gegenseitige) Vorstellungen von Blutsfremdheit wecken und pflegen kann. Diese Argumentation einer Dekonstruktion ethnischer Gemeinsamkeiten führt ihn zu dem Schluß, daß der Inhalt des auf 'ethnischer' Basis möglichen Gemeinschaftshandelns unbestimmt bleibt.[44]
Webers Versuch, ethnische Gruppen anhand von (objektiven) Kulturmerkmalen zu definieren, muß zu der beschriebenen Dekonstruktion führen, da er den ethnischen Gruppen kein 'echtes' Gemeinschaftshandeln zuspricht wie etwa den Sippen, sondern nur ein erleichterndes Moment zur Vergemeinschaftung von menschlichen Gruppen.
Das bedeutet, daß die Konstruktion ethnischer Gemeinsamkeit bei Weber nicht die Gestaltung und das aktive Handeln einer solchen Gruppe zuläßt, obwohl der Ansatz dieses ermöglichen würde.
Ähnliches gilt auch für die von ihm gemachten Äußerungen zur Migration, bei der trotz Anpassung an neue Gegebenheiten ein Heimatgefühl weiterbesteht, das es erlaubt, von einer ethnischen Gemeinsamkeit zu sprechen, auch wenn den Menschen durch eine weitgehende Anpassung eine Rückkehr in die Heimat unerträglich wäre (z. B. bei vielen Deutschamerikanern), wie Weber argumentiert.[45]
In seiner weiteren Argumentation geht Weber auf die Veränderungspotentiale, die sich durch Migration ergeben, nicht mehr ein und sieht somit in ethnischer Gemeinsamkeit keine Möglichkeiten aktiver gesellschaftlicher Veränderungen und sozialer Transformationen.
Apitzsch sieht genau hier eine der Schwächen der Weberschen Definition, die nicht auf eben diese Potentiale eingeht, die ethnische Identitäten losgelöst von der ursprünglichen Herkunft entstehen läßt. Bei Apitzsch sind dieses vor allem die Biographien der Migranten, in denen sich das 'Neue' und das 'Alte' wiederfinden läßt und die sich somit durch

[43] Vgl. Weber 1980, S. 238.
[44] Vgl. Weber 1980, S. 239f und S. 240.
[45] Weber 1980, S. 237.

einen inter-kulturellen Transformationsprozeß verändern und die Identität der Migranten prägen.[46] Ethnizität ist genauso ein Teil sozialer Transformation, wie sie zum anderen von diesen bestimmt und beeinflußt wird.

Brumliks Kritik an Weber bezieht sich auf die Definition von Ethnizität in Bezug auf die Art der Vergemeinschaftung. Webers Unterscheidung von Gemeinschaftkeitsglauben und Gemeinsamkeitsglauben hält Brumlik für ein letztendlich psychologisches Kriterium, anhand dessen die affektuelle Bindung an eine Gruppe gemessen werden soll. Dieses kann aber nur dann geschehen, wenn zu einer Vergemeinschaftung die unmittelbare Kenntnis sämtlicher Mitglieder einer Gruppe gehört[47].

Diese Begründung macht Sinn, wenn man wie Brumlik Webers Theorie der Ethnizität als eine Kritik am Judentum auffaßt, dem er (Weber) vorsorglich eine Ethnizität absprechen wollte, die es jedenfalls zu seiner Zeit und in Deutschland allenfalls noch in bestimmten Randbereichen für sich beanspruchte. Und obwohl Webers Beispiele im Text die 'armen Weißen' (die heute auch als *white trash* bezeichnete Bevölkerungsschicht der USA, Anm. d. A.) der US-amerikanischen Südstaaten sind, läßt die angeführte Verbindung von 'auserwähltem Volk', ständischer Differenzierung und ressentimentgeladener Moral wenig Zweifel daran, so Brumlik weiter, was das Paradigma seiner Argumentation ist und daß daher seine soziologische Dekomposition eben auch darauf zielt, jenes seit Fichte noch allen deutschen Patrioten anstößige Element eines Staates im Staate, eines nicht in die deutsche Nation homogenisierten Volkes, zu delegitimieren.[48]

Für Jain, die das Verhältnis von Politik und Ethnizität in Indien (speziell im Bundesstaat Uttar Pradesh) untersucht, ist Webers Definition von Ethnizität ambivalent. Zum einen ist das enge Verhältnis von Ethnizität und politischer Gemeinschaft modern und sehr vorausschauend, zum anderen beinhaltet es eine evolutionäre Komponente, die ethnische Gruppe als Ausgangspunkt einer Entwicklung sieht, an deren Ende eine Nation steht.[49]

In diesem Zusammenhang ist auch die bereits erwähnte Kritik von Brumlik zu verstehen, der sich gegen diese generelle Nationalisierung von Ethnizität wendet. Jain stellt in dieser Theorie ein hauptsächlich westliches Paradigma fest, welches auf das Verhältnis von Ethnizität und Politik in Indien nicht unbedingt anzuwenden ist, denn, *ethnicised political process, as we shall explore in the case at hand, need not follow the logic of an evolutionary succession from tribe to nation.*[50]

---

[46] Vgl. Apitzsch 1993, die in ihrem Artikel nur auf die Relation von Ethnizität und Migration eingeht und daher andere Aspekte von Ethnizität, die nicht auf der Migration beruhen, nicht berücksichtigt.

[47] Vgl. Brumlik 1990, S. 188.

[48] Vgl. Brumlik 1990, S. 189.

[49] Vgl. Jain 1996, S.220.

[50] Jain 1996, S. 220.

Dennoch behält Jain[51] Teile von Webers Konzept des Verhältnisses von Politik und Ethnizität zu analytischen Zwecken bei, um die Entwicklungen in Uttar Pradesh zu untersuchen. Dabei werden vor allem die konstruktiven Elemente von Webers Theorie genutzt und die darin enthaltenen Möglichkeiten der Transformation, besonders *if one interprets his implicitly evolutionary formulations into ideal-typical terms and turns on its head the imputations of the closure of status groups into castes.* Jain interessiert sich für die Verbindung von Politik und Ethnizität, die auch von Weber thematisiert wurde. Dabei ist es jedoch wichtig, Ethnizität als einen Prozeß zu begreifen und nicht als eine Soziologie ethnischer Gruppen. Nur so kann die in einem solchen Prozeß enthaltene Dimension von Macht und Konflikt in einem politischen Umfeld relativ offener Statusgruppen erfaßt werden.[52]
Jains Verwendung von Webers Ansatz zeigt, daß - wie weiter oben bereits von mir angeführt wurde - sein Ansatz Komponenten enthält, die auf die Dynamik von Ethnizität hinweisen, wie etwa die Konstruktionsthese. Die angeführte Kritik zeigt aber auch die Schwächen und die von ihm ungenutzten Chancen seines Ethnizitätsansatzes.

## 3.2 Barth und die ethnischen Grenzen

Barth konzentriert sich in seinem 1969 erschienenen Artikel in erster Linie auf die Grenzen ethnischer Gruppen und deren prozessuale Veränderungen und nicht auf deren Substanz.[53] Es geht ihm um die Bildung und Erhaltung von Grenzen, wie sie im Kontakt mit anderen Gruppen entstehen und sich verändern.
Barths Ansatz ermöglicht die Analyse inter-ethnischer Beziehungen, ohne zunächst die Bestimmungsfaktoren für eine ethnische Gruppe festzulegen. Er versucht keine objektivistische Betrachtungsweise, sondern schreibt den Akteuren selbst die 'Konstruktion' ethnischer Identität zu:

> "First we give primary emphasis to the fact that ethnic groups are categories of ascription and identification by the actors themselves, and thus have the characteristic of organizing interaction between poeple".[54]

Weiter wird Ethnizität von Barth als Prozeß entstehender und sich verschiebender Grenzen (*boundaries*) gesehen, die im Kontakt zu anderen Gruppen entstehen bzw. wahrgenommen werden und nicht durch die

---

[51] Vgl. Jain 1996, S. 221.

[52] Jain 1996, S. 221. Jains Untersuchung in Uttar Pradesh und auch andere Beiträge (Vgl. Kap. 4.2) zu Ethnizität in Indien machen deutlich, wie schwierig eine genaue Bestimmung kollektiver Identitäten im Falle Indiens ist, da Kasten, Ethnien und Statusgruppen komplexe Strukturen aufweisen, deren eindeutige Zuordnung nicht immer möglich ist.

[53] Vgl. Barth 1969.

[54] Barth 1969, S. 10.

Abgeschlossenheit einer Gruppe begründet sind. Die Bildung und Erhaltung solcher Grenzen bilden den Schwerpunkt seiner Betrachtungen.[55] Eine 'Definition' ethnischer Gruppen Barths berücksichtigt vor allem den prozessualen Charakter von Gruppengrenzen:

> "The term ethnic group is generally understood in anthropological literature (cf.e.g. Narroll 1964) to designate a population which:
> 1. is largely self-perpertuating
> 2. shares fundamental cultural values, realized in overt unity in cultural forms
> 3. makes up a field of communication and interaction
> 4. has a membership which identifies itself and is identified by others as constituting a category from other categories of the same order."[56]

Diese Definition beschreibt nicht so sehr die Ursachen, sondern vielmehr die Ergebnisse von Grenzziehungs- und Erhaltungsprozessen, da er kulturellen Faktoren einen eher zweitrangigen Stellenwert zukommen läßt: *The critical focus of investigation from this point of view becomes the ethnic boundary that defines the group not the cultural stuff that it encloses.*[57]
Eine Begründung für die darin enthaltene Ausklammerung kultureller Faktoren findet Barth in ökologischen Bedingungen, unter denen verschiedene Gruppen leben. Unterschiedliche ökologische, lebensräumliche Bedingungen können dabei regionale Differenzierungen hervorrufen, die allerdings nicht bedeutsam für eine gemeinsame kulturelle Orientierung sind. Wichtig ist nicht das uniforme Benehmen, sondern der Wille als *A* und nicht als *B* behandelt zu werden. Es geht hierbei um die Aufrechterhaltung von Grenzen und Differenzen (im Sinne von Unterschieden) und darum, entsprechend einer selbstbestimmten ethnischen Identität eingeordnet zu werden. Ethnische Gruppen sind eine Organisationsform, die über ethnische Grenzen soziales Leben kanalisiert und somit interkulturellen Umgang über die Vermittlung von ethnischen Differenzen regelt und vereinfacht. Diese Unterschiede werden anhand der Grenzerhaltungen ausgedrückt, wie sie sich im Kontakt manifestieren.
Solche Unterschiede sind wichtig, da nur über sie das 'Überleben' bzw. Weiterbestehen einer ethnischen Gruppe/Kategorie gesichert ist, welche (die Gruppe/Kategorie) ihrerseits den organisatorischen Rahmen (*organizational vessel*) stellen, innerhalb dessen unterschiedliche Formen eines Inhalts, abhängig von den jeweiligen sozio-kulturellen Systemen, existieren können.[58] Über die ethnischen Gruppen werden entsprechend ihres Inhaltes die Optionen für eine *boundary maintenance*

---

[55] Barth 1969, S. 10.
[56] Barth 1969, S. 10f.
[57] Barth 1969, S. 15.
[58] Vgl. Barth 1969, S. 14. Zur Bedeutung von kultuellen/ethnischen Differenzen (Unterschieden) bei der Bildung ethnischer Identität siehe auch Kap. 5 in dieser Arbeit.

bereitgestellt. Dabei ist es nach Barth ausschlaggebend, wie sich jemand verhält und handelt. Er/sie wird an der Qualität einer 'Performance' gemessen. Die Standards, die eine ethnische Gruppe zur Verfügung stellen kann, sind entscheidend für den Erfolg dieser 'Performance' bzw. bestimmen eine Strategie des Umgangs im kulturellen Kontakt:

> "Different circumstances obviously favour different performances. What matters is how well the others, with whom one interacts and to whom one is compared, manage to perform, and what alternative identities and sets of standards are available to the individual."[59]

Diese *sets of standards* sind auch entscheidend bei der Auswahl einer Strategie, wie Barth es an den Versuchen der Anpassung von weniger industrialisierten Gruppen an die sich ausdehnende Industriegesellschaft deutlich zu machen versucht. Die damit einhergehende Verringerung von kulturellen Unterschieden geht dabei nicht konform mit der bleibenden Bedeutung von Ethnizität als Organisationsform oder der ethnischen Grenzerhaltung.[60]
Barth betont damit die Dynamik ethnischer Grenzen und damit der von ihnen umschlossenen Identitäten. Persönliche und Gruppenidentitäten können wechseln bzw. sich neuen Umständen (z. B. durch Migration, Globalisierung) anpassen. Was erfolgt, ist die Änderung des Handelns innerhalb der ethnischen Grenzen, die auch unter inhaltlichen Veränderungen bestehen bleiben, da Kontinuität auch dann gegeben ist, wenn die Bedingungen der Grenzmarkierungen Veränderungen der Einheit (*unit*) hervorrufen, es sich aber letztendlich um dieselbe Gruppe handelt, die sich weiterhin auf gemeinsame (wenn auch veränderte) *cultural differentiae* berufen. [61]
Barths Ansatz beinhaltet wichtige Punkte, die seit Erscheinen des Aufsatzes die Ethnizitätsforschung bis heute entscheidend beeinflußt haben. Die Vorzüge dieses Ansatzes liegen zum einen in der Betonung der Selbstzuschreibung ethnischer Kategorien durch die Mitglieder der Gruppen sowie die Betrachtung von Ethnizität als Organisationsform, der als Selbstorganisation in dieser Arbeit eine wesentliche Rolle zukommt. Zum anderen richtet Barth sein Augenmerk auf den interkulturellen Kontakt von Gruppen und die damit verbundenen Prozesse der Grenzziehung und -erhaltung. Diese Betrachtungsweise verbindet Ethnizität nicht notwendigerweise mit einem Territorium und ist deshalb bestens geeignet, Prozesse zu untersuchen, die in Verbindung mit Migration und Globalisierung stehen. Außerdem kann mit Barth auch die Verwendung von Ethnizität als 'rational choice' in einigen Aspekten diskutiert und erklärt werden. Bevor ich auf diesen Punkt zurückkomme, möchte ich hier einige Kritikpunkte an Barths Ansatz vorbringen, auch

[59] Barth 1969, S. 25.
[60] Vgl. Barth 1969, S. 33.
[61] Barth 1969, S. 38.

um zu zeigen, in welcher Weise sein Ethnizitätsmodell weiterentwickelt wurde bzw. wo seine Schwächen liegen.
Eriksen[62] kritisiert Barths Ansatz an zwei Punkten. Zum einen hält er ihn für a-historisch. Der sehr nützliche und abstrakte Ansatz kann dazu verleiten, die historischen und kulturellen Zusammenhänge zu vernachlässigen, unter denen Ethnizität entstanden ist bzw. sich verändert hat oder noch verändern wird.
Ethnizität ist nach Eriksen 'Besitz' von sozialen Formationen und ein Aspekt von Interaktion, wie es Barth herausgestellt hat.
Zum anderen sieht Eriksen durch den Begriff der *empty vessels* (leere Gefäße) und dessen Verwendung Ethnizität als etwas sehr beliebiges dargestellt. Dabei stellt er nicht Barths Ansatz in Frage, der Ethnizität und Kultur nicht als unbedingt aneinandergekoppelt betrachtet, sondern ergänzt ihn um die Untersuchung des Inhalts von Ethnizität, nämlich der kulturellen Eigenheiten und Unterschiede, und nicht nur ihrer Form: *This implies that the medium is not necessarily the message, and that the differences themselves which represent a level of signification conventionally glossed over by the formalists, should be investigated, and not only the form of their articulation.*[63]
Die Stärke von Barths Ansatz, die Prozesse der Grenzveränderungen zu betrachten, ist zugleich auch die Schwäche, da er nur sagt, daß kulturelle Symbole dazu benutzt werden, um eine entsprechende Abgrenzung herzustellen, aber nicht welche. Diese Symbole werden damit zu zufälligen Objekten, die vorhanden sein können oder auch nicht. Wallman sieht in der Metapher der *empty vessels* eine 'versteckte' primordiale (ursprüngliche) Ethnizität, da Ethnizität mit Barth nur dann beobachtbar wird, wenn Menschen in einem Abgrenzungsprozeß involviert sind. Damit ist jedoch nicht erklärt, woher die Gemeinsamkeiten bzw. Unterschiede stammen. Eine unausgesprochene primordiale Erklärung eines latenten Vorhandenseins von Ethnizität liegt daher nahe.[64]
Wallman[65] betont wie Eriksen die kontextuelle Abhängigkeit von Ethnizität und den prozessualen Charakter ethnischer Grenzen und Kategorisierungen, die analytisch zusammengehören und von denen Barth nur letzteren Aspekt berücksichtigt.
Bereits Cohen[66] hat auf diesen problematischen Punkt in Barths Ethnizitätsbetrachtungen hingewiesen, kommt dann allerdings zu dem Schluß, daß durch die Trennung in *vessels* und *content* der dynamische Charakter von Ethnizität vernachlässigt wird. Cohen scheint damit die möglichen Verschiebungen ethnischer Grenzen zu übersehen, also die Veränderung der *vessels*, die Barths zentralen Punkt in seinen Ausführungen darstellen.

---

[62] Vgl. Eriksen, 1991, S. 128.
[63] Eriksen 1991, S. 129.
[64] Vgl. Wallman 1986, S. 230.
[65] Vgl. Wallman 1986, S. 233.
[66] Vgl. Cohen 1975, S. xv.

Cohen betont den offenen Charakter, mit denen sich Individuen und Gruppen an veränderte sozio-kulturelle Situationen anpassen und will damit verdeutlichen, daß Ethnizität als Variable von vielen anderen Variablen abhängig und nicht einfach grundlos vorhanden ist.
Ethnizität als Variable spielt besonders bei der Betrachtung von sogenannten *Rational-choice*-Modellen eine Rolle. Die Bedeutung, die diese Modelle bei der 'Erfindung' oder Neuverwertung und -besetzung ethnischer Symbole haben, ist im Hinblick auf die Selbstorganisationspotentiale von Ethnizität von einiger Wichtigkeit, so daß es sich an dieser Stelle anbietet mit Barth einmal darauf einzugehen. Auch wenn Barth nicht den Begriff des *rational choice* verwendet, lassen sich einige Passagen seines Artikels vor einem solchen Hintergrund interpretieren. Barth spricht im Zusammenhang mit Kulturkontakt und den daraus resultierenden Veränderungen von Strategien, kulturellen Innovationen und benutzten Variablen, um sich neuen Verhältnissen anzupassen, bzw. an deren Möglichkeiten und Vorteilen teilzuhaben.[67]
Für Kößler[68] stellt Ethnizität ein Element sozialer und politischer Taktik dar, welches als Ressource politischer Strategien nur in Situationen 'entdeckt' oder als Überlebensprämie benutzt wird, wenn eine Gemeinschaftlichkeit sich aufgrund kultureller Eigenheiten als besonders günstig darstellt. Erst dann entsteht Ethnizität.
Kößlers Darstellung konzentriert sich vorrangig auf den Zusammenhang von Ethnizität und Nationalstaaten und verweist dort zu Recht auf die 'Konstruktion' von Ethnizität aufgrund wiedererweckter Traditionen, insignifikanter kultureller Merkmale und Unterschiede als Grund für eine Abgrenzung. Damit stellt er die Möglichkeiten und Funktionsweisen von *Rational-choice*-Modellen als einen Teil ethnischer Konstruktionen heraus.
Diese Konzentration auf den Nationalstaat macht die Sichtweise von Kößler allerdings schwer zugänglich für andere Formen interethnischen und interkulturellen Umgangs. Seine Einsichten in die zunehmend politisierte Form von Ethnizität sind jedoch von Bedeutung für die weitere Analyse, wie z. B. bezüglich der Bedeutung von Ethnizität im Kampf um Ressourcen (natürliche, kulturelle und monetäre).
Während bei Kößler Ethnizität vor allem im Zusamenhang mit politischen Prozessen entsteht, hält Jain eine Politisierung von Ethnizität für eine weiterführende Erklärung, denn, *though the cultures of ethnic groups are universes of formally non-political formations and activities they are politicised in the course of social action*.[69]
Mit dieser 'Definition' politisierter Ethnizität läßt sich auch die Entstehung von Ethnizität vor dem Hintergrund nicht-politischer Ereignisse erfassen, und damit besteht die Möglichkeit, eine universelle Definition

[67] Vgl. Barth 1969, S. 33, der hier das Beispiel der Anpassung und Aneignung wenig industrialisierter Gruppen an die Organisationen und Güter der industrialisierten Gesellschaften anführt.
[68] Vgl. Kößler 1994, S. 3ff.
[69] Jain 1996, S. 220.

von Ethnizität und Ethnie bzw. ethnischer Gruppe, aufgrund anderer Faktoren zu bilden.
Dieses sind Faktoren, die Barth[70] allerdings nicht nennen kann, wenn es darum geht zu erklären, welche Variablen wann zu einem möglichen Erfolg angewendeter Strategien führen. Hierzu bemerkt Kößler sehr treffend die Abhängigkeit 'erfundener Traditionen' von realen Gegebenheiten, ohne die Ethnizität sich nicht derart "brisant und besorgniserregend" entfalten kann.[71] Bereits Wallman[72] hat als Kritik an den *Rational-choice*-Modellen auch mit Bezug auf Barth angemerkt, daß eine Belebung von Ethnizität als *rational choice* immer abhängig ist von den vorhandenen Informationen und beabsichtigten Zielen sowie den gegebenen Optionen, welche wiederum einen Einfluß auf die generelle Möglichkeit einer *rational choice* haben. Ethnizität kann nicht unabhängig und aus dem Nichts heraus instrumentalisiert werden. Die Beschränkung liegt darin, daß eine Option, die nicht vorhanden ist, da sie als solche nicht von den Mitgliedern einer Gruppe anerkannt wird, auch nicht verwandt werden kann.[73]
Im weiteren Verlauf ihrer Untersuchung zweier Londoner Wohnviertel konzentriert Wallman sich auf Struktur und Organisation sozioökonomischer Gegebenheiten, welche darüber entscheiden, auf welche Auswahl von Optionen zurückgegriffen werden kann, d. h. welche Handlungsalternativen überhaupt vorhanden sind. Ihr Schwerpunkt liegt auf der Analyse der Kontexte, innerhalb derer diese Entscheidungen stattfinden.
Damit ist aber noch nichts über die Beschaffenheit der Variablen gesagt worden, von denen mehrfach hier die Rede war. Welche kulturellen Elemente werden bemüht bzw. begründen ethnische Zusammengehörigkeit, wie werden alte Traditionen wiederbelebt und was macht Ethnizität so attraktiv als eine Ressource bzw. Kategorie der Ein- und Ausgrenzung?

## 3.3 Geschichte, Ritual, Verwandtschaft: Merkmale von Ethnizität

*The cultural stuff,* wie Barth es nannte, der innerhalb der Grenzen ethnischer Gruppen existiert und die Grundlage für Ethnizität und damit verbundene Diskurse und Prozesse bildet, ist in den bisher aufgeführten Theorien wenig beachtet worden.
Um aber eine Analyse von ethnischen 'Konstruktionen', *Rational-choice*-Strategien und Ethnizität als einer Ressource von Selbstorganisation bzw. staatlicher Politik zu machen, müssen zuerst die 'kulturellen' Faktoren bestimmt werden, auf die in den einzelnen Fällen zurückgegriffen wird und die eine Rechtfertigung von Ethnizität als Bezugspunkt erst

---

[70] Vgl. Barth, 1969, S. 33.
[71] Vgl. Kößler 1994, S. 19.
[72] Vgl. Wallman 1986, S. 232.
[73] Wallman 1986, S. 233.

möglich machen. Außerdem wird damit eine Bestimmung von ethnischen Gruppen ermöglicht, die sich nicht ausschließlich an einer Selbstbezeichnung von Kollektiven orientiert, obwohl dieses ein wichtiger Punkt sein wird, wie noch gezeigt wird.

Reminick[74], der eine umfangreiche Untersuchung zu verschiedenen Ethnizitätstheorien und Definitionen ethnischer Gruppen gemacht hat, führt elf Punkte einer Untersuchung von Isajiw auf, die letzterer aus insgesamt siebenundzwanzig Definitionen 'herausgefiltert' hat.

"1. A common national or geographic origin or common ancestors.
2. similiar culture or customs
3. shared religion
4. similiar race or physical features
5. language
6. consciousness of kind or "we feeling," a sense of loyality to their peoplehood
7. Gemeinschaft relations
8. common values or ethos
9. involvement in a set of institutions separate from the larger political society
10. minority status, subordinate status, or dominate status
11. ethnic group often cited as an immigrant group."

Keine der Definitionen beinhaltet alle diese Punkte, und eine ethnische Gruppe kann auch dann bestehen, wenn nur ein oder zwei dieser Punkte auf ein beliebiges Kollektiv zutreffen.

Interessanterweise lassen sich viele der gerade aufgeführten Punkte in den Aussagen der Teilnehmer der IKI-Untersuchung[75] zu einer Definition von ethnischer /kultureller Identität im allgemeinen und den entscheidenden Faktoren für eine persönliche ethnische/kulturelle Identität wiederfinden[76] .

Die folgenden Kategorien wurden aus den einzelnen Aussagen heraus gebildet, um zu vermeiden, daß vorgegebene Merkmale von Ethnizitätsdefinitionen Ergebnisse, Antworten vorwegnehmen, die eine Analyse der Aussagen erst generieren sollte. Unabhängig von anderen Definitionen bzw. Merkmalslisten wie der von Reminick, ergeben sich für die IKI-Untersuchung bei der Frage nach allgemeinen Faktoren für Ethnizität folgende Punkte (die Aufzählung beinhaltet keine Wertung):

- Sprache
- Herkunft (räumlich-geographisch)
- Herkunft (historisch, genealogisch)

[74] Vgl. Reminick 1983, S. 11f.

[75] Die IKI-Untersuchung (IKI= Identität, Kultur und Internet) ist die im Rahmen dieser Arbeit von mir durchgeführte Untersuchung. Auch wenn dieses ein Vorgriff auf den empirischen Teil der vorliegenden Arbeit darstellt, halte ich es für wichtig, einen Vergleich an dieser Stelle durchzuführen; mehr Informationen zu der Untersuchung finden sich in Kapitel 7.

[76] Fragen 5.3 und 5.4, vgl. Fragebogen im Anhang.

- Kultur und Lebensumfeld
- Religion
- Bildung
- Werte und Normen
- Selbstzuschreibungen
- Fremdzuschreibungen
- Kindheit und Jugend
- Mythen und Erzählungen
- Biologie (Hautfarbe, Erscheinung etc.)
- Verhältnis zu anderen
- Geschlecht
- Medien
- Andere

In der ersten Nennung - es konnten bis zu fünf Stichworte genannt werden - steht die 'historische Herkunft' und 'Selbstzuschreibung' mit je 19,4% (N=103) an erster Stelle, vor 'Sprache', 'Kindheit und Jugend' sowie dem 'Verhältnis zu anderen' mit je 9,7%. In den weiteren Nennungen sind vor allem 'die 'historische Herkunft', 'Kultur und Lebensumfeld', 'Religion', 'Sprache' und die 'Biologie', die für eine ethnische / kulturelle Identität bedeutsamsten Faktoren.
Die Frage nach den Faktoren, welche persönlich am wichtigsten für eine eigene ethnische/kulturelle Identität waren, ergab folgende Punkte:

- Sprache
- Fremdzuschreibungen
- Selbstzuschreibungen
- Kultur
- Vorfahren
- persönliche Erfahrungen
- Herkunft (räumlich-geographisch)
- Herkunft (historisch, genealogisch)
- Geschlecht/sexuelle Orientierung
- Religion
- Kindheit und Jugend
- Verhältnis zu anderen Gruppen
- Weltanschauung
- Traditionen
- wirtschaftliche Situation
- Nationalität/nationaler Status
- Freiheit
- Ikonen
- Andere

Die Unterschiede zu den Punkten einer allgemeinen Definition von Ethnizität bzw. kultureller Identität sind sehr anschaulich. Ethnizität oder die Wahrnehmung kultureller Identität wird durch das persönliche

Schicksal, durch Weltanschauungen und die jeweilige wirtschaftliche Lage bestimmt, so wie Ethnizität gleichzeitig auch dazu beiträgt, diesen Faktoren überhaupt eine Bedeutung in diesem Zusammenhang zu geben.
Es ist daher auch nur konsequent, wenn die in allen fünf Nennungen wichtigsten Faktoren, die Punkte 'historische Herkunft', 'Sprache', 'Weltanschauung' und 'persönliche Erfahrungen' sind. Trotz einer Verschiebung hin zu einer Betonung der persönlichen Erfahrungen und einer teilweise 'individualisierten' Sichtweise von Ethnizität lassen sich auch an dieser Aufzählung die Ähnlichkeiten zu der von Reminick vorgelegten Liste erkennen. Die von ihm herausgestellten Begriffe sind somit keinesfalls zufällig und rein akademisch, sondern lassen sich auch in empirischen Aussagen wiederfinden, wobei eine gegenseitige Beeinflussung nicht gänzlich auszuschließen ist.
Reminicks Definitionsversuch ist sicherlich der umfangreichste, andere Definitionen bauen meist nur auf einigen dieser bei Reminick vorkommenden Punkte auf, wobei durchaus Akzentuierungen einzelner Faktoren festzustellen sind.
Nadel[77] begreift eine ethnische Gruppe als die Theorie, die die Mitglieder dieser Gruppe von ihr haben, beeinflußt durch die Sozialstruktur und die Kultur der jeweiligen Gruppe, von der auch die für diese Gruppe entscheidenden Merkmale abhängen.[78]
Mercier formuliert eine ähnliche Ansicht, akzentuiert aber die Bedeutung der Einheit von Sprache und räumlicher Umgebung, die als Mindestvoraussetzung auch Heterogenitäten innerhalb einer Gruppe auszugleichen vermag.[79]
Antweiler gibt als Zusammenfassung seiner Erörterungen des Begriffs 'ethnischer Gruppe' folgende Beschreibung:
"Zusammengefaßt kann als 'ethnische Gruppe' jede Gruppe von Menschen verstanden werden, deren Angehörige sich selbst mittels irgendeines Kriteriums von anderen Gruppen, mit denen ihre interagiert oder zusammenlebt, absetzt und/oder von diesen abgesetzt wird (..). Damit besteht eine ethnische Gruppe aus denjenigen Menschen, die zu einem Zeitpunkt die gleiche ethnische Identität bzw. Ethnizität haben."[80]
Antweiler betont wie Mercier und Nadel die Selbstzuschreibung bei der Bestimmung ethnischer Gruppen. Weitergehend ist für ihn aber auch die Fremdzuschreibung von Bedeutung. Denn eine ethnische Gruppe bestimmt sich nicht selbst, sondern wird ebenfalls von außen bestimmt.[81]
Nicholas bezieht weitere Punkte als Grundvoraussetzung für die Definition einer ethnische Gruppe ein. So sind ethnische Gruppen relativ ge-

---

[77] Nadel 1949 in Mercier 1975, S. 20.
[78] Vgl. Amselle 1985, S. 16.
[79] Mercier 1961 in Amselle 1985, S. 17.
[80] Antweiler 1994, S. 140.
[81] Vgl. Keefe 1992, S. 39. "Ethnic identity is a matter of what one *is* - but it is also a matter of what one is *not*."

schlossene Gebilde, die sich auf eine gemeinsame Vergangenheit oder eine mythische Abstammung berufen. Sie besitzen einen Namen, Traditionen, Werte und eine Sprache und haben ein 'Wir-Sie' Gefühl gegenüber ihren Nachbarn entwickelt.[82]
Ähnlich den Merkmalen anderer Definitionen hat Smith[83] verschiedene Dimensionen einer Ethnie herausgearbeitet. Diese Dimensionen sind:

"1. A collective name.
2. A common myth of descent.
3. A shared history.
4. A distinctive shared culture.
5. An association with a specific territory.
6. A sense of solidarity."

Smith setzt nicht alle sechs Dimensionen voraus, um eine Gruppe als Ethnie zu bezeichnen. Als das *sine qua non* einer ethnischen Gruppe stellt er den gemeinsamen Abstammungsmythos heraus. Dabei ist es nicht so entscheidend, ob diese Mythen authentisch oder originär sind, sondern daß sie einen *mythomoteur* für die ethnischen Gemeinschaften darstellen. Dieser *mythomoteur* enthält die historischen Dimensionen von Gruppen und ermöglicht so ein 'kulturelles Gedächtnis' (Halbwachs) oder 'kollektive Erinnerungen', und er beschreibt die kollektiven Erfahrungen (*collective experiences*, Smith), auf denen die Solidarität dieser 'Erinnerungsgemeinschaften' aufbaut.[84]
Die Dimension der Solidarität ist für Smith der entscheidende Faktor. Ohne sie haben die anderen Dimensionen keine Bedeutung, wenn eine Ethnie mehr als nur eine ethnische Kategorie zur Klassifizierung einer unbestimmten Gruppe von Menschen sein soll. Nur eine aktive Solidarität und ein Zugehörigkeitsgefühl zu einer Gruppe kann eine Gruppe über Klassenspannungen, Streß oder regionale Trennungen hinweg aufrechterhalten, auch wenn die Form von Solidarität wandelbar ist.[85] Smith betont damit die Selbstbestimmung einer ethnischen Gruppe.
Mühlmann hat bereits zuvor Solidarität - neben Verwandtschaftsorganisation und sozialökonomischer Reziprozität bei der Beschreibung von Ethnien - als einen essentiellen Faktor betrachtet. Er selbst hat eine Ethnie oder ein Ethnos als die feststellbare souveräne Einheit bezeichnet, die von ihren Mitgliedern selbst gewollt und gewußt ist.[86] Ob eine Ethnie eine Horde, ein Klan, ein Stamm o. ä. ist, kann nur festgestellt werden, wenn die kollektive Intentionalität einer spezifischen Gruppe untersucht wird.

[82] Nicholas 1973 in Amselle 1985, S. 17
[83] Smith, A.D. 1986, S. 22f.
[84] Vgl. Parsons 1975; A.D. Smith, 1986; Eriksen 1991; Keefe 1992; Antweiler 1994; Sigrist 1995; A.D. Smith, 1995; Giordano 1996.
[85] A.D. Smith 1986, S. 30; Vgl. Antweiler 1994, S. 140ff.
[86] Vgl. Mühlmann 1964, S. 57.

Damit ermöglicht Mühlmann die vom Territorium losgelöste, auf Selbstbestimmung konzentrierte Betrachtung ethnischer Gruppen. Er gibt allerdings zu bedenken, daß zusätzlich zur Selbstbeschreibung immer auch eine Fremdzuschreibung durch andere Gruppen vorgenommen wird. Mühlmann hält daher eine Untersuchung der Stammesnamen für weiterführend, da so eine genaue Einordnung der Gruppe vorgenommen werden kann. Gerade in Bezug auf Gruppen in 'Schwebelage' ('Parias') ist eine eindeutige ethnische Zuordnung nicht immer möglich, da Bezeichnungen mit den jeweiligen Perspektiven wechseln können.
Für Mühlmann ist das wichtigste Kriterium für die Unterscheidung und Einordnung daher der Integrationsgrad, bzw. die Möglichkeiten der Integration einer Gruppe. Die Schwierigkeiten, die durch den Wandel der inter-ethnischen Beziehungen entstehen - der bereits erwähnte prozessuale Charakter von Ethnizität - werden damit durch Einführung eines relativ abstrakten Kriteriums ansatzweise gelöst.[87]
Eine Untersuchung der Stammesnamen, wie Mühlmann sie vorschlägt, kann in vielen Fällen mehr Verwirrung stiften als zu einer Lösung beitragen. Denn wie er selbst sagt, wechseln Namen und Bezeichnungen mit dem Betrachtungsstandpunkt. Wichtig ist jedoch sein Hinweis auf bestehende Fremdbezeichnungen, die ein 'Wir-Sie'-Verhältnis begründen - wie Barth es formuliert hat - und darüber eine Gruppensolidarität stiften.
Verwandtschaftsorganisation und die Reproduktionsfähigkeit von Gruppen stellen - ähnlich Mühlmann - bei Sigrist zentrale Faktoren einer Ethnie dar.
Ethnien können so als Überformung einfacher sozialer Einheiten verstanden werden, deren Prototypen Familien- und Wohngruppen oder Verwandtschaftsverbände sind, wie z. B. Clans und Sippen. Ethnizität funktioniert auf dieser Basis wegen des generativen Mechanismus - der permanenten Paarungsbereitschaft des Homo sapiens -, sie muß nicht sozial stimuliert werden. Als Sozialsystem allerdings ist Ethnizität, so Sigrist weiter, sozial codiert und programmiert, was etwa die unentbehrlichen Anschlußaufgaben, wie die Einführung der Nachwachsenden in die Gesellschaft (Sozialisation), betrifft.[88]
Eine solche über verwandtschaftliche Verbindungen horizontale Integration von Gruppen stellt auch Antweiler[89] heraus. Bei Sigrist wie bei Antweiler ist diese Betonung der Verwandtschaft allerdings kein Hindernis für die 'soziale Konstruktion' einer solchen verwandtschaftlichen Bindung. Die Dynamik von Ethnien und die prozessualen Aspekte von Ethnizität werden dadurch in keiner Weise berührt.

---

87 Vgl. Mühlmann 1964, S. 63ff.

88 Sigrist 1995, S. 55f. Als Prototyp dieser Gesellschaftsform sieht er die nicht zentralisierten - staatenlosen - Ethnien an, zu denen die segmentären Gesellschaften gehören. Hieraus leitet sich auch sein Ansatz von Ethnizität als Selbstorganisation entgegen einem zentral gesteuerten Nationalstaat ab. Zum Begriff segmentäre Gesellschaft und ihrer Strukturen bei Sigrist vgl. auch Sigrist 1967/1994 (Regulierte Anarchie), bes. Kapitel 3: Integrationsformen segmentärer Gesellschaften.

89 Vgl. Antweiler 1994, S. 140f.

Der soziale Zusammenhalt bzw. die Solidarität, die den Mitgliedern ein hohes Maß an Existenz- und Verhaltenssicherheit gibt, wird über soziale Codierungen, Normen und Rituale geschaffen. Die Identität, die sich über diese Codes etc. begründet, wird generativ tradiert und durch Selektion und Betonung bestimmter Elemente auch verändert. Dadurch wird eine Inkorporation von 'Fremden' möglich.[90]
Ethnische Identitäten verändern sich aber nicht nur generativ, sondern unterliegen auch Prozessen, die Ethnizität an kontextuelle Veränderungen bindet wie etwa im Fall der *rational choice*-Modelle oder dem Rückgriff auf Ethnizität im Alltag inter-ethnischer Beziehungen, in denen eine situationsgebundene 'Verwendung' bzw. 'Weglassung' von ethnischen Ressourcen nötig sein kann.[91] In diesem Sinn können auch Barths 'sets of standards' verstanden werden, die im Zuge der Wanderungen und Grenzüberschreitungen situationsgebunden handlungsrelevant werden können, z. B. im Falle von Assimilation oder der Bewahrung der eigenen Identität bei inter-ethnischem Kontakt.[92] In dieser Hinsicht bezeichnet Cohen Ethnizität als den Grad an Loyalität zu den Normen einer gegebenen Gruppe, deren Mitglieder, *(a) share some pattern of normative behaviour and (b) form a part of a larger population, interacting with people from other collectivities within the framework of a social system.*[93]
Cohens *patterns of normative behaviour* sind symbolische Formationen und Aktivitäten, die bei sozialen Interaktionen eine Rolle spielen, z. B. bei Heirat, Initiation, Ritualen im allgemeinen, aber auch in Alltagsbräuchen. Diese Symbole werden gesellschaftlich konstruiert, aber subjektiv empfunden, was Ethnizität zu einem subjektiven Erlebnis macht und damit eine persönliche Solidarität herstellt.[94]
Cohen legt zudem noch den Schwerpunkt seiner Betrachtungen auf die soziale Interaktion und sieht in Ethnizität *a form of social interaction between culture groups operating within common social contexts.*[95]
Ethnizität ist eine Variable, die unterschiedliche Grade an Intensität aufweisen kann, von harmloser Folklore bis hin zu blutigen Auseinandersetzungen. Dabei unterliegt Ethnizität Veränderungsprozessen. Cohens Kritik an Barth manifestiert sich in seiner Sichtweise von Ethnizität. Für Cohen stellt Ethnizität den Inhalt als auch den 'leeren Kessel' (Barth) dar, innerhalb dessen jeder auf ethnische Symbole zurückgreifen kann, um einen persönlichen Vorteil daraus zu ziehen. Der für ihn aber entscheidende Punkt ist folgender:

---

[90] Vgl. Antweiler 1994, S. 141; Sigrist 1994, S. 56.

[91] Vgl. Du Toit 1978, S. 9; vgl. Southall 1976, S. 465ff; Gellner 1991, S. 25f.

[92] In diesem Zusammenhang sind die von Eriksen (1991) anhand von *language-games* gemachten Analysen auf Mauritius und Trinidad sehr aufschlußreich. Er zeigt sehr überzeugend, wie und wann situationsgebunden der Rückgriff auf Ethnizität als Diskurs der Auseinandersetzung erfolgt und wann auf andere Identifikationsressourcen wie Klasse oder Geschlecht zurückgegriffen wird. Vgl. dazu Miller 1994.

[93] Cohen 1974, S. ix.

[94] Vgl. Cohen 1974, S. x; Sigrist 1994, S. 56.

[95] Cohen 1974, S.x; vgl. Eriksen 1991 und die *language-games*.

> "An individual can manipulate customs if he becomes part of such group, adopting its current major symbols. He cannot manipulate others without being ready to be manipulated by them. He must pay the price of membership by participating in the groups's symbolic activities and by measure of adherence to the group's aims."[96]

Es wurde bereits die Wichtigkeit der rituellen Codes und einer normenhaften Bindung für die Vermittlung einer kollektiven Identität herausgestellt (vgl. Sigrist, Antweiler weiter oben). Ob aber damit auch solche Gruppen wie die *city-men* der englischen (Londoner) Finanzwelt als ethnische Gruppen betrachtet werden können, ist fraglich, obwohl Cohen sie als eine solche zählt. Die Gruppe wird, wie er sagt, zusammengehalten von "archaic norms, values, and codes that are derived from the city's 'tribal past'."[97]
Auf dieser Grundlage zieht Cohen den Vergleich zu den Haussa-Händlern, die im Gebiet der Yoruba leben und sich durch ihre unterschiedlichen Bräuche etc. von diesen absetzen. Eine ebensolche Unterscheidung von der englischen Gesellschaft hält er bei den *city-men* gegeben. Den Grund, warum solche Gruppen nicht als ethnisch bezeichnet werden, sieht er darin, *because the term is principally social and political, not sociological, even though there is massive sociological literature about it.*[98]
Es bleibt aber fraglich, ob aufgrund einer solchen Begründung diese und ähnliche (sub-) kulturelle Gruppen als ethnisch bezeichnet werden sollten, da sie auch als soziale Klasse, als gesellschaftliche Elite oder als eine Art Geheimgesellschaft innerhalb der 'Ethnie' der Angelsachsen angesehen werden kann. Die Untersuchung von Konflikten zwischen Eliten und Nichteliten oder Klassen auf der Grundlage einer ethnischen Klassifizierung könnte allzuleicht die tatsächlichen Klassenunterschiede und damit die ökonomischen Abhängigkeiten übersehen oder vernachlässigen. Trotz der von Cohen angeführten hohen Distinktion der Gruppe zur 'Rest'-Gesellschaft ist es als sehr wahrscheinlich anzusehen, daß die englische Geschichte, Kultur, Sprache und andere Traditionen und Bräuche entscheidend auf die Identität dieser Gruppe miteinwirken und ihre Verhaltensweisen beeinflußt haben und auch weiterhin beeinflussen werden.
Die Definition von Cohen gründet sich auf sein Konzept der formalen (bürokratischen) und informalen (verwandtschaftlichen) Interessensgruppen. Danach begründet sich das Interesse einer Gruppe aufgrund konkreter sozioökonomischer Beziehungen zu weiteren Gruppen, in deren Verlauf Ethnizität eine Rolle spielt oder nicht. Ethnizität kommt generell nur dann als Ressource zum Tragen, wenn ethnische Unterschiede im Kontakt von Gruppen zu einem signifikanten Merkmal gemacht werden. Dabei kann dieses unbewußt, affektiv geschehen, her-

[96] Cohen 1974, S. xiii; vgl. Wallman 1986 in Kapitel 3.2 dieser Arbeit, zur Kritik an den *Rational choice*-Modellen.
[97] Cohen 1974, S. xx.
[98] Cohen 1974, S. xxi.

vorgerufen durch gemeinsame Erfahrungen, Geschichte usw. oder aber bewußt, um bestimmte Situationen und Unterschiede strategisch nutzen zu können.[99] In beiden Fällen aber wird ähnlich wie bei den *rational choice*-Modellen auf bereits vorhandene Ressourcen (Traditionen, Bräuche etc.) zurückgegriffen. Was hier herausgestellt werden muß, ist die historische Dimension von Ethnizität, die nicht notwendigerweise authentisch oder gar biologisch stringent sein muß, die aber den Zusammenhalt und die kollektive Identität begründet.[100] Die generative Tradierung der Codes und ihrer Einbettung in Traditionen, Mythen, Erinnerungen, Symbolen und Werten hat bis heute einen entscheidenden Einfluß auf die Konstituierung von Ethnizität und findet ihren Ausdruck z. B. über politische Traditionen, Recht, Sprache oder Literatur.[101] Smith verdeutlicht damit die Kontinuität zwischen vor-modernen und modernen Identitäten wie etwa Nationalstaaten und zeigt gleichzeitig die Grenzen und Beschränkungen für die kontextlose Konstruktion und Nutzung von Ethnizität auf.

Ein bisher nur am Rande erwähnter Aspekt von Ethnizität ist die Sprache. Sie ist Teil der Codierungen und Normen, hat aber auch die Aufgabe, diese zu vermitteln, und stellt somit ein entscheidendes Medium - neben den rituellen nicht-sprachlichen Institutionen[102] - für diese Vermittlung dar. Ethnische Grenzen fallen daher fast immer mit Sprachgrenzen zusammen.[103] Umgekehrt können verschiedene Ethnien durchaus dieselbe Sprache sprechen, wenn etwa durch Migration, Unterwerfung o. ä. eine Sprachaneignung seitens einer der Ethnien stattgefunden hat, wie dieses etwa bei den Hutu und Tutsi in Burundi und Rwanda der Fall ist. Ähnliches trifft auch auf die Paria-Gruppen zu, die die gleiche Sprache sprechen, trotzdem nicht als Teil der sie umgebenden Mehrheits-Ethnie betrachtet werden.[104]

Sprache spielt vor allem bei Abgrenzungsprozessen eine wichtige Rolle. Der Verlust von Sprache bedeutet zwar nicht den Verlust aller Kultur und der kollektiven Identität, wohl aber den Verlust einer Ressource der Distinktion und somit der Selbstdetermination und Selbstorganisation. Seine Bedeutung für die lateinamerikanischen Einwanderer (speziell

---

[99] Vgl. Wallman 1986, S. 230; Blaschke 1985, S. 182ff; Wallerstein 1960, der auf diese Weise die Unterscheidung *tribe - ethnic group* vornimmt; letztere entsteht durch Urbanisation, in deren Zuge die traditionellen Bindungen in der Stadt durch die Migration aufgehoben wurden und sich basierend auf Herkunftsort und Sprache neue Identitäten herausbilden. Diese neuen Formen existieren dann auch nur in der Stadt. Diese Beschreibung von Wallerstein läßt sich auch als Beschreibung von Ethnizität als Selbstorganisation auffassen, basierend auf der Wanderung von Gruppen und Individuen und den damit einhergehenden Veränderungen der jeweiligen Lebenssituationen.

[100] Vgl. Sigrist 1995, S. 55: "Genealogien sind die Selbstreferenz segmentärer Gesellschaften in Form einer sozialen Charta und kein Abbild tatsächlicher genetischer Abstammung. Sie sind manipulierbar und erlauben so die Inkorporation von fremden Individuen und Gruppen."

[101] Vgl. Smith, A.D. 1995, S. 47.

[102] Vgl. Sigrist 1995, S. 55.

[103] Vgl. Southall 1976; Sigrist 1993.

[104] Vgl. Gellner 1991, S. 25.

aus Mexiko und Puerto Rico) gewinnt das Spanische vor allem, weil darüber die Möglichkeit besteht, sich von der Gruppe der *African-Americans* abzugrenzen und darüber die Eigenständigkeit der Gruppe besonders betont werden kann.[105]
Es wurde hier versucht die Merkmale ethnischer Gruppen herauszuarbeiten, um eine Definition bzw. bestimmende Faktoren für eine weitere Analyse zu erhalten. Die Problematik bei der Erstellung einer allumfassenden Definition von Ethnie und Ethnizität ist dabei offenbar geworden. Vor dem Hintergrund des am Anfang erwähnten Ansatzes von Ethnizität als Selbstorganisation sollen hier vor allem der prozessuale und dynamische Charakter, die soziale Codierung und die historische Dimension von Ethnizität als Diskurs der Distinktion herausgestellt werden.

[105] Vgl. Elschenbroich 1986.

# 4
# Konstruktionen

## 4.1 Ethnizität als Konstruktion

### 4.11 Zur Konstruktion eines Begriffs

Der dynamische Charakter kollektiver Identität ist eines der auffälligsten Merkmale bei der Beschreibung und Untersuchung von Ethnizität. Die Möglichkeiten von ethnischen Konstruktionen bzw. der Nutzung von Ethnizität als strategischer Ressource, wie z. B. in den erläuterten *Rational-choice*-Modellen, sind die Hauptvoraussetzung, um Ethnizität als eine Form der Selbstorganisation zu betrachten. Daß dabei auch Ethnizität als primordial konstruiert wird, ist unabdinglich damit sie als kollektive Identität und Ressource funktionieren kann, denn die Konstruierbarkeit von Ethnizität bedeutet keine Beliebigkeit dieses Organisationsprinzips.
Ethnizität und ethnische Solidarität werden u. a. in Bezug auf eine gemeinsame Geschichte, 'Ursprungsmythen' (vgl. Smiths *mythomoteur* in Kap. 3.3), Sprache Abstammung und Territorialität geschaffen und darüber gleichzeitig ihre Primordialität konstruiert.[106]
Smith betont die situationsabhängige Gestaltung und Wahl ethnischer Identität (im Rahmen der gegebenen Möglichkeiten) im Gegensatz zu einer affektualen und streng bindenen Ethnizität, ohne Rücksicht auf die gegeben sozioökonomischen Umstände, wie sie Geertz[107] formuliert hat. Smith sieht das dynamische Potential von Ethnizität u. a. in der Tatsache begründet, da die wenigsten Ethnien wirklich isoliert gelebt haben und sich daher im Kontakt mit anderen Gruppen (z. B. durch Krieg oder Migration) Überschneidungen, Adaption und Neubildungen ergeben haben.[108]
Gleichzeitig gibt Smith aber zu bedenken, daß eine Kritik an diesen Konzepten nicht die identitätsstiftenden Kräfte ausblenden darf, mit dem Verweis auf ihren 'nur' primordialen Charakter:

> "Ethnic categorization and ethnic organization have been central to human association and conflict in most periods and continents. [ ] In

[106] Vgl. Heckmann 1992, S. 36ff; Kößler 1994, S. 2; A.D Smith 1995, S 30ff; Giesen 1996, S. 97; Giordano 1996, S. 128ff; Hettlage et al. 1997.
[107] Vgl. A. D. Smith 1995, S. 34: Smith sieht Geertz' Konzept von Ethnizität als flexibler, aber dennoch primordialistisch an, vgl. auch Geertz 1963: Old Societies and New States. Für eine zusammenfassende Beschreibung der theoretischen Lager der Primordialisten und Konstruktivisten vgl. Heckmann 1997, S. 46ff.
[108] Vgl. A. D. Smith, 1995, S. 33.

> this sense, we may speak of a 'participants' promordialism', a sense of enduring ethnic ties among descendents of the original community, wherever they happen to be.[109]

Rex hält die primordialen und die situativen Qualitäten von Ethnizität für komplementär und die Entstehung von Ethnizität bei Gruppenbildungsprozessen für eine Potentialität, denn nur wenn "es Gründe für kollektives Handeln gibt, wird Ethnizität, die als Ressource verfügbar ist, aktualisiert."[110]
Sigrist stellt die soziale Codierung der Verwandtschaft heraus und verweist dadurch auf die mögliche dynamische Variation von Ethnien. Eine autarke biologische Reproduktion schließt jedoch interethnische Heiratsbeziehungen (Allianzen) nicht aus. Ethnien haben - so Sigrist weiter - zu einem bestimmten Zeitpunkt eine relative biologische Identität, die aber nicht statisch ist, sondern in Prozessen der Assimilation und Abspaltung dynamische variiert. Somit sind sie wie auf der kulturellen und politischen Ebene auch auf der biologischen nicht scharf voneinander getrennt. Ethnische Kontinua als auch Gemengelagen in vielen Regionen der Welt führt Sigrist auf diese Dynamik zurück.[111]
So wenig wie der Begriff der Ethnizität mit dem Hinweis auf die Unsinnigkeit primordialer Konzepte abgetan werden kann, sowenig läßt sich Ethnizität durch das Argument der 'Konstruktion' kollektiver Identitäten ausblenden. Ethnische Konflikte lassen sich nicht durch den Verweis auf die Beliebigkeit ethnischer Kategorien wegreden, sondern diese müssen beachtet, ernst genommen und auf ihre Funktionsweise hin analysiert werden.[112] In diesem Zusammenhang ist es daher fraglich, ob die von Amselle[113] aufgestellten Thesen einer 'Erfindung der Ethnien' in dem Maße haltbar sind und dem Phänomen der Ethnizität gerecht werden.
Amselle verwirft den Begriff der 'Ethnie' mit dem Argument seiner Konstruktion durch die Kolonialmächte, die ihn als Herrschaftsinstrument etabliert haben. Es gab nach Amselle im vorkolonialen Afrika nichts, was einer Ethnie, im Sinn der ethnologischen Forschung heute, gleichgekommen wäre.[114] Um den Organisationsformen dieser 'Nicht-Ethnien' im präkolonialen Afrika nachzugehen, unterteilt Amselle letzteres in vier sozioökonomische Räume, um die Abgrenzungen, Identitäten und die sozialen Organisationen der Menschen damals zu untersuchen. Diese Räume sind:

> "1. Espaces d'echanges (Räume des Austauschs)
> 2. Espaces étatiques, politiques et guerriers (staatliche, politische und Kriegs-Räume)

[109] A. D. Smith, 1995, S. 34f.
[110] Rex 1990, S. 146.
[111] Vgl. Sigrist 1995, S. 55.
[112] Vgl. Kößler 1994, S. 3; Giordano 1996, S. 132f.
[113] Vgl. Amselle 1985 und 1990.
[114] Vgl. Amselle 1990, S. 22.

3. Espaces linguistiques (Sprachräume)
4. Espaces culturels et religieux (kulturell-religiöse Räume)"[115]

Mit dieser Einteilung ermöglicht sich Amselle die Betrachtung afrikanischer Kulturen in einem großen Zusammenhang, ohne die seiner Meinung nach einschränkende 'ethnische' Klassifizierung. Die lokalen Gesellschaften waren eingebunden in ein Netzwerk von Beziehungen, so daß die klaren Abgrenzungen, wie sie durch die Ethnonyme suggeriert werden, ursprünglich gar nicht vorhanden waren. Der wirtschaftliche Raum, der u. a. gekennzeichnet war durch den Handel über große Distanzen hinweg (Textilien, Kola, Salz, Gold), ermöglichte den Kontakt verschiedener Gruppen sowie eine Spezialisierung auf bestimmte Produkte, so daß von einer Subsistenzwirtschaft, beschränkt auf lokale Gruppen, nicht die Rede sein kann.
Im Gegenteil macht Amselle hier deutlich, daß die *espaces de production, espaces des circulation et espaces de consomation représentaient ainsi un premier quadrillage du continent africain et marquaient la prédominance d'une forme générale englobante sur différentes sociétés locales considérées comme des effets.*[116]
Ähnliches gilt für die anderen Räume, die er auf ihre Beziehungsnetzwerke hin analysiert und sich damit vehement gegen eine isolierte Betrachtung von Ethnien und Stämmen wendet, die von den Kolonialmächten eingeführt wurde. Dabei haben jene oft bereits bestehende Ethnonyme übernommen und somit an in vorkolonialer Zeit entstehende Kategorisierungen angeknüpft, wie Amselle hinzufügt. Die Kategorisierungen, ob auf Basis bestehender Namen und Gruppen oder durch eine Neueinteilung durch die Kolonialverwaltungen, dienten ausschließlich der Kontrolle der Menschen und Gesellschaften.[117]
Aber nicht nur den Kolonialverwaltungen, sondern auch den Ethnologen wirft er eine Verzerrung und Einengung des ethnologischen Objektes vor. Unter anderem verwirft Amselle den Begriff der Ethnie weil er ihn vor allem als Mangelbegriff definiert sieht: *Le dénominatuer commun de toutes ces definitions de l'ethnie correspond en définitive à un Etat-nation à caractère territorial au rabais.*[118]
Die Kolonialverwaltungen waren nicht in der Lage, die bestehende Flexibilität, Vielfalt und Dynamik mit ihrer Politik der Kontrolle und Macht zu vereinbaren. Aber nur indem sie die Menschen in fest umrissene Entitäten 'zwangen', konnten sie, die Kolonialverwaltungen, einen Chef ausmachen bzw. bestimmen, über den sie diese Menschen dann kontrollieren konnten (*trouver le chef*, wie Amselle es ausdrückt). Bereits Ranger hat zuvor Entstehungsprozesse, die 'Erfindung' von Ethnien beschrie-

[115] Vgl. Amselle 1985, S. 12ff.
[116] Vgl. Amselle 1985, S. 26; vgl. auch Meillassoux 1982 zum vorkolonialen Sklavenhandel in Afrika und den daraus resultierenden Beziehungen und Folgen für einzelne Gruppen.
[117] Vgl. Amselle 1985, S. 38.
[118] Amselle 1985, S. 19.

ben.[119] Er hat gezeigt, wie die koloniale Verwaltungspraxis und die Industrialisierung Gesellschaften und kollektive Identitäten verändert haben. Auf vielfältige Weise wurden 'Stämme' zusammen mit ihren Mythen und Traditionen erfunden. Anders als Amselle betont Ranger aber auch die Eigenleistungen der Gruppen und Menschen selbst, die an diesen Prozessen beteiligt gewesen sind. Es sind Anpassungen an das koloniale System und nicht allein durch letzteres geschaffene Tatsachen. Die vorkolonialen Gesellschaften Afrikas verfügten nach Ranger über ein erhebliches Transformationspotential, durch das sie auf die kolonialen Veränderungen reagieren und sich den geschaffenen Verwaltungskategorien anpassen konnten. Im Zuge dieser Anpassung der kulturellen Identität an die kolonialen Bedingungen hat Ethnizität als strategische Ressource eine Rolle gespielt und die 'Überlebensprämie' gestellt.[120]

Die Manipulation der 'Stammes- und Rassenkonzepte' sieht Ranger einerseits durch die Kolonialverwaltungen hervorgerufen, aber auch durch die Anforderungen der Industrie- und Plantagenwirtschaft mitbeeinflußt. So wurden in den Städten wie Bulawayo in den Minengebieten und auf den riesigen Zuckerplantagen Sambias komplexe Hierarchien ethnischer Arbeitsteilung und komplizierte Mythologien angeborener Fähigkeiten aufgebaut, die angeblich den jeweiligen 'Stamm' für eine besondere Arbeit prädestinierten. Solche Hierarchien dienten ganz offensichtlich europäischen Interessen und halfen, den gemeinsamen Protest von Arbeitern zu verhindern. Zusammenstöße zwischen verschiedenen Arbeitergruppen in den Städten und Minen konnten als 'traditionale' Stammesfehden erklärt werden, während sie tatsächlich aus den Spannungen der Arbeitsteilung resultierten. Zugleich, so führt Ranger aus, bauten jedoch auch die Arbeiter selbst an den 'Stammes'-Mythologien mit und funktionierten den städtischen Stamm in eine Gruppe für gegenseitige Hilfe um. Eine solche Betonung 'tribaler' Charakteristika ermöglichte es, relativ günstige Positionen innerhalb der Arbeiterhierarchie zu erhalten.[121]

Die Übernahme der Klassifikationen der Kolonialmächte seitens der Arbeiter wurde von strategischen Interessen bestimmt. Solche Interessen waren auch in Situationen zu finden, die nicht mit der Kolonialverwaltung in direkter Verbindung stehen. Ranger zeigt anhand von Gewohnheiten, die sich zu Traditionen generierten, wie bestimmte Herrschafts- und Machtinteressen gewahrt wurden, die durch veränderte Lebensbedingungen (Industrialisierung und Arbeitsmigration an entfernte Orte), unter einem Legitimationsdruck standen.

So kamen heimkehrende Migranten in eine von den Ältesten straff kontrollierte Gesellschaft zurück. Die Ältesten andererseits waren über die neuerworbenen Fähigkeiten und finanziellen Mittel der Migranten beunruhigt. In einer solchen Situation betonten sie ihre festgeschriebenen

[119] Vgl. Ranger 1981, S. 16ff.

[120] Vgl. Kößler 1994, S. 4f.

[121] Vgl. Ranger 1981, S. 29.

Gewohnheitsrechte, die ihnen die Kontrolle über Land und Frauen und damit Patronagerechte gab.
Die Wanderarbeiter wiederum waren darauf bedacht, ihre Ansprüche über die Kinder und die häusliche Produktion zu wahren. Durch die Anschuldigungen, die Frauen würden mit den Traditionen brechen, sicherten sich die Männer den Fortbestand ihrer Vorrangstellung in einem sich wandelnden sozioökonomischen System. Ranger weist auf die Verfestigung solcher Gewohnheitsrechte unter dem Druck eines Machtverlustes hin, wenn er weiter ausführt, daß die Vorherrschaft der Männer in der Gesellschaft, d. h. ihre Kontrolle über religiöse Glaubensinhalte und die politische Organisation, in der vom Kolonialismus erfundenen Tradition deutlicher zutage trat, als es jemals vorher der Fall gewesen sei.[122]
In diesem Zusammenhang ist auch Wallersteins[123] Definition der *ethnic group* zu verstehen, die jene im Unterschied zum traditionellen *tribe*, als in der Stadt durch Migration und veränderte Lebensbedingungen herausgebildet ansieht, und bei denen (*ethnic group*) sich die Bezugspunkte und Kontexte ethnischer Organisation verändert haben.

## 4.12 Zur Neudeutung von Identität

Meillassoux und auch Watson haben ähnliche Strukturen bei Arbeitsmigranten in Westeuropa beschrieben und analysiert. Meillassoux[124] geht explizit auf die von Ranger geschilderte Situation in den Minengebieten Afrikas ein. Meillassoux beschreibt, wie sich durch Unruhen und die Solidarisierung der Arbeiter ein Klassenbewußtsein anstatt eines Stammesbewußtseins herausgebildet hat. Dasselbe konnte er bei den Arbeitsmigranten in Frankreich feststellen. Auch dort wurde versucht, über die ethnische Kategorisierung eine Kontrolle über die Arbeiter auszuüben, mit dem Effekt, daß sich unterschiedliche Gruppen auf Basis ihrer sozialen Lage klassenmäßig organisierten.
Diese Schilderungen scheinen in einem Widerspruch zu denen Rangers zu stehen: Auf der einen Seite die Erneuerung und Konstruktion ethnischer Identität, auf der anderen die Organisation als Klasse gegen ein ausbeuterisches System (in den beiden von Meillassoux geschilderten Fällen). Meillassoux wendet sich mit seiner Argumentation gegen eine 'Ethnologie der Arbeitsmigration in Westeuropa' und weist damit auf die Formen der Ausbeutung hin, die durch ein System der 'Ethnisierung' der Arbeitsmigranten etabliert werden.
Ein Grunderfordernis dieser Politik ist es, die Arbeitsmigranten als Fremde zu brandmarken, auf ihrer Besonderheit zu bestehen und sogar vorzutäuschen, den Schutz ihrer Kultur zu fördern. Das ist genau der Punkt, wo Meillassoux meint, daß die Ethnologie in Gefahr begibt sich von ihrer natürlichen Vorliebe, ethnischen Aspekten des Problems

[122] Vgl. Ranger 1981, S. 35 und 37.
[123] Vgl. Wallerstein 1960.
[124] Vgl. Meillassoux 1980, S. 53ff.

und dem 'Schutz traditioneller Werte' den Vorzug zu geben, in die Irre führen zu lassen.[125]

Watson[126] hebt in seiner Analyse der Arbeitsmigranten in Großbritannien ebenfalls den Klassenaspekt hervor, ergänzt ihn aber um einen 'ethnischen' Faktor, da sich besonders die zweite Generation der Einwanderer gegen die englische Gesellschaft abgrenzt und dazu die Traditionen ihrer Eltern wiederbelebt. So entsteht eine 'schwarze Identität', welche quer zu allen traditionellen Trennungen besteht und teilweise sogar Inder und Pakistanis einschließt, nur um eine Trennung von der 'weißen' Gesellschaft zu betonen.

Ob allerdings von einer 'Unterklasse' (auch *ethclass*) die Rede sein kann, ist fraglich, da auch die Heterogenität der Einwanderer insgesamt keine einheitliche Klasse konstituiert. [127]

Von Bedeutung hingegen ist, daß über Ethnizität die Auseinandersetzung mit der britischen Aufnahmegesellschaft vollzogen wird und Ethnizität somit als eine Ressource der Selbstorganisation fungiert.

Mit den angeführten Beispielen läßt sich Amselles These der ethnischen Konstruktion unterstützen, wobei sowohl Meillassoux als auch Watson die traditionelle Kultur und Ethnizität der Gruppe hervorheben sowie ihnen eine nicht zu vernachlässigende Rolle bei der Konstruktion dieser Identitäten zuzusprechen. Eine solche Rolle kommt bei Amselle nur sehr am Rande vor, wenn er etwa von einer *auto-ethnologie* der beteiligten Gruppen spricht.[128]

Ebenfalls triftig ist Amselles Kritik an den Konstruktionen und Kategorisierungen durch die Kolonialverwaltungen und an den Ethnologen, die entweder zu diesen Einteilungen beigetragen oder sie für ihre Untersuchungen benutzt und damit eventuell verstärkt haben. Solche Kategorisierungen haben dabei nicht nur in Afrika, sondern ebenfalls in Indien stattgefunden, mit sich bis heute fortsetzenden Auswirkungen.

Chakrabarty argumentiert daher bezüglich Indien, daß heutige (moderne) Probleme von Ethnizität nicht von modernen Mitteln der Verwaltung und Kommunikation trennbar sind, denn, *just as they thought to give India a standardised legal system, the British also attempted to fix and officialise collective identities (such as caste and religion) in the very process of creating a quasi-modern public sphere in India.*

Gegenwärtige Probleme, die in Zusammenhang mit Hinduismus und dem Kastensystem stehen, sind eng verbunden mit der Art der Ordnung des öffentlichen Lebens, wie es die Briten in Indien institutionalisierten, und welches von den Nationalisten im Interesse des Landes beibehalten wurde.[129] Die Betonung in der Argumentation liegt dabei auf den modernen Problemen und Formen von Ethnizität und Staat,

[125] Vgl. Meillassoux 1980, S. 58.

[126] Vgl. Watson 1980.

[127] Vgl. Watson, S. 38f und 45. Was für ein 'schwarzes' Bewußtsein gilt, scheint sich auch für ein pan-asiatisches Bewußtsein herauszubilden; vgl. S. 46.

[128] Vgl. Amselle 1990, S. 33.

[129] Chakrabarty 1995, S. 3375; vgl. auch Giordano 1996, S. 133.

womit der Ethnizitätsbegriff als solcher nicht angezweifelt, sondern dessen Fixierung der Kolonialverwaltung und den späteren Regierungen Indiens zugeschrieben wird.
Amselle wendet sich hingegen nicht nur gegen diese Essentialisierung von Ethnie und Ethnizität, sondern möchte eine gänzlich neue Sichtweise einführen. Er möchte der *raison ethnologique* eine *logique métisse* entgegensetzen, um den historischen Veränderungen und Kontinuitäten adäquat Rechnung tragen zu können und die europäische Dominanz bezüglich ethnologischer Diskurse in diesen Teilen der Welt zu beschränken. Letztere würden einen *syncrétisme originaire*, wie er viele Gesellschaften in Afrika kennzeichnet, nicht berücksichtigen [130]
Damit kritisiert er u. a. auch die ethnologischen Forschungen, die durch die Kultur der Forscher selbst mitbeeinflußt worden sind. Amselle richtet sich explizit gegen die amerikanischen Kulturalisten (Boas, Mead, Benedict u. a.), denen er vorwirft, die untersuchten Gruppen aus ihrem kulturellen Zusammenhang zu nehmen, inter-kulturelle Barrieren aufzustellen und somit einzelne Gesellschaften auf eine Singularität zurückgeführt zu haben.[131] Gegen eine solche 'Hypostasierung' oder 'Ontologisierung' von ethnischen Gruppen bzw. Ethnizität wendet sich auch Giordano, der Ethnizität immer häufiger mit extra-wissenschaftlichen Zielen in Verbindung gebracht sieht, um bestimmte Gruppen zu ethnisieren, um sie auszugrenzen und zu kontrollieren[132]
Die heute existierende ethnologische Nomenklatur Afrikas sowie die nationalen Grenzziehungen, die weitgehend auf die Kolonialverwaltungen zurückgehen, sind nicht ohne Folgen für afrikanische Gesellschaften und Staaten geblieben. Auch wenn dabei viele der Grenzen und ethnischen Bezeichnungen fiktiv sind, ist es falsch - so Sigrist[133] - mit dem Ethniebegriff auch anderes wichtiges anthropologisches Wissen zu verwerfen. Ohne Zweifel müssen diese Entwicklungen bei einer Betrachtung afrikanischer Gesellschaften berücksichtigt werden (sowie sicherlich auch in anderen Regionen der Erde), sie sollten aber nicht als Selbstzweck benutzt werden.
Sigrist wirft Amselle eine 'Dekonstruktion des ethnologischen Objektes' vor, welche Naivitäten und rassistische Dispositionen der Kolonialethnographie zum Vorwand nimmt, wissenschaftliche Analysen, welche die Specifica afrikanischer Gesellschaften thematisieren, als eurozentrisch zu verwerfen. Triftig ist Amselles Kritik an der isolierenden Methode, durch die erst abgesonderte Ethnien konstruiert werden, meist in Anpassung an koloniale Verwaltungseinheiten. Das Übersehen von Kontinuitäten und von historischen Zusammenhängen führt zu der von

[130] Vgl. Amselle 1990, S. 9f.
[131] Vgl. Amselle 1990, S. 31ff; vgl. Hannerz 1987.
[132] Vgl. Giordano 1996, S. 132; vgl. Bourdieu 1987, S. 9f, der hier ähnlich wie Amselle, die Ethnologie hinsichtlich ihrer kolonialen Vergangenheit betrachet und sie zu Beginn seiner Forschungen - wie er sagt - "als eine Spielart des fixistischen Essentialismus" gehalten hat.
[133] Vgl. Sigrist 1994.

Amselle kritisierten primitivistischen Verengung des Blickfeldes. Gleichwohl ist es absurd, so Sigrist, Stämme ausschließlich als staatliche, speziell kolonialstaatliche Kreationen zu rubrizieren.[134] Mit der von Kößler[135] benutzte Unterscheidung von 'etisch' und 'emisch' in Bezug auf die Benennung von Ethnien und den Gebrauch von Ethnizität als Ressource, lassen sich die Komplikationen deutlich aufzeigen, die sich aus den Außen- im Vergleich zu den Innenansichten einer Gruppe ergeben. Giordano sieht in der Verwendung eines kognitiv orientierten Ansatzes, welcher dem der Selbstorganisation sehr nahe kommt, 'die Sphäre des 'Geltens' und nicht diejenige des 'Seins' in den Vordergrund gestellt.'[136]
Die hier angeführte Problematik zwischen Fremd- und Selbstbezeichnungen (etisch/emisch, Gelten/Sein) hat es bereits vor der kolonialen Eroberung Afrikas gegeben. Das Beispiel der von Southall[137] untersuchten *Dinka* und *Nuer* macht deutlich, wie durch koloniale Einmischung 'neue' Ethnien geschaffen wurden, die aber in der einen oder anderen Weise bereits bestanden und somit quasi 'wiedererfunden' wurden. Amselles These der Nicht-Existenz von Ethnie wird damit widersprochen.
Southall beschreibt, in welchem Zusammenhang die beiden Ethnien *Nuer*, welche sich selbst *Naath* nennen und die *Dinka*, die *Jieng* als ihren eigentlichen Namen angeben, tatsächlich zueinander stehen. *Dinka* und *Nuer* sind koloniale Erfindungen. Und auch die Selbstbezeichnungen *Naath* und *Jieng* werden von den Mitgliedern der Gruppen nicht immer benutzt. Oftmals werden nur die Namen von Gruppensegmenten (Haushaltsgruppe, Verwandtschaftsgruppe etc.) als Selbstbezeichnung gewählt, entsprechend der Situation, in denen gerade diese Bezeichnungen von Bedeutung sind. Dabei ist sich Southall selbst unsicher darüber, wie entwickelt eine gemeinsame Identität bei den oft weit verstreut lebenden Gruppen tatsächlich war. Gemeinsame Traditionen stellten eine Orientierung dar und hielten die von Southall als *amorpous mass* bezeichnete Gruppe zusammen, ohne daß alle Mitglieder sich einer solchen Ethnizität völlig bewußt waren.[138] Die Beziehung der *Naath* und *Jieng* wird von Southall anhand ihrer Sprachen und verschiedener Mythen, Bräuche und Traditionen aufgezeigt, voraus die engen Verbindungen der beiden Gruppen deutlich hervorgehen. Beide Gruppen wurzeln in den sogenannten *Proto-Jieng*.

> "We wish to understand how it came about that various groups of proto-Jieng began to call themselves Naath and developed a propensity and a social organisation which enabled them to raid a lot of other groups of proto-Jieng all around them, whom they began to call Jaang,

---

[134] Vgl. Sigrist 1994.

[135] Vgl. Kößler 1994, S. 4.

[136] Vgl. Giordano 1996, S. 132.

[137] Vgl. Southall 1976. Es wird hier nur auf einige Aspekte dieser Untersuchung eingegangen, um die Dynamik von Ethnizität und Ethnien bzw. ethnischen Selbstbezeichnungen zu verdeutlichen.

[138] Vgl. Southall 1976, S. 465.

successfully capturing many of their cattle and many of their people, incorporating the latter eventually as Naath and expanding into their territory."[139]

Diese Ausgangslage erklärt, warum eine deutliche Unterscheidung nicht immer möglich war und ist und es zu den Irritationen kommen konnte, die von Southall anhand früherer Forschungen untersucht wurden. So sind zwar die Bezeichnungen *Dinka* und *Nuer* kolonialer Herkunft, keineswegs aber die Ethnien, die mit diesen Namen benannt wurden. Diese Ausführungen zeigen außerdem, daß Ethnizität bzw. die Identifikation mit einer bestimmten Kultur nicht auf eine zentralistische Gesellschaftsform angewiesen ist, wie auch Sigrist[140] in seiner Kritik an Amselle bemerkt.
Prozesse der Abgrenzung zwischen Gruppen, die nicht auf koloniale Einflüsse zurückgehen, werden von Thomas bei verschiedenen Gruppen im Pazifik (Samoa, Tahiti und Fiji) beschrieben. Die Selbstbezeichnungen von Gruppen waren und sind dabei untrennbar mit einem 'Außen' der Gruppe verbunden. Die Idee von Gemeinschaft kann, so Thomas weiter, nicht in der Abwesenheit eines externen 'Anderen' bestehen. Traditionen und Identität sind so häufig erst in Opposition zu einem 'Anderen' entstanden.[141]
In seiner Analyse des Ethnozentrismus weist Antweiler[142] darauf hin, daß die Diskriminierung des 'Fremden' oder der 'Anderen', bzw. die Namensgebung für das 'Eigene' und das 'Fremde' mit der Konstituierung der Gruppe in einem Zusammenhang stehen, wobei die Eigenbezeichnung sehr häufig 'Mensch'[143] in irgendeiner Form bedeutet und ein unmarkiertes Wort darstellt, im Gegensatz zu den markierten und damit auch wertenden Bezeichnungen für die 'Anderen'.
Mit seiner Kritik am Ethniebegriff, nimmt Amselle nicht nur solche Rahmenbedingungen von Ethnizität nicht wahr, sondern er verwirft auch ein dynamisches Konzept von Ethnie und Ethnizität, das Ethnizität als einen ständigen Prozeß der Anpassung und des strategischen Handelns in unterschiedlichen Lebenssituationen begreift. Gleichwohl gesteht er den Gesellschaften Afrikas eben diese Attribute zu, wenn er diese als *ensembles flous qui, contrairement à une idée reçue, laissent une grande place à la nouveauté et à l'invention* bezeichnet.[144]
Das gleiche gilt für den Begriff der *auto-ethnologie* oder einer *ethnologie spontanée*, mit denen die Gruppen die Selbsteinteilungen und damit ihre Identitäten begründen und bewahren und verändern.
Mit der berechtigten Kritik an den kolonial-bürokratischen Kategorisierungen der Ethnien, deren Folgen sich bis heute auswirken, verweigert

[139] Southall 1976, S. 466.
[140] Vgl. Sigrist 1994.
[141] Vgl. Thomas 1992; S. 213ff; vgl. Keefe 1992.
[142] Vgl. Antweiler 1994, 143f.
[143] Vgl. Southall 1976, S. 464.
[144] Vgl. Amselle 1990, S. 39.

er eben diesen Gruppen das Potential der Selbstgestaltung aufgrund dieser Ethnonyme und somit generell die positiven Möglichkeiten, die aus der Verwendung von Ethnizität als Ressource resultieren könnten. Glazer / Moynihan[145] haben in ihrer Untersuchung genau diesen Punkt als den zentralen herausgestellt. Ethnizität ist ihrer Meinung nach ein Mittel zur Mobilisation von Gruppen sowie zur Durchsetzung von Interessen.[146]

Diese Mobiliationsprozesse müssen der Gegenstand gegenwärtiger Untersuchungen sein, da es nicht genügen kann, die ethnischen Kategorisierungen kolonialer Herkunft als gegeben anzusehen, sondern ihre Bedeutung für aktuelle politische Ereignisse heraus zu arbeiten.

Dabei müssen die Motivationen der Menschen, die einer Organisation entlang ethnischer Kategorien den Vorzug geben, im Mittelpunkt stehen, ohne den ständigen Rückgriff auf einen mutmaßlichen 'Tribalismus. Amselle kritisiert in diesem Zusammenhang in erster Linie das journalistische Umgehen mit diesem Thema, welches seiner Meinung nach die wahren Probleme durch die Fetischisierung des 'Tribalen' übersieht.[147]

Die Stärken von Amselles Ansatz liegen in seinen Konzepten einer *logique métisse,* bzw. dem *sycrétisme originaire*, die sich beide gut dazu eignen, die Prozesse in einer *global ecumene*[148] zu untersuchen. Die Bedingung dafür ist, daß Ethnizität als Prozeß und Form der Selbstorganisation gesehen wird, aufgrund der sich Gruppen auf unterschiedlichen Niveaus (Nation, Ethnie, ethnische Gruppen wie etwa Migranten- und Diasporakulturen) organisieren können. Ethnien im Sinne Sigrists sind dabei als stabile aber flexible Einheiten zu betrachten, deren Identität mehr und mehr auch von global-kulturellen Einflüssen bestimmt wird und somit in einigen Bereichen eine Kreolisierung erfahren.

Welche Formen dabei eine solche Kreolisierung und die Auseinandersetzung damit haben kann sowie welche Bedeutung Ethnizität in diesen Fällen spielt, muß noch geklärt werden.

Zunächst einmal soll aber noch detaillierter auf zwei Phänome eingegangen werden, in denen die Konstruktionen von Ethnizität bzw. Identitäten wichtige Faktoren darstellen: Zum einen der Zusammenhang von Ethnizität und Nation, bzw. Nationalismus und zum anderen das Phänomen der *new ethnicity* in den USA. Ersteres vor allem um noch einmal den Zusammenhang von Ethnizität, Bürokratisierung und den Möglichkeiten der Selbstorganisation zu verdeutlichen.

---

[145] Vgl. Glazer/Moynihan 1975; vgl. Weber 1980, wenn er Ethnizität als ein die 'Vergemeinschaftung erleichterndes Moment' herausstellt.; vgl. Kap. 3.1.

[146] Glazer/Moynihan 1975, S. 20f; ihre Aussagen sind vor allem vor dem Hintergrund der amerikanischen Situation der sechziger Jahre des 20. Jh. zu verstehen, wo sich eine *new ethnicity* unter den 'weißen' Amerikanern nicht-angelsächsischer Herkunft herausbildete, in Anlehnung an eine erstmals geschlossen artikulierte Identität der Schwarzen; vgl. auch Kap. 4.3.

[147] Chrétien 1989 S. 8; diese Aussage ist auch als indirekte Kritik an Amselle zu verstehen, der in diesem Vorwort explizit erwähnt wird. Chrétien bezieht sich dabei auf das von Amselle und M'Bokolo herausgegebene Buch *Au cœuer de l'ethnie* (1985), zu dem ironischerweise auch Chrétien selbst einen Artikel beigesteuert hat.

[148] Vgl. Hannerz 1987 und 1995.

## 4.2 Ethnizität und Nation

Der Schwerpunkt der Betrachtungen liegt in diesem Kapitel auf den Prozessen der Konstruktion von ethnischen und anderen Identitäten im Zuge von Nationenbildung; Prozesse, die nicht nur als historische (zurückliegende) Ereignisse einen Stellenwert besitzen, sondern immer noch von aktueller Bedeutung sind; gegen Ende des 20. Jahrhunderts anscheinend mehr denn je.
Eine 'isolierte' Betrachtung von Ethnizität ist weiterführend bei einer begrifflichen Definition. Bei einer Untersuchung und Darstellung des Verhältnisses von Nation und Ethnizität rückt jedoch das Phänomen der 'politisierten Ethnizität' in den Mittelpunkt. Ethnizität ist in dieser Form zielgerichtet und häufig konstruiert. Im ausgehenden 20.Jh. ist dieses eine der häufigsten Formen in denen Ethnizität in Erscheinung tritt, sei es als Fundamentalismus oder strategische Ressource, genutzt als Mittel der Politik, wie z. B. in Ex-Yugoslavien.
Die Geschichte politisierter Ethnizität bzw. Ethnizität als politischer und sozialer Strategie und damit auch die Schaffung bzw. Konstruktion von Ethnizität und Nationen geht bereits auf das beginnende 19. Jh. zurück und spielt in vielen Konflikten bis heute eine wichtige Rolle.
Es ist deshalb wichtig, den Begriff der Nation im Hinblick auf sein Verhältnis zu Ethnizität herauszustellen und vor den gegenwärtigen weltpolitischen Ereignissen und Prozessen (Stichwort Globalisierung oder auch 'Auflösung der Nationen') zu analysieren. Nur so wird deutlich, in welcher Weise Ethnizität als staatliche bzw. nationale oder anti-staatliche (anti-koloniale, anti-nationale) Ressource heute und in Zukunft eine Rolle spielt und spielen wird.

### 4.21 Anderson und die vorgestellte Gemeinschaft

Als Ausgangspunkt für die Analyse dienen die Arbeiten von Anderson, Hobsbawm und Gellner[149], die in unterschiedlicher Weise die Geschichte und die Bedeutung von Nationen und Nationalismus für die moderne Welt herausgearbeitet haben[150].
Andersons Definition von Nation beschreibt diese als eine "vorgestellte politische Gemeinschaft (*imagined community*) - vorgetellt als begrenzt

---

[149] Diese Reihenfolge der Betrachtung folgt nicht der Chronologie des Erscheinens der Arbeiten. Anderson und Gellner sind 1983 im Englischen erschienen, wobei Gellner bereits bezug auf Anderson nimmt. Hobsbawms Arbeit wurde erst 1990 veröffentlicht und bezieht die anderen beiden Arbeiten in seine Untersuchung mit ein. Anderson hat eine erweiterte Ausgabe 1996 veröffentlicht, die in der Argumentation nichts neues, wohl aber ergänzende Fakten sowie einen interessanten Ausblick gibt, angesichts der in den letzten Jahren stattgefundenen Veränderungen im Bereich der Kommunikationstechnologien und damit verbundenen Globalisierungsprozessen. Die Reihenfolge stellt eine Art Ordnung dar: Andersons und Hobsbawms historische Perspektive auf der einen und Gellners anthropologische Analyse auf der anderen Seite.

[150] Alle drei Arbeiten werden vor allem in bezug zum Verhältnis von Ethnizität und Nationalismus bzw. Nation betrachtet und dargestellt sowie hinsichtlich des Vorliegens von Konstruktionen diskutiert.

und souverän."[151] Hierin - so Anderson - ähnelt der Nationalismus religiösen Denkweisen mehr als Ideologien wie dem Marxismus oder dem Liberalismus. Die religiöse Gemeinschaft sowie das dynastische Reich stellen auch die kulturellen Wurzeln für den Nationalismus bereit, der sich ab dem 18. Jh. immer schneller und vehementer als die politisch-kulturelle Organisationsform von Staaten durchgesetzt hat.
Die Entwicklung des Kapitalismus und speziell die Verknüpfung mit dem Aufkommen des Buchdrucks, ist für Anderson von besonderer Bedeutung. Seine Expansion und die Notwendigkeit immer größere Leserschichten bedienen zu müssen, machten es unausweichlich, Bücher auch in den 'Landessprachen' zu produzieren und nicht nur in Latein, welches ohnehin nur von einer relativ kleinen Schicht gebildeter Menschen gesprochen wurde.
Mit einer Veränderung des Lateinischen sowie den Umwälzungen der Reformation entstand eine Massenleserschaft, die vor allem in den jeweiligen Landessprachen besser anzusprechen und für politisch-religiöse Zwecke zu mobilisieren war. In diesem Zusammenhang stellt Anderson auch die Erosion der religiösen (christlichen) Gemeinschaft, die dann später durch die nationalen Gemeinschaften abgelöst wurde.[152]
Anderson argumentiert, daß im Grunde der zunehmend esoterische Gebrauch des Lateinischen, die Reformation und die planlose Entwicklung administrativer Landessprachen hier vor allem negativ in Erscheinung treten. Sie trügen zur Entthronung des Lateinischen und zur Erosion der heiligen Gemeinschaft des Christentums bei. Die Entstehung der neuen, nationalen Gemeinschaften ist auch ohne die Existenz eines oder vielleicht sogar aller dieser Faktoren denkbar. Im positiven Sinne aber wurden diese neuen Gemeinschaften - so Anderson weiter - durch eine eher zufällige, aber explosive Interaktion möglich, die sich zwischen einem System von Produktion und Produktionsbeziehungen (dem Kapitalismus), einer Kommunikationstechnologie (dem Buchdruck) und dem unausweichlichen Faktum entwickelte, daß die Menschen verschiedene Sprachen haben."[153]
Eine Voraussetzung für die Vorstellung dieser Gemeinschaften, die in der Folge immer mehr über die dörflichen und regionalen Grenzen hinausgingen und universelle Ansprüche erhoben, waren Veränderungen in den Wahrnehmungsformen der Zeit. Eine homogene und leere Zeit löste das mittelalterliche Denken einer überzeitlichen Simultaneität ab und ermöglichte die vorgestellte Verbindung zu anderen Individuen, die zwar räumlich getrennt und doch dazugehörig waren. Die Romane und Zeitungen, die im 18. Jh. vermehrt aufkamen, manifestierten diese Vorstellungen, da hier verschiedene Ereignisse gleichzeitig, jedoch räum-

[151] Anderson 1988 /erweiterte Ausgabe 1996, S. 15. Der Titel seines Buches *Imagined Communities* ist im Deutschen mit 'Die Erfindung der Nation' übersetzt worden, was einen eher arbiträren Charakter vermuten läßt, den das Buch in dieser Weise nicht hervorhebt.
[152] Vgl. Anderson 1996, Kap 1 und 2.
[153] Vgl. Anderson 1996, S. 49f.

lich getrennt, stattfinden konnten.[154] Zusätzlich boten diese Medien die Möglichkeit, 'nationale' Ideen und Vorstellungen zu transportieren, was sie - wie oben erwähnt - in den jeweiligen Landessprachen auch taten. In der Folge der Expansion des Buchmarktes wurden immer mehr Sprachen zusammengefaßt, standardisiert und somit in gewissem Sinne 'erfunden'. Der Motor der 'Zusammenfassung' verwandter Umgangssprachen war dabei der Kapitalismus, der innerhalb der von Grammatik und Syntax gesetzten Grenzen mechanisch reproduzierte Schriftsprachen hervorbrachte, die in der Lage waren, sich über den Buchmarkt zu verbreiten.[155]

Ergebnis dieses Prozesses war zum einen die Schaffung einer Gemeinschaft (oder vieler Gemeinschaften), die im Bewußtsein waren, diese eine Sprache mit Hunderttausenden oder Millionen von Menschen zu teilen, zum anderen die Entstehung von 'Machtsprachen', die sich in einem Gebiet durchsetzten bzw. offiziell durchgesetzt wurden.

Die 'zufällig' entstandenen Schriftsprachen wurden im ausgehenden 18. und beginnenden 19. Jh. zu Nationalsprachen, durchgesetzt und festgeschrieben von entstehenden Bürokratien der neu formierten Staaten und Nationen. Parallel mit dieser Entwicklung bekamen Sprache und Nation auch eine ethnisch-kulturelle Konnotation. Während offizielle Sprachen im 15. und 16. Jh. Staatssprachen waren, die hauptsächlich von den herrschenden Eliten gesprochenen wurden - die Bevölkerung verständigte sich weiterhin in ihren lokalen Dialekten und Sprachen - wurden sie dann zu Nationalsprachen, die in einem mehr oder weniger fest umrissenen Territorium hauptsächlich oder ausschließlich gesprochen wurden.[156]

Was folgte, war eine relativ lange Phase des 'offiziellen Nationalismus' mit der Festschreibung von Sprachen in Grammatiken, Wörterbüchern und historischen Aufzeichnungen, der Etablierung nationaler Ideologien und der Entstehung territorialer Nationalstaaten. Große Bedeutung für diesen Prozeß hatten die Bürokratisierung und der Einzug der Mittelschichten in diese Bürokratien, ermöglicht u. a. durch eine fortschreitende Alphabetisierung der Bevölkerung. Vor allem über den Bildungsbereich (Schulen, Universitäten[157]), aber auch über das Militär und das Berufsbeamtentum wurden diese Ideologien und ein entsprechendes nationales Bewußtsein geschaffen und gefördert.[158]

Anderson bleibt in seiner Analyse nicht auf Europa beschränkt, sondern beschreibt ebenso detailliert die Auswirkungen des offiziellen Nationalismus Europas auf seine Kolonien und die Entstehung bzw. Grundlegung für spätere Nationen, wie z. B. in Asien. Daß dabei andere Voraussetzungen galten als dieses in Europa der Fall war, ist für die Spielart des bürokratisierten Nationalismus, wie ihn die europäischen Mäch-

---

[154] Vgl. Anderson 1996, S. 32.

[155] Vgl. Anderson 1996, S. 51.

[156] Vgl. Anderson 1996, S. 48f und 75ff.

[157] Vgl. Anderson 1996, S. 76.

[158] Vgl. Anderson 1996, S. 83ff und Kap. 5.

te importierten nicht von allzu großem Belang, denn auch in den Kolonien funktionierten die Strategien der Standardisierung und Kategorisierung, wie sie für eine einheitliche nationale Idee notwendig waren, mit ähnlichem Erfolg. Dieser offizielle Nationalismus war nach Anderson eine konservative, oder auch reaktionäre Politik nach dem Modell eines Vorläufers, des zumeist spontanen Volksnationalismus. Letztlich blieb er nicht auf Europa und den Mittelmeerraum beschränkt. Im Namen des Imperialismus verfolgten Gruppierungen desselben Typs in den riesigen Gebieten Asiens und Afrikas, die im 19. Jahrhundert unterworfen wurden, eine ähnliche Politik. Hineingespielt in außereuropäische Kulturen und deren Geschichte, wurde sie schließlich in den wenigen Regionen, die sich der direkten Unterwerfung entziehen konnten (wie Siam und Japan), von den einheimischen Führungsgruppen aufgegriffen und nachgeahmt.[159]

In der ergänzten Ausgabe seines Buches befaßt sich eines der beiden neuen Kapitel insbesondere mit den Kolonien (bzw. Ex-Kolonien) und der Bedeutung von Museen, Zensus und Kartographie für die Schaffung nationaler Gemeinschaften und Nationen in diesen Gebieten.

Die vorgestellten Gemeinschaften, deren Entwicklung Anderson in seiner Arbeit nachzeichnet und analysiert, sind besonders in Bezug auf die Art und Weise ihrer geschichtlichen Kontinuität vorgestellt, denn wie er deutlich macht, spielen das 'Erinnern und Vergessen' von Ereignissen und Identitäten eine entscheidende Rolle, um eine Gemeinschaft überhaupt als 'national' zu denken.

Das Bild der aus dem Schlaf erwachten Nation ist dabei ein häufig benutztes, um den Bruch zu erklären, warum 'erst jetzt' (zu einem bestimmten Zeitpunkt in der Geschichte) aus einer heterogenen Bevölkerung eine Nation wird, die sich auf einen gemeinsamen Ursprung, Sprache, Territorium etc. beruft.[160] Zurückliegende Ereignisse, z. B. Schlachten werden so instrumentalisiert und zu nationalen Symbolen:

Tragödien, die man 'vergessen haben muß' und an die es ununterbrochen zu erinnern gilt, erweisen sich als charakteristische Kunstgriffe in der späteren Konstruktion nationaler Genealogien.[161]

Überhaupt eignen sich alle Kriege, Schlachten, Toten und andere Märtyrer als nationale Symbole, so daß man den Nationalismus in vielen Fällen auch als eine nekrologe Ideologie bezeichnen könnte.[162]

### 4.22 Hobsbawm - die Konstruktion der Nation

Ähnlich wie Anderson baut auch Hobsbawm seine Analyse des Nationalismus und der Nation auf einer historischen Betrachtung auf, die in unterschiedliche Abschnitte aufgeteilt ist und somit verschiedene Phasen der Entstehung und Ausbreitung der Nation unterscheidet.

---

159 Vgl. Anderson 1996, S. 113f.

160 Vgl. Anderson 1996, S. 197.

161 Vgl. Anderson 1996, S. 202.

162 Zur Bedeutung von Gewalt, Ursprung und Identität siehe Kap. 5 in dieser Arbeit.

Hobsbawm sieht die Nation als eine moderne Erscheinung, wenn er auch nationale Gebilde in vormoderner Zeit anerkennt.[163] Ähnlich wie Anderson ist für Hobsbawm die 'nationale Frage' im Überschneidungsbereich von Politik, Technik und sozialem Wandel angesiedelt. Die bei Anderson bereits angesprochenen Phänomene wie Buchdruck, Schulen, etc. sind auch für Hobsbawm von entscheidender Bedeutung, weshalb für ihn eine Analyse von Nationen 'im Hinblick auf die politischen, technischen, administrativen, wirtschaftlichen und sonstigen Bedingungen und Erfordernisse' erfolgen müsse.[164]
Kennzeichnend für seine Betrachtungen ist zudem die Perspektive, die er einnimmt, um dem 'Doppelphänomen' Nation näherzukommen, da Nationen im wesentlichen zwar von oben konstruiert, doch nicht richtig zu verstehen sind, wenn nicht auch eine Perspektive 'von unten' in die Analyse miteinbezogen wird. Analysiert werden müssen Nationen auch vor dem Hintergrund der Annahmen, Hoffnungen, Bedürfnisse, Sehnsüchte und Interessen der 'kleinen' Leute, die nicht unbedingt national und noch weniger nationalistisch waren.[165]
Die von ihm - u. a. auch an Gellner - kritisierte Sichtweise 'von oben' ist zu verstehen, wenn man wie Hobsbawm die Nation in unbedingter Verbindung mit einem modernen Verwaltungsstaat betrachtet, dessen Möglichkeiten Dokumente und Zeugnisse (und sonstige Quellen) zu hinterlassen viel größer sind, als die der kleinen Leute. Dieses ist umso wichtiger als Hobsbawms eigenes Interesse an der Geschichte nationaler Bewegungen der Übergangsphase gilt, dem Übergang von einer nationalen Idee, die von einigen Wortführern propagiert wird, zur Unterstützung dieser Ideen durch die Massen.[166]
Staaten und staatliche Bürokratien spielen dabei eine wichtige Rolle, wie bereits bei Anderson deutlich wurde; ein Blick 'von unten' verdeutlicht die Gegebenheiten, die es u. a. ermöglichten, daß die Nation zur dominanten staatlichen Form wurde.
Hobsbawm ermöglicht damit in gewissen Rahmen einen Blick auf das Verhältnis von Ethnizität und Nationalismus, welches bei Anderson nur sehr am Rande vorkommt (als ethnische Homogenisierungspolitik von Nationalstaaten). Diese Perspektive wird in seinen Ausführungen zum 'volkstümlichen Protonationalismus' verdeutlicht, der im weiteren Verlauf die Betrachtung eines 'Nationalismus von oben' entgegensteht. Mit ihr wird gezeigt, wie ethnische Gruppenidentitäten benutzt und instrumentalisiert werden. Den Begriff der Ethnizität läßt Hobsbawm dabei unangetastet bzw. verwendet ihn kaum. Stattdessen analysiert er, welcher Art die Bindungen von Gruppen an Staaten sind.
Ein Grund hierfür vermutet Hobsbawm darin, daß in vielen Teilen der Welt Staaten und nationale Bewegungen bestimmte Spielarten kollektiver Zugehörigkeitsgefühle mobilisieren konnten, die bereits existierten

[163] Vgl. Hobsbawm 1991, S. 89ff.
[164] Vgl. Hobsbawm 1991, S. 21.
[165] Vgl. Hobsbawm 1991, S. 21f.
[166] Vgl. Hobsbawm 1991, S. 23f und 58.

und gleichsam potentiell in jenem makropolitischen Maßstab wirksam werden konnten, der zu den modernen Staaten und Nationen paßte. Er bezeichnet diese Bindungen als 'vor-' oder 'protonational'.[167] Diese Zugehörigkeitsgefühle werden von Hobsbawm als 'Organisati-onsform kultureller und nicht biologischer Art' angesehen. Daß Verwandtschaft und 'Blut' als Begründung für eine ethnische Zugehörigkeit für Hobsbawm schlicht bedeutungslos sind, ist eine Ausblendung sozialer Tatsachen. Es sind genau diese Prinzipien - ob objektiv begründet oder nicht -, die häufig als Grundlage einer gemeinsamen Ethnizität angegeben werden.
Im Rahmen seiner Argumentation ist diese Ausblendung nachvollziehbar, da er eine ethnische Zugehörigkeit als tendenziell negativ bewertet, die das 'Andere' ausschließt und nicht die eigene Gruppe eingrenzt, also positiv gemeinschaftsbildend ist.[168] Das ist sicherlich richtig für die von Hobsbawm angeführten Beispiele von Rassismus und ethnisch begründeter Dominanz, trifft aber, wie bereits weiter oben ausgeführt, nicht grundsätzlich zu.
Hobsbawm geht es in erster Linie darum zu zeigen, daß der Protonationalismus vor allem auf einen Staat hin orientiert war und nicht so sehr auf eine ethnisch fest umrissene Gruppe.
Der Protonationalismus schaffte das Bewußtsein, einem politischen Gemeinwesen anzugehören, welches durchaus aus verschiedenen ethnischen Gruppen bestehen konnte. Die Loyalität oder der Patriotismus wie Hobsbawm es nennt, bezog sich auf einen Staat und das souveräne Volk selbst.[169]
Seine Intention zu zeigen, daß es die Staaten sind, die aus Nationalitäten Nationen formen und sich eine ethnisch-rassische Argumentation zur Definition einer Nation erst relativ spät (zu Beginn des 19. Jh) entwickelte, bedarf eigentlich nicht der Ausblendung von Ethnizität als positive Organisationsform, sondern nur eine klaren Unterscheidung von Nationalismus und Ethnizität als zweier verschiedener Organisationsprinzipien, wie Sigrist es vorschlägt.[170]
Mit seiner Analyse des 'Nationalismus von oben' geht er seiner These nach, daß erst durch einen Staat eine Nation geschaffen werde kann; ein Protonationalismus reicht nach Hobsbawm dafür nicht aus.[171]
Hobsbawms Definition eines Staates ist die eines modernen Territorialstaates, wie er zur Zeit der Französischen Revolution Gestalt angenommen hat. Eine Nation bezieht sich dann in der Regel auf einen solchen Territorialstaat bzw. umgekehrt ist letzterer ein entscheidendes Merkmal für eine Nation im modernen Sinne. Dieser Staat war nach Möglichkeit bestrebt, auf dem gesamten Territorium dieselben institu-

[167] Vgl. Hobsbawm 1991, S. 59.
[168] Vgl. Hobsbawm 1991, S. 81; siehe Kap 2.1 und 3 in dieser Arbeit zur Definition von Ethnizität und den Problemen einer negativen bzw. positiven Abgrenzung.
[169] Vgl. Hobsbawm 1991, S. 89ff und 105ff.
[170] Vgl. Sigrist 1996.
[171] Vgl. Hobsbawm 1991, S. 94ff.

tionellen und administrativen Ordnungen und Gesetze durchzusetzen, die nach dem Zeitalter der Revolution allerdings keine mehr von religiöser oder sonstiger weltanschaulicher Art waren. Und in wachsendem Maße sah er sich genötigt, die Meinungen seiner Untertanen oder Bürger zur Kenntnis zu nehmen, da seine politischen Einrichtungen ihnen ein Mitspracherecht einräumten - im allgemeinen durch auf unterschiedliche Weise gewählte Vertreter. Außerdem war der Staat in anderer Hinsicht auf ihre praktische Zustimmung oder ihre Mitarbeit angewiesen, zum Beispiel als Steuerzahler oder Wehrpflichtige.[172]
Die Herstellung einer Loyalität zu einem Staat wurde über die Einbindung der Bürger selbst erreicht. Die Loyalität allerdings wandelte sich von einem 'Staatspatriotismus' hin zu einer nationalen Loyalität, die in zunehmendem Maße eine sprachliche und ethnische Homogenität beanspruchte und ihre Mitglieder durch Ein- und Ausgrenzungen definierte.
Für Hobsbawm ist dies eines der entscheidenden Wandlungen in der Entwicklung der Nation und des Nationalismus, indem eine Betonung auf eine offizielle Sprache und ihre Durchsetzung durch einen Staatsapparat zu einem der hauptsächlichen Kriterien der Mitgliedschaft wurde. Diese Wandlung brachte eine Reihe von Veränderungen mit sich, die die weitere Entwicklung der Nationen entscheidend beeinflußte. So entstanden nicht nur Nationalstaaten, sondern auch Nationalismen ohne einen Staat, die sich aber dennoch auf eine ethnische Homogenität und somit auf eine Zusammengehörigkeit berufen konnten und nun ihrerseits Forderungen nach einem Staat und einem Territorium stellen und z. T. bis heute stellen, wie z. B. die Basken in Spanien. Diese Form der Nationalismen stellen eine ernsthafte Gefahr für die Nationalstaaten dar, mit denen sie Teile eines Territorium teilen.[173]
Zusätzlich wurde der ethnisch begründete Nationalismus durch eine 'rassische' Konnotation stärker als zuvor zu einem Ausgrenzungsdiskurs, da es Praxis wurde, Nation und Rasse als Synonym zu betrachten.[174]
Wie bereits Anderson detailliert dargelegt hat, kommt der Sprache bei der Bildung und Durchsetzung einer Nation und ihrer Ideologie eine wichtige Rolle zu. Hobsbawm verdeutlicht in diesem Fall aber, daß die Probleme der Kommunikation oder gar der Kultur nicht den Kern des sprachlichen Nationalismus ausmachen, sondern vielmehr seine Beziehungen zu Macht, Status, Politik und Ideologie.[175]
Dieses politisch-ideologische Element zeigt sich deutlich im Prozeß der

---

[172] Vgl. Hobsbawm 1991, S. 97.

[173] Vgl. Hobsbawm 1991, S. 108f und 112f; vgl. Gellner 1991, S. 69.

[174] Vgl. Hobsbawm 1991, S. 128ff.

[175] Der Kampf französischer Regierungen gegen das *franglais* sowie die Forderung, daß ein UNO-Generalsekretär - in diesem Fall geäußert vor der Wahl von Kofi Annan - auch Französisch sprechen müsse, kaschieren die eigentlichen Gründe solcher Forderungen, welche, wie Hobsbawm anführt, in erster Linie politisch und ideologisch motiviert sind: Im Falle des *franglais* gegen eine amerikanische Übermacht; im Falle Kofi Annans, um die weltpolitische Bedeutung Frankreichs herauszustellen.

Sprachkonstruktion, die von der bloßen 'Korrektur' und Vereinheitlichung bestehender Literatur- und Bildungssprachen über die Bildung solcher Sprachen aus dem üblichen Komplex sich überschneidener Dialekte bis hin zur Wiederbelebung toter oder fast ausgestorbener Sprachen reichen kann. Denn im Gegensatz zum nationalistischen Mythos ist die Sprache eines Volkes nicht die Grundlage seines Nationalbewußtseins, sondern ein 'Kulturartefakt', wie Hobsbawm es nennt.[176] Er betont, daß ohne staatliche Macht und Autorität keine sprachliche Konstruktion oder Modifikation und ihre Durchsetzung zu verwirklichen war.[177]
Vor allem die sozial bescheidenen aber gebildeten Mittelschichten waren es, die sich vehement für einen sprachlichen Nationalismus stark machten. Menschen, die nicht-manuelle Tätigkeiten verrichteten, welche eine Schulbildung nötig machten. Auch wenn Hobsbawm sich dagegen wehrt, den sprachlichen Nationalismus auf eine Konkurrenz um Arbeitsplätze zu reduzieren, sieht er doch die Möglichkeiten, die sich vor allem für Gruppen und Individuen mit geringer Schulbildung aus einer Ausdehnung des Nationalstaates ergaben und ergeben.
Die nationale Idee und der damit verbundene Staat wurde von den Mittelschichten getragen sowie diese unverzichtbar für sie (die Mittelschichten) waren, da sie ihre Position vor allem über einen nationalen Staat gesichert sahen.[178]
Hobsbawm macht in seiner Analyse deutlich, wie und woraus Nationen entstanden sind. Sein Hauptaugenmerk liegt dabei auf den politischen Prozessen, die eine Nation aufgrund von vorhandenen kulturellen, politischen und sozialen Verhältnissen konstruieren.
Die Konstruktion von Nationen erfolgt über einen Staatsapparat, der in gewissem Sinn die Produktion einer offiziellen Sprache und anderer nationaler Symbole fördert und steuert, z. B. über Ausbildungssysteme.[179]
Hobsbawms Bezug zur Ethnizität ermöglicht eine differenzierte Betrachtungsweise der Entstehung von Nationen (insbesondere bei den nach-kolonialen Nationen in Afrika und Asien), reicht aber nicht aus, um das eher antagonistische Verhältnis von Nation und Ethnizität deutlich zu machen, bzw. die Kooption von Ethnizität durch die Nation.

### 4.23 Gellners Konzept der sozialen Entropie

Stärker als Anderson und Hobsbawm konzentriert Gellner sich auf Ethnizität bei seiner Untersuchung der Nation. Anders als die anderen beiden Autoren verfolgt Gellner einen eher abstrakten, anthropologisch-

[176] Vgl. Hobsbawm 1991, S. 132.
[177] Vgl. Hobsbawm 1991, S.134.
[178] Vgl. Hobsbawm 1991, S. 143ff.
[179] Vgl. Hobsbawm 1991, S. 110: "Aus naheliegenden Gründen bedienen sich Staaten eines immer leistungsfähigeren Apparates zur Kommunikation mit den Einwohnern - vor allem der Grundschule -, um das Bild und Erbe der 'Nation' zu verbreiten, die Liebe zu ihr einzuimpfen und alle auf das Land und die Fahne einzuschwören; zu diesem Zweck wurden häufig Traditionen und selbst Nationen 'erfunden'."

orientierten Ansatz, der sich mehr mit den allgemeinen Mechanismen und weniger mit konkreten politischen und sozialen Prozessen der Nationenbildung beschäftigt. Sein Schwerpunkt liegt dabei auf der Betrachtung der verschiedenen Menschheitsstadien, vor-agrarisch, agrarisch und industriell und ihrer Bedeutung für den Nationalismus. Gellners Analyse konzentriert sich auf das letzte und vorletzte Stadium, wobei Nationen an die letzte, industrielle Phase gekoppelt sind. Gellners Konzeption definiert die Nation als modern, die diese bestimmte Gesellschaftsform voraussetzt.[180] Der Staat kann bereits in den Agrargesellschaften entstehen, ist dort aber optional, während er in den Industriegesellschaften unabdinglich ist. Eine Nation setzt also einen Staat voraus. Ähnliches gilt auch für den Nationalismus, wobei dieser keinen eigenen Staat braucht, sondern nur ein Milieu, in dem die Existenz des Staates bereits als selbstverständlich vorausgesetzt wird.[181]
Die Nation wird von Gellner über die Kultur definiert, präziser über Menschen, die eine Kultur teilen, d. h. ein System von Gedanken, Zeichen, Assoziationen, Verhaltens- und Kommunikationsweisen. Dieses System wird von Menschen gemacht, es sind Artefakte menschlicher Überzeugungen, Loyalitäten und Solidaritätsbezeugungen.[182] Wie bereits bei Anderson und Hobsbawm deutlich wurde, werden Ereignisse, Geschichte, Sprache und nationale Mythen konstruiert, bzw. jene in anderen Zusamenhängen neu verwendet.
In diesem Sinne ist auch Gellners Definition der Konstruktion einer Nation zu verstehen und nicht, wie Anderson ihm vorwirft, 'Erfindung' mit der 'Herstellung' von 'Falschem' zu verwechseln, anstatt mit einem 'Vorstellen' im Sinne Andersons.[183]
Gellner interessiert hauptsächlich, was eine Kultur tut, d. h. welche Strukturen sie hervorruft und warum. Für die Agrargesellschaften, argumentiert er, ist die Kultur vor allem von lokaler Bedeutung, Agrargesellschaften sind daher heterogen und definieren ihre Zugehörigkeit eher kontextgebunden als über eine bestimmte von allen zu jeder Zeit geteilten Kultur.
Wer eine bestimmte Stammessprache spricht, kann u. U. nicht als Mitglied gelten, wenn er zum Beispiel einer falschen Berufskaste angehört. Der Lebenstil, der Beruf, die Sprache, der Ritus kann dem widersprechen. Das ökonomische und politische Überleben einer Familie kann von der richtigen Handhabung und Aufrechterhaltung eben dieser Zweideutigkeiten abhängen, von der Fähigkeit, Optionen und Verbindungen offenzuhalten, so Gellner.[184]

[180] Vgl. Gellner 1991, S. 13. Hobsbawm orientiert sich ebenfalls an der Definition Gellners, differenziert aber nicht in der gleichen Weise wie dieser zwischen den einzelnen Gesellschaftsformen.

[181] Vgl. Gellner 1991, S. 13

[182] Vgl. Gellner 1991, S. 16.

[183] Vgl. Anderson 1996, S. 16 und 86ff; Andersons 'vorgestellte Gemeinschaft' beschreibt die von allen Autoren betonte Konstruktion von Nation am treffendsten.

[184] Vgl. Gellner 1991, S. 25.

Es war in den Agrargesellschaften nicht möglich eine homogene (Hoch)-Kultur durchzusetzen. Diese war auf den Klerus und die herrschenden Eliten beschränkt, die oft auch eine andere Sprache sprachen als das von ihnen beherrschte (Staats)-Volk bzw. Völker.[185] Die entsprechenden Ressourcen zur Durchsetzung einer einzigen Hochkultur in einem mehr oder weniger fest umrissenen Gebiet brachte erst die Industriegesellschaft hervor. Der Unterschied zur agrarischen Gesellschaft ist für Gellner in dem 'industriellen Menschen' zu suchen, der aus reinerem, wenn auch nicht aus absolut reinem Material geschaffen zu sein scheint. Was passiert, so fragt Gellner, wenn zufällig eine soziale Ordnung zustande kommt, in der sich der schriftgelehrte Klerus schließlich und endlich verallgemeinert? Seine Antwort ist, daß in einem Zeitalter des universellen Klerus und verallgemeinerten Mamelukentums, sich die Beziehung zwischen Kultur und politischem Gemeinwesen auf radikale Weise verändert. Eine Hochkultur durchdringt jetzt die gesamte Gesellschaft, definiert sie und muß vom Gemeinwesen aufrechterhalten werden. *Das* sei das Geheimnis des Nationalismus.[186]
Mit dieser Unterscheidung und mit dem Konzept sozialer Entropie ermöglicht Gellner eine Analyse von Ethnizität und Nation in der Geschichte und in der Gegenwart (z. B. Migration, multikulturelle Gesellschaften).
Gellners Ausgangspunkt aber sind die Veränderungen und die Anforderungen, die sich mit der Herausbildung eines Industrialismus ergeben. Anders als Hobsbawm und Anderson betont Gellner den Industrialismus gegenüber dem Kapitalismus, weil ersterer die nötige Arbeitsteilung, Mobilität und Rationalität generiert, welche wiederum eine Hochkultur zur homogenen und standardisierten Ausbildung unabdingbar machen.[187]
Gellner sieht in der Industriegesellschaft, die am wenigsten spezialisierte, dafür am höchsten standardisierte Gesellschaft. Es wird eine Grundausbildung vermittelt, die überall gleich ist. Eine Spezialisierung findet erst relativ spät statt. Diese Grundausbildung ermöglicht aber auch mehrere Spezialisierungen, gerade aufgrund der allgemeinen, standardisierten Grundausbildung, die Lesen, Schreiben, Rechnen, Arbeitsgewohnheiten und soziale Fähigkeiten trainieren. Anders als in den Agrargesellschaften werden hier keine Spezialisten ein Leben lang ausgebildet und bilden auch keine Klasse oder Schicht für sich.
Andersons und Hobsbawm Beschreibungen der Prozesse um die Entwicklung der nationalen Sprachen spiegeln dieses Bedürfnis bzw. die Notwendigkeit nach Vereinheitlichung und Klarheit wieder. Diese ist um so mehr erforderlich, als in einer Industriegesellschaft Arbeit nicht länger die Manipulation von Dingen, sondern von Bedeutungen ist. Eine Vermittlung dieser Bedeutungen muß über ein einheitliches Kommunikationsmittel wie etwa Sprache erfolgen und nicht länger über Gesti-

[185] Vgl. Anderson 1996 und Hobsbawm 1991.
[186] Vgl. Gellner 1991, S. 33.
[187] Vgl. Gellner 1991, S. 35ff.

ken, Situationen etc..[188] Die Sicherstellung dieser Hochkultur mit ihrer standardisierten Exo-Sozialisation durch Sprache, Schule etc. erfolgt über einen modernen Verwaltungsstaat. Die notwendige Deckungsgleichheit von Staat und Kultur ist es, was den Nationalismus ausmacht, der an eine arbeitsteilige Gesellschaftsform gebunden ist. Die Notwendigkeit der Standardisierung bringt den Nationalismus hervor, nicht umgekehrt.[189] Das bedeutet aber nicht, daß es keine Formen 'vormoderner' Organisationsformen gibt, noch daß sich jeder Nationalismus in einem Staat verwirklicht (vgl. weiter oben).
Gellner versucht mit dem Konzept der 'sozialen Entropie' die Vermischung und das Verhältnis von vormoderner Identität (Ethnizität?) und der Nation zu beschreiben. Entropie ensteht in den Nationalstaaten der Industriegesellschaften durch die Erosion der Untergruppen, welche in den Agrargesellschaften eine bindende Organisationsstruktur für die Gruppenmitglieder darstellten. Es gibt in der Industriegesellschaft keine echten Substrukturen mehr, da alles auf Mobilität und eine einheitliche Gesellschafts- und Kommunikationsstruktur (z. B. Sprache) ausgelegt ist. Innerhalb dieser mobilen und entropisch egalitären Gesellschaft gibt es jedoch Kategorien, die Gellner als *entropie-resistent* bezeichnet: "Eine Kategorie ist entropie-resistent, wenn sie sich auf ein Attribut gründet, das eine deutliche Tendenz aufweist, sich auch nach einem längeren Zeitraum seit der ursprünglichen Einführung in die Industriegesellschaft noch *nicht* gleichmäßig über die gesamte Gesellschaft zu verteilen."[190]
Entropieresistenzen stellen große Probleme für Industriegesellschaften dar, denn sie erzeugen Risse und gefährden damit die Einheit der Nation. Migranten wären eine solche entropie-resistente Kategorie, deren Resistenz sich allerdings im Laufe der Zeit ihres Aufenhalts oder aber über eine oder mehrere Generationen verliert, etwa durch Assimilation. Eine solche Assimilation kann aber nur erfolgreich sein, wenn die Entropieresistenz sich auf eine sprachliche Kommunikatonsschranke beschränkt. Andere Unterschiede, anhand derer sich politische, soziale und wirtschaftliche Ungleichheit konstruieren läßt, sind wesentlich schwerer zu überwinden.[191] Wie im Kapitel zur *New Ethnicity* deutlich gemacht wird ist dieses der Fall bei den *African-Americans* in den USA oder der schwarzen Bevölkerung Brasiliens.[192]
In den beiden genannten Fällen sind es von Gellner als kontra-entropisch bezeichnete Züge (Hautfarbe), die sich als entropie-resistent erweisen, bzw. als solche dazu benutzt werden eine Ungleichheit herzu-

[188] Vgl. Gellner 1991, S. 54f; vgl. dazu auch die Arbeiten Jean Beaudrillards, z. B. 'Der symbolische Tausch und der Tod' Müchen 1982 und 'Kool Killer oder der Aufstand der Zeichen' Berlin 1978, in denen er die Veränderungen aufzeigt, die mit der verstärkten Symbolisierung unserer Gesellschaft einhergehen.

[189] Vgl. Gellner 1991, S. 62f.

[190] Gellner 1991, S. 100.

[191] Vgl. Gellner 1991, S. 113ff.

[192] Vgl. Gellner 1991, S. 103; zur *New-ethnicity* vgl. Kap. 4.3 in dieser Arbeit; zu Brasilien vgl. Merz 1995, S. 96.

stellen. Diese kontra-entropischen Züge können ebenfalls kulturell verwurzelt sein. Die islamisch geprägte Kultur von Türken in Deutschland oder Einwanderern aus dem Maghreb in Frankreich und ihre damit zusammenhängende Stellung im Vergleich zu anderen Immigrantengruppen wären ein weiteres Beispiel dafür.
Die Faktoren, die auch mit dem Problem der sozialen Entropie zusammenhängen, benutzt Gellner als analytische Mittel, um verschiedene Typen von Nationalismus zu untersuchen. Die Faktoren, auf die er sich stützt, sind Kultur (im anthropologischen Sinne), Zugang zur Macht und zur Ausbildung einer Hochkultur. Eigentum an Kapital spielt für ihn dabei keine Rolle, denn "Nationalismus handelt von Zugang zu, Teilnahme an, Identifikation mit einer schriftkundigen Hochkultur, die mit einer vollständigen politischen Einheit und ihrer gesamten Bevölkerung übereinstimmt und übereinstimmen muß, wenn sie mit der Art von Arbeitsteilung, dem Typus der Art Produktionsweise, auf die sich diese Gesellschaft gründet, kompatibel sein soll."[193]
Eine Analyse der Bedeutung von Ethnizität kommt bei Gellner nur im Zusammenhang mit den Agrargesellschaften vor. Er führt aus, wie dort Ethnizität benutzt wurde, um privilegierte Gruppen oder aber Pariagruppen zu identifizieren und ihnen entsprechend einen Platz innerhalb der Gesellschaft zuzuweisen. Seine Argumentation bezieht sich in erster Linie auf einen Typus von Nationalismus, den er mit 'Nationalismus in der Diaspora' beschreibt. Die einstmals geschützten Pariagruppen, z. B. Juden, Armenier, Griechen, die in vielen Teilen der Erde Handel betrieben, da sie in den 'fremden' Gesellschaften keinen Status und keine Ehre zu verlieren hatten und so zum eigenen und dem Vorteil der (Rest-) Gesellschaft tätig sein konnten. Mit dem Zerfall dieser traditionellen Gesellschaften und ihrer Systeme waren diese Gruppen jetzt nicht länger 'privilegiert' (im Sinne ihrer Tätigkeiten, nicht ihres Paria-Status) und konnten nun anhand derselben Merkmale stigmatisiert werden und zu einer Art Sündenbock innerhalb der neu entstehenden Nationalstaaten werden. Das Beispiel der in der Diaspora lebenden Juden in Europa ist hierfür ein Beispiel, ihre Staatengründung in Israel die Konsequenz einer nationalistischen Ideologie (des Zionismus).[194]
Ethnizität steht damit einer 'Nationalität' entgegen. Ethnizität ist die lokale Kultur, Nationalität die Hochkultur, vermittelt und aufrechterhalten von einem Staat oder - das muß hinzugefügt werden - gegen diesen, wie Anderson und Hobsbawm bereits an Beispielen deutlich gemacht haben (Baskenland, Nordirland, Osttimor etc.).[195]
Eine Ethnizität, die in modernen (industriellen) Gesellschaften bestehen bleibt, ist entropie-resistent, aber wird in der Regel zum Nachteil der jeweiligen Gruppe, z. B. durch Stigmatisierung und Diskriminierung ,und damit verbundene wirtschaftliche und politische Benachteiligungen und Kontrollen.

[193] Gellner 1991, S. 143f.
[194] Vgl. Gellner 1991, S. 152ff.
[195] Vgl. auch Llobera 1994, S. 214.

Eine positive Rolle von Ethnizität, wie sie von Sigrist in seinem Konzept 'Ethnizität als Selbstorganisation' formuliert wird, ist mit dem Konzept der sozialen Entropie, wie von Gellner ausgeführt, nicht möglich. Sigrist schlägt vor, Ethnizität als einen Organisationsmodus zu begreifen, welcher, anders als eine nationalstaatliche Organisation, nicht auf einer zentralistischen Steuerung beruht.
Gellners Konzept der sozialen Entropie sieht generell vor, daß sich die entropie-resistenten Kategorien/Gruppen assimilieren werden, weshalb für ihn die von ihm als kontra-entropisch bezeichneten Gruppen eine ernste Gefahr für eine Nation darstellen, da sie dem homogenen Konzept einer Nation entgegen stehen. Dieses Konzept muß aber bei der Betrachtung moderner Nationen fallengelassen werden, da die wenigsten von ihnen eine homogene Bevölkerung haben und in vielen Fällen multi-ethnische Gesellschaften darstellen.[196] Gellner sieht allerdings, daß Ethnizität (als entrope-resistente Kategorie) oft zu einer Gefahr oder zu einem Problem innerhalb eines solchen Staates werden kann, was durch ethnische und irridentistische Konflikte weltweit belegt werden kann. Um aber die Strukturen dieser Konflikte und ethnischer Politiken überhaupt zu verstehen, bedarf es einer Betrachtungsweise, die das Verhältnis von Ethnizität und Nation in den Mittelpunkt stellt.
Sigrists Ansatz bietet eine Möglichkeit, die Beziehung von Selbstorganisation anhand ethnischer, traditioneller Systeme auf der einen Seite und zentralistischer Steuerung auf der anderen zu analysieren, wie also Nationalstaaten Ethnizität als eine Ressource benutzten und wie andererseits ethnische Gruppen auf Modernität (in Form des Nationalstaates) reagieren und dabei Ethnizität als Organisationsform benutzen.[197] Anders als Gellners Konzept der sozialen Entropie vermuten läßt, spielt Ethnizität auch eine wichtige positive Rolle für moderne Nationalstaaten, da - wie Münch feststellt - auch moderne Gesellschaften ihre Stabilität der Erhaltung traditioneller Bestände verdanken.[198]

## 4.24 Llobera, A.D. Smith - kritische Betrachtungen

Die Konzentration auf das Verhältnis von Ethnizität und Nation hat andere Aspekte von Nationalismus, Nation und Staat vernachlässigt. Mit einer Zusammenfassung der Thesen von Anderson, Hobsbawm und Gellner soll hier noch einmal auf einige Punkte eingegangen werden, die wichtig sind, um die Komplexität und Schwierigkeit des Themas deutlich zu machen.
Die Arbeiten der drei Autoren lassen sich aufgrund ihrer unterschiedlichen Schwerpunktsetzung schwer direkt vergleichen. Festzustellen ist aber, daß sie in ihren Grundannahmen zu einem großen Teil überein-

[196] Vgl. Tambiah 1988; A. D. Smith 1995, S. 86; Carment/James 1996, zu Aufstellungen über Nationen und ihre nationalen bzw. ethnischen Zusammensetzungen heute.
[197] Vgl. Sigrist 1996, S. 6.
[198] Vgl. Münch 1995, S. 44. Münch bezieht sich hier nicht explizit auf Ethnizität und Nation, seine Argumentation kann aber auf diese Phänomene angewendet werden, da sie sich ebenfalls in die Unterteilung modern - traditionell einordnen lassen.

stimmen und sich wie z. B. Hobsbawm auch explizit auf die anderen beziehen, bzw. deren Definitionen übernehmen. Ihre Arbeiten bieten verschiedene Perspektiven auf die Entstehung des Nationalismus und seine Etablierung als vorherrschende Ideologie des 19. und 20. Jahrhunderts an. Anderson lenkt den Blick besonders auf das Verhältnis von Kapitalismus, nationalistischer Ideologie und Massenkommunikationsmitteln am Beispiel des Buchdrucks und seiner Bedeutung für die Verbreitung nationalistischer Ideen und später zur Durchsetzung dieser Ideen mit Hilfe von Staaten (und deren administrativen Körperschaften). Seine 'vorgestellte Gemeinschaft' macht deutlich, daß die entstehenden Nationen gegenüber anderen Formen kollektiver Identitäten eine neue Qualität hatten. Diese neue Qualität hat ihre Besonderheit in der Größenordnung, in welcher die Standardisierung und Homogenisierung von Sprache, Kultur und Ideologie stattfand.
Anderson spricht bereits die Bedeutung des Staates bei diesen Prozessen an, welche bei Hobsbawm zu einem zentralen Thema werden. Dessen Unterscheidung in einen Protonationalismus ('Nationalismus von unten') und einen 'Nationalismus von oben' verdeutlichen diese Bedeutung. Hobsbawm führt aus, wie Traditionen und Identitäten 'erfunden' bzw. konstruiert wurden und mit Hilfe eines Staatsapparates durchgesetzt wurden, um aus einer nationalistischen Idee einen Nation entstehen zu lassen.
Für Hobsbawm braucht eine Nation einen Staat, um sich etablieren zu können. Nationalistischen Bewegungen hingegen fehlt dieser Staat, bzw. ein eigenes Territorium, um einen eigenen Nationalstaat zu bilden.
Gellner liefert den theoretischen Hintergrund für die von Anderson und Hobsbawm dargestellten Prozesse und Entwicklungen. Seine Fokussierung auf den Industrialismus als eine Bedingung für die Durchsetzung der nationalistischen Ideen sowie sein Konzept sozialer Entropie machen die Notwendigkeit einer standardisierten Entwicklung von Nationalstaaten deutlich. Wie Hobsbawm betont auch Gellner die Konstruktion von Nationen, d. h. ihrer geschichtlichen Kontinuität und ethnischen Homogenität.
Übereinstimmend beschreiben die Autoren die Entwicklungsgeschichte der Nationen, besonders in Bezug auf ihre ethnische Komponente, welche erst relativ spät zu einem entscheidenden Merkmal eines Nationalstaates wurde. Das gleiche gilt für die Notwendigkeit eines Staates zur Durchsetzung einer nationalen Idee als auch für die Bedeutung der dafür notwendigen Massenkommunikation. Die Beobachtung Gellners, daß in der Industriegesellschaft nicht länger Dinge, sondern Bedeutungen manipuliert werden, stellt die vorhandenen Konstruktionspotentiale für nationalistische Ideen und Nationen heraus und macht deutlich, daß Symbole, Mythen und eine 'vergessene' Geschichte wichtige Komponenten bei der Nationenbildung sind.
Die hauptsächlichen Kritikpunkte an diesen Thesen beziehen sich auf die 'Konstruktion' bzw. 'Erfindung' von Nationen wie sie von Hobsbawm

und Gellner vertreten werden sowie auf die von Gellner als notwendig erachtete Verbindung von Kapitalismus/Industrialismus und Nationalismus.
Bereits Anderson[199] wirft Gellner vor, daß er Nationen als willkürliche Gebilde konzipiert und eine vorhandene Geschichte außer acht läßt. In ähnlicher Weise kritisiert auch Llobera in seinem umfangreichen Werk *The God of Modernity* diesen Ansatz. [200]
Llobera beschäftigt sich darin mit der Entstehung der Nationalstaaten in Westeuropa und sieht diese in besonderer Weise als eine Fortführung und Konsequenz mittelalterlicher Strukturen und politischer Verhältnisse. Seine zentrale These ist, daß Nationalismen bereits im Mittelalter bestanden haben und keine rein neuzeitlichen Erscheinungen sind, womit er auch das Konzept der 'Erfindung', wie es bei Hobsbawm und Gellner vorkommt, verwirft. Es sind vielmehr Neuinterpretationen (*recreations*) mittelalterlicher Realitäten.[201]
So sehr diese Kritik den kritischen Blick für das Konzept der 'erfundenen Traditionen' schärft, so wenig läßt die Lektüre von Hobsbawm und Gellner eine generelle Verwerfung ihrer Thesen zu[202].
Der einschneidene Unterschied in den Ansätzen von Llobera im Vergleich zu Hobsbawm und Gellner liegt in der zeitlichen Betrachtungsweise der Entwicklung von Nationen. Llobera spricht von einer Perspektive der *longue durée*, einer Betrachtungsweise, die eine Nation als Ergebnis einer langen historischen Entwicklung sieht. Gellner, Hobsbawm und Anderson beschäftigen sich mit Nationen als *moderne* Nationalstaaten. Die historische Entwicklung spielt bei ihnen nur eine Rolle, um die Unterschiedlichkeit der Entwicklungsstadien (proto-nationalistisch, agrargesellschaftlich, etc.) zu verdeutlichen und um zu zeigen woher das Material stammt, mit dem Nationen 'erfunden' oder konstruiert wurden.
Einem Ansatz, der Traditionen als willkürlich geschaffene Tatsachen begreift, ist eine Absage zu erteilen, wie auch bereits deutlich gemacht wurde. Es lassen sich aber bei Hobsbawm und Gellner Beispiele aufzeigen, die eine solche Position nicht rechtfertigen. Anderson fällt hier heraus, da er selbst diesen Ansatz kritisiert. Der Ansatz der 'Konstruktion' muß in Verbindung mit der Bürokratisierung und der zentralistischen Steuerung nationalistischer Ideen durch Staaten gesehen werden, damit er einen Sinn ergibt. Gellners Unterscheidung von Hochkultur und Volkskultur kann durchaus in diesem Sinne interpretiert werden. Eine Gesellschaft verehrt sich nach Gellner nicht länger selbst durch religiöse

---

[199] Vgl. Anderson 1996, S. 16.

[200] Vgl. Llobera 1994.

[201] Vgl. Llobera 1994, S. 85f.

[202] Im Kapitel 4.1 wird bereits auf das Konzept der 'erfundenen Traditionen' eingegangen, welches von Ranger an Beispielen aus Afrika vorgestellt wird. In der englischen Originalausgabe *Invention of Tradition* sind es Ranger und Hobsbawm, die diese Thesen vertreten (Hobsbawm als Herausgeber und Autor des Vorworts). Eine Kritik an dem Konzept wurde an obiger Stelle bereits vorgenommen und gilt daher auch für Hobsbawm in diesem Zusammenhang.

Symbole; sondern eine moderne, stromlinienförmige, bewegliche Hochkultur feiert sich selbst in Liedern und Tänzen, die sie von einer Volkskultur borgt (und in diesem Prozeß stilisiert). Die Volkskultur wird freundlicherweise als ewig, beharrlich und überdauernd verklärt.[203]
Die 'Erfindung' von Traditionen und die damit verbundenen Konstruktionen von Nationen dürfen nur als selektive Wahrnehmung, Rekonstruktionen und einem amnesiehaften Umgehen mit Geschichte verstanden werden, nicht aber als willkürlich geschaffene soziale Tatsachen, auch wenn sie häufig als solche erscheinen. Lloberas Betrachtungsweise der *longue durée* ist auch der Grund für seine Kritik an Gellner und anderen Autoren bezüglich des Verhältnisses von Kapitalismus und der Entwicklung des Nationalismus und der Nationen. Llobera kritisiert die reduktionistische Sichtweise Gellners und anderer, die Entstehung von Nationen allein auf den aufkommenden Kapitalismus bzw. in Gellners Fall auf einen Industrialismus zurückzuführen und dabei historisch gewachsene politische, soziale und kulturelle Entwicklungen der *longue durée* zu vernachlässigen.[204]
In ähnlicher Weise argumentiert A. D. Smith, wenn er eine breitere Perspektive bei der Untersuchung von Nationalismus fordert, die auch Rücksicht auf die kulturellen und politischen Gegebenheiten nimmt, da diese andere Muster und Charakteristiken haben als das wirtschaftliche System.[205]
Llobera akzeptiert einen Zusammenhang von Industrialismus / Kapitalismus insofern, als diese die Entwicklung von Nationalismen und Nationen beschleunigt, nicht aber ausgelöst haben. Seine Konzeption von Nation setzt die historische Betrachtung voraus, welche für die Nationen mit dem Mittelalter beginnen muß. Die nationalen Gefühle und - im Hobsbawm'schen Sinne - auch die protonationalen Gemeinschaften sind entscheidend und waren vor dem Kapitalismus bereits da. Sehr wohl trennt Llobera *moderne* Nationen von *vor-modernen*, richtet seinen Blick aber eher auf die daraus resultierenden Zusammenhänge als auf die Bedeutung des Kapitalismus für die Nationen und für die Ausweitung und Durchsetzung nationalistischer Ideen wie Anderson, Hobsbawm und Gellner es machen. Andersons Ausarbeitungen zum Verhältnis von Druckkapitalismus und Nationalismus stellen für Llobera ein gutes Beispiel für die gegenseitige Beeinflussung beider Phänomene dar, ebenso Giddens Konzept der Kommodifizierung von Zeit und Raum und Nationalismus, ein Ansatz, dem auch Anderson in seinen Ausführungen einige Bedeutung zukommen läßt.[206]

[203] Gellner 1991, S. 90.

[204] Vgl. Llobera 1994, S. 95ff.

[205] A.D. Smith 1995, S. 28, Smith bezieht sich hier nicht nur auf die Entstehung von Nationalstaaten im 18. und 19. Jahrhundert, sondern hält diese Mechanismen auch vor dem Hintergrund einer 'globalisierten' Weltwirtschaft für essentiell.

[206] Vgl. Llobera 1994, S. 104; A. D. Smith 1995, S. 2; Anderson 1996; vgl. auch Giddens 1991.

A. D. Smiths *Nations and Nationalism in a Global Era*[207] kann als Elaboration der Thesen von Anderson, Hobsbawm, Gellner und Llobera gesehen werden, wobei er selbst bereits in früheren Werken auf die ethnische Kontinuität bei der Analyse von Nationen hingewiesen hat.[208]
Der Schwerpunkt seiner Analyse ist das Verhältnis von Nationalstaaten und Globalität bzw. einer globalisierten Welt, in der eine paradoxe Situation besteht: *The coexistence of unifying and diversive, enlarging and fragmenting trends in contemporary society and politics.*[209]
Seine grundsätzliche Frage ist, ob Nationen gegen dieses Paradoxum der Fragmentierung und globalen Standardisierung bestehen können oder ob ihre Funktionen obsolet werden. Der Schluß, den er aus seiner Analyse zieht, ist, daß Nationen trotz Globalisierung auch weiterhin wichtige identitätsstiftende und mobilisierende Funktionen haben werden, da eine globale Ordnung auf dem Prinzip konkurrierender Nationalstaaten aufgebaut ist.[210]
Diese Funktionen sind auch - oder gerade - in einer paradox fragmentiert-homogenen Welt von Bedeutung, in der immer mehr ethnische Gruppen ihren Anspruch auf einen souveränen Staat geltend machen. Die Nutzung von Ethnizität für diese Identitäten durch den Nationalstaat ist für A.D. Smith eine Notwendigkeit, da nur so die vor-modernen Mythen und die 'ethnische' Geschichte nutzbar gemacht werden können, über die eine Identität 'konstruiert' wird.[211] A.D. Smith konzentriert sich in seiner Analyse auf die Bedeutung und Verwendung von Symbolen, Mythen und Massenkultur und ihre Verbreitung und Generierung durch moderne Massenmedien. In diesem Sinne kann die oben genannte Arbeit von A.D. Smith als eine Ausarbeitung und Weiterführung der Thesen von Anderson, Hobsbawm und Gellner gesehen werden, die sich mit den Möglichkeiten von Kommunikation und der Bedeutung und Vermittlung von Symbolen in ihren Arbeiten beschäftigt haben und in ihren Schlußfolgerungen und Ausblicken verstärkt darauf zurückkommen.
Die Grundlage bzw. Quelle für diese Mythen usw. bilden die ethnischen Ursprünge der Nationen oder nationalistischen Bewegungen, weshalb A.D. Smith auch moderne Nationen als gleichzeitig und notwendigerweise ethnisch und zivil- staatsbürgerlich (*civic*) begründet beschreibt.[212] Die ethnische Komponente dient dazu, einen nationalen Narrativ herzustellen, wobei Ethnizität und ethnische Identität und deren Symbole manipuliert und konstruiert werden. Ethnizität wird als Ressource von Nationalstaaten und Nationalismen benutzt.[213] Anders

---

[207] Vgl. A. D: Smith 1995.

[208] Vgl. A. D. Smith 1981, 1986 und 1995 S. 55ff.

[209] Vgl. A. D. Smith 1995, S. 144.

[210] Vgl. A. D. Smith 1995, S. 154.

[211] Vgl. A. D. Smith 1995, S. 97ff und 160; vgl. Nairn 1995.

[212] Vgl. A. D. Smith 1995, S. 99.

[213] Vgl. auch Sigrist 1994, S. 48 und 1995, S. 58f.

als Nairn[214] es hofft, wird ein ethnisch mitbegründeter Nationalismus nicht zugunsten eines 'nur' zivilen Nationalismus verschwinden, in dem verschiedene ethnische Gruppen zusammenleben, vereint von einer gemeinsamen Loyalität zum Staat, eine Situation wie sie Anderson, Hobsbawm und Llobera für die Frühphase der Nationen beschrieben haben.
Nairns Argument baut auf ähnlichen Prämissen auf wie das von A.D. Smith - einer 'Metropolisierung' der Staaten und damit einer Zersplitterung der Nationen durch die Folgen der Globalisierung und des Weltkapitalismus, den kleine Staaten wesentlich schlechter kontrollieren können. Darin sieht Nairn jedoch neue Möglichkeiten für einen zivilen Nationalismus, welcher durch das Ende des kalten Krieges und die dadurch positiv beeinflußten Bedingungen für demokratische Ideologien und Systeme möglich wurde.[215]
Rückgriffe auf ethnische Identität bzw. nationalistische Narrative, welche sich auf eine wie auch immer beschaffene Ethnizität beziehen, sind jedoch immer noch Realität. Es erscheint daher an dieser Stelle wichtig zu sehen, in welcher Weise Ethnizität von Staaten genutzt wird und zu welchen Zwecken ein Rückgriff auf solche 'vor-modernen' Identitäten nötig ist bzw. den jeweiligen Gruppen (Staat oder 'Ethnie') opportun erscheint. Hier zeigt sich die von Nairn an anderer Stelle gemachte Beobachtung der 'Janusköpfigkeit' von Nationen sehr deutlich[216], um so auffallender noch vor der Kulisse einer durch hochmoderne Kommunikationstechnologien vernetzten und globalisierten Welt.

## 4.25 Politisierte Ethnizität, Konstruktion und nationale Narrative

Wie aus der Analyse der Ansätze von Hobsbawm, Anderson und Gellner erkennbar wird, spielt Ethnizität - in vielen Fällen mono-ethnische Narrative - eine wichtige Rolle bei der Etablierung bzw. Schaffung eines Nationalstaates und ebenfalls in den meisten nationalistischen Bewegungen ohne einen eigenen Staat (Basken, Schotten, Iren, *Quebecoises* etc). In sehr unterschiedlicher Weise besteht dieses Verhältnis in fast allen Nationalstaaten bis heute. Auch in den post-kolonialen Staaten Afrikas und Asiens, wo die bürokratischen Kategorisierungen der Kolonialmächte immer wieder deutlich machen, wie willkürlich und oft auch verheerend solche Einteilungen im Endeffekt waren.
Die Nutzung dieser Kategorisierungen von den betroffenen Gruppen und ihre Verwendung für politische Zwecke zeigt, wie mächtig und wirkungsvoll diese Identitäten sind, um sie über eine kulturell identitätsstiftende Funktion hinaus zu politischen Zwecken zu benutzten. Das Beispiel der *New ethnicity* mit der *Affirmative action-* Politik ist dabei nur ein Beispiel (vgl. Kap. 4.3). Die Politisierung von Ethnizität ist dabei nicht nur die Strategie von Staaten, sondern sehr wohl auch von den

---

[214] Vgl. Nairn 1995, S. 98f.

[215] Vgl. Nairn 1995, S. 100ff.

[216] Vgl. Blaschke 1985, S. 171, wo er Bezug auf Nairn *The break up of Britain* nimmt.

Gruppen selbst, welche damit in verschiedenster Weise Politik betreiben. Der Zusammenhang von politisierter Ethnizität und Nation bzw. einem Nationalismus ist nicht zwingend, aber dennoch häufig. Ethnizität dient dabei als Mobilisierunsstrategie von Gruppen innerhalb eines Nationalstaates oder aber als Mittel der Politik des Nationalsstaates und seiner Bürokratien zur Etablierung nationaler Narrative und Diskurse, die meistens Ziele verfolgen, die jenseits der eigentlichen kulturellen und ethnischen Identität liegen, der sie sich bedienen. Dazu gehören z. B. die Ausgrenzungsdiskurse in den Ländern (Nationen) der Europäischen Union, die eine politische und gesellschaftliche Kontrolle über die in diesen Ländern lebenden Migranten (nicht-EU) über Ethnizität ausüben, wie z. B. bei der Verteilung von Geldern.[217] Giordanos[218] Ansatz einer Diskussion von Ethnizität, welche mit der Problematik ihrer Trägerschaft verbunden sein soll, kann bei der Betrachtung politisierter Ethnizität zumindest analytisch weiterführend sein. Er sieht Ethnizität einerseits getragen von sozialen Bewegungen, welche schwach strukturiert sind und welche aus kollektiven und spontanen Frustrationen heraus entstehen und andererseits von einem Identitätsmanagement, welches hierarchisch geordnet und organisiert ist und Ethnizität von 'oben' durch eine Elite oder eine Bürokratie steuert. Diese nach Giordano im Weberschen Sinne idealtypischen Einteilungen lassen dynamische Verschiebungen zwischen den beiden 'Polen' zu, womit dem von ihm deutlich gemachten prozeßhaften Charakter von Ethnizität Rechnung getragen wird. Es stehen sich damit nicht nur der Staat und eine lose und spontane ethnische (Protest-) Bewegungen gegenüber, sondern es können auch alle Varianten, die sich dazwischen ergeben, gedacht und analysiert werden. Dieses verhindert eine simple Verteufelung bzw. Überhöhung der jeweiligen Formen von Ethnizität, ethnisch motivierter Zusammenschlüsse oder ethnischer Kategorisierungen. Auch wenn Giordano nicht explizit von 'politisierter' Ethnizität spricht, lassen seine Analyse und sein Modell eine Anwendung darauf durchaus zu.

Politisierte Ethnizität stellt nicht zwangsläufig die eine 'Variante' von Ethnizität dar, so wie sie in den vorangegangenen Kapiteln diskutiert wurde. Während unter Ethnizität eine soziale Identität zu verstehen ist, die nicht mehr erfordert als die einfache Zugehörigkeit[219], so geht eine politisierte Ethnizität darüber hinaus. Die Politisierung von Ethnizität benutzt diese Zugehörigkeit mit dem Blick auf ein Ziel, welches kei-

---

[217] Vgl. Videlier 1997, S.10/11 zu der 'Ausländergesetzgebung' in Frankreich und dem Protest dagegen sowie: *Frankfurter Rundschau* vom 12. April 1997, S. 1 zur Überlegung der CSU, die Sozialhilfe bei Ausländern zu kürzen. Ähnliche Versuche stellt die aus gleicher Ecke kommende Überlegung einer *Asylcard* für Auländer dar, die politisches Asyl in Deutschland beantragten. Eine Idee, die seit 1994 nicht weiter verfolgt worden ist, zumindestens nicht öffentlich. Die Diskussion um die doppelte Staatsbürgerschaft und die von der SPD-Regierung unter Schröder vorgeschlagenen Kriterien für die Einbürgerung von Nicht-EU-Ausländern, hat ebenfalls Elemente in dieser Hinsicht - so dürfen Antragsteller nicht arbeitslos sein oder von der Sozialhilfe leben.

[218] Vgl. Giordano 1996, S. 133.

[219] Vgl. Maré 1993, S. 31.

ne essentielle Verbindung zu Ethnizität selbst hat. Politische Manipulationen stellen Ethnizität in den Dienst eines Wettkampfes um Macht und Einfluß mit anderen Gruppen. Ethnischer Nationalismus als eine Form politisierter Ethnizität macht aus sozialer Identität eine politische Orientierung, die erleichternd für politische Mobilisation und Organisation sind. Ethnische Identität ist hierbei nur eine Ressource im Kampf um Macht und wird ausschließlich darauf hin ausgerichtet, wie Maré ausführt. [220] Ähnliche Schlüsse zieht Jain für die gesellschaftspolitische Lage in Indien:

> "What one may say definitively about the emerging socio-economic and politico-cultural processes in the Hindi heartland and about comparable mainstream movements in India generally, is that these are not ethnic movements *per se* but ethnicity-based political movements."[221]

Jains Analyse der politischen Entwicklung im indischen Bundesstaat Uttar Pradesh legt das Zusammenspiel zwischen politischen Organisationen und ihrer Verwendung ethnischer Identitäten und Zuschreibungen offen. Die komplexen Strukturen, die Jain beschreibt und als politisierte Ethnizität benennt, lassen sich an einem weiteren Beispiel aus Indien im Einzelfall deutlich machen. Gemeint ist die Politik des *Hindutva*, des Hindu-Nationalismus.

### 4.26 Konstruktion und Ethnizität im Hindu-Nationalismus (*Hindutva*)

*Hindutva*, welches am besten mit 'Hindutum' übersetzt werden kann, wird in der sich damit beschäftigenden Literatur als eine Konstruktion bezeichnet, welche Elemente des Hinduismus für politische Zwecke und Ziele benutzt und besetzt[222]. Eines der Hauptargumente von *Hindutva* ist es, in der Nachfolge uralter Hinditraditionen zu stehen, um damit die Legitimation für ihr politisches Handeln zu etablieren und zu festigen. *Hindutva* ist ein Hindu-Nationalismus, der wie alle Nationalismen auf der Konstruktion von Symbolen und Narrativen sowie deren Verbreitung beruht.

Als Nationalismus ist *Hindutva* deshalb so interessant, weil hier verschiedene Elemente zusammenkommen, die deutlich machen, welche Folgen Bürokratisierungen für ethnische Bezeichnungen und Identität haben können und wie sich Gruppen aufgrund oder entgegen solcher Bürokratisierungen organisieren können. Der Hindu-Nationalismus befindet sich in der Mitte der beiden von Giordano aufgeführten Pole, gewissermaßen als eine bürokratische, nationalistische und soziale Bewegung, welche Kapital aus einem Identitätsmanagement schlägt (um bei den Termini Giordanos zu bleiben), welches einzig und allein der Konsolidierung von politischer Macht diente, nämlich der der britischen Ko-

[220] Vgl. Maré 1993, S. 43.
[221] Jain 1996, S. 223.
[222] Vgl. Randeria 1994; Chakrabarty 1995; Hancock 1995; Chaturvedi, J. und G. 1996.

lonialverwaltung in Indien. *Hindutva,* seine extrem-fundamentalistischen Spielweisen eingeschlossen, stellt keinen Rückfall in vor-moderne 'Tribalismen' dar, sondern ist viel mehr eng mit moderner Verwaltung verbunden.[223] Die entscheidenste Innovation der britischen Kolonialverwaltung in Indien waren die von ihr durchgeführten Volkszählungen, die unter anderem die Religions- und Kastenzugehörigkeit der Menschen festzustellen suchte. Diese Praxis wurde zum Grundstein für eine *Affirmative action* -Politik, einer positiven Diskriminierung, die bis heute die indische Gesellschaft und vor allem die politische Situation prägt und allgemein mit dem Begriff Kommunalismus beschrieben wird.[224]
Diese Zählungen und die damit einhergehenden Klassifizierungen von Bevölkerungs - und Religionsgruppen waren nicht allein auf Indien und die britische Kolonialverwaltung beschränkt. Anderson[225] beschreibt ähnliche administrative Unternehmungen für Indonesien, Malaysia und andere Regionen Asiens. Es wurden dabei Identitäten 'erfunden', die den Kolonialmächten eine Administration der verschiedenen Ethnien, Religionen etc. erleichtern sollte.
Für Anderson liegt darin der Grund für die Intoleranz der kolonialen Administratoren gegenüber multiplen, politisch -'transvestiehaften' verschwommenen oder wechselnden Identifikationen. Daher die sonderbare, innerhalb jeder Rassengruppe zu findende Subkategorie 'Andere'-, die nichtsdestoweniger auf keinen Fall mit anderen 'Andere' verwechselt werden durfte. Die Fiktion des Zensus besteht darin, daß jederman erfaßt ist und daß jeder einen - und nur einen - eindeutigen Platz einnimmt. Es darf keinen Raum für Unklarheiten geben. [226]
Für Chakrabarty und auch Randeria[227] ist diese Essentialisierung der vor-kolonialen Identitäten, die eher als *fuzzy* (Chakrabarty) und 'mit fließenden Grenzen' (Randeria) zu beschreiben waren, ein wichtiger Punkt, um zu verstehen, woraus *Hindutva* seine Argumentation und seine Narrative bezieht. Entscheidend aber ist, daß die einzelnen klassifizierten Gruppen diese Klassifikationen annahmen und sich entlang dieser Grenzen orientierten und organisierten.
Die bereits vorgebrachte Kritik[228] an den Thesen von Amselle läßt sich hieran abermals bestätigen, da das Beispiel der Einteilungen und deren Übernahme der jeweiligen Gruppen das Selbstorganisationspotential

[223] Chakrabarty 1995, S. 3375.
[224] Vgl. Dumont 1966/1976 S. 365ff;
[225] Vgl. Anderson 1996, S. 164ff. Er geht in dem Abschnitt auf die Geschichte solcher Zählungen ein, die auch solche von vor-kolonialen Herrschern einschließen, welche sich allerdings in ihrer Funktion unterschieden. Die Einteilungen vor-kolonialer Verwaltungen (z. B. in der malaiisch-javanesischen Welt) orientierten sich an den Steuerabgaben während die Einteilungen der europäischen Mächte eher Ordnungs- und Klassifikationseinteilungen waren.
[226] Anderson 1996, S.166.
[227] Vgl. Randeria 1994, S. 87; vgl. Chakrabarty 1996, S. 3376; vgl. Kapferer 1988, S. 91, der ähnliche Srukturen und Prozesse auf Sri Lanka beschreibt, die u. a. für die angespannte Situation zwischen Singhalesen und Tamilen mitverantwortlich sind.
[228] Vgl. Kap.3.

hervorhebt, welches von ihnen tatsächlich genutzt wird. Die britische Kolonialverwaltung 'erfindet' Klassifikationen, die jedoch auf tatsächlichen Identitäten beruhen, also nicht allein auf die administrative Phantasie der Beamten zurückzuführen sind. Daß dabei eine Essentialisierung und Erstarrung dieser Identitäten erfolgt, ist der entscheidene Punkt und nicht die 'Erfindung' dieser Kategorien. Durch die Essentialisierung aber eignen sich diese Kategorien hervorragend für andere Zwecke als die lebensweltlichen Alltagsidentitäten, die entgegen aller Klassifizierungen immer noch von Bedeutung für die Menschen sind. Die 'neuen Identitäten' haben ihre besondere Bedeutung im Bereich einer nationalen Öffentlichkeit, wo über diese Kategorisierungen politischer Einfluß ausgeübt werden kann. Die als *fuzzy* bezeichneten Identitäten und die politisch nutzbaren Kategorien existieren gleichzeitig nebeneinander und beeinflussen sich gegenseitig.[229] *Hindutva* bzw. die ihn repräsentierenden führenden Organisationen RSS, VHP und BJP[230] konstruieren diese nationale Identität auf der Grundlage einer als einheitlich propagierten Hindukultur sowie einer klaren Abgrenzung zu den Moslems und Christen. *Hindutva* essentialisiert damit die eigene Hindukultur sowie die der Moslems und Christen. Grundlage hierfür ist unter anderem der Kommunalismus mit seiner positiven Diskriminierung, der die Darstellung von religiösen und gesellschaftlichen (Kasten) Gemeinschaften als homogen fördert und die Abgrenzungen verfestigt, welche, wie bereits angeführt, nicht unbedingt dem täglichen Leben vieler dieser Gruppen entsprechen.[231] Wie kompliziert das Verhältnis der einzelnen Kasten untereinander, etwa in Bezug zu den 'Unberührbaren' (*Dalits*) ist machen Chaturvedi und besonders Jain in ihren Beitrag deutlich. Als ein Bespiel für die Beziehungen zwischen Unberührbaren und höheren Brahmanen Kasten führt Jain folgendes an:

> "To be an untouchable is not to be excluded from the culture of caste, but it is to possess this culture in a thinner and less convincing form. Implicit in Berreman's characterisation of rural untouchables in a Himalayan village in north India is also the 'contradictory consciousness' of hegemony. In a short critique of Dumont's structural theory of caste, Berreman claims that when he presented his version of the Dumontian model to rural untouchables, 'they laughed, and one of them said, you have been talking with Brahmins' (Berreman 1971:16-23)"[232]

---

[229] Vgl. Chakrabarty 1995, S. 3377.

[230] RSS: Rashtriya Swayamsevak Sangh (*National Voluntary Organization*); BJP: Bharatiya Lanata Party (*Indian People's Party*); VHP: Vishwa Hindu Parishad (*World Hindu Council*) nach Chaturvedi J. und G. 1996, S. 5.

[231] Vgl. Randeria 1994; Chafturvedi J. und G. 1996; bereits Dumont hat in einem Anhang zum *Homo Hierarchicus* auf die Entstehung einer Dichotomie von Moslems und Hindus im Zusammenhang von Kommunalismus und Nationalismus hingewiesen, vgl. Dumont 1966/1976, S. 65ff.

[232] Jain 1996, S. 219.

*Hindutva* negiert in ihrem Anspruch auf eine 'hinduistische' Nation nicht nur den multiplen Charakter (in Bezug auf ethnische Gruppen als auch auf das Kastenwesen) des indischen Staates, wie er seit der Unabhängigkeit besteht (diese Charakteristika hatte Indien natürlich auch bereits vor seiner Unabhängigkeit), sondern auch die Heterogenität der Hindu-Gemeinschaft selbst, deren Existenz als 'eine' Gruppe auf die Kolonialzeit zurückgeht, wie Randeria bemerkt und wie auch weiter oben bereits ausgeführt wurde. Die Forderung nach einen 'Hindustan' auf dem Gebiet des heutigen Indien, in dem sich fremde Gruppen an die 'Hindukultur' assimilisieren müßten, prägen u.a die Ideologie der *Hindutva*.[233] Diese Ideologie und die damit einhergehenden politischen Strategien der *Hindutva*-Organisationen setzen damit verstärkt auf eine Identität durch Abgrenzung zu den 'Anderen', d. h. den Muslims und den Christen , und auf eine Festsetzung der eigenen Hindukultur, womit ihr der dynamische und vielfältige Charakter genommen wird.[234] Beides führt zu einer Radikalisierung der eigenen als auch der anderen Gruppen. Im Falle der Hindus selbst sehen sich die *Hindutva*-Organisationen allerdings mit weiteren, nicht auf die 'Anderen' zu übertragenden Problemen gegenüber: Die Frage der Unberührbaren und der sogenannten *scheduled tribes*.[235]
Chaturvedi[236] haben in ihrem Beitrag die Probleme herausgestellt, die sich aus den Interaktionen und multi-ethnischen Diskursen in Bezug auf die *Hindutva*-Ideologie ergeben. Dabei ist es die Unmöglichkeit der exakten Trennung der Identitäten innerhalb der Hindukultur, bzw. ihre Festsetzung allein auf sogenannte *Hindu mainstream culture*, welche nicht definiert ist und damit ihrer Aussage nach ein entscheidendes Problem für die *Hindutva*-Bewegung darstellt. Denn auch die Moslems und Christen nähern sich über Symbole, Namen und Rituale einem 'Hindu Mainstream' an, so daß die Grenzen wieder verschwommener werden und zu einer Radikalisierung der *Hindutva* führen.
Die radikale Haltung und die Angriffe auf 'die Anderen' - etwa die Zerstörung der *Babri Masjid* Moschee 1992 - kann als Versuch gewertet werden, die Brüche, welche in der Hindu-Gesellschaft bestehen, zu überbrücken bzw. sie aus dem Diskurs um politische Teilhabe und die Hegemonie der oberen Kasten auszublenden.[237]

---

233 Vgl. Randeria 1994, S. 82ff.

234 Vgl. Chakrabarty 1995, S. 3378; Imhasly 1998, S. 5, sieht in den Atomtests der inzwischen regierenden Partei RSS im Mai 1998 ein Symbol zur Identitätsstiftung, die eine Zurückweisung des 'Anderen' mit dem Stolz auf die eigene technische Leistung verbindet. Die Instrumentalisierung von Ethnizität - in Form einer hinduistischen Bombe- wird hier besonders deutlich.

235 Zum Verhältnis der *scheduled tribes* zur indischen Gesellschaft, speziell zur Hindu-Gesellschaft vgl. Pfeiffer, Georg 1996: *The scheduled Tribes of India*. Vortrag zur Tagung *Asian Minorities Cultures in Transition*.

236 Vgl. Chaturvedi, J. und G. 1996, S. 8.

237 Vgl. Randeria 1994, S. 97ff.; Jain 1995; Chaturvedi, J. und G. 1996, S. 6 und 17ff.

In diesem Zusammenhang ist auch eine Arbeit von Hancock[238] interessant, die sich mit der Vermittlung von *Hindutva*-Ideologien im Süden Indiens beschäftigt. Die Vermittlung fand hier über Rituale statt, die vordergründig eine Gleichheit zwischen den Kasten und Klassen herstellte, während diese aber *de facto* nie in Frage gestellt wurden, sondern nur naturalisiert und damit überspielt wurden. Ausgehend von einer bürgerlichen städtischen Elite wurde hier versucht, die Kastenunterschiede unter den Narrativ einer Nation zu subsumieren. Das Fehlschlagen dieses Versuchs schreibt Hancock folgendem Umstand zu:

> "Critics have in fact described it [Jan Kaylan, die so genannte *Hindutva*-Bewegung in Tamil Nadu. Anm. d. A.] as a Brahmanical version of *Hindutva* camouflaged by a thin veil of social reform, an aspect that probably accounts for its failure in Tamil Nadu."[239]

Damit wird noch einmal die Schwierigkeit solcher Ideologien, besonders vor einem derart komplexen Hintergrund, wie er in der indischen Gesellschaft vorzufinden ist, deutlich. Das Beispiel der *Hindutva* als eine Form politisierter Ethnizität sollte die Unterschiede zu einer ethnischen Identität als dynamischer und offener Identität verdeutlichen. Gerade im Zusammenhang mit nationalen Narrativen wird dabei die Widersprüchlichkeit dieser konstruierten und politisch genutzten Identitäten deutlich. Das gilt auch im Falle von *Hindutva*, welches eine konstruierte nationale Hindu-Identität vermittelt, die gegen die tatsächlichen Lebenspraktiken und Identitäten in Indien durchgesetzt werden muß, dabei allerdings in erster Linie auf eine begrenzende negative Gemeinschaftsbildung zurückgreifen kann. Dieses schließt allerdings die Wirksamkeit der Ideologie für politische Zwecke nicht aus, sondern erhellt nur den Zusammenhang von Ethnizität und nationalen Narrativen.
Daß *Hindutva* gerade von den in der Diaspora lebenden Indern eine große Unterstützung (finanziell wie ideologisch) erfährt, verwundert dabei nicht weiter, sind es doch gerade die *Expatriates*, welche in den 'fremden' Gesellschaften nach einer Identität suchen. Daß eine Ideologie, welche die Essenz einer Identität als Basis hat, auf besonders fruchtbaren Boden fällt, ist nur allzu verständlich, nicht zuletzt angesichts der oftmals feindseligen Aufnahmegesellschaften, in denen die Migranten leben.[240]

---

[238] Vgl. Hancock 1995, S. 919f.

[239] Hancock 1995, S. 911.

[240] Vgl. Randeria 1994, S. 93f; Rushdie 1995, S. 164;; S;.vgl. Hancock 1995; Kapferer 19??, S. 3, im Zusammenhang mit Dumonts Werk und dem Begriff *Communalism;* Chaturvedi, J. und G. 1996.

4.27 Schlußfolgerungen.

Die vorangegangene Diskussion hat gezeigt, daß das Verhältnis von Ethnizität zu Nation und Nationalismus komplex und offensichtlich entscheidend für nationale Narrative und Ideologien ist. Das Beispiel des 'Mehrheits-Ethnizismus' der *Hindutva* ist nur eines von vielen, in dem Bedeutung und Verwendung von Symbolen, Ideologien und die 'Konstruktion von Kultur' auf der Basis von vorhandenen ethnischen Grundlagen ineinanderspielen. Nationen und Nationalismen sind also weniger 'Erfindungen' und Konstruktionen im Sinne einer Willkürlichkeit, als vielmehr Bedeutungsnarrative, die sich ethnische Identitäten zu eigen machen, bzw. diese und damit zusammenhängende Mythen, Rituale und Symbole verändern, in andere Kontexte setzen oder sie neu interpretieren. Untersuchungen zu Nationalismen in Ostasien zeigen, daß ähnliche Mechanismen wie sie von Anderson, Hobsbawm, Gellner und Llobera für Europa bzw. den 'Westen' aufgezeigt wurden, auch bei der Entstehung von Japan, Korea und China als Nationalstaaten von entscheidender Bedeutung waren, auch wenn die damit vom Westen übernommenen Standards, wie Robinson in Anlehnung an Chaterjee ausführt, bei den Nationalisten der nicht-westlichen Welt eine ambivalente Interpretation ihrer eigenen Kultur aufnötigte, sahen sie doch, daß ihre eigenen kulturellen Wurzeln und Traditionen (*legacy*) nicht in der Lage waren, die Entwicklungsstandards zu generieren, die der Westen ihnen vorexerzierte.[241] Aber auch in den nicht-westlichen Gesellschaften und Nationen werden die Identitäten und Kulturen, aus denen die Nationalismen ihre Bedeutungen ziehen, 'essentialisiert', d. h. auf einige Merkmale reduziert, die nicht zwingend den alltäglichen Identitäten und Kulturen der Menschen und Gruppen entsprechen müssen, die deren Quelle darstellen, wie dieses in der Diskussion von *Hindutva* deutlich wurde.

Entscheidend für die Beziehung ist, daß in allen Fällen die Mitwirkung eines Identitätsmanagements - wie Giordano es nennt - eine Rolle spielt. Das kann ein Staatsapparat sein, die Eliten politischer Parteien oder sozialer Bewegungen, die sich auf eine gemeinsame ethnische Identität berufen. Dabei werden nicht nur die eigenen ethnischen oder kulturellen Wurzeln essentialisiert, sondern es wird zusätzlich ein 'anderes Gegenüber' geschaffen, welches in einem strikten Gegensatz zum 'Eigenen' steht. Im Falle der *Hindutva* sind dieses die Moslems; im nationalen Narrativ der Singhalesen auf Sri Lanka stellen dieses 'Andere' die Tamilen dar, deren antagonistische Stellung in den Mythen und Ritualen der buddhistischen Singhalesen verankert ist, z. T. sogar im Nachhinein als eine 'Konstruktion' des Nationalen.[242]

Die Beispiele für solche 'Fremdbilder' sind nahezu unerschöpflich. Ihre Besonderheiten sind ihr monolithischer Charakter, der oftmals sehr verschiedene Gruppen und Identitäten unter einen gemeinsamen Begriff

[241] Robinson 1993, S. 173.

[242] Vgl. Kapferer 1988 und 1989.

subsumiert (Gastarbeiter, Asylanten in Deutschland[243], *Asians* in Großbritannien für alle asiatischen Einwanderer[244], *Mohairs* in Pakistan[245] etc.) und das darüber bereitsgestellte Selbstorganisationspotential.
Diese Fremdbilder oder *Images* umfassen auch 'Wesenszüge' der jeweiligen Gruppe, wie McKay[246] am Beispiel der Tibeter und ihrem von den Briten konstruierten Bild des 'friedvollen' Volkes zeigt, welches wie McKay deutlich macht, tatsächlich nicht unbedingt so friedvoll ist, wie es vorgibt zu sein. Ein solches Bild trägt somit ein Selbstorganisationspotential in sich, welches eine Gruppe ausnutzen kann. Ein ähnliches Bild, welches ebenfalls die britische Kolonialmacht von den Hindus entworfen hatte, beeinflußte maßgeblich die *Hindutva* Bewegung:

> "Of equal significance is the ambivalent self-image and self-identity projected by *Hindutva*. The Orientalist notions, popularized by orientalists like Max Muller about Hindu being a creature of extreme tolerance, further fueled by British constructs of the 'tolerant, gentle Hindoo' standing in need of deserving state protection particularly against the depredations of Muslims, ... [ ]. The aforementioned British constructs paved the way for gouvernmental intervention on Hindu religious affairs in the pre-independence era, so much so that R.E. Frykenberg holds that the Indian Empire became, for all practical purposes, a *de facto 'Hindoo Raj'*. [ ] It was the easiest thing for them to internalize the construct of the western orientalists and start perceiving themselves in a new self image. Their self image underwent a transformation and life started imitating the newly acquired images of the 'natives'. But what was true of the English-educated elite was not necessarily true of the non-English speaking vast mass of the 'native' natives whose self-perception continued to be as before, unaffected by the transformed self-image of their English-speaking brethren."[247]

Was sich in diesen Bildern und anderen ähnlich verfahrenden 'Ethnisierungen' ausdrückt, sind Diskurse der Ein- und Ausgrenzung, welche ein konstitutives Element von Nationalismen darstellen, ein- und ausgrenzend und damit kontrollierbar auf der Basis essentialisierter Identitäten[248].
Diese Essentialisierungen der Selbst- und Fremdbilder spiegeln sich in den unterschiedlichen nationalen und nationalistischen Ideologien und Narrativen wider. Dabei verdrängen diese Ideologien die eigentliche

---

[243] Vgl. u. a. Castles 1987 und 1992; Bade 1992.

[244] Vgl. Watson 1980; Rushdie 1983/1995, S. 115.

[245] Vgl. Ahmed 1996; Rushdie 1983/1995. Huntingtons 'Clash of Civilizations' kann in diesem Sinne als Versuch gewertet werden, in einer scheinbar post-nationalen (Post-Kalten Krieg?) Zeit eine so funktionierende Dichotomie zu erhalten bzw. zu konstruieren, ohne dabei im geringsten auf die Vielfältigkeit und Heterogenität der von ihm entworfenen Kategorien zu achten. Zu einer Kritik Huntingtons vgl. Kramer 1996, S. 58ff.

[246] Vgl. McKay 1997.

[247] Chaturvedi J. und G. 1996, S. 10.

[248] Vgl. Robinson 1993, S. 172; Giordano 1996, S. 135.

Flexibilität und Dynamik von Nationalismen[249] bzw. ihrer ethnischen Grundlagen, indem sie ihre jeweilige Geschichte vereinfachen und in simple Dichotomien auflösen - 'Wir' gegenüber den 'Anderen' - ohne eine Dynamik dieser Zuschreibungen zuzulassen. Nationen werden als 'von Anfang an' gegeben angesehen. Dabei zeigen gerade die Analysen nationalistischer Entwicklungen, daß diese selbst sehr instabile und mannigfaltige Prozesse waren, was allerdings - wie Anderson bereits anmerkte - 'vergessen' wird, um als Nation eine Zukunft zu haben.
Kapferer argumentiert daher, daß eine Untersuchung der nationalistischen Ideologien deren ontologische Grundlagen mit einschließen muß, um die Realitäten solcher Ideologien zu erfassen. Ideologien und ein nationalistischer 'Tunnelblick' (*tunnel-vision*) schmälern die Variabilität der Bedeutungen innerhalb dieser Ontologien, welche einer Einengung zum Trotz weiterhin vorhanden und Teil eines Altagslebens sind. Die Gefahr von Ideologien liegt für Kapferer vor allem in den Beschränkungen von Bedeutungen und in der Eingrenzung der interpretativen Möglichkeiten von Ontologien, in welchen ein Nationalismus (als ein extremes Beispiel) letztendlich überhaupt erst begründet liegt.[250]
Kapferer sieht diese *lived realities*, wie er es nennt, z. B. in den buddhistischen Ritualen der Singhalesen auf Sri Lanka oder in den Trinkritualen- und Gewohnheiten australischer *mates*. Beides verkörpert in ihrem jeweiligen ontologischen Zusammenhang einen Teil der nationalen Ideologie Sri Lankas bzw. Australiens.[251] Politisierte Ethnizität oder in vielen Fällen auch nur eine 'ethnisierte Politik' gründet ihren Erfolg auf der erfolgreichen Interpretation vorhandener Symbole, Rituale, Mythen etc., die dem Alltagsleben der Menschen und Gruppen entnommen worden sind oder einen Bezug dazu aufweisen. Die Umdeutung und Nutzung im Rahmen einer Ideologie, die dann wiederum diese Symbole essentialisiert und ihrer Dynamik beraubt, muß als Erfolg eines Identitätsmanagements betrachtet werden. Dabei bedienen sich solche Identitätsmanagements sehr häufig auch der Selbstorganisationspotentiale, die eine ethnische oder kulturelle Identität bereitstellen kann[252].

## 4.3 *Ethnic revival* und *New-ethnicity* in den USA

Das Bild der USA als ein Schmelztiegel, in dem die Immigranten zu einer homogenen amerikanischen Gesellschaft zusammenschmelzen, wie noch zu Beginn dieses Jahrhunderts angenommen wurde, ist nicht länger aufrechtzuhalten. Die USA sind eine pluralistische Gesellschaft.
Deutlich wurde das spätestens in den 60er und 70er Jahren, als verschiedene Einwanderergruppen ihre kulturellen und ethnischen Besonderheiten betonten und sich als eine ethnische Gruppe unter anderen

[249] Vgl. Robinson 1993, S. 172.
[250] Vgl. Kapferer 1989, S.167; vgl. Kapferer 1988, S. 17ff.
[251] Vgl. Kapferer 1988.
[252] Vgl. Sigrist 1994; 1996; Giordano 1996.

innerhalb der Gesellschaft darstellten und damit Forderungen nach einer besonderen Berücksichtigung ihrer "ethnischen" Belange stellten. Angehörige der dritten oder vierten Generation von Einwanderern entdeckten ihre historischen Wurzeln wieder und betrieben ein *ethnic revival*. Mit ein Grund für das Aufkommen des *ethnic revivals* waren die *Affirmative-action-programs*[253] der Regierung, welche u. a. auf Forderungen der Bürgerrechts-Bewegung in den 60er Jahren zurückgingen. Diese Unterstützungsmaßnahmen sollten in erster Linie den benachteiligten schwarzen, hispanischen und indianischen Bevölkerungsteilen zu gleichen Chancen in der amerikanischen Gesellschaft verhelfen.
Das Gefühl der Benachteiligung gegenüber diesen Gruppen ließ längst an die amerikanische Gesellschaft assimilierte Einwanderer sich neu zu ethnischen Gruppen organisieren.
Es war eine Reaktion auf die neue staatliche Fürsorge und auf die liberale Parteilichkeit für Schwarze und Indianer. Die symbolische Botschaft aller Reformprogramme im letzten Jahrzehnt war 'nur für Schwarze'. Für Schwarze und Chicanos und amerikanische Indianer ist ethnisches Bewußtsein eine anerkannte Sache, aber für andere amerikanische ethnische Gruppen ist es anscheinend unmoralisch, so Elschenbroich in einer Einschätzung eines der Probleme, welches mit den *Affirmative-action*-Programmen aufkam.[254] Unmoralisch deshalb, weil damit in den Augen der ausgeschlossenen, meist Weißen Bevölkerungsgruppen eine 'umgekehrte Diskriminierung' ausgeübt wurde, wie Holub es nennt. Daß 1995 die *Affirmative-action*-Programme von dem staatlichen *University of California* System abgeschafft wurden, muß als konsequentes Ende dieses Protestes, unterstützt von den veränderten gesellschaftlichen und politischen Bedingungen, zu diesem Zeitpunkt gesehen werden. Dadurch werden jedoch wieder diejenigen Studenten höhere Bildungschancen genießen, die in der *Post-affirmative-action*-Epoche über bessere Finanzen verfügen, während den Mittellosen dieser Genuß versagt bleibt, so Holubs Einschätzung.[255]
Die Wiederentdeckung ethnischer Zugehörigkeit - häufig beschränkt auf den Namen -, die mit *New-ethnicity* umschrieben wird, ist in Verbindung mit den beschriebenen *Affirmative-action*- Programmen zu sehen. Der in diesem Maße bis dahin unbekannte Organisationsgrad der schwarzen Bevölkerung wurde davon beeinflußt, als die Bürgerrechtsbewegung diese Programme erst möglich machte. Dabei gibt es einen Unterschied in der Bedeutung von ethnischer Identität bei den europäischen Einwanderergruppen einerseits und den durch die Programme eigentlich angesprochenen Minderheiten und benachteiligten Gruppen wie den Frauen in den USA andererseits. Das *ethnic revival* der 60er und 70er Jahre beschreibt im besonderen die Entwicklung der weißen

[253] Vgl. Elschenbroich 1986, S. 133; Heckmann 1992, S. 129f.

[254] Elschenbroich 1986, S. 133f; vgl. Holub 1998 S. 45.

[255] Vgl Holub 1998, S. 49, die auch darauf hinweist, daß 1996 die Bürger/innen Kalifornien gegen eine *Affirmative action* -Politik in ganz Kalifornien stimmten; ebenfalls 1996 befand ein Gericht in New Orleans *Affirmative action* als verfassungswidrig.

europäischen Gruppen, auch wenn sie eng mit der Situation anderer ethnischer Gruppen (vor allem der *African-Americans*) zusammenhängt. Es ist daher wichtig, bei einer Darstellung der Prozesse der *New-ethnicity* diese Gruppen zu trennen, da sich Bedeutung und Ausdrucksformen der Ethnizität von beiden Gruppen (*white ethnics* und *African-Americans*) deutlich unterscheiden.[256]
Die Identität der schwarzen Amerikaner, die sich in den 60er Jahren herausbildete, ist das Ergebnis einer langen Entwicklung.Ihre Stellung in der amerikanischen Gesellschaft und ihre Geschichte in den USA sind der Grund für die Unterschiede zur *New-ethnicity* der *white ethnics*.[257] Ihre Stellung und Wahrnehmung in den USA war (und ist auch heute teilweise noch) geprägt durch den Rassismus der "weißen" amerikanischen Gesellschaft. Dazu zählen auch die europäischen Immigranten, die sich am Anfang dieses Jahrhunderts mit ihnen im Kampf um industrielle Arbeitsplätze befanden.[258] Außerdem wurden sie immer als eine Rasse gesehen und nicht als eine ethnische Gruppe. Im Gegensatz zu den anderen Immigranten konnten sie nur sehr ungenau angeben, woher sie bzw. ihre Vorfahren kamen. Bewegungen, die versuchten eine gemeinsame Identität herzustellen, betonten dann auch entweder ihre afrikanische Herkunft oder ihre Hautfarbe (*Back-to-Africa-Movement, Black Muslims, Black Panthers*, etc.).[259] Einige Forderungen dieser Bewegungen waren (und sind es teilweise noch) eher nationalistisch orientiert und sahen u. a. eine Separation von der amerikanischen Gesellschaft in einem der Staaten der USA als ein Ziel an. Die Interessen der *white ethnics* gingen von Anfang an in eine völlig andere Richtung, nämlich der Nutzung von Ethnizität für politisches und gesellschaftliches Handeln im Rahmen der bestehenden Ordnung der USA. Das hängt unter anderem damit zusammen, daß die weißen Immigranten in den USA immer daran glauben konnten aufzusteigen. Es blieben bei allen Unterschieden immer die Schwarzen unter ihnen (*down below*), wie es ein Interviewpartner in Studs Terkels 'Ethnographie' *Race* zur Situation der *African-Americans* in den USA ausdrückt.[260] Das ethnische Rivival unter den amerikanischen Schwarzen fasst A. D. Smith daher in mancher Hinsicht als analog zu den klassischen Erscheinungen des osteuropäischen Nationalismus und des ethnischen Separatismus in Afrika und Asien auf.[261]

---

[256] Vgl. Steinberg 1981, S. 50; Smith 1981, S. 160.

[257] Ich möchte mich aus Gründen der Übersichtlichkeit bei diesem kurzen Vergleich auf die Gruppe der *African-Americans* beschränken, obwohl ich mir der Situation anderer Minderheiten bewußt bin. Eine simple Übertragung ist nicht möglich, das generelle Argument wird jedoch auch so deutlich.

[258] Vgl. Steinberg 1981, zur Entwicklung auf dem Arbeitsmarkt, bezüglich schwarzer Amerikaner und den europäischen Immigranten Ende des 18. Jhd., Anfang des 19. Jhd..

[259] Vgl. A. D. Smith 1981, S. 160; Parsons 1975, S. 78ff.

[260] Vgl. Terkel 1992, S. 11.

[261] Vgl. A. D. Smith 1981, S. 161f.

Bis heute sind derartige Stimmen nicht verstummt, sondern fordern nach wie vor eine Segregation anstatt einer Integration der *African-Americans* in die amerikanische Gesellschaft.[262]
Die Bezeichnung *African-Americans*, mit der heute üblicherweise die schwarze Bevölkerung der USA sowie ihre Kultur und Geschichte benannt wird, zeigt, wie wichtig der Name für diese Gruppe ist. Als Amerikaner konnten sie sich in ihrer ganzen Geschichte nur sehr bedingt identifizieren, und mit veränderten Bedingungen wechselten daher auch ihre Selbstbezeichnungen, von *Negro*, über *Coloured* und *Black* (auch heute noch sehr gebräuchlich, z. B. als *black community* oder *black artists*) bis hin zu *African-American*. *African-American* drückt somit ihre Herkunft und auch deutlich ihre gegenwärtige Stellung bzw. ihr Selbstverständnis innerhalb der amerikanischen Gesellschaft aus. Um so provokanter wirkt es, wenn sich radikale *African-Americans* als "Nigger" bezeichnen, um deutlich auf die aktuelle Situation aufmerksam zu machen, in der Rassismus, Benachteiligungen, Armut etc. noch immer an der Tagesordnung für Amerikaner mit dunkler Hautfarbe sind, wie auch die von Terkel gesammelten Interviews und Erzählungen nachdrücklich deutlich machen.

> "'Ich bin kein Farbiger, kein Schwarzer, kein Neger und auch kein Afro-Amerikaner - ich bin ein Nigger!' singt zum Beispiel der Rapper Ice-T. Damit schlägt er dem schwarzen Establishment ins Gesicht, zu dem auch die einst kämpferischen Anführer der Bürgerrechts-Bewegung und ihre Familien zählen. Es ist ein Schlag, der sitzt, weil der Kampf um die Gleichberechtigung auch immer mit dem Kampf um ihren Namen verbunden war."[263]

Während die Selbstbezeichnung und ethnische Identität der *African-Americans* Teil ihres täglichen Lebens ist, bedeutet es für die europäischen Immigrantengruppen nur eine Identität von vielen. Die Ethnizität dieser Gruppen ist nur noch eine symbolische Ethnizität, ein symbolisches System unter vielen. Elschenbroich nennt vor allem eine demoralisierende Stimmung am Ende der 60er, Anfang der 70er Jahre als Grund für eine Rückbesinnung auf das 'Ethnische'.
Dieser Umschlag, so Elschenbroich, läßt sich alles in allem nur begreifen als Folge des 'Endes der Wachstumsgesellschaft', welche sich Anfang der 70er Jahre ankündigte. Vieles in der Wende zum 'privaten Maß' - die *Oral-history*-Bewegung, die Suche nach den 'Wurzeln', die Romantisierung von Nachbarschaft - sieht sie als eine Reaktion auf die Erschütterung des amerikanischen Produktivismus. Die *white ethnics* fühlten die Bedrohung am stärksten; ihre traditionellen Arbeitsbereiche - Stahl, Automobilindustrie - waren durch die Rezession und Computerisierung besonders bedroht. Anfang der 70er Jahre schließlich wurden Wahlanalysen zunehmend in ethnischen Kategorien, und immer seltener in

[262] Vgl. Heider 1996, zur Geschichte und den verschiedenen Strömungen eines schwarzen Nationalismus in den USA.
[263] Diederichsen 1993.

Schichtkategorien vorgenommen.[264] Es entstanden in dieser Zeit in Amerika eine Vielzahl von Publikationen über Ethnizität einzelner ethnischer Gruppen. Eine Flut von Gutachten sollte feststellen, ob in dem einen oder anderen Fall eine Diskriminierung einer ethnischen Gruppe stattfand. Etwa 75% der Ethnizitätsliteratur wurden nach 1965 erstellt. Vieles davon ist redundant, wie Elschenbroich meint.[265]
Außerdem wurden eine Reihe von Instituten gegründet, die sich dem ethnischen Erbe Amerikas widmen sollten. Viele von ihnen konnten sich nicht halten oder existieren heute als *Ethnic studies departments* in den Universitäten weiter. Eines dieser Institute, das auch heute noch existiert, ist das *Balch-Institute for Ethnic Studies* in Philadelphia. Hier findet alles statt, was man sich in Amerika unter *ethnic* vorstellen möchte, von Tagungen über das "ethnische" Amerika bis hin zu ethnischen Kochkursen. Elschenbroich formuliert diese Bandbreite folgendermaßen:

> "Das Balch liegt in einer bestimmten Weise richtig in seinem harmlos Affirmativen Verhältnis zu ethnicity. Das ethnische Erbe muß erforscht, archiviert, den Leuten nahegebracht und die Ethnicity-Forschung popularisiert werden! Problematisiert wird hier wenig. 'Platz ist für alle' - diesen Optimismus und diese unverbindliche ethnische Toleranz strahlen die Ausstellungen und die Newsletters aus."

Das Ethnische - so schließt Elschenbroich - ist so nichts Beunruhigendes, es stellt die integrierte amerikanische *ethnicity* jenseits von Konflikten dar. Ein Betrieb, respektabel wie andere Forschungs- und Serviceeinrichtungen auch, auf vor allem *amerikanische* Weise publikumswirksam, hygienisch und komfortabel.[266]
Die *New-ethnicity* ist zu einer symbolischen Ethnizität geworden. Die Unterschiede zwischen der vierten Generation von Einwanderern und den als Anglos bezeichneten *Mainstream*-Amerikanern sind kaum noch vorhanden. Um sich aber in die Gesamtgesellschaft einzuordnen, müssen die ethnischen Gruppen schrittweise ihre Ethnizität anpassen, sich amerikanisieren, so daß von einer echten italienischen (griechischen, etc.) Identität nicht mehr gesprochen werden kann. Die vierte Generation kennt nur mehr die amerikanische Version der ethnischen Identität ihrer Mütter und Väter.
Diese *symbolic ethnicity* ist den Bräuchen und Bedürfnissen der amerikanischen Gesellschaft angepaßt und ist in allen Bereichen des täglichen Lebens anzutreffen, als ethnische *rites de passage* und Zeremonien, ethnische Kulinaritäten und Konsumartikel, ethnische Charaktere in TV-*Sitcoms* und Filmen sowie als Identifikationen mit dem 'alten' Land. Nicht zuletzt ist auch ein gestiegenes Interesse an der Geschichte verschiedener ethnischer Gruppen in den USA als auch in ihren Herkunfts-

---

[264] Elschenbroich 1986, S. 139; vgl. auch A. D. Smith 1981, S. 154; Glazer 1975, S. 18f; Gans 1992 zur Situation der Nach-1965-Immigranten in den USA.
[265] Vgl. Elschenbroich 1986, S. 114f.
[266] Elschenbroich 1986, S. 115.

ländern damit erklärbar, wobei das Interesse mit der Entfernung von der USA steigt.[267]
Ethnizität stellt sich hier hauptsächlich nostalgisch und folkloristisch dar. Für die Generationen, die sich weitgehend in der amerikanischen Gesellschaft eingerichtet haben und zum großen Teil zur Mittelklasse zählen, ist diese symbolische Ethnizität aber der einzige Weg, sich von der immer noch sehr dominanten WASP-Gesellschaft abzugrenzen.[268]
Dessen ungeachtet haben ethnische Organisationen und Lobbies viel erreicht. *Ethnic studies* werden an fast jeder Universität angeboten und *ethnicity* ist ein Teil des amerikanischen Kulturbetriebes. Durch diese Erfolge sieht Elschenbroich eine De-Ethnisierung der Gruppen schneller voranschreiten. Durch Organisation und die Durchsetzung ihrer Forderungen nach einer eigenen anerkannten Ethnizität haben sie ihre Ethnizität kooptierbar für den amerikanischen Mainstream gemacht und somit auch verschwinden lassen, denn wenn ethnisch sein in irgendeiner Weise Teil einer amerikanischen Identität ist, hat Ethnizität nicht mehr Bedeutung als andere Identitäten (Klasse, Alter, Geschlecht) auch.[269] Das *ethnic revival* in den USA ist nicht zu vergleichen mit anderen *ethnic revivals*, die nationalistisch bzw. regionalistisch orientiert sind und deren Ziele und Entwicklungen völlig andere Ausrichtungen besitzen.[270] Das heißt allerdings nicht, daß Ethnizität generell nur noch eine symbolische Rolle in den USA spielt und als eine Identität unter vielen steht. Es ist vielmehr festzustellen, daß traditionalistische Ethnizität und reale ethnische Bindungen bei bestimmten Gruppen immer noch eine entscheidende Rolle spielen. Im Gegensatz zu den *white ethnics der* Mittelklasse pflegen Angehörige der Arbeiterklasse und unteren Mittelklasse ihre ethnische Identität auf eine andere Weise. Traditionen spielen in ihrem Leben immer noch eine große Rolle. Wie bereits gesehen, kann man die Ethnizität der *African-Americans* sowie der Mexikaner, Chicanos, Puerto Ricaner und vieler neuer Einwanderergruppen aus Asien nicht mit der europäischer Einwanderer der vierten Generation vergleichen. Der Stellenwert von Ethnizität ist hier ungleich höher und hat eine tatsächliche Bedeutung für das tägliche Leben und Überleben in der amerikanischen Gesellschaft. Die Unruhen im Mai 1992 in Los Angeles und Atlanta, wo sich in einigen Stadtteilen die Wut der *African-Americans* an koreanischen Einwanderern und ihren Geschäften entlud, zeigt deutlich, daß es in den USA ein friedliches Nebeneinander aller ethnischen Gruppen, bei aller Betonung ethnischer Vielfalt und Gleichberechtigung, nicht gibt. Die Unruhen fanden nicht zuletzt auf Grund einer immer noch anhaltenden Benachteiligung der schwarzen Bevölkerung statt und sind daher auch als ein Klassenproblem zu betrachten, das sich an ethnischen Grenzen manifestiert. Der Grad der

[267] A.D. Smith 1981, S. 157.
[268] WASP steht für *White-Anglo-Saxon-Protestant*. (Weiße angelsächsische Protestanten)
[269] Vgl. Elschenbroich 1986, S. 143.
[270] Vgl. A. D.Smith 1981, S. 8f und 159.

Bedeutung von Ethnizität für einzelne Gruppen hängt in den USA immer noch sehr stark davon ab, zu welcher ethnischen Gruppe sie gehören und in welcher ökonomischen Position sie sich befinden. Außerdem spielt auch die Hautfarbe immer noch eine nicht unbedeutende Rolle. *African-Americans,* die zur Mittelklasse zählen, befinden sich dabei in einer besonders prekären Situation: Ihnen wird vorgeworfen, ihre Ethnizität zu leugnen und die Gruppe zu verraten, denn nach der Moral vieler schwarzer Separatisten sind nur arme Schwarze 'richtig' schwarz, wie Diederichsen bemerkt. Die neue Mittelschicht steckt deshalb in einer Zwickmühle: Mit dem Aufstieg übernahmen sie auch viele Werte der weißen Mittelklasse, wie die Überzeugung, daß sich Lernen und Leistung später auszahlen würden. Man verspottet die schwarzen Aufsteiger auch als 'Onkel Toms', weil sie angeblich jeden Morgen mit einer lächelnden Maske für den weißen 'Master' ins Büro gehen.[271] Diese 'Aufstiegsfalle', wie sie sich für *African-Americans* hier präsentiert, zieht sich durch die Geschichte der Emanzipation dieser Bevölkerungsgruppe, wie Heider in ihrem geschichtlichen Abriß immer wieder hervorhebt.[272] Natürlich gibt es auch andere Entwicklungen, die einen gemeinsamen Weg der Verständigung suchen. Angesichts der aktuellen Situation in den USA ist das aber nicht die leichteste Aufgabe.

Das Kapitel zeigt an einem konkreten Beispiel sehr deutlich, wie Ethnizität als strategische Ressource genutzt werden kann, auch wenn sie dazu erst 'konstruiert werden muß. Es zeigt sich aber auch, daß Ethnizität nicht losgelöst von Klasse und (in diesem Fall nicht thematisiert) Geschlecht gesehen werden kann. Die Strategien, die über Ethnizität organisiert werden können, hängen nicht ausschließlich von dem Willen der Gruppe selbst ab, sondern auch von ihrem Umfeld und dem überlassenen Raum. Ethnizität als essentielle Identität, wie in einigen Varianten eines schwarzen Nationalismus in den USA, ist daher eher eine Reaktion auf die vorzufindenden Verhältnisse als ein genuines Gemeinschaftsbewußtsein, was durch den Elitencharakter vieler dieser Bewegungen deutlich wird. Aus der Auseinandersetzung mit den eigentlichen Ursachen von Diskriminierung Rassismus, etc. können sich mit Hilfe von Ethnizität jedoch neue Formen von Identität bilden, deren selbstorganisatorisches Potential auch dabei helfen kann, Klassengrenzen zu überwinden. Ethnizität darf dabei jedoch nicht andere politische und ökonomische Verhältnisse verdecken. Der in den USA geführte Diskurs über die Rassenunterschiede, speziell im Hinblick auf die schwarze Bevölkerung, versucht etwa in Form einer Beweisführung zur minderen Intelligenz (Bell-Kurve) der *African-Americans* genau diese Probleme auszublenden.[273]

---

[271] Vgl.Diederichsen 1993.

[272] Vgl. Heider 1996, besonders S. 148ff.

[273] Vgl. Heider 1997, S. 65, zur *Bell-Kurve*, ihrem intellektuellen und gesellschaftlichen Hintergrund und seinem Urheber, dem Autor Charles Murray, der sich in seinen Büchern vor allem gegen einen Egalitarismus und Humanismus wendet. Andere Objekte seiner Kritik sind Wohlfahrtsempfänger und Nicht-Priviligierte, denen qua soziobiologisch-kultureller Erklärung ihre niedere Stellung und Ausbeutung erklärt und gerechtfertigt wird.

# 5
# Ethnizität: Differenz, Gewalt und Ursprung

Die vorausgegangenen Kapitel beschäftigten sich in der Hauptsache mit den Funktions- und Erscheinungsweisen von Ethnizität sowie der begrifflichen Definition des Phänomens Ethnizität. Dabei blieb eine Frage bis jetzt unbeantwortet, die im Hintergrund der eher definitorischen Kapitel immer mitschwang: Warum stellt Ethnizität (in allen ihren Formen) nach wie vor eine starke Ressource zur Abgrenzung, Selbstorganisation oder Kategorisierung dar?
Die Bestimmung der Kriterien und Merkmale von Ethnizität oder die Beschreibung der Funktionsweise von Ethnizität in ihrer politisierten Form geben auf diese Frage keine befriedigenden Antworten. Daher gilt es hier nach Ursachen zu suchen, die so essentiell für Kulturen und Gesellschaften sind, daß sie in bestimmten Situationen darauf zurückgreifen. Und es scheint so zu sein, als ob diese Voraussetzungen ständig präsent sind, anders als andere Ressourcen, die nur gruppen-, schicht- oder klassenspezifisch zur Verfügung stehen, auch wenn sie nicht immer eine tragende Rolle spielen.
Für eine solche philosophisch-anthropologische Betrachtung von Ethnizität bietet sich die Theorie von René Girard an, da sie - ohne sich explizit auf den Begriff der Ethnizität zu beziehen - elementare Strukturen menschlicher Gesellschaften beschreibt, die bei genauerer und kritischer Betrachtung eine Reihe wichtiger und ergänzender Aspekte für eine Beantwortung der oben gestellten Frage bereitstellt. Dieses vor allem im Hinblick auf die Diskussion von 'Ethnizität als Selbstorganisation' im nächsten Kapitel, wo die Beantwortung der Frage nach dem 'Warum Ethnizität?' wichtig für die Weiterführung dieses Ansatzes sein kann.
Die Verwendung des Ansatzes von Girard ist nicht so zufällig, wie es hier auf den ersten Augenblick scheinen mag. Auch wenn er sich nicht auf Ethnizität oder kulturelle Identität im weitesten Sinne bezieht, gibt es eine Reihe von Punkten, die eine Analyse von Ethnizität anhand dieses Ansatzes rechtfertigen.
Differenz (im Sinne einer Unterscheidung), Gewalt und Ursprung stellen - vereinfacht gesagt - die Eckpfeiler des Girardschen Ansatzes und spielten auch in der bisherigen Analyse von Ethnizität immer wieder eine Rolle, so daß eine Betrachtung anhand dieser Punkte sich aufdrängt.
Differenz ist hierbei der offensichtlichste dieser Punkte, der spätestens seit Barth explizit als ein Merkmal für Ethnizität genannt wird. Barth - zur Erinnerung - sieht Ethnizität als ein dynamisches Verhältnis von

Grenzen, die ein Außen und ein Innen beschreiben. Antweiler beschreibt verkürzt gesagt Ethnizität als eine Leitdifferenz, anhand derer die Zugehörigkeit zu Gruppen geregelt wird. Ähnliches beschreibt Thomas, wenn er von der *inversion of tradition* spricht und die Differenz von Gruppen in deren Komplementarität sieht. Im Zusammenhang mit Nationen und ihrer Verwendung ethnischer Merkmale und ethnisierter Politik bekommt Differenz eine tragende Bedeutung, nämlich dann, wenn es darum geht, die Mitglieder der Nation zu bestimmen und in bestimmten Fällen ihre Feinde, bzw. die Nichtmitglieder, welche aber auf dem Gebiet einer solchen Nation leben, z. B. ethnische oder nationale Minderheiten, Einwanderer, Pariagruppen. *Nationalism* - wie Kapferer ausführt - *achieves much of its energy in the celebration of difference and of 'unique' experience.*[274]
Daß eine Differenz, wie sie von ethnischen oder nationalen Gruppen verbreitet wird, in erster Linie ein Narrativ ist, der sich ändern kann, bzw. der in vielen Fällen (wie etwa bei der Bildung von Nationalstaaten) erst geschaffen werden mußte - und mit ihm die entsprechenden Abgrenzungen, wirft die Frage auf, welche Mechanismen die Entstehung solcher Differenzen begünstigen oder ursprünglich generieren. Weiterhin ist es dann interessant zu sehen, wie solche Differenzen tradiert und erhalten werden, ganz gleich um welchen Gesellschaftstypus es sich dabei handelt.
Hieran schließt sich fast nahtlos die Frage nach dem Urspungs an, dem zweiten Element der Theorie von Girard. Bereits Amselle rekurriert in seiner *logique métisse* auf den opferkultischen Ursprung im Sinne Girards im Zusammenhang mit ethnischer Identität:

> "Certes, chaque société, si primitive soit-elle, est productrice d'une ethnologie spontanée en ce qu'elle a besoin d'une altérité dévalorisée pour créer sa propre identité ou pour fonder son propre socius et en ce sens la logique de la victime émissaire telle qu'elle a été décrite par R. Girard se trouve ici verifiée."[275]

Ethnische Mythen und Mythologien, Legenden und nationale Epen sowie deren Ideologien erzählen von diesen Ursprüngen und den *unique experiences* (Kapferer s.o.), in denen die einzigartigen Identitäten und die Differenzen in eine unbestimmte Vorzeit verlegt, somit ontologisiert und für alle Zeiten festgeschrieben werden.
Eine Vermittlung dieser Ursprünge und der damit transportierten Ideologien und Narrative findet über Rituale und Symbole statt, welche elementar für ethnische Identitäten oder Nationalismen sind. Solche Urspungserzählungen schließen die Ambivalenzen und fragmentarischen

[274] Kapferer 1989, S.164.

[275] Amselle 1990, S. 38. Amselle führt Girard hier an, um seine These der 'erfundenen Ethnien' zu unterstreichen. Für eine Kritik dieser Thesen siehe Kapitel 3.3 in dieser Arbeit. In diesem Zitat wird ein Aspekt angesprochen, der aber von Amselle als solcher nicht wahrgenommen wird, nämlich das Potential der Selbstorganisation über Ethnizität aufgrund eines gemeinsamen Ursprungs durch ein 'versöhnendes Opfer'.

Strukturen ethnischer oder nationaler Identitäten nicht aus, sondern sind ein Teil von Ethnizität, welche zu sehr unterschiedlichen Zwecken genutzt werden kann.
So können solche Ursprungsmythen als Orientierung für Gesellschaften dienen, welche darüber Status, Zugehörigkeit und andere wichtige Belange (über entsprechende Rituale) zur Gruppe regeln. Forth[276] hat derartige Mechanismen im Zusammenhang mit dem *pa sése-* Festival in Zentral-Flores beschrieben. Dort werden im Verlauf des Rituals, welches in seinem Kern den Tausch bzw. das Verschenken von Büffeln und deren Schlachtung vorsieht, die Hierarchien und inner- und außergesellschaftlichen Beziehungen neu geordnet, junge Krieger initiiert (durch ihre Beteiligung an der Büffeltötung) sowie die Ursprünge der Gesellschaft gefeiert und damit die Einheit der Gesellschaft. Das Blut, das dabei vergossen wird, spielt eine zentrale Rolle und symbolisiert laut Forth, *human blood or the equivalent of human blood, so that the return that is made to the earth can be seen to express or effect a rather direct and reciprocal form of exchange for the life that humans have derived from it.*[277]
Das Ritual hat noch weitere Funktionen und ist nicht fixiert auf eine 'Ursprungskomponente', es ist jedoch in diesem Zusammenhang interessant, welche Rolle diese Thematik dort spielt.
Ursprungsmythen und Erzählungen unterschiedlicher Art können benutzt werden, um wie in vielen Nationalismen die Fundamente von Ideologien zu stellen, über welche die Ausgrenzungen anderer Gruppen, deren Diskriminierung oder Verfolgung gerechtfertigt wird.
Womit sich das dritte Element der Girardschen Theorie anschließen ließe: Gewalt.
Die blutigen Erzählungen vieler Nationen von Schlachten und Märtyrern sowie die oftmals gewalttätigen mit Ethnizität begründeten Konflikte legen eine Affinität von Ethnizität und Gewalt nahe. Aber nicht nur die 'ausgelebte' Gewalt der Konflikte, sondern auch deren Kontrolle und Tradierung lassen sich mit Differenz und Ursprung und den Narrativen von Ethnizität in Verbindung bringen. Die Existenz von Gesellschaften (und Staaten im besonderen) ist vom Prinzip der Kontrolle der Gewalt und ihrer Abwendung von der Gesellschaft abhängig.
Um zu zeigen, in welcher Weise Ethnizität von diesen Elementen abhängt und ob überhaupt ein Verhältnis zwischen Ethnizität und der Theorie von Girard besteht, wie hier von mir angenommen wird, bedarf es zuerst einer kritischen Darstellung der Theorie von Girard. Auf dieser Grundlage lassen sich dann die Verbindungen - wie sie oben bereits angenommen wurden - zu Ethnizität analysieren und eventuell eine Antwort auf die Frage 'warum Ethnizität?' finden.

[276] Vgl. Forth 1989.
[277] Forth 1989, S. 515

## 5.1 Girard und der Sündenbock

René Girard, der eigentlich Literaturwissenschaftler ist, hat über die letzten 30 Jahre hinweg seine Thesen der mimetischen Gewalt und des Sündenbocks entwickelt. Angefangen mit Arbeiten zu Flaubert, Stendhal und Proust (*Mesonage romantique et vérité romanesque*, 1961) über Dostojewski *(Dostoïevski: du double a l'unité*, 1963) und andere literaturwissenschaftliche Arbeiten hat er mit *La Violence et le sacré (1972)* seine Thesen zur Mimesis um eine kulturanthropologische Komponente ergänzt, welche er in *Des choses cachées depuis la fondation du Monde* (1978) und *Le Bouc-émissaire (1982)* erweitert und auf den Punkt bringt.[278] Es sind vor allem seine eindrucksvollen Interpretationen (*readings*) der griechischen Mythologien und Tragödien sowie der Bibel, speziell der Evangelien, anhand derer er seine Thesen weiterentwickelt. Daß dieses und seine Verwendung ethnologischen Materials nicht immer unproblematisch ist, wird bei der Darstellung des Ansatzes versucht deutlich zu machen.

Die Grundlage seines Ansatzes ist folgende Konstruktion, die die wesentlichen Faktoren bereits beinhaltet: Eine Gesellschaft sieht sich einer Unordnung gegenüber, bzw. steckt in diesem Chaos mittendrin. Es findet eine Aufhebung der Differenzen statt, eine *Entdifferenzierung*, die eine *Gewalt* aller gegen alle nachsichzieht. Girard bezeichnet dieses als *Opferkultkrise.* Der einzige Ausweg aus dieser Krise der Entdifferenzierung ist die Gewalt aller gegen einen, d. h. gegen einen *Sündenbock* (*bouc émissaire*),der, als Opfer dargebracht, die *Einheit* der Gesellschaft wiederherstellt. Dieses Opfer wird auch als das *versöhnende Opfe*r (*victime émissaire*) bezeichnet. Im Zuge der Zerstörung des Opfers wird es sakralisiert, d. h. es repräsentiert das Heilige. Das Opfer ist demnach die Gefahr und die Einheit der Gesellschaft, eine Ambivalenz, aus der seine besondere Bedeutung heraus zu erklären ist.

Mythen sind die Festschreibungen und Verklärungen dieser *ursprünglichen Gewalt*, in denen die Beziehung des Heiligen zur Gesellschaft dargestellt wird. In den Ritualen wird über diese Mythen auf die ursprüngliche Gewalt Bezug genommen, um sie beispielsweise in Form von Tieropfern oder der Versprachlichung von Opferriten zu kontrollieren.[279]

Für Girard stellt die kollektive Gewalt eine Maschinerie zur Mythenherstellung dar, die es zu erkennen gilt, um der Verklärung von Gewalt entgegenzuwirken.[280]

---

[278] Vgl. Dumouchel 1988, S. 1ff.

[279] Vgl. Forth 1989 und allgemein Literatur zu Riten. Dieser Aspekt des Ansatzes von Girard ähnelt sehr Durkheims Sichtweise, worin sich eine Gesellschaft über ihre Rituale und Mythen selbst anbetet, das Heilige sozusagen durch ein *conscience collective* selbst produziert, gemäß Girard, um die Gewalt aus der Gesellschaft zu verbannen. Vgl. Durkheim 'Les formes élementaires de la vie religieuse'. Zur Versprachlichung der Riten und des Sakralen siehe Müller 1996, S. 9f, Livingston 1988 und Yamaguchi 1988.

[280] Vgl. Girard 1988, S. 77.

McKenna, der in seiner Analyse Derrida und Girard in Bezug auf Gewalt und Differenz hin vergleicht, bringt diese Argumentation Girards auf den Punkt:

> "The victim is sacralized for representing the origin of both the community and unanimous violence that ends with the destruction of the victim. The sacred is just this quid pro quo, which takes the effect of violence for its cause; the sacred is this misconstruction of its origin by the community."[281]

Die Gemeinschaft hat sich damit über eine *retrogenesis* selbst produziert, indem sie sich einen Ursprung nachträglich zugeschrieben hat.[282] Genau dieser Prozeß, den Girard in seinen Thesen des Sündenbocks und der ursprünglichen Gewalt detailliert beschreibt, soll hier als Ansatzpunkt für eine Diskussion von Ethnizität dienen.
Es geht dabei um den Widerspruch von primordialer Ethnizität, bzw. einer mutmaßlichen Ontologie von Gesellschaften und der eher dynamischen Ethnizität, mit ihren situativen Zuschreibungen und veränderbaren Grenzen, bis hin zu Konstruktionen von Identitäten, wie etwa im Falle vieler Nationen. Es wurde auf dieses Problem bereits mehrfach in den vergangenen Kapiteln hingewiesen, ohne daß eine tiefergehende Analyse dieses Widerspruches vorgenommen wurde. In Girards Thesen werden die Gründe für diesen Widerspruch deutlich, dessen Mechanismen sich nicht nur für den Bereich der Ethnizität, verstanden als kulturelle Identität einer Gemeinschaft/Gesellschaft (oftmals 'vor-moderne' Ethnien, ethnische Gruppen), sondern auch bei den durch diese Identitäten beeinflußten Prozessen moderner Gesellschaften beobachten lassen (politisierte Ethnizität, Transnationalität, Migration etc.).

## 5.2 Differenz und Entdifferenzierung

Für Girard beginnt alles mit einer Krise, die in den verschiedenen Texten unterschiedlichen Charakter hat und unterschiedlich bezeichnet wird, aber dem selben Prinzip unterliegt, dem der Entdifferenzierung. Welches auch immer die wahren Ursachen sein mögen, jene Krisen, die nach Girard die Auslöser breiter kollektiver Verfolgungen sind, werden von den Betroffenen stets mehr oder weniger gleich erlebt. Als stärkster Eindruck bleibt in jedem Fall das Gefühl eines radikalen Verlustes des eigentlichen Sozialen zurück - der Untergang der die kulturelle Ordnung definierenden Regeln und 'Differenzen'.[283]
Diese Entdifferenzierungen - die Aufhebung der Unterschiede - haben einen konfliktuellen Charakter und sind mit Gewalt und einem ursprünglichen Chaos verbunden. Es ist gerade das Fehlen dieser Differenzen,

[281] McKenna 1992, S. 15.
[282] Vgl. McKenna 1992, S. 16.
[283] Girard 1988, S. 23f.

das problematisch wird, nicht die Differenz an sich, denn diese ist ordnend.[284] Das Vokabular der Vorurteile von Stämmen, Nationen usw. drückt nicht den Haß auf die Differenz, sondern auf ihr Fehlen aus. Nach Girard sieht man nicht den anderen *nomos* im Anderen, sondern die Anomalie, nicht die andere Norm, sondern die Abnormität, demnach der Behinderte verkrüppelt wird und der Fremde staatenlos. Im Gegensatz zu dem, was erzählt wird, sind die Verfolger nie von der Differenz besessen, sondern immer vom unaussprechlichen Gegenteil, der Entdifferenzierung, wie es Girard nennt.[285]
So hat die Diskussion über die Entstehung der Nationalismen in den vorangegangenen Kapiteln gezeigt, mit welchem Eifer solche Differenzen auf sprachlich-kultureller, geographischer und ideologischer Ebene konstruiert und politisch durchgesetzt wurden. Ein Beispiel aus jüngerer Zeit, das die Tragik fehlender Differenz deutlich machen kann, ist der Zusammenbruch des Ostblocks, speziell Yugoslaviens, mit den daran anschließenden Kriegen in Kroatien, Bosnien-Herzegovina und jüngst im Kosovo. Jahrelang unterdrückte Identitäten, bzw. ignorierte Differenzen, konnten sich frei entfalten und taten dieses auf allen Ebenen. Und obwohl die Differenzen zwischen Serben, Kroaten und der moslemischen Bevölkerung nicht unüberbrückbar waren und am deutlichsten allenfalls in der jeweiligen Religionszugehörigkeit ihren Ausdruck fanden, wurden auch auf sprachlicher und kultureller Ebene Differenzen 'konstruiert', die unter anderen Umständen keine Rolle gespielt hätten.[286] Daß es hierbei auch um handfeste machtpolitische und wirtschaftliche Interessen ging, darf dabei nicht vergessen werden. Ihre Durchsetzung und die Unterstützung der Strategien waren nur über die Mobilisierung solcher 'Entdifferenzierungsbilder' möglich.
Für den Fall eines gemeinsamen Europas zeigen Morley/Robins[287] ähnliche Strategien, um Differenzen aufzubauen. Bei ihrer Darstellung solcher Differenzen wird vor allem der konstruierende Aspekt deutlich, da sich Europa vor dem Hintergrund der verlorengegangenen 'Ost vs. West-, Kapitalismus vs. Kommunismusgegensätze neu definieren muß. Die Angst vor den Fremden, den 'Anderen' auf dem eigenen Territorium ist dabei am größten. Es ist dabei nicht so sehr die Angst vor dem 'Anderen' an sich, wie Morley und Robins[288] meinen, sondern eher die Angst vor einem diffusen 'Anderen', welches diese Grenzen mißachtet, eindringt und damit entdifferenziert. Der Umstand, das 'Andere' zu repräsentieren, macht diese Gruppen aber auch zu den bevorzugten Opfern, mit und durch die ein Ausweg aus der Krise gesucht und bis zu einem gewissen Grad auch gefunden wird.

---

[284] Vgl. Girard 1982, S. 177 und 1988, S. 49.Die Themen solcher Entdifferenzierungen können die 'feindlichen Brüder' oder Zwillinge im allgemeinen sein, wie etwa in ethnographisch festgehaltenen Mythen oder in den griechischen Tragödien, sowie der sogenannte mimetische Wunsch.

[285] Girard 1988, S. 36f.

[286] Vgl. Girard 1997, S. 122ff; vgl. Senjkovic 1995.

[287] Vgl. Morley/Robins 1995.

[288] Vgl. Morley/Robins 1995, S. 188f.

### 5.3 Opfer und Stereotypen der Verfolgung.

Die Auswahl der Opfer und der Verlauf der Krise folgt einem 'kulturübergreifenden Schema kollektiver Gewalt', welches Girard mit Hilfe der Stereotypen der Verfolgung erklärt. Bei seiner Analyse verschiedener Texte (historische als auch mythische und ethnologische) macht er deutlich, wie diese Stereotypen funktionieren und jene Texte zu 'Verfolgungstexten' umfunktioniert werden.

Vor allem aber wird durch die von ihm beschriebenen Stereotypen deutlich, wie die Auswahl der Opfer getroffen und die anschließende kollektive Gewalt legitimiert wird. Wann immer in einem mündlichen oder schriftlichen Zeugnis von direkt oder indirekt kollektiven Gewalttätigkeiten die Rede ist, muß die Frage gestellt werden, ob folgende Stereotypen enthalten sind:

1. Die Beschreibung einer gesellschaftlichen und kulturellen Krise, also einer allumfassenden Entdifferenzierung - erstes Stereotyp;
2. Ein 'entdifferenzierendes' Verbrechen - zweites Stereotyp;
3. Ob dieser Verbrechen bezichtigte Personen die Zeichen der Opferselektion, paradoxe Zeichen der Entdifferenzierung besitzen - drittes Stereotyp.

Das vierte Stereotyp ist dann die Gewalt selbst, die legitimiert aus den ersten Dreien folgt.[289]

Es müssen nicht immer alle Stereotypen nebeneinander vorkommen, um in einem Text eine Verfolgung festzustellen. Das Vorkommen allerdings läßt darauf schließen, daß es sich um eine reale Krise handelt und die Auswahl der Opfer aufgrund von 'Opferzeichen' geschieht und nicht, wie in der Vorstellung der Verfolger geglaubt wird , zurecht aufgrund 'wirklicher' Verbrechen, die den Opfern angelastet werden. Bezeichnend für eine Verfolgung ist die Einbildungskraft der Verfolger, durch die ein Vergehen den Opfern als ein 'ontologisches Attribut' zugeschrieben wird.[290]

Für Girard ist es allerdings nicht die Einbildungskraft der Ästheten oder Literaten, von der er redet, sondern von der Einbildungskraft der 'naiven' oder auch 'unbewußten' Verfolger, die eine Pest mit dem Vergiften der Brunnen durch die Juden[291] erklären oder eine andere Katastrophe mit Inzest und Vatermord, wie im Ödipusmythos, in Verbindung bringen. Girard sieht auch im Mythos und den ethnologischen Texten die gleichen Mechanismen der Verfolgerstereotypen als vorhanden an. In allen Texten gibt es reale Opfer und reale Gewalt, welches eine Analyse von Mythen, Verfolgertexten und ethnologischen Texten verbindet[292]

---

[289] Vgl. Girard 1988, S. 38.

[290] Vgl. Girard 1988, S. 57.

[291] Girard beginnt sein Buch 'Der Sündenbock' mit einer Analyse eines Textes aus dem 14. Jh. von Guillaume de Machaut *Le Jugement du Roy de Navarre* , in dem es um den Zusammenhang von Pest und die den Juden angelastete Vergiftung der Brunnen geht. Girard macht an diesem Text seine These der Verfolgertexte deutlich.

[292] Vgl. Chilton 1992, S. 17; vgl. auch Girard 1988, S. 43.

Diese Einbildungskraft verdeckt die wahren Kriterien der Auswahl der Opfer nämlich ihre Kennzeichnung als Opfer.
Für Girard bleibt vor allem ein einziges Stereotyp in diesen Mythen zu entdecken, nämlich das bevorzugte Zeichen der Opferselektion. In sämtlichen Mythologien der Welt wimmelt es von Hinkenden, Einäugigen, Einarmigen, Blinden und anderen Behinderten, (und 'Pestkranken in Hülle und Fülle'), argumentiert er weiter.
Neben häßlichen gibt es andererseits auch außergewöhnlich schöne, makellose Helden. Girard folgert nicht, daß die Mythologie die Beliebigkeit selbst sei, vielmehr wende sie sich mit Vorliebe den Extremen zu, und eben dieses kennzeichnet, wie er sagt, die verfolgungsspezifische Polarisierung.[293]
Es ist das Thema des 'Fremden', welches hier bedient wird und das sich nicht nur in den Mythen, sondern durchaus auch in aktuellen Darstellungen wiederfinden läßt. Damit verbunden ist auch die Vorstellung des 'Monströsen', *which are but a figure of speech for the unknown* [294], welches nicht die Realität, sondern deren Wahrnehmung beeinflußt.
Morley/Robins haben gezeigt, wie solche 'Monster' - oder weniger drastisch ausgedrückt die 'Fremden' -, das 'Andere' ganz allgemein konstruiert und wahrgenommen werden und welche Folgen das haben kann. Das 'Andere' - so führen sie aus - ist eine Gefahr für die eigene Sicherheit und Integrität derer, die eine gemeinsame Heimat (*common home*) teilen. Fundamentalismus und Xenophobie betrachten sie als zwei Seiten derselben Medaille.[295] Ein solcher negierender 'Mechanismus' ist in besonderer Weise mit dem Phänomen der Nationalstaaten verbunden, wo eine eindeutige Abgrenzung zur Schaffung einer homogenen Einheitsnation nötig war. Andere Vergesellschaftungsprinzipien, wie etwa Königreiche oder auch sogenannte staatenlose, 'vor-moderne' Gesellschaften, wie sie von der Ethnologie untersucht werden, weisen häufig davon abweichende Konzepte der Inkorporierung von Fremden auf. Fremde sind hier häufig Teil der gesellschaftlichen Konzeption, z. B. als Könige oder zur Erfüllung bestimmter Aufgaben, die nicht von den Mitgliedern einer Gruppe selbst ausgeübt werden können.
Die Selektion der Opfer funktioniert auch heute nach den von Girard beschriebenen Stereotypen der Verfolgung, ganz gleich ob es sich um die Verschwörungstheorien der US-amerikanischen *Militia*-Bewegung handelt oder um ethnische und rassistische Fremdbilder, die einem 'Anderen' entsprechende 'monströse' Eigenschaften zuschreiben und

[293] Vgl. Girard 1988, S. 50f; 1982, S. 398 im Zusammenhang mit den rituellen Opfern, die er eher als 'randständig', denn als fremd ansieht, da sie als rituelles Opfer bereits zur Gemeinschaft gehören, aber durch ihre Stellung die Opferfunktion erfüllen können, z. B. Sklaven, Kinder oder Vieh.

[294] McKenna 1992, S. 198.

[295] Vgl. Morley/Robins 1995, S. 89 Dabei spielen in zunehmendem Maße die Massenmedien (TV, im besonderen) eine wichtige Rolle bei der Konstruktion solcher Fremdbilder des 'Anderen'; vgl. auch Brand 1995 zur Feindbildkonstruktion in deutschen Tageszeitungen während des zweiten Golfkrieges.

ihm damit die Schuld an Arbeitslosigkeit, Gesellschaftszerfall etc. zuschreiben. Der Zusammenhang von Nation und einer 'negativen' Ausgrenzung des Opfers wird an diesen Beispielen besonders deutlich.[296] Die Auswahl der Opfer ist willkürlich in dem Sinne, als sie in keinem, außer in einem kollektiv konstruierten und als wahr geglaubten Zusammenhang zur eigentlichen Krise stehen. Die Opfer sind Sündenböcke und damit unschuldig. Dieser Mechanismus funktioniert allerdings nur dann, wenn die Verfolger sich dessen nicht bewußt sind.[297] Mit Hilfe der Mythen werden diese Verzerrungen der Verfolgung zementiert, indem das Ursprungs-Opfer sakralisiert wird:. Somit wird die Scheinursache des Chaos zur Scheinursache der Ordnung, denn tatsächlich ist es ein Opfer, das die bedrohte Einheit der dankbaren Gemeinschaft wiederherstellt, zuerst als Gegenüber, dann als Mitte dieser Einheit.[298] Im Zusammenhang mit Rassismus und ausgrenzenden und negierenden Opferselektionen scheint sich allerdings auch der Punkt der sakralen Erhebung aufzulösen.
Generell wird dieser Mechanismus jedoch in den Mythen verklärt und das Opfer sakralisiert, um die Gemeinschaft zu einen. Ethnizität beruht primär auf einer Identität, die auf Gemeinsamkeiten gebildet wurde, im Gegensatz zu rassisch bzw. rassistisch begründeten Abgrenzungen, welche auf dem Ausschluß anderer basieren. Mythen stellen die Authentizität und Ursprünglichkeit von Ethnizität her, ganz gleich wie flexibel eine In- und Exklusion in der Realität sind und gehandhabt werden. Die Verklärung des Sündenbockmechanismus ermöglicht es, durch die Sakralisierung des Opfers aus einer Verfolgung eine Identität zu bilden, die subjektiv auf der Basis von Gemeinsamkeiten beruht. Nur so kann ein ontologischer Glaube an eine primordiale Ethnizität entstehen sowie ideologisch begründet und verwendet werden.[299] Das Prinzip des Sündenbocks bleibt aber unverständlich, wenn nicht die Rolle der Gewalt, die dem Opfer entgegengebracht wird, näher betrachtet wird.

## 5.4 Gewalt, Sakralisierung und Moderne

Die Bedeutung der Gewalt ist zentral in den Thesen von Girard, denn ohne sie gibt es keinen Ursprung und keine Differenzen, somit auch keine Gemeinschaft bzw. Gesellschaft. Gewalt und ihre Beherrschung durch Gewalt .- etwa durch Rituale, die, wie bereits gezeigt, rituelle Opfer fordern - ist ein zentrales Thema ethnischer und nationaler Mythen und somit essentiell für die damit verbundenen Identitäten.
McKenna faßt das Dilemma des Zusammenhanges von Gewalt, Ursprung und Gemeinschaft (und somit implizit auch der notwendigen Differenzen) zusammen:

[296] Vgl. Leggewie 1996; Wulf 1996, S. 79f., Groh 1996.
[297] Vgl. Müller/Girard 1996, S.2f; Girard 1988, S. 62; Girard 1997, S. 114f.
[298] Girard 1988, S. 76.
[299] Vgl. Yamaguchi 1988, S. 191.

> "The beginning, the origin, is a myth, being a misrecognition of violence by itself. For Girard, this is the very function of sacrifice: erasing the human origins of violence in the very expulsion of the victim, in the sacralization of the victim whose divine violence dissimulates the community's own violence."[300]

Die Funktion und die Rolle der Gewalt tritt hier in den Vordergrund, indem sie das Opfer sakralisiert, somit außerhalb der Gesellschaft stellt und damit auch die Gewalt in den Bereich des Heiligen verbannt, um vor ihr sicher zu sein. Girard sieht im Religiösen den Mechanismus, der den Menschen die Gewalt entzieht, indem es sie entmenschlicht (die Gewalt).[301] Riten sind dazu da, diese Gewalt durch immer neue Gewalt, die an die Ursprungsgewalt erinnert, in Schach zu halten, weil der Ritus die bösen Mächte besänftigt und täuscht, weil er ständig an sie rührt. Deren wahre Natur und deren Realität müssen ihm - so Girard - entgehen, weil die bösen Mächte der Gemeinschaft selbst entstammen.[302]
Der Ritus ist also auf den Frieden ausgerichtet und nicht auf Gewalt, wobei er Gewalt produziert um Schlimmeres zu verhindern. Es ist dieser Kreislauf, der es unmöglich macht, ein Ende der Gewalt zu finden.[303]
Es ist also die Gewalt selbst, welche sakralisiert wird. Girard bemerkt, daß in den historischen Texten die Dimension des Heiligen fehlt, aber nur in Bezug auf die Verehrung des Opfers, nicht in Bezug auf die Gewalt.[304] Diese Entwicklung führt zwangsläufig in eine Krise, die die modernen entdifferenzierten Gesellschaften am Ende zerstören würde, da sie immer mehr Opfer fordern würde, um die Gemeinschaft zu einen. Die Konsequenz einer solchen Entwicklung ist für McKenna eine Gewalt, wie sie nur durch Terror (-ismus) weiterbestehen kann: [305]

> "Terrorism exibits the vocation of the state to violence in its relatively pure form; being as Dispot observes, its 'aesthetic' form, 'plus étatique que l'Etat.' (58). If terrorism is the last religion which kills, it is because, as Girard argues, the religious as such is sacrificial. It is never more lethal than when its transcendence is dethroned and democratized."[306]

Für Girard führt die Entwicklung der Menschheit von den Ritualen zu den profanen Institutionen, ohne daß dabei die Gewalt ihre Rolle verliert, obschon sie in der Wahrnehmung der Menschen keine Bedeutung mehr hat. Es sind der rationale Geist der Aufklärung und die Wissen-

---

300 McKenna 1992, S. 90.

301 Vgl. Girard 1982, S. 200.

302 Vgl. Girard 1982, S. 148.

303 Vgl. Girard 1982, S. 153, 170f sowie 202; 1988, S. 203; McKenna 1992, S. 90; Wulf 1996, S. 81

304 Vgl. Girard 1988, S. 60.

305 Vgl. Girard 1988, S. 169; Girard 1997, S. 113; McKenna 1992, S. 159f.

306 McKenna 1992, S. 159.

schaft, die scheinbar einen Ausweg aus der Gewalt und den primitiven Opferritualen sowie dem Sündenbockmechanismus zeigen. Damit aber wird die Dimension des Heiligen wieder eingeführt, nämlich in dem Glauben *in peace by an ultimate weapon [is idolatry]*"[307]
Für Girard macht das Abendland im 18, und 19. Jahrhundert aus der Wissenschaft ein Idol, um sich selbst besser anbeten zu können. Der Abendländer - so Girard - glaubt an den autonomen wissenschaftlichen Geist, dessen Erfinder und Produkt er angeblich gleichzeitig ist. Er setzt an die Stelle der alten Mythen der Rechtfertigung seines Handelns, jenen des Fortschritts, den Mythos einer wahrhaft unendlichen modernen Überlegenheit, den Mythos einer sich nach und nach mit eigenen Mitteln befreienden und vergöttlichenden Menschheit.[308] Es wurde dabei nicht mit dem Kreislauf des Heiligen und der Gewalt gebrochen, sondern neue Varianten der Mythen wiederhergestellt. Zu diesen Mythen kann man auch viele der Nationalismen und ethnisch gefärbte politische und soziale Bewegungen zählen[309], die häufig mit einer Sakralisierung ihrer Ursprünge argumentieren und somit unter anderem Gewalt und Ausschluß (Differenz) begründen. Anstelle der Sündenböcke heben diese Mythen die Märtyrer ihrer Völker, Nationen oder jeweiligen Gruppen hervor, deren 'rituellen' Gedenken und die sich darum rankenden Legenden dem Muster der von Girard entwickelten Thesen sehr nahe kommen.[310] Es geht Girard um die Offenlegung der Gewaltakte und somit der blutrünstigen religiösen, politischen und ideologischen Götzen, und es lassen sich in diese Reihe auch nationale, ethnische und wissenschaftliche dazufügen. Bezogen auf den Krieg sieht Virilio[311] eine Lage entstehen, "die durchaus dem Kult ähnelt, den man in den alten Gesellschaften einem Götzen oder Idol dargebracht hat. Wir haben das höchste Idol wiedergefunden" und somit auch die Gewalt, die nicht selten im Namen von Identitätsideologien eines Nationalismus oder ethnischen Glaubens ausgeübt wird.
Mittlerweile kann man diesem Idol noch ein weiteres hinzufügen, nämlich den Götzen des freien Marktes, wie er in den Begriffen der Globalisierung oder der Derregulierung die Gewalt versteckt, die zu seinem (des freien Marktes) Fortbestehen notwendig ist.[312]

[307] McKenna 1992, S. 153 zitiert Virilio; vgl. auch Virilio 1984, der sich dabei auf die Atombombe und die inhärente Logik der Bedrohung bezieht: "Das Schlimme an der Waffe ist nicht, daß sie morgen explodiert - ... -, sondern daß sie schon seit dreißig Jahren die Gesellschaft zerstört und eine innere Kolonisierung herbeiführt", S,55f; vgl. auch Girard 1982 zur Anwendung des Heiligen auf Phänomene wie die Atombombe und Umweltverschmutzung, S. 383.
[308] Girard 1988, S. 289.
[309] Vgl. Girard 1988, S. 300.
[310] Vgl. Chilton 1992, S. 24.
[311] Virilio 1984, S. 171.
[312] Vgl. Livingston 1988, S. 126; McKenna 1992, S. 105; Tricoire et al. 1993, S. 87ff. (Das gesamte Kapitel 'La violence de l'indiffernce'.)

## 5.5 Girard und Ethnizität: Schlußfolgerungen

Wie gezeigt wurde, bieten die Thesen von Girard viele Ansatzpunkte, um bestimmte Merkmale von Ethnizität deutlicher zu machen, als dieses bisher der Fall gewesen ist. Eine Interpretation von Ethnizität aufgrund der Sündenbocktheorie von Girard ist allerdings nur dann ohne größere Probleme möglich, wenn man sie, wie McKenna[313] es tut, als ein Thema und nicht als ein strukturierendes Prinzip annimmt, wie es Girard selbst macht.

Diese Sichtweise trägt Girard Kritik von verschiedener Seite ein, die ihm vorwirft, seine Theorie reduziere und essentialisiere die Funktionen des Rituals auf die Gewalt, bzw. deren Abwendung und er vernachlässige somit andere Aspekte von Riten. Dazu kommt, daß seine Argumentation eine stark christliche Perspektive aufweist, denn es ist für Girard die Bibel und mit ihr die christlichen Religionen, welche einen Ausweg aus der Gewalt weisen, indem sie einen Sündenbock als solchen benennt und die Gewalt nicht länger kaschiert. Seine Interpretationen der Evangelien geben dieses wieder.[314] Girard sieht eine Evolution von den Ritualen zu den säkularen Institutionen. Eine solche Säkularisierung wurde letztendlich erst durch das Christentum möglich. Und genau hierin sieht Kapferer ein deutliches Problem, wenn man mit seinen Thesen zeitgenössische soziale oder politische Begebenheiten untersuchen will (etwa Krisen, wie die von Kapferer untersuchten Spannungen auf Sri Lanka zwischen Tamilen und Singhalesen):

> "The prime distinction is that Girard thinks that the sacrificial solution is valuable but only if it is transformed in its principles into judical and other state institutions. He might argue again in the common mood of much sociological functionalism, that in the Sri Lanka case, and in numerous others, there has not been a successful transformation out of 'archaic' forms of social control and ordering into the modern one. This is a major problem with Girard's perspective, in addition to its essentialism.[315]

Wie Kapferer bereits vorher ausführt, muß bei einer Übertragung von Erkenntnissen, durch welche die Logik von Mythen und Riten deutlich wurden, auf aktuelle Probleme, etwa politische Gewalt, auf die sozioökonomischen und politischen Kontexte Rücksicht genommen werden. Es kann nur eine Interpretation aufgrund dieser Erkenntnisse stattfinden und keine unmittelbare Übertragung.

In diesem Sinn ist auch Kapferer zu verstehen, wenn er davon spricht, daß Girard sehr wohl Einblicke in moderne soziale und politische Gegebenheiten durch seinen Ansätze ermöglicht, er sich aber die Chance

---

[313] Vgl. McKenna 1992, S. 190; Girard 1988, 172. Girard benutzt hierbei den Begriff Mechanismus anstatt Prinzip.

[314] Vgl. Girard 1978 und 1988 *(Des choses cachées depuis la fondation du Monde)*.

[315] Kapferer 1997, S. 218.

vergibt, die vielfältige Dynamik wahrzunehmen, die hinter vielen Ritualen steht. Das Problem besteht für Kapferer darin, daß Modelle über die gewonnenen Daten gesetzt werden und dabei die Feinheiten des ursprünglichen Materials übergehen. Feinheiten, die für Kapferer einen Zugang zu anderen Interpretationen und zum Verstehen der Dynamik menschlichen Handelns bereitstellen könnten.[316]
Der von Girard als *mimetic machine* bezeichnete Mechanismus ist ein solches Modell, mit dem er einen Archetypen für die Erklärung kollektiver Gewalt und die Funktion der Sündenböcke in den von ihm untersuchten Texten bereitstellt. Das Problem dieser *mimetic machine* ist, daß sie relativ geschlossene 'holistische' Erklärungsmuster liefert, dadurch aber Veränderungen nur durch einen äußeren Einfluß erklären kann. Im Falle Girards ist es der Gott der Liebe oder Vergebung, der sich in den Evangelien offenbart und somit einen Weg aus der Gewalt weist. Livingston sieht hierin ein zentrales Problem der Girardschen Thesen:

> "Girard does not say that mythology was from that moment on effectively or practically debunked, for he admits that Christendom in many ways functioned as a sacrificial institution having fully sacrificial misunderstanding of itself. However, Girard suggests that in principle the mythical illusions were debunked by Christ's message, which has continued to exercise its' subterranean influence' in spite of and alongside the sacrificial distortions.[317]

Diese *subterranean influences* lassen für Livingston eine Reihe von Fragen unbeantwortet. Er vermißt eine Aussage über die sozialen und psychischen Bedingungen, die erfüllt sein müssen, damit wirklich mimetische Menschen sich einem solche Einfluß unterwerfen können.[318]
Ferner sieht Livingston in der Totalität der *mimetic machine* Ähnlichkeiten zu den kollektiven Vorstellungen Durkheims - auf die auch Girard selbst in diesem Zusammenhang rekurriert[319] - und möchte Girards Thesen als Grundlage für die Erklärung von Mustern menschlichen Verhaltens verwenden und sie um ein Modell erweitern, welches *then, would be of a mimetic subject capable of qualitative choices, a subject capable of learning.* Dieses ist ganz im Sinne einer Habermas'schen 'Versprachlichung des Sakralen', welche er bereits vorher angeführt hat.[320]
Chilton kritisiert ebenfalls die Vereinfachung des Zusammenhanges von Mimesis, Rivalität und Gewalt, wie sie im Zusammenhang mit dem Opfer bei Girard vorkommt. Chilton argumentiert für eine '*multi-polar mimesis*': *"Beyond the mimicry which unites plants and animals an adequate theory*

---

316 Vgl. Kapferer 1997, S. 219.

317 Livingston 1988, S. 125f.

318 Vgl Livingston 1988, S. 125f.

319 Vgl. Girard 1988, S. 62 und 77.

320 Livingston 1988, S. 131 und 119 (zu Habermas).

*of mimesis will need to account for multi-polar mimesis, for the role of rememberence in mimesis (anamnesis), for the place of symbolic (not merely linguistic) mimesis within the mimetic routines of a given culture, and for the potential for self-conciousness within mimesis."*[321]
Es ist das epistomologische Problem, des 'Innen' und 'Außen', des Erkennens und des Kaschierens des Sündesbockmechanismus bei Girard, welches hier angesprochen wird. Für Girard gibt es nur eine Ausschließlichkeit der beiden Perspektiven, entweder Erkennen und der Gewalt ein Ende setzen oder Kaschieren und ein 'naiver Verfolger' sein. Henri Atlan zeigt in seiner Kritik, wie dem Mechanismus des Sündenbocks ein 'Trick' gespielt werden kann und ein Ritus des versöhnenden Opfers dennoch vollzogen werden kann. Zum einen kann ein Menschenopfer durch ein Tieropfer ersetzt werden, zum anderen kann ein Ritus gelesen werden (Versprachlichung des Sakralen). Die Gewalt wird ersetzt und damit wird Vergebung möglich, wie z. B. in der jüdischen Tradition, die nach Atlan verschiedene Wege kennt, sich des Problems anzunehmen. So wird die Geschichte von Jonah am Tag der Vergebung, dem Yom Kippur-Fest, rezitiert und damit das Opfer ersetzt bzw. die Gewalt umgangen.[322]
Die *mimetic machine* ist weniger ein plumper Mechanismus, sondern vielmehr eine Ressource eines selbstregulierenden Systems bzw. eine Ressource, die Selbstorganisation möglich macht.[323] In diesem Sinn muß sie auch im Zusammenhang mit Ethnizität gesehen werden: Als eine erneuerbare Ressource, *capable of breeding violence, rites, and myths, as occasion demands*.[324]
Damit ist aber auch deutlich, daß der Mechanismus ein Bewußtsein des Sündenbocks zulassen muß, auch wenn er ihn zu bestimmten Zwecken ignorieren kann. McKennas Vorschlag, die Thesen Girards als Thema bzw. Themen (Gewalt, Ursprung, Differenz, Sündenbock, Ritus, Mythologie) zu sehen, macht ihn zu einer Quelle der Selbstorganisation von ethnischen Gruppen sowie für die Zwecke, die eine solche ethnische Konnotation für politische und soziale Zwecke benutzen, etwa politische Bewegungen oder Staaten, die sich dieser Potentiale bedienen, welche in ihrem Kern zutiefst menschliche Fragen nach Sein und 'Mit-Sein', Ursprung und dem Unbekannten erklären.
Für Kapferer wird das erwähnte Verhältnis von Ritus (einem der Themen) und Staat dadurch charakterisiert, daß obwohl Riten nicht die tatsächliche Welt mit all ihren praktizierten Beziehungen repräsentieren, sehr wohl von z. B. staatlich-ideologischer Seite versucht wird Riten zu totalisieren. Für ihn hat dies Praxis mit zu den inter-ethnischen Konflikten jüngerer Zeit auf Sri Lanka beigetragen [325]

[321] Chilton 1992, 170f.
[322] Vgl. Atlan 1988, S. 199
[323] Vgl. Dumouchel 1988, S. 17; Livingston 1988, S.127.
[324] Chilton 1992, S. 21f.
[325] Kapferer, 1997, S. 214f.

Diese Themen sind aber nicht nur als Ressourcen, die wissentlich / unwissentlich von diesen Gruppen bedient und genutzt werden können, von Bedeutung sondern auch als Themen der Analyse von Ethnizität. McKenna sieht in dem Opfer (oder Opfern, dem Kern von Girards Thesen) kein System an sich, sondern eines an dem sich alle anderen messen müssen (*that by which all systems are to be tested*).[326] Weiter oben wurde bereits ausgeführt, wie eine solche Analyse aussehen kann, die McKenna mit Bezug auf Virilio im Ansatz dargestellt hat.
Chilton hebt ebenfalls diese Dimension von Girards Ansatz hervor:

> "The sensetivity to the question of what is done in respect of mimetic desire, rivalry, and violence is most helpful, and the caution he demands in respect of embracing mythologies as their own best explanation is also unexceptionable."[327]

Mit diesem Ansatz läßt sich nicht jeder Aspekt von Ethnizität erklären, die Frage aber nach dem 'Warum Ethnizität?' wurde in Teilen beantwortet. Besonders geeignet erscheint mir dieser Ansatz zur Analyse politisierter Ethnizität und ihrem gewalttätigen Pendant ethnischer Konflikte sowie zur Erweiterung des Begriffs 'Ethnizität als Selbstorganisation', dessen Bedeutung im nächsten Kapitel herausgearbeitet wird. Der Sündenbockmechanismus ermöglicht es besonders im Zusammenhang mit Ethnizität, die oftmals verdeckten 'wahren' Beweggründe', bzw. die von einem ethnischen Schleier umgebenen Gründe für Exklusion, Gewalt und reale (Sündenbock-) Opfer zu erkennen. So etwa in den Fällen, wo eine Klassenkomponente, wie in den Fällen des Rassismus in Deutschland oder Frankreich in den 90er Jahren[328], die ursächliche Motivation ist und über die ethnische Komponente ausgetragen wurde, welches dann wiederum eine universelle Klassenzugehörigkeit ausschließt und auf ein ethnisches/nationales Attribut beschränkt.[329]

---

[326] McKenna 1992, S. 189. So ist auch seine Aussage We must view Auschwitz not as beyond thinking, but as where thinking must begin, zu verstehen. Die Opfer müssen der Ansatzpunkt sein. Girards Kritik an der Affirmative-action kann als eine solche Kritik, ausgehend von den Opfern, gesehen werden: "Affirmative Action seems to me to be another sign of the fact that even the mystique of anti-scapegoating can turn into other forms of scapegoating; the main purpose of PC thinking, which is a perversion of Affirmative Action, is not to defend victims but to make victims once again by accusing certain people of being victimizers." vgl Girard in Müller 1996, S. 7.

[327] Chilton 1992, S. 25.

[328] Vgl. Wieviorka 1996.

[329] Eine andere interessante Anwendung der Thesen des mimetischen Wunsches und der Gewalt wird von Tricoire/Maugin/Robert vorgenommen, die versuchen Modelle für eine *travail social* anhand von Girard durchzuführen. besonders beeindruckend ist dabei die Analyse von Tricoire zur Gewalt und der Wirtschaft mit Hilfe des Girardschen Ansatzes sowie die Untersuchung des Alkoholismus als kollektiver Gewalt und Möglichkeiten zur Abhilfe in der Psychotherapie, gründend auf Girards Thesen des mimetischen Doppelgängers. Vgl. Tricoire / Maugin / Robert 1993.

# 6
# Ethnizität und Selbstorganisation

In den vergangenen Kapiteln wurde wiederholt auf das selbstorganisatorische Potential kultureller Identität Bezug genommen. Die eingangs aufgestellte Behauptung, daß Ethnizität eine Ressource zur Selbstorganisation ist, wurde bisher eher beiläufig mit Argumenten unterstützt.
Ethnizität wird hier als eine Identität verstanden, die sich auf eine Kultur (in Form von Riten; Sprache, Traditionen, gelebten Praktiken etc.) beruft oder gründet. Ethnizität stellt keine fixierte Form von kollektiver Organisation dar, sondern ist wandelbar und läßt sich gegebenenfalls instrumentalisieren. Die Möglichkeit mit Hilfe der kulturellen Ressourcen Ethnizität zu 'konstruieren' ist ein wichtiger Faktor für die Nutzung von Ethnizität zur Selbstorganisation und deutet eher auf ihre Dynamik hin als auf ihre Willkürlichkeit und eine vermeintliche Künstlichkeit.
Girards *mimetic machine* (vgl. Kap. 5) mit all ihren Implikationen stellt dabei vornehmlich eine der Grundlagen bereit, auf deren Basis Ethnizität als Selbstorganisation 'funktionieren' kann.
An dieser Stelle soll daher die Validität und die weitergehende Bedeutung des Ansatzes aufgezeigt werden, sozusagen anhand der Erscheinungen selbst. Dabei geht es einerseits um die theoretischen Implikationen des Ansatzes von Ethnizität als Selbstorganisation, wie ihn Sigrist entwickelt hat, aber auch um die Möglichkeiten seiner Fortführung.
Bei der Fortführung des Ansatzes geht es vor allem um seine Anwendung im Hinblick auf die Beziehung zwischen Ethnizität und modernen Kommunikationstechnologien vor dem Hintergrund globalisierter Gesellschaftsverhältnisse.[330]
Die Technologie des Internets spielt in diesem Zusammenhang eine entscheidende Rolle, da sie anders als Fernsehen, Radio oder in einem gewissen Sinne auch Printmedien nicht zentralistisch, sondern dezentral aufgebaut und selbstorganisatorisch - fast segmentär - gestaltet und organisiert ist.
Die Implikationen dieser Technologie, die gewissermaßen als Ergebnis und Motor gegenwärtiger (welt-) gesellschaftlicher Verhältnisse gesehen werden kann, legen es nahe, die Aufmerksamkeit verstärkt auf selbstorganisatorische Potentiale sozialen Wandels zu richten.

[330] 'Globalisiert' wird hier sehr allgemein verwendet. Eine detailliertere Diskussion der Begriffe 'global', 'globalisiert',' Globalisierung' findet sich in Kap. 9.

## 6.1 Selbstorganisatorische Potentiale von Ethnizität.

Grundlegend für das hier verwandte Konzept von 'Ethnizität als Selbstorganisation' sind die von Sigrist vorgestellten Thesen gleichen Namens.

Dieser hat in vier Aufsätzen[331] ein Konzept entwickelt, welches die Bedeutung dieses Ansatzes angesichts komplexer globaler politischer und sozialer Verhältnisse herausstellt. Kern des Ansatzes ist die Gegenüberstellung von Ethnizität und Staat als Symbol für zentral organisierte Apparate: "Ethnizität bezeichnet also nicht eine unveränderliche natürliche Größe ("Abstammung"), sondern eine Kollektivität, deren Zusammenhalt nicht auf staatliche Steuerung angewiesen ist. Ethnizität bezeichnet nicht unverrückbare Identität, sondern Fähigkeit zur apparatfreien Selbstorganisation."[332]

Sigrist verdeutlicht dieses antagonistische Verhältnis an den Beispielen des afghanischen Widerstands[333] gegen die sowjetische Besetzung und dem folgenden, zehn Jahre andauernden Krieg sowie dem Befreiungskampf der Ethnien im heutigen Guinea-Bissau gegen die portugiesische Kolonialmacht. Ethnizität und darauf beruhende Formen der Selbstorganisation stellen in beiden Fällen ein Widerstandspotential bereit, welches erfolgreich gegen die zentralistisch organisierten Gegner angewandt wurde.

Ziel dieses Ansatzes ist es nicht, Ethnizität in all ihren Formen zu glorifizieren, sondern ein Instrument bereitzustellen, mit dem "eine Entdramatisierung von Staatlichkeit und von nationalem Pathos angestrebt wird, wie Sigrist es formuliert."[334]

Ethnizität ist eine Quelle, auf die von Staaten, Nationen und nationalistischen Bewegungen zurückgegriffen wird, um für politische Ideen und Ziele zu mobilisieren. Ethnizität wird dabei zum einen zur Schaffung einer Identität benutzt, mit deren Hilfe Nationen erst 'geschaffen' werden können, zum anderen, um damit eine Abgrenzung zu den 'Anderen' zu etablieren. Letzteres soll hier mit 'Fremdethnisierung' bezeichnet und beschrieben werden, als die Festsetzung von Identitäten durch Dritte. In der Regel besteht in einer solchen Situation ein Machtverhältnis, wie etwa im Fall von Einwanderern, denen von der Aufnahmegesellschaft eine 'neue' Identität 'gegeben' wird, mit dem Ziel, sich von ihnen abzugrenzen, die 'Anderen' auszuschließen oder durch Kategorisierungen zu kontrollieren.[335] Ethnizität wird in solchen Fällen für die eigene oder eine adressierte Gruppe 'dysfunktional', welches den Verlust ihrer gesellschaftlichen Dynamik zur Folge hat.

---

[331] Sigrist 1993. 1994, 1995, 1996.

[332] Sigrist 1993, S. 14

[333] Vgl. speziell hierzu Sigrist 1994.

[334] Sigrist 1995, S. 60.

[335] Vgl. Meillassoux 1980; Watson 1980; Heine/Stipek 1984; Castles 1987 und 1992; Leggewie 1992; Bade 1992.

Die Besetzung oder Umdeutung von Ethnizität durch Staaten und Nationen ist gekennzeichnet durch eine Homogenisierung von Identitäten. Homogenisierung in dem Sinn, daß die mögliche Vielfalt ethnischer Gruppen und die eventuelle Heterogenität innerhalb einer Gruppe unberücksichtigt bleiben bzw. gewollt ignoriert werden.
Im modernen Staat zielt die Zentralisierung organisatorischer Kompetenzen auf die politische und rechtliche Homogenisierung großer Räume. Dem, so Sigrist weiter, entspricht eine Strategie ethnischer Homogenisierung, die bis zur Durchsetzung der zumindest politischen Hegemonie einer Titularnation führt und einen von ihr ausgehenden Assimilierungsdruck nach sich zieht.[336]
In der Beziehung von Einwanderern und der Aufnahmegesellschaft äußern sich solche 'Homogenisierungsversuche' in der Kategorisierung von großen Gruppen, wobei unterschiedlichste Gruppen unter einer Kategorie subsumiert werden, z. B. *Asians* in Großbritannien, für alle Einwanderer aus Asien, ungeachtet ihrer eigentlichen regionalen Herkunft (z. B. Indien, Pakistan, Malaysia) oder religiösen Unterscheidungen (Hindus, Sikhs, Muslims etc.). Gleichzeitig haben derartige Bezeichungen sehr häufig eine negative Konnotation. Solche Kategorisierungen können aber auch zur Selbstorganisation benutzt werden, in dem sie einen Ausgangspunkt für die Auseinandersetzung mit der Aufnahmegesellschaft stellen.[337] Die Besetzung solcher fremdbestimmter' Kategorien macht die Dynamik und Flexibilität von Ethnizität deutlich. Eine Nutzung solcher Kategorien läßt die 'ursprünglichen' Identitäten keinesfalls verschwinden, sondern nur für den Zweck einer Auseinandersetzung auf bestimmten Ebenen in den Hintergrund treten. Gillespie zeigt, wie sich eine solche Identität, die als 'pragmatische Lösung' in der Auseinandersetzung mit dem Rassismus der britischen Aufnahmegesellschaft angenommen wurde, in krisenhaften Situationen auflösen oder in den Hintergrund treten kann, denn eine Identität als *Asian* betonte eher die Gemeinsamkeiten denn Unterschiede und war in einer solchen Situation demnach in Gefahr.[338] Die Krise war die Stürmung des 'Goldenen Tempels' der Sikhs im Punjab und die folgenden Auseinandersetzungen bis hin zur Ermordung Indira Gandhis. Der in Indien stattfindende Antagonismus wurde in der britischen Diaspora fortgesetzt, ohne daß es andere Gründe als die Fernsehberichterstattung und das Wiederhervortreten einer Identität, die bisher eine nebensächliche Rolle in England gespielt hatten. Ähnliches konnte auch in Deutschland während der Kriege in Ex-Yugoslavien beobachtet werden, nämlich ein plötzlicher Antagonismus von Serben und Kroaten, die bisher in Vereinen etc. als *Yugoslaven* bestens zusammengewirkt hatten und auf einmal 'alte' Feindschaften wiederentdeckten. Daß diese 'Entscheidungen', andere, 'neue 'Identitäten hervorzukehren und zu neuen Grenzmarkierungen zu machen, allein eine strategische Überlegung waren, halte ich für

[336] Vgl. Sigrist 1995, S. 57.
[337] Vgl. Watson 1980; Gillespie 1995.
[338] Vgl. Gillespie 1995, S. 121.

nicht ausreichend, zumal der praktische Nutzen, außer einem gesteigerten Konflikt und einer Schwächung ihrer Position als Immigranten, nicht besonders groß war.
Kößler/Schiel weisen in diesem Zusammenhang darauf hin, daß es bei der Untersuchung von Ethnizität "nicht allein um die Konstitutionsbedingungen der politischen Ressource Ethnizität, sondern auch um die Art ihrer Nutzung, um die hier ansetzenden Strategien" geht.[339]
'Ethnizität als Strategie' steht bei ihrer Betrachtung im Vordergrund, wobei es primär um die Bedeutung von Ethnizität auf dem Feld zivilgesellschaftlicher Auseinandersetzungen geht. Die Anpassungsfähigkeit und Dynamik von Ethnizität wird dabei verstärkt von ihnen herausgestellt. In diesem Zusammenhang werden auch wiederholtermaßen die Möglichkeiten ethnischer Konstruktion und Inszenierung hervorgehoben. Ethnizität wird dabei eher als Kalkül und Produkt von Reaktion gesehen, denn als Ressource, die situativ vorhanden und als solche im 'Bedarfsfall' genutzt werden kann, dieses auch in veränderter, 'manipulierter' Form. Ein *Rational-choice*-Modell allein reicht - wie auch die vorhergehende Analyse von Ethnizität gezeigt hat - nicht aus. Denn damit wäre noch nicht die Frage beantwortet, warum es gerade Ethnizität ist und nicht Wohnort oder Geschlecht, die in Fällen des antistaatlichen Widerstands oder der Disintegration von Staaten und des Weltmarktes im Zuge der Globalisierung so erfolgreich als Organisationsprinzip bemüht werden kann.
*Rational-choice*-Modelle jedoch zeigen, wo die Grenzen des selbstorganisatorischen Potentials von Ethnizität liegen, bzw. daß Ethnizität als ein Prozeß betrachtet werden muß, der in zwei Phasen eingeteilt werden kann, wie es Giordano herausstellt. Ihm geht es um die 'Trägerschaft' von Ethnizität, welche er in 'Identitätsmanagement' und 'soziale Bewegung' unterteilt.[340] Die soziale Bewegung entspricht am ehesten dem Konzept von 'Ethnizität als Selbstorganisation', wie sie etwa bei Migranten oder auch in den angeführten Beispielen des antikolonialen Widerstands vorkommt. Das Identitätsmanagement ist eine 'Ethnizität von oben' mit Organisationsmerkmalen, Hierarchien und Schichtungsstrukturen. Giordano betrachtet beide Erscheinungen von Ethnizität als Phasen eines Prozesses, die sich gegenseitig bedingen können, aber es nicht zwangsläufig auch müssen.
Die Übernahme von ethnischen/kulturellen Symbolen durch politische Parteien kann als ein Beispiel für ein Identitätsmanagement gelten, welches zur Abgrenzung und Ressourcenbindung etabliert wird. Eine solche Ethnisierung von Politik kann durchaus aus einer schwach strukturierten sozialen Bewegung entspringen. Nationen und Nationalismen

---

[339] Kößler/Schiel 1997, S. 9.

[340] Vgl. Giordano 1996, S. 132. Die soziale Bewegung nach Giordano weist in seiner Beschreibung Züge segmentärer Gesellschaften auf, deren Leitung in den Händen eines charismatischen *Leaders* (wie er es schreibt) liegt. Die Entstehung eines Identitätsmanagements ähnelt hier sehr stark Sigrists Analyse zur Entstehung von Zentralinstanzen in segmentären Gesellschaften, wie er es in 'Regulierte Anarchie' ausgeführt hat; vgl. Sigrist 1967/1994, S.96ff; 1989, S.138ff.

wären dann die höchsten Formen ethnischen Identitätsmanagements, indem sie in ihrem Drang Identitäten zu homogenisieren, diese zur Grundlage von Organisation und Verwaltung machen.
Kößler/Schiels Analyse von Ethnizität anhand von Beispielen aus Afrika und Südost-Asien konzentriert sich sehr stark auf die Übergangsphase, in der Ethnizität und darauf basierende Identitäten und politische Programme neu 'erfunden' werden, bzw eine neue Besetzung erfahren. Formen des Identitätsmanagements lassen sich in ihren Beispielen häufig finden, ebenso deren selbstorganisatorische Wurzeln. Mit einer Fokussierung auf die strategischen Potentiale von Ethnizität wird von ihnen die Künstlichkeit solcher Identitäten betont, die historischen Wurzeln (wie tief diese auch immer sein mögen) allerdings nur am Rande erwähnt.
Es ist gerade die Umdeutung von 'alten' Symbolen, die es ermöglicht neue zu schaffen bzw durch die eine Mobilisierung aufgrund von Ethnizität erst Sinn macht. Wie sie selbst sagen, erfordert die Reproduktion von Tradition Ressourcen wie Phantasie, Kommunikation, Organisation, Solidarität und nicht selten Mut.[341]
Damit ist der prozessuale Charakter von Ethnizität beschrieben, was aber nicht bedeutet, daß es sich immer um eine Neukreation handeln muß. Das Beispiel Somaliland zeigt, wie der Rückgriff auf alte Traditionen- in diesem Fall das *Xeer*-Nomadenrecht - Grundlage für eine Autonomie und Stabilität in einer Krisenregion sind.[342]
Wie solche 'alten' Traditionen gleichzeitig in traditionellen als auch in neuen, veränderten Kontexten verwendet werden können, zeigt Kapferer mit seiner Analyse singalesischer Hexerei- und Exorzismusrituale und ihrer kulturellen als auch politischen Bedeutung.[343] Fragen von gesellschaftlicher Ein- und Ausgrenzung, staatlicher Macht und politischer Teilhabe werden über die Besetzung der Rituale und ihrer Narrative geregelt. Die anhaltende konfliktträchtige Situation zwischen Tamilen und Singhalesen auf Sri Lanka ist zu einem nicht unbedeutenden Teil durch diese Rituale legitimiert und auf die ihnen zugrundeliegenden Mythen zurückzuführen.
Kapferer macht mit dieser Analyse deutlich, wie Ethnizität als Diskurs über Inklusion und Exklusion performativ auf der Basis durchaus dynamischer Traditionen funktioniert.
In diesem Sinne sollte auch Kößler/Schiels Aussage einer 'Inszenierung von Ethnizität' gesehen werden, als *social drama*, welches von Giordano[344] mit Bezug auf Turner in ähnlichem Sinne im Zusammenhang mit Ethnizität verwendet wird.

[341] Vgl. Kößler/Schiel 1997, S.21. Kap 3 und 4.2 der vorliegenden Arbeit geben Beispiele für solche Umdeutungen und ihre Funktionsweisen.
[342] Vgl. Prunier 1997, S.9; vgl. auch Sigrist 1993, S. 14, zur Autonomie Somalias und den Möglichkeiten durch autonome Gebiete Konflikte zu vermeiden und das Prinzip der Selbstorganisation allgemein zu stärken.
[343] Vgl. Kapferer 1997, hier im besonderen Kap. 8.
[344] Vgl. Giordano 1996, S. 134f.

Ethnizität besitzt selbstorganisatorische Potentiale, die, weil sie sich auf die Kultur und Traditionen von Gruppen oder Gesellschaften berufen, ein hohes Maß an Mobilisierungs- und Integrationskraft entfalten können, wie an den Beispielen Afghanistan und Somaliland deutlich wird. Selbstorganisation wird in diesem Zusammenhang verstanden als Möglichkeit einer nicht zentral gesteuerten Organisation, welche sich bis zu einem gewissen Grade, je nach der Situation und den Bedingungen eines Zusammenschlusses, zwar als stabil und kontinuierlich erweist, aber als Organisationsform flüchtig, dynamisch und veränderlich ist. Das bedeutet auch die Möglichkeit der Manipulierung von Ethnizität, bzw. der ihr zugrundeliegenden Symbole hin bis zu einer zentralen Kontrolle und Besetzung der Bedeutungen, wie etwa im aufgezeigten Fall der Nationalstaaten (vgl. Kap.4.2). Gleichzeitig aber beinhaltet Selbstorganisation im Zusamenhang mit sozialen Prozessen immer auch ein Verweigerungs- und Widerstandpotential, gerade weil sie idealerweise vom Willen und den Entscheidungen der einzelnen Mitglieder einer Gruppe abhängig ist. Die ihr zugeschriebene Dynamik resultiert aus diesem Umstand.
Daß die Bedingungen für eine Mobilisierung nicht zwingend 'alt', 'echt' und traditionell genau so gewesen sein müssen, ist richtig und wird von Kößler/Schiel gezeigt.[345] Andererseits verführt die Konzentration auf die mögliche Konstruktion und Inszenierung von Ethnizität dazu, den 'unechten' Moment überzubewerten und eine genuine Identität aufgrund kultureller Werte, Traditionen u.ä. zu vernachlässigen. Ethnizität kommt ja nicht allein dann vor, wenn sie als eine strategische Ressource erkannt wird; nicht oft ist es die einzige Ressource, die sich den Menschen zum Überleben oder zur Verteidigung eines selbstbestimmten Lebens bietet.[346] Der indische Psychoanalytiker Sudhir Karkar zeigt in seiner Analyse ethnisch-religiöser Konflikte in Indien, daß Ethnizität und kulturelle Identität ein Teil der personalen Identität eines Menschen verbunden mit einer Gruppenzugehörigkeit sein kann. Diese Identität kann ihrerseits zu bestimmten Zeiten strategisch genutzt werden, ist aber trotzdem primordial gefühlt ständig vorhanden und somit keine 'Neuerfindung'[347]

[345] Vgl. Servaes 1996, S. 157ff, zum Konflikt in Ruanda und der Bedeutung der Medien bei der aktiven 'Gestaltung' des Konflikts hin zu einem ethnischen Konflikt zum Zwecke politischer Machtsicherung. Hier sollte man eher von *ethnisierter Politik* als von *politisierter Ethnizität* sprechen.

[346] Vgl. Blaschke 1985, S. 183, der die 'Interessen' hervorhebt, die im Zusammenhang mit bestimmten ethnischen Leitbildern zum Vorschein kommen. Eine interessensbedingte Funktionalität steht hier im Vordergrund, welches wiederum den Blick auf genuine Identitäten verstellt, zumindest aber erschwert.

[347] Vgl. Kakar 1997.

## 6.2 Ethnizität als Selbstorganisation: Möglichkeiten einer Fortführung

Welche Möglichkeiten bietet ein solcher Ansatz angesichts gegenwärtiger globaler, politischer, sozialer und wirtschaftlicher Prozesse?
Sigrist deutet eine Weiterführung nur am Rande und eher implizit an, wenn er das Verhältnis von Staat und Ethnien beschreibt:
"In neokolonialen Staaten ergibt sich eine Zuordnung von staatsbürgerlich ausgerichteter 'Zentralgesellschaft' und dem modernen Sektor, während Ethnien als periphere Gebilde dem informellen Sektor (bis hin zu den bidonvilles der Hauptstadt) angehören.
Mit der wachsenden Krisenhaftigkeit des modernen Sektors, insbesondere seiner ökonomische Grundlagen, kommt es zur Ethnisierung der Politik; mit dem Staatsversagen und dem Scheitern nationaler Projekte werden auch die Städter wieder auf ihre ethnischen Identitäten zurückgeworfen."[348]
Auch wenn sich Sigrist hier auf die neokolonialen Staaten Afrikas (aber auch Asiens und Südamerikas) beschränken mag, so lassen sich diese *bidonvilles* und mit ihnen der informelle Sektor und die ethnischen Identitäten auch in den westlichen Metropolen ausmachen. Kößler/Schiel formulieren dieses allgemeiner, indem sie für die Bedeutung von Ethnizität als Selbstorganisation auf die Prozesse der Globalisierung verweisen, bei denen Ethnizität zudem eine Ressource ist, zumindest ein gewisses Gefühl subjektiver Geborgenheit in einer selbstgeschaffenen kleinräumigen subnationalen 'imaginierten Gemeinschaft' zu schaffen, wie sie sagen.[349]
Den Ansatz von 'Ethnizität als Selbstorganisation' ausschließlich auf Prozesse in neokolonialen Staaten anzuwenden, hieße, das Potential dieser Perspektive nur zu einem Teil zu nutzen. Angesichts gegenwärtiger globaler Prozesse, bzw. der Verknüpfung verschiedener regionaler Entwicklungen weltweit, bietet dieser Ansatz eine adäquate Betrachtungsweise für die Untersuchung von Identität und den sozialen, wirtschaftlichen und politischen Bedingungen ihrer freien und selbstbestimmten Verwirklichung als auch ihrer Unterdrückung.
Bereits Hobsbawm weist darauf hin, daß Nationen und Nationalismen in einer Art Konkurrenz zu einer 'übernationalen Ordnung' stehen, in der ihre Ordnungskriterien mehr und mehr an Bedeutung verlieren und sich verändern werden: "Nationen und Nationalismen wird es auch in Zukunft geben, aber in der Geschichte werden sie von untergeordneter

---

[348] Sigrist 1996, S. 6.

[349] Vgl. Kößler/Schiel 1997, S.12; interessanterweise läßt sich die Globalisierung nicht zuletzt auf ein anderes Instrument der Selbstorganisation teilweise zurückführen: den Markt, erleichtert durch staatliche Deregulation auf vielen Gebieten. Das Verhältnis von Markt und Staat in bezug auf eine Globalisierung ist allerdings komplizierter als hier angedeutet.

und vielfach geringerer Bedeutung sein".[350] Nationen werden sich nicht von heute auf morgen abschaffen lassen, ihre Bedeutung als Grenzmarkierungen kultureller Einheiten werden jedoch zunehmend geringer. Es müssen also andere Konzepte gefunden bzw. genutzt werden, um Prozesse sozialen und politischen Wandels zu beschreiben. Die Zukunft von Nationen steht in einem engen Verhältnis zu den verstärkt auftretenden regional konzentrierten Entwicklungen (EU, NAFTA, ASEAN u. ä. Bündnisse) und den vielen 'Diaspora-kulturen', die im Zuge von Migration (speziell Arbeitsmigration von 'Süd' nach 'Nord') entstanden sind. Ethnische Verortung, wenn sie dann stattfindet, ist zu einem großen Teil nur noch vor einem globalen Hintergrund zu verstehen - von Ausnahmen abgesehen - womit dem Konzept von 'Ethnizität als Selbstorganisation' eine große Bedeutung zukommen kann.
Die folgenden Aspekte legen eine Verwendung dieses Ansatzes auch für die Untersuchung von weltweiten sozialen, politischen und wirtschaftlichen Entwicklungen nahe, bei denen eine kulturelle oder ethnische Identität eine Rolle spielt bzw. betroffen ist.
Voraussetzung für die verstärkten Tendenzen hin zu einer Globalisierung in den vergangenen fünfzig Jahren waren die Entwicklungen in der Transport- und Verkehrstechnologie, welche es u. a. daran mitwirkten, daß Migration zumindest kein logistisches Problem mehr darstellt und auch dazu beigetragen hat, daß die Kenntnis vom 'Anderen' und den dazugehörigen fremden 'Gegenden' zugenommen hat.
Wie stark solches Wissen medial generiert und damit auch verfremdet ist und somit alles andere als eine adäquate Wiedergabe tatsächlicher Lebensumstände in diesen 'fremden Gegenden' darstellt, hängt eng mit dem zweiten Aspekt zusammen, nämlich der Weiterentwicklung von Kommunikationstechnologien, speziell seit der Erfindung des Fernsehens.
Bilder, die weltweit zu empfangen sind, und die durch sie transportierten Narrative und Ideologien hatten in der Vergangenheit und haben immer noch einen maßgeblichen Einfluß auf die Gestaltung von Identität und damit auch auf die Konzepte von Globalität und des jeweils 'Anderen'.
Motor dieser Entwicklungen und Abfallprodukt zugleich ist seit den Anfängen der Kolonialisierung in Südamerika vor etwa fünfhundert Jahren die Wirtschaft. Die Verzahnung von lokalen, regionalen, nationalen und globalen Ereignissen durch Transport, Verkehrs- und Kommunikationstechnologie wird nur dann verständlich, wenn der Bereich der Wirtschaft und damit die Frage nach Macht und Einfluß berücksichtigt wird.

---

[350] Hobsbawm 1991, S. 220; vgl A. D. Smith, 1995, speziell Kap. 5, in dem er der Frage nach der Zukunft des Nationalstaates angesichts zunehmender Globalisierung nachgeht. Seine Beobachtungen sind denen Hobsbawms nicht unähnlich, ihre Schlußfolgerungen allerdings stehen in einem Gegensatz: Hobsbawm hofft auf das Verschwinden nationalstaatlicher Ideen zum Guten, Smith sieht in ihm einen Garanten zum Schutz ethnischer Minderheiten (*ethnic nationalism* im Besonderen). Nationen sind Teil der globalen Kultur, welche angesichts technologischer Uniformität und transnational-kapitalistischer Effizienz eine Bezugsgröße bereitstellen kann, die sonst nicht vorhanden wäre (vgl. S. 160) Beide sehen deutlich das verzahnte Verhältnis von Nation und einer globalen Kultur und Vernetzung.

Die sehr eigene Dynamik dieser Prozesse, welche nicht ausschließlich auf wirtschaftliche Bereiche beschränkt bleibt, noch allein von ihnen ausgeht, wird besonders deutlich am Beispiel des Internets, welches gleichzeitig eine der modernsten Entwicklungen auf dem Gebiet der Kommunikationstechnologie darstellt, aber auch als Paradigma und Synonym für eine globale und komplex-vernetzte Welt gesehen werden kann. Als Paradigma stellt es vor allem Nationen und staatliche Grenzen und damit die darauf beruhenden Identitäten und Ideologien in Frage. Es favorisiert eine Identitätenvielfalt, die sich an anderen Markierungen orientiert als an nationalstaatlichen. Daß die bestehenden Nationen sowie die darauf aufgebaute Weltordnung der Nationen dazu in einem Widerspruch stehen, erscheint einleuchtend. Um aber vor diesem Hintergrund Strategie und Funktionieren von kultureller Identität zu untersuchen, muß das Gewicht solcher Betrachtungen auf Ethnizität liegen und nicht auf Nation und Staat. Ethnizität bietet den adäquaten Rahmen, um heutige Prozesse sozialen Wandels und gesellschaftspolitischer Prozesse auf einem globalen wie auch lokalen Niveau zu diskutieren, da sie (Ethnizität) in der Regel nicht territorial gebunden ist und somit die Vielschichtigkeit und Komplexität globaler Prozesse besser erfassen kann.
Konzepte wie etwa Huntingtons Thesen von einem 'Kampf der Zivilisationen' werden den veränderten Bedingungen nicht gerecht, da hier eine auf Konfrontation aufgebaute Betrachtung ethnisch-kultureller Prozesse aufgestellt wird. Vielfalt, Identität und Selbstbestimmung stehen hier ausschließlich in einem antagonistischen Verhältnis gegeneinander.[351] Zudem sind die von ihm aufgestellten Zivilisationskategorien 'Westen', 'Asien' und 'Islam' nicht gerade dazu geeignet, die Beziehungen von Migration, transnationalem Kapitalismus, moderner Kommunikationstechnologie und Identität zu untersuchen.
Gerade diese Beziehungen sind das Thema des zweiten Teils dieser Arbeit, wobei versucht wird, bei der Untersuchung einen Schwerpunkt auf das hier vorgestellte Konzept von 'Ethnizität als Selbstorganisation' zu legen und den Ansatz damit fortzuführen.

[351] Vgl. Huntington 1996; vgl. Kramer 1996, S. 58ff; Bertram 1996, S. 3; Menzel 1997, S.61ff.

# Teil II
## Identität, Internet und Globalgesellschaft

Ich habe dieses Buch geschrieben, um daran mitzuarbeiten, ein größeres Publikum darüber zu informieren, wie wichtig Cyberspace für unsere politischen Freiheiten werden kann und wie virtuelle Gemeinschaften unsere Erfahrungen der wirklichen Welt, sei es als Individuum oder als Gemeinschaft, verändern können.

Howard Rheingold 'Virtuelle Gemeinschaft'

Die zweite Hälfte des zwanzigsten Jahrhunderts. Mehr Chancen für jeden. Mehr Menschen wissen weniger über mehr. Streuung des Wissens über eine mögliche große Fläche. Wer Schlittschuh fahren will, bricht im Eis ein. Also sprach Bernard Roozenboom.

Cees Nooteboom 'Rituale'

There is no race. There is no gender. There is no age. There is no infirmities. There are only minds. Utopia? No, Internet.

MCI-Werbeslogan

# 7

## Das Internet: Empirie, Narrative und Hintergründe

Welche Bedeutung und Möglichkeiten hat ein Ansatz, der sich auf kulturelle Identität (Ethnizität) und deren Selbstorganisationspotential stützt, um die Beziehungen von Migration, transnationalem Kapitalismus, moderner Kommunikationstechnologie und Identität zu untersuchen? Die Beantwortung dieser Frage ist Inhalt dieses zweiten Teils.
Die Frage nach der Beziehung von Ethnizität, modernen Kommunikationstechnologien und einer mutmaßlichen Globalgesellschaft ergibt sich aus zwei Entwicklungen, die zum Ende des 20.Jahrhunderts das Zusammenleben von Gesellschaften und Menschen entscheidend mitbeeinflussen: Die gegenwärtige Auflösung der nationalstaatlichen Verfassung der Staatengemeinschaft sowie der Medialisierung und Technologisierung fast aller Lebensbereiche - oder in den gebräuchlicheren Schlagworten: 'Globalisierung' und 'Internet'.
Die Narrative beider Erscheinungen propagieren eine neue Globalkultur, eine Annäherung von Identitäten weltweit, ja sogar das Verschwinden von kultureller Identität als Prinzip der Selbst- und Fremdverortung. Ethnisch und religiös motivierte Konflikte sowie fundamentalistische Bewegungen in allen Regionen der Erde lassen solche Annahmen allerdings als utopisch und gefährlich erscheinen. Mit den Narrativen der einen globalen Welt, die nur noch die Identität des Weltbürgers kennen, können und werden sehr oft die eigentlichen Ursachen und Hintergründe solcher Konflikte und der sie tragenden sozialen Bewegungen ignoriert. Eine Diskussion dieser Probleme muß dann nämlich in einer gesellschaftlichen, politischen oder medialen Öffentlichkeit (letztere schließt die anderen häufig mit ein) nicht mehr stattfinden. Ansprüche von gesellschaftlichen Gruppen (Armen, Obdachlosen, ethnischen Minderheiten, religiösen Gemeinschaften etc.) werden nicht mehr als solche wahrgenommen und diese Gruppen somit weiter marginalisiert.
Dabei handelt es sich bei dem Verhältnis von Ethnizität und Technologie (wie auch bei Ethnizität und Globalität) nicht um grundlegend antagonistische Beziehungen, sondern um dynamische Verbindungen, anhand derer sich u. a. Fragen nach sozialem Wandel oder der Bedeutung von Identität in einem durch elektronische Medien (und ihren Möglichkeiten) geprägten Zeitalter untersuchen lassen.
Die grundlegenden Fragen für die hier vorliegende Analyse des oben skizzierten Verhältnisses sind folgende:

a. Wird Ethnizität auch weiterhin ein Prinzip der Selbstorganisation und kollektiver Identität von Gruppen bleiben, wie dieses im ersten Teil herausgearbeitet wurde?
b. Wie sieht eine globalisierte Kultur im Hinblick auf die Konstituierung von Identitäten und ihre Verortung innerhalb einer solchen Kultur aus?
c. Welche Rolle spielen moderne Kommunikationstechnologien und Medien, insbesondere das Internet, bei diesen Prozessen?

Die hier vorgenommene Untersuchung stützt sich dabei einerseits auf eine phänomenologische Betrachtung verschiedener Prozesse und Erscheinungen, sowie auf eine empirische Erhebung, mit der der Versuch unternommen wurde, u. a. die Motivation zur Nutzung einer Technologie - in diesem Fall des Internets - herauszufinden. Die Grundannahme dabei ist, daß kulturelle Identität bei der Nutzung eine Rolle spielt bzw. die Technologie auch dazu genutzt wird, sich aufgrund von Identität zu organisieren, vor allem wenn letzterer eine wichtige Bedeutung im persönlichen Leben zukommt. Die pauschale Behauptung, das Internet mache ethnische Identitäten (wie auch andere) überflüssig, kann in dieser Form nicht stehengelassen werden, da das Internet Teil gesellschaftlicher Prozesse ist und nicht deren Ersatz.
Es werden zunächst das Design der Untersuchung und ihre Methoden dargestellt. Mit Hilfe der gewonnenen Daten sollen dann die Erscheinungsformen sowie die Narrative und Ideologien des Internets und ihr Einfluß auf Ethnizität, andere Identitäten und die damit verbundenen Weltbilder untersucht und analysiert werden.

## 7.1 Identität, Kultur und Internet: Eine empirische Untersuchung.

Die von mir durchgeführte Untersuchung ist als das Bindeglied anzusehen, welches die dieser Untersuchung vorausgegangenen phänomenologisch-theoretischen Erkundungen (bezüglich des Verhältnisses von Ethnizität und Internet) und die aufgrund der gewonnenen Ergebnisse folgende Analyse dieser Forschung verbindet.
Die theoretischen Modelle des ersten Teils der Arbeit ('Ethnizität als Selbstorganisation'), deren Übertragbarkeit auf moderne Kommunikationstechnologien, besonders auf das Internet, angenommen wird, sollen mit Hilfe der aus der Untersuchung gewonnenen Daten überprüft werden bzw. mit Hilfe des empirischen Materials modifiziert oder verworfen werden.
Aussagen über das Internet, besonders über die Motivation der Nutzer, die strukturellen Gegebenheiten und Funktionsweisen von Interaktionen auf dem Medium selbst, sind nicht ohne eine eigene praktische Erfahrung zu machen. Die Entwicklung eines Fragebogens, welcher die Motivation einer Nutzung und die Bedeutung von ethnischer und kultureller Identität auf dem Internet zum Thema hat, muß in besonderem

Maße auf der Kenntnis des Mediums beruhen, damit eine solche Befragung auch eine tatsächliche Relevanz hat und nicht nur der Bestätigung von Vorurteilen dienen soll. Die Verneinung oder gar Verteufelung (in wissenschaftlichen Aufsätzen, in Zeitungen und im Fernsehen) einer Technologie wie der des Internets passiert zu einem nicht unerheblichen Teil ohne oder nur mit geringer Kenntnis des Mediums; ähnliches gilt in umgekehrter Form auch für die Lobeshymnen der Visionäre auf diesem Gebiet, deren mangelnde Distanz zum Internet häufig in einer Euphorie gipfelt, die wesentliche und tatsächliche Faktoren, die menschliches Zusammenleben im allgemeinen ausmachen, übersehen läßt, wie etwa politische, wirtschaftliche und sozio-kulturelle Beziehungen und Verhältnisse.
Um dieser Falle zwischen ahnungslosem Pessimismus und technologiefixiertem Optimismus zu entgehen, habe ich mich in meinem Verhältnis zum Internet und anderen modernen Kommunikationstechnologien um eine kritische Nähe bemüht.
Seit 1992 nutze und beschäftige ich mich mit dem Internet. Von Beginn an war ich ein professioneller Nutzer, d. h. in meinem Fall, daß ich als studentischer Mitarbeiter am Rechenzentrum der Universität Münster für verschiedene Aspekte des Internets, speziell der 'Werbung' für eine verstärkte Nutzung unter den Studierenden, zuständig war.[352]
Durch die Nutzung des Internets für wissenschaftliches Arbeiten und natürlich, seit Beginn dieser hier vorliegenden Arbeit, durch die direkte Beschäftigung mit den Inhalten des Mediums, kann man meinen Standpunkt als den eines teilnehmenden Beobachters einordnen. In diesem Zusammenhang von einer ethnographischen Arbeit zu sprechen, wäre vermessen, wohl aber hat die Herangehensweise an das Thema einen sehr ethnographisch/ethnologisch orientierten Aspekt, der sich nicht zuletzt aus dem Thema selbst ergibt.
Sowohl die Erfahrungen, die ich mit dem Medium gemacht habe wie auch die Beobachtungen, die dort von mir gemacht wurden und die daraus gewonnenen Erkenntnisse, erlaubten es mir, eine Umfrage zu gestalten, die sich mit dem Themenkomplex 'Kultur, Identität und Internet' beschäftigte.
Die Umfrage hat einen formalisierten Interviewcharakter und ist explorativ-experimentell ausgerichtet.

## 7.11 Die Untersuchungsmethode und ihre Durchführung

Die Untersuchung bestand aus einem Fragebogen, der ausschließlich auf dem Internet angeboten wurde, sich demnach auch nur an die Nutzer der dort vorhandenen Dienste richtete und nicht das Verhältnis Nutzer- Nichtnutzer berücksichtigte. Der generelle Schwerpunkt dieses noch sehr jungen Umfragegebietes liegt zum größten Teil auf Nutzungs- und Nutzerprofilen, Marketingmöglichkeiten auf dem *WorldWide-*

[352] Es handelt sich um das Pilotprojekt 'Datenkommunikation für Studierende im Wissenschaftsnetz' (DaWIN), welches von 1991-1993 lief, danach in den Regelbetrieb übernommen wurde und bis heute besteht.

*Web* (WWW) im Zuge der Ausweitung des *Electronic commerce* auf dem Internet sowie Untersuchungen zur Akzeptanz von Diensten und Angeboten. Zusätzlich gibt es seit Bestehen von Internetuntersuchungen Diskussionen über diese Art der Sozialforschung selbst, welches sich in einer ersten Tagung zu diesem Thema im Herbst 1997 in Köln niederschlug.[353] Eine Untersuchung, wie die hier zugrundeliegende, war zum Zeitpunkt der Erhebung nicht bekannt und ist in diesem Umfang bis heute etwas Außergewöhnliches.
Die Bekanntmachung der Untersuchung erfolgte durch das Versenden einer Ankündigung in verschiedenen Diskussionslisten (*Mailing*-Listen und *UseNet*-Gruppen) sowie an Individuen, die in erster Linie als Multiplikatoren dienten. Insgesamt waren es 40 Ankündigungen, die in drei Sprachen (Englisch, Französisch und Deutsch) übers Internet verschickt worden waren. Eines der Probleme bei einer solchen Untersuchung ist die Unkenntnis der Adressaten, d. h. wer genau wird diese Ankündigung lesen und wieviele Nutzer werden überhaupt davon erfahren? Es wäre absurd, als potentielle Adressatengruppe die Gesamtheit der Internetnutzer von mehr als 90 Millionen Menschen anzunehmen[354]. Wesentlich realistischer ist eine Zahl, die sich im Bereich von 10.000 Nutzern bewegt, wobei die Möglichkeit der Wahrnehmung betont werden muß, nicht die tatsächlich stattgefundene.
Es gab zwei Möglichkeiten den Fragebogen zu beantworten: Zum einen konnte man über das WWW eine online-Version ausfüllen und abschicken. Diese Antwort erreichte mich als *Email* und bestand nur aus den Antworten selbst sowie dem entsprechenden Variablencode zur Zuordnung der Antworten. Die zweite Variante sah vor, mir eine Email zu schicken, die einen Fragebogen anforderte. Die Email-Version wurde verschickt und kam als solche auch zurück. Während die WWW-Version eine völlige Anonymität garantierte, war der Absender bei der Email zu erkennen und wurde von mir selbst entfernt. Der überwiegende Teil der Antworten wurde vielleicht nicht zuletzt deswegen über das WWW verschickt. Es gab den Fragebogen in drei Sprachversionen (Englisch, Französisch und Deutsch) auf dem WWW und in der *Email*-Version. Eine spanische Version hätte wahrscheinlich den Teilnehmerkreis in Lateinamerika erhöht, wie sich aber leider erst während der laufenden Untersuchung herausstellte.
Der Erhebungszeitraum umfaßte den Zeitraum vom 21. Juni 1997 bis zum 31. August 1997. Von den einhundertfünfunddreißig (135) Antworten sind zehn nicht verwertbar, da sie durch einen Fehler in der WWW-Version am ersten Tag der Untersuchung keine eindeutige Zuordnung von Antworten und Variablencodes zulassen. Alle Daten, außer den demographischen Angaben, waren praktisch wertlos, so daß

[353] Vgl. German Online Research: http://www.gor.de/.

[354] Vgl. *Nua Internet Surveys* 3 Dezember 1997, wo eine Zahl von 90,75 Millionen engegeben wird, davon 62 Millionen in Amerika lebend. Am 18. Dezember 1998 gibt *Nua Internet Surveys* in ihrer Rubrik *How many online?* 151 Millionen Teilnehmer an, davon 87 Millionen in den USA und Kanada; vgl. unter http://www.nua.ie/surveys/how_many_online/index.html.

diese in die endgültige Auswertung nicht mit hineingenommen wurden. Fünfzehn weitere Fragebögen, die auf Anfrage hin verschickt worden sind, wurden nie beantwortet.
Die relativ geringe Anzahl von Antworten macht es zunächst einmal unmöglich, diese Ergebnisse als repräsentativ zu bezeichnen. Der Aufbau des Fragebogens selbst und der Vergleich mit anderen Untersuchungen lassen es dennoch zu, die gewonnenen Daten für die Analyse des hier behandelten Themas zu nutzen und tragende Schlüsse daraus zu ziehen. Um dieses genauer erläutern zu können, muß zunächst der Aufbau des Fragebogens dargestellt und diskutiert werden, da dem Design des Fragebogens auch Annahmen und Thesen zugrundeliegen, die wichtig sind, um den Ansatz und Hintergrund für diese Untersuchung zu verstehen und diese einzuordnen.

## 7.12 Der Fragebogen

Die Grundidee der Untersuchung war es, das Verhältnis von kultureller Identität und dem tatsächlichen Nutzungsverhalten zu erkunden. Dazu war es nicht genug, nur nach einer ethnisch-kulturellen oder nationalen Identität zu fragen, sondern es war nötig, dieses Verhältnis nach vielen Seiten hin auszuleuchten. Das ermöglichte es, auf viele dazugehörige Aspekte Antworten zu bekommen und die Erklärungsmöglichkeiten nicht auf einen Punkt hin einzuengen: z. B.auf eine von mir angenommene Beziehung von Identität und Nutzung, deren Existenz oder Nicht-Existenz ohne andere Daten überhaupt nicht schlüssig zu erklären gewesen wäre bzw. der Schwierigkeit des Verhältnisses und der Strukturen des Internets nicht gerecht geworden wäre.
Um möglichst vergleichbare Antworten zu erhalten, wurde auf die von mir favorisierte Form des Interviews verzichtet, da eine Kontinuität der Fragen über das Medium Internet nicht gewährleistet war. Ein Leitfaden von Fragen, wie er bei *face-to-face*-Interviews benutzt wird, wäre hier nicht möglich gewesen, da auf Abschweifungen, interessante Äußerungen etc. nicht sofort hätte eingegangen werden können und somit das Potential solcher Interviews zu einem nur sehr geringen Teil genutzt worden wäre. Um möglichst viele Aspekte abzudecken, wurden einundsechzig (61) Fragen gestellt, deren Antwortmöglichkeiten vom einfachen 'ja-nein'-Schema über die Beurteilung auf Skalen von 1-4 (Häufigkeiten, Zustimmung / Ablehnung etc.) bis hin zu offenen Antworten reichten.
Es sind in besonderem Maße die siebzehn offenen Fragen, bei denen die Möglichkeit bestand, auf Fragen mit bis zu sechs Punkten (je nach Frage) zu antworten, die von hohem Interesse sind.
Der qualitative Interviewcharakter ergibt sich vor allem aus diesen Fragen und den gegebenen Antworten. Es handelte sich bei den Antworten um Erfahrungen, Kommentare, Einschätzungen: Meinungen im weitesten Sinne. Gefragt waren kurze Beiträge, um die Möglichkeit des nachträglichen Codierens zu vereinfachen.

Der Fragebogen war in fünf Abschnitte unterteilt, die jeweils einigen speziellen Aspekten gewidmet waren, um auch den Befragten die Übersicht und Orientierung zu erleichtern.[355]
Der erste Abschnitt fragte nach allgemeinen demographischen Angaben, wie Alter, Geschlecht, höchstem Bildungsabschluß und derzeit ausgeübtem Beruf. Weiterhin wurde nach dem Geburtsland und dem derzeitigen Residenzland gefragt sowie nach der Nationalität und einer möglichen Selbstzuordnung zu einer ethnischen Gruppe. Die letzte Frage des ersten Abschnitts ging einer eventuellen Kategorisierungen durch Dritte nach, die möglicherweise von einer konstatierten Nationalität und selbstzugeordneten ethnischen Gruppe abweicht. Es geht hierbei um eventuelle Fremdzuordnungen, wie sie im ersten Teil der Arbeit thematisiert wurden (vgl. Kap. 3).
Die Frage 'Sind Sie oder Ihre Eltern in Ihr jetziges Residenzland eingewandert?' leitete den zweiten Abschnitt ein und unterteilte ihn zugleich. Der aus zwölf Fragen bestehende Teil gliederte sich in sieben Fragen für Migranten und fünf für Nicht-Migranten. Als Migration wurde jede Form des Aufenthaltes in einem anderen als dem Geburtsland angesehen, die nicht eine Geschäftsreise oder einen Urlaub darstellte, sondern auf Dauer angelegt war. Migranten der 2. Generation wurden hier miteinbezogen, um einer eventuell besonderen Situation zwischen Herkunftskultur und der Kultur der Gesellschaft, in der sie aufgewachsen sind, zu berücksichtigen.[356] Es wurden die Gründe für den Auslandsaufenthalt erfragt, wobei aus den sechs vorgegebenen Antworten mehrere gleichzeitig gewählt werden konnten. Zur Auswahl standen folgende Möglichkeiten: 'Studiere im Ausland'; 'arbeite im Ausland'; 'politischer Flüchtling'; 'Kriegsflüchtling'; 'ausgewandert'; 'familiäre Gründe'; 'andere Gründe'.
Daran schlossen sich Fragen nach den Kontakten zum Heimatland an, d. h. ob und in welcher Form ein Kontakt besteht. Da aber angenommen werden kann, daß Netzwerke von Migranten nicht nur zwischen Heimatland und Aufenthaltsort bestehen, sondern auch zu anderen Migranten, die in andere Länder gewandert sind, wurde auch danach gefragt. In der letzten Frage, die von den Migranten in diesem Abschnitt zu beantworten war, ging es um die Bedeutung der ethnischen / kulturellen Identität für das Leben in der 'fremden' Gesellschaft. Dieses war eine offene Frage, bei der bis zu sechs verschiedene Punkte genannt werden konnten.

[355] Der gesamte Fragebogen ist im Anhang wiedergegeben, hier wird nur auf die generelle Struktur und einige wichtige Fragen im einzelnen eingegangen.

[356] Vgl. u. a Gillespie 1995 zur Situation junger Inder in England; Heitmeyer u. a. 1997 zur Situation türkischer Jugendlicher in Deutschland und eine Kritik an dieser Studie von Karakasoglu-Aydin 1998; S. 145ff; Kalnins (1991) Studie zur Situation kapverdianischer Migranten in Hamburg diente als eine Orientierung im Hinblick auf die Strukturierung der Fragen; eine weitere Hilfe leistete die Untersuchung der Projektgruppe Videocolor, speziell die Teile zu den ausländischen Beschäftigten und dem Ansatz der ethnischen Fragmentierung; nicht zuletzt wurde die Art und Weise des gesamten und sehr umfangreichen Fragebogens von der Untersuchung beeinflußt, die dem Werk 'Das Gesellschaftsbild des Arbeiters' von Popitz et al. (1967) zugrunde liegt.

Die verbleibenden fünf Fragen waren von den Nicht-Migranten zu beantworten und zielten auf mögliche Auslandskontakte und die Rolle des Internets und anderer Technologien für deren Aufrechterhaltung.
Hinter dem gesamten zweiten Abschnitt stand die Auffassung, daß das Internet als 'globales' Medium in besonderer Weise eine Vernetzung über nationalstaatliche und kontinentale Grenzen hinaus begünstige bzw. sogar fördere; dies gilt verstärkt bei den Migranten, da internationale Netzwerke einen möglichen Aspekt von Migration darstellen können.
Der mit 'Internet und kulturelle Identität' überschriebene dritte Abschnitt kann mit insgesamt vierundzwanzig Fragen, zehn davon offen, als der Kernabschnitt der Untersuchung angesehen werden, sofern es das Verhältnis von ethnisch-kultureller Identität und der Nutzung des Internets betrifft. Der Abschnitt läßt sich grob in drei Teile gliedern, nämlich in einen allgemeinen Nutzungsteil, quasi als Kontroll- und Vergleichsmöglichkeit mit anderen Umfragen, die ähnliche Schwerpunkte haben (Nutzungsprofile), einen zweiten, in dem es um die Kenntnis und Einschätzung von solchen Ressourcen geht, die ethnische und kulturelle Identitäten zum Inhalt haben; und schließlich einen letzten Teil, in dem es konkret um die Nutzung dieser Ressourcen geht, d. h. es ist hierbei der Teil der Antwortenden angesprochen, die solche Quellen und Dienste auch tatsächlich nutzen. Gefragt wurde nach den Inhalten dieser Ressourcen und ihrer Bewertung. Zu diesem Teil gehören auch die Fragen nach einem möglichen politischen oder sozialen Engagement der Befragten und der Bedeutung des Internets.
Die in dem dritten Abschnitt gestellten Fragen beruhen auf der Annahme, daß das Internet als Kommunikationsmedium zur Artikulation von Problemen und Themen benutzt wird, die Menschen auf der ganzen Welt in ihrem täglichen Leben beschäftigen, sozusagen als Möglichkeit des Austausches mit anderen, als Organisationsmedium ähnlich dem Telephon und dem Fax. Das Internet ermöglicht die Selbstorganisation von Gruppen, wobei in besonderem Maße auch die Organisationsprinzipien geltend gemacht werden, die außerhalb des Internets eine Rolle spielen. Mit dem Internet erhalten diese Prinzipien eine ihrer Struktur ähnliche technologische Unterstützung.
Über die Funktion des Kommunikationsmediums hinaus hat das Internet auch einen Einfluß auf die Konstituierung von Identitäten und deren Wahrnehmungen. Das bezieht sich insbesondere auf die veränderten globalen Verhältnisse der Interaktion der Weltregionen untereinander, etwas, das von Hannerz mit *Global ecumene* bezeichnet wird und sich bei Jameson in seiner *Geopolitical aesthetic* wiedererkennen läßt. Ob dieses die Bildung von 'Stämmen' oder neuer Ethnien auf dem Internet bedeutet, ist dabei fraglich, wohl aber daß das Internet - als Synonym für moderne Kommunikationstechnologien - einen Einfluß auf Ethnizität und Identitäten haben wird und daß diese Veränderungen sich in Darstellung, Ausdruck und Verwendung von Ethnizität auf dem Internet widerspiegeln werden.

Die Fragen des dritten Abschnitts haben diese Aspekte nicht direkt berücksichtigt. Zusammen mit den Ergebnissen der anderen Abschnitte - insbesondere vier und fünf - lassen sich jedoch Rückschlüsse auf solche Veränderungen ziehen. Das Datenmaterial kann dabei in keiner Weise allein ausreichend sein, sondern unterstützt die theoretische Analyse solcher Prozesse.

Die Einschätzung von Aussagen war alleiniger Aspekt des vierten Abschnitts des Fragebogens. Neunzehn verschiedene Aussagen, welche so oder ähnlich in der Diskussion um das Internet und eine globale Informationsgesellschaft in den 1990er Jahren in Zeitungsartikeln und/oder Fernsehberichten gemacht wurden, sollten auf einer Skala von 1-4 mit Zustimmung oder Ablehnung eingeschätzt werden. Die Aussagen können als stilisierte Argumente betrachtet werden, wie sie in den Visionen oder Kritiken am Internet vorkommen. Der Großteil ist fokussiert auf das Potential, welches dem Internet zugeschrieben wird, etwa: 'Das Internet verhilft zu mehr Demokratie' oder: 'Das Internet fördert kulturelle/ethnische Abkapselung'.

Die Aussagen sollten die generelle Einstellung der Nutzer zu dem Medium und seinen Versprechungen evaluieren. Die Kenntnis über die Wahrnehmung des Mediums und seiner technologisch-sozialen Bedingungen der Nutzer ist wichtig für die Einordnung der im dritten Abschnitt gegebenen Antworten, da hier die zweite wichtige Komponente der untersuchten Beziehung im Zentrum der Aufmerksamkeit steht: Das Internet und die Beurteilung seines Potentials. Es lassen sich u.U. sogar verschiedene Typen herausarbeiten, die in ihrem Verhältnis zu Technologie und sozialer Entwicklung bestimmten Auffassungen zuzuordnen sind. Interessant ist auf jeden Fall bereits, daß alle Aussagen dieses Abschnitts von mindestens 90% aller Teilnehmer beantwortet worden sind.

Der letzte, fünfte Abschnitt bestand aus sechs offenen Fragen zu 'Weltgesellschaft und Ethnizität', bei denen jeweils bis zu fünf Stichworte genannt werden konnten. Gefragt wurde nach Assoziationen mit dem Begriff *Global village*; nach den wichtigsten weltpolitischen Problemen; Faktoren für die Definition von Ethnizität; den wichtigsten Merkmale der eigenen ethnischen/kulturellen Identität; nach den bedeutsamsten Veränderungen der Informationsgesellschaft sowie nach den politischen, sozialen und kulturellen Veränderungen, die dem Internet in der Zukunft zugetraut werden.

Die Fragen zielten auf die Wahrnehmung des 'Globalen' durch die Teilnehmer, d. h. inwiefern und mit welchen Schwerpunkten sie eine 'Weltgesellschaft' oder eine globale Gesellschaft beurteilen und wahrnehmen. Die in diesem Zusammenhang gestellten Fragen nach Ethnizität im allgemeinen und den wichtigen Merkmalen für die eigene ethnisch-kulturelle Identität tragen der Argumentation Rechnung, daß sich bei gewandelten sozialen, politischen und technologischen globalen Rahmenbedingungen auch die Bedingungen für die Wahrnehmung dieser Identität und ihrer Konstituierungsmerkmale ändern können. Nun

gibt es keinen Vergleich innerhalb der Untersuchung, der es erlaubt, die hier mitgeteilten Merkmale von Ethnizität mit früheren Untersuchungen zu vergleichen, aber es läßt sich doch ein Bezug zum ersten Teil der Arbeit herstellen, um zu sehen, welche Merkmale wichtig sind.
Die letzte Frage nach den zugetrauten Veränderungen des Internets richtet sich auf die Hoffnungen, Ängste und gegenwärtigen Einschätzungen der Menschen heute. Indem nach den zugetrauten Veränderungen gefragt wird, soll noch einmal die Einstellung zu dem Medium selbst, diesmal in eigenen Worten und mit eigenen Beispielen, erfragt werden. Diese Frage ist deterministisch, da sie nach den Veränderungen des Internets fragt, also voraussetzt, daß eine Technologie selbst und nicht ihre Verwendung und die dahinterstehenden Machtverhältnisse zu einem nicht unerheblichen Teil mitverantwortlich für solche Veränderungen sind.

## 7.13 Einordnung und Beurteilung der Untersuchung und ihrer Teilnehmer.

Wie bereits weiter oben erwähnt wurde, macht es die relativ geringe Zahl von tatsächlichen Teilnehmern an der Untersuchung 'Identität, Kultur und Internet' (IKI-Untersuchung/Umfrage) schwierig, die Ergebnisse als repräsentativ zu deklarieren. Um aber den Teilnehmerkreis genauer einzuordnen und zu sehen, welche möglichen Schlüsse daraus gezogen werden können, soll zunächst die Gruppe der Teilnehmer anhand der demographischen Daten beschrieben werden.
Die 120 Teilnehmer gaben insgesamt 23 verschiedene Länder als gegenwärtige Residenz an, dabei stehen die USA mit 34,5% (N=119) an erster Stelle, gefolgt von Deutschland (21,8%) und Australien / Neuseeland (14,2%). Der Rest verteilt sich auf die übrigen Länder. 26 Länder wurden insgesamt als Geburtsorte genannt. Indonesien, Mexiko, Israel, Cuba, Indien, Vietnam, Kenia und die DDR wurden als Geburts-, aber nicht als Residenzland angegeben. Mit Ausnahme der DDR, deren Nicht-Nennung als Residenzland durch ihre Auflösung zu erklären ist, können alle anderen Länder als 'Länder des Südens' bezeichnet werden, d. h. als Entwicklungs- oder Schwellenländer. Die Teilnehmer, die in diesen Ländern geboren wurden, sind ausnahmslos in den 'Norden' abgewandert. An erster Stelle stehen hier wie auch bei den Residenzländern die USA (32,8%, N=118) vor Deutschland (23,5%) und Australien/Neuseeland (13,4%).
Während 'nur' 24 Nationalitäten genannt wurden, welche mit den Geburts- und Residenzländern - auch in der Reihenfolge - weitgehend übereinstimmen, gab es 40 Nennungen für eine ethnische Gruppe, der sich die Teilnehmer selbst zuordnen würden. 2 gaben explizit 'keine' als Antwort, während 9 überhaupt keine Angaben machten. Einige Teilnehmer gaben mehrere Identitäten an, so daß bei der Codierung die jeweils erstgenannte von mir gewählt wurde, weshalb für die Auswertung insgesamt nur 36 verschiedene aufgenommen wurden. Nur 10 der

ethnischen Gruppen sind deckungsgleich mit den zuvor aufgeführten Nationalitäten, was darauf schließen läßt, daß Ethnizität durchaus als etwas anderes wahrgenommen wird als eine nationale Zugehörigkeit, die sich in der Regel über einen Pass und staatsbürgerliche Privilegien in einem bestimmten Land ergibt. 29,9% (N=107) Teilnehmer gaben an, daß es eine weitere ethnische, kulturelle oder nationale Kategorisierung ihrerseits durch Dritte gibt. Das bedeutet, daß in diesen Fällen die Selbstbeschreibung von einer Beschreibung durch andere abweicht.
Eine Einordnung dieser und weiterer Zahlen kann nur durch einen Vergleich mit anderen Nutzeranalysen und Umfragen sinnvoll erfolgen. Als eine Referenz wird auf die zweimal jährlich stattfindende Nutzerumfrage des *Graphics, Visualization & Usability Center* des *College of Computing, Georgia Institute of Technology* - kurz *GVU-survey* - verwiesen. Diese Umfrage wird seit 1994 durchgeführt und erfährt die Unterstützung namhafter Organisationen im Bereich des Internets, wie dem *W3 Consortium* am CERN in Genf, welche für die Standards der Programmiersprache HTML zuständig ist, die das WWW in seiner jetzigen Form erst möglich gemacht hat[357].
Weitere Referenzen sind die *Nua Internet Surveys*, ein wöchentlicher *Newsletter*, der über Entwicklungen auf und um das Internet berichtet sowie andere Quellen, die eine solche Einordnung unterstützen können.[358]
Der achte *GVU-survey* vom Oktober 1997 mit 10 000 Teilnehmern nennt als Residenzland an erster Stelle die USA mit 84,19%, welches wesentlich höher ist als der Anteil in meiner Untersuchung und auch nicht mit den Zahlen korrespondiert, die von den *Nua Internet Surveys* zusammengefaßt wurden[359], nämlich 62 Millionen Menschen über 16 Jahren (*Nasdaq*); 55,4 Millionen über 22 Jahren (*RelevantKnowledge*); 41,8 Millionen *adults* (*Cyberdialogue's "American Internet User Survey 1998"*). Die variierenden Zahlen zeigen bereits, daß es einigermaßen schwierig ist, genaue Zahlen für die Nutzer des Internets zu konstatieren. Am gesamten Anteil aller Internetnutzer von 90,75 Millionen machen die in den USA lebenden Nutzer den größten Teil aus. Allerdings liegt der Anteil keineswegs bei über 80%, wie das im GVU-*survey* zum Ausdruck kommt, sondern deutlich darunter. Die Ursachen hierfür liegen unter anderem darin, daß die Verbreitung der GVU-Umfrage zu einem großen Teil auf WWW-Seiten in den USA stattgefunden hat und seine Ausrichtung auf die immer noch herrschende Dominanz US-amerikanischer Nutzer geprägt war.

---

[357] Auf die Einzelheiten der sogenannten *Mark-Up-Languages*, der Programmiersprachen für Hypertexte auf dem Internet, soll hier nicht näher eingegangen werden. Im Kapitel zur Geschichte des Internets wird dieser Bereich im Zusammenhang noch einmal kurz erläutert.

[358] Vgl. *GVU-survey*: http://www.gvu.gatech.edu/user_surveys; *Nua Internet Surveys*: http://www.nua.ie/surveys/

[359] Vgl. *Nua Internet Surveys* 9. Februar 1998; die hier aufgeführten Relationen dürften sich auch mit einem Anstieg der Internetnutzer weltweit auf derzeit ca. 151 Millionen nicht wesentlich geändert haben (im Detail: Afrika 0,92 Mio.; Asian/Pazifik 25,57 Mio.; Europa 32,38 Mio.; Mittlerer Osten 0,78 Mio.; Canada&USA 87 Mio.; Südamerika 4,5 Mio.).

Daß der Anteil der in den USA lebenden Nutzer in meiner Studie bei 'nur' einem Drittel lag, mag daran liegen, daß die Verbreitung international gezielter und auch in solchen Ressourcen erfolgte, die nicht von einem überwiegenden Anteil US-amerikanischer Nutzer frequentiert wird, wie etwa diverse deutsche Diskussionslisten - womit auch der hohe deutsche Anteil zu erklären ist.
Die Tendenz, daß der überwiegende Teil der Nutzer aus OECD-Ländern stammt, wird durch den GVU-*survey* bestätigt.
Die Frage nach der Muttersprache (*native language*) der Teilnehmer, beantworten 72,17% mit Englisch, welches zusammen mit der geographischen Residenz darauf schließen läßt, daß der Großteil davon aus den USA stammt; Deutsch steht in dieser Aufstellung mit 4,38% an zweiter Stelle. Wenn man die Frage nach der Muttersprache als eine Kategorisierung für ethnische Gruppen annimmt, dann ergibt sich ein ähnlich vielfältiges Bild, wie das auch bei der IKI-Untersuchung der Fall ist.
Die US-amerikanische Prägung des GVU-*surveys* wird besonders deutlich an der Frage nach der Rasse (*race*) der Teilnehmer, deren vorgegebene Kategorien die in den USA gebräuchlichsten Bezeichnungen für Bevölkerungsgruppen wiederspiegeln: *Caucasian/White, African American, Indigenious or Aboriginal person, Asian/Pacific Islander, Hispanic, Latino, Other*. Vor dem Hintergrund des ersten Teils dieser Arbeit und auch in Kenntnis der Vielfältigkeit ethnischer Selbstbeschreibungen im allgemeinen und in meiner Untersuchung sind diese Bezeichungen nicht weiterführend und nur im Kontext US-amerikanischer Politik und Gesellschaftsverhältnisse zu verstehen.
Trotz dieser Unterschiede läßt sich die hier vorliegende Untersuchung durchaus in dieses Bild einfügen und kann von daher in dieser Hinsicht als 'repräsentativ' gewertet werden.
Wesentlich weniger Abweichungen gibt es bei dem Vergleich des Alters und des Geschlechtes sowie bei der Beschäftigung und der Bildung.
Das Durchschnittsalter in der IKI-Untersuchung ist 34,97 Jahre und liegt damit weniger als ein Jahr unter dem GVU-*survey* (35,7 Jahre). Diese Abweichung könnte u. a. auf den hohen Anteil europäischer Teilnehmer zurückzuführen sein, da diese einen Durchschnitt von 30,19 Jahren in dem GVU-*survey* aufweisen.
Männer stellen die Mehrheit der Teilnehmer mit 57,1% gegenüber Frauen mit 42,9%. Damit liegt der Frauenanteil höher als im GVU-*survey* (38,5%).
Nach einer Untersuchung von *RelevantKnowledge* zum Nutzerprofil in den USA sind dort 57% der Internetnutzer Männer und 43% Frauen, womit die Zahlen der IKI-Untersuchung unterstützt würden. Eine weitere Untersuchung (*Cyberdialogue*) gibt 58%M / 42%F als Anteile an und liegt damit ebenfalls auf gleicher Höhe[360].
Nach dem GVU-*survey* haben 46,96% einen College- oder höheren Bildungsabschluß. In der IKI-Untersuchung ist diese Zahl mit 84% we-

[360] Vgl. *Nua Internet Surveys* 9. Februar 1998.

sentlich höher, was aber auch auf den hohen europäischen Anteil zurückzuführen ist, da hier die Nutzer eher aus dem akademisch-wissenschaftlichen Bereich kommen als in den USA, wo das Internet bereits eine stärkere Durchdringung anderer, nicht akademischer Bevölkerungsschichten erreicht hat. Es ist anzunehmen, daß die starke akademische Gruppe auch daraus resultiert, daß die Ankündigung für die IKI-Umfrage zu einem großen Teil in wissenschaftlichen Diskussionsgruppen stattgefunden hat.

Ähnliches gilt für die Einordnung der Teilnehmer nach deren Beschäftigung. So lassen sich über 50% in der IKI-Untersuchung dem Bildungssektor (Universität und Schulen) zurechnen, während es beim GVU-*survey* nur 23,14% sind. Die rund 25% scheinen zu Lasten derjenigen zu gehen, die im GVU-*survey* in einem *computer-related field* arbeiten. Diese Gruppe ist mit nur 4,2% in der IKI-Untersuchung vertreten.

Der oben geleistete Vergleich mit anderen Untersuchungen macht deutlich, daß die IKI-Umfrage in wichtigen Punkten sehr wohl vergleichbar mit anderen, wesentlichen größeren Studien und somit als 'repräsentativ' eingestuft werden kann. Repräsentativ insofern, als hier der Typus eines 'akademischen Internetnutzers am Ende der 1990er Jahre' vertreten ist, der sozial engagiert und oftmals aktiv handelnd, mit einen Einfluß darauf haben wird, wie und welche Inhalte auf dem Internet vertreten sind. Dabei muß über die 120 Teilnehmer an der IKI-Untersuchung hinaus geblickt werden und die Rolle von Eliten bei der Gestaltung von Inhalten und Selbstbildern in die Analyse mit einbezogen werden. In diesem Sinne repräsentiert die Untersuchung eine Expertenstudie, die sich in einem gewissen Rahmen jedoch verallgemeinern läßt.

Welche Nutzergruppen bei dem Selektionsprozeß ausgeschlossen worden sind, ist nicht festzustellen und nur zu erahnen. Es gibt sicherlich mehr Nutzer aus Nicht-OECD-Staaten als hier präsent sind. Die Vielfältigkeit der Diskussionen und der WWW-Seiten auf dem Internet bestärkt eine solche Vermutung.

Die Konzentration auf wissenschaftliche und Ethnizität-'relevante' Diskussionslisten sowie sozial- und politisch engagierte Individuen bei der Verteilung der Bekanntmachung für die IKI-Untersuchung tragen mit Sicherheit auch zu der akademischen Verschiebung der Teilnehmer bei. Vielmehr lassen sich aber auch Schlüsse aus dem Teilnehmerkreis selbst ziehen, die nicht untypisch für das Internet sind und sehr anschaulich eine Problematik aufwerfen, die im weiteren Verlauf der Analyse eine wichtige Rolle spielen wird.

Die Teilnehmer stammen überwiegend aus OECD-Staaten. Diejenigen, die aus Nicht-OECD-Ländern kommen, sind in den 'Norden' gewandert, in der Regel zum Arbeiten oder zum Studieren. Der hohe Anteil von Akademikern - solche die im Wissenschaftsbetrieb arbeiten - als auch derjenigen mit einem universitären Bildungsabschluß (BA, MA und höher) weist darauf hin, daß es sich bei den Teilnehmern um eine Wis-

senselite handelt, die nicht repräsentativ für eine Gesellschaft als Ganzes ist, wohl aber als typisch für das Internet angesehen werden kann. Da ein Großteil der Teilnehmer ein soziales und politisches Engagement angibt, kommt diesen Personen sowohl innerhalb besonders aber über die IKI-Untersuchung hinaus eine überaus wichtige Schlüsselrolle zu, speziell bei der Gestaltung von Inhalten auf dem Netz und somit auch bei der Gestaltung der Bilder (*images*) von Gruppen, seien dieses nun ethnische oder andere.
Dieser Umstand darf bei einer Analyse nicht vergessen werden, da er einen wichtigen Ansatzpunkt für die Untersuchung der Machtverhältnisse auf dem Internet bietet. Die Untersuchung von 'Ethnizität als Selbstorganisation' als ein Prinzip der Verortung von Identität auf dem Internet muß dieser Problematik gezielt nachgehen. Folgende Fragen stehen dabei gewissermaßen als Leitfaden für die folgende Untersuchung und die Diskussion der Ergebnisse im Hintergrund:

Welche Rolle spielt diese Gruppe bei der Gestaltung und Darstellung von Ethnizität auf dem Internet?
Was bedeutet die Ungleichheit, wie sie sich in Bezug auf den Zugang zur Technologie ergibt, für ethnische Identitäten auf und außerhalb des Internets?
Welche Narrative stehen hinter den Strategien der einzelnen Gruppen bzw. ihrer (Techno-) Eliten und welches Verhältnis besteht zu den verschiedenen Globalisierungsprozessen kultureller, sozialer und wirtschaftlicher Art?

## 7.2 Narrative des Informationszeitalters: Internet und Cyberspace

Wie bereits in der Einleitung zum zweiten Teil dieser Arbeit angeführt wurde, ist das Internet ein Teil gegenwärtiger Gesellschaften und nicht ihr Ersatz, nämlich eine Kommunikationstechnologie mit einer Reihe von Eigenschaften, die den herkömmlichen Medientechnologien fehlen. Diesem Vorsprung hat das Internet aber nicht nur seine enorme Popularität zu verdanken, sondern auch seinen Stellenwert als Inbegriff des Informationszeitalters, gewissermaßen als Narrativ und Paradigma einer neuen Welt.
Es ist daher nicht verwunderlich, daß mit und um das Internet Mythen entstehen, Utopien entwickelt werden, Ängste artikuliert werden und die Hoffnungen auf bessere (freiere) Zeiten verbunden sind.
Die Narrative, die sich um das Internet herum gebildet haben, verweisen nicht nur auf die Gesellschaftsbilder und Konzeptionen medial-vernetzter Gesellschaften, sondern sind auch ein Ausdruck der Machtverhältnisse einer globalen Informationsgesellschaft. Eine Untersuchung dieser Erzählungen und Mythen muß daher nicht nur ihrem Inhalt gelten, sondern auch nach dem oder den Urhebern fragen, d. h. wessen Erzählungen die Diskussion bestimmen und dabei die Bedeutung even-

tueller Hegemonialstellungen berücksichtigen. Die Analyse des Verhältnisses von Identität und Internet kann nur aufgrund einer Beantwortung dieser Frage sinnvoll erfolgen.

## 7.21 Mythos Internet: Welche Erzählungen gibt es?

Die beiden häufigsten Begriffe zur Beschreibung des Internets sind der 'Cyberspace' und die 'Datenautobahnen'. Mit diesen Begriffen verbunden sind Bilder und Vorstellungen, mit denen versucht wird, eine neue Technologie und damit verbundene gesellschaftliche Entwicklungen zu erklären, sie schön zu reden oder davor zu warnen. Dabei geht es nicht zuletzt darum, wie sich Gesellschaft in Zukunft - im schon jetzt mit vielen Hoffnungen beladenen 21. Jahrhundert - konstituiert. Im Hinblick auf eine Untersuchung der Bedeutung von kultureller und ethnischer Identität ist das Verstehen solcher Bilder und Vorstellungen wichtig.
'Cyberspace' und 'Datenautobahnen' sind zuallererst Metaphern für eine Kommunikationstechnologie, die sich in einigen wesentlichen Punkten von anderen, früheren Technologien dieser Art unterscheidet. Eine kurze Betrachtung dieser Unterschiede zeigt die Hintergründe für diese Metaphern.
Der zentrale Vorteil des Internets ist seine Bi-Direktionalität, die es ermöglicht, daß eine Person - ähnlich wie beim Telephon - sowohl Sender als auch Empfänger von Informationen sein kann. Dazu kommt, daß das Internet nicht nur eine 'Eins-zu-Eins-Kommunikation' zuläßt - wie beim Telephon -, sondern die Möglichkeiten bereitstellt, zu vielen Personen gleichzeitig zu 'sprechen' oder Informationen zu schicken, ohne dabei hohe Kosten entstehen zu lassen oder eine komplizierte Technik zu benötigen. Es ist dabei unwichtig, wo sich eine Person geographisch auf dieser Erde befindet, da die Technologie es erlaubt, die Nachrichten asynchron auszutauschen, d. h. ohne daß der Empfänger zur gleichen Zeit *online* ist. Ein und dieselbe Adresse kann von jedem Ort der Welt aus gelesen werden und macht eine geographische Festgelegung der Teilnehmer überflüssig. Das bedeutet aber auch, daß eine geographische und persönlich identifizierende Verortung der Teilnehmer nicht unbedingt immer möglich ist.
Zusätzlich erschwert der dezentrale Aufbau des Netzes der Netze - das Internet ist ein Verbund aus vielen anderen kleineren regionalen und nationalen Computernetzen - eine Kontrolle der Informationsflüsse, da es so etwas wie eine internationale Kontrollinstanz für das Internet nicht gibt.[361]
Diese Eigenschaften machen das Internet zu einer Technologie, die das bisherige Sende- und damit auch das Inhaltsmonopol der Massenmedien Radio, Fernsehen und Zeitung untergräbt. Eine Kontrolle oder Zensur der Inhalte kann - wenn überhaupt - nur noch sehr schwer stattfinden.

[361] Zur genaueren Beschreibung der denzentralen Technologie und dem selbstorganisatischen Aufbau des Internets vgl. Kap. 7.3.

Der egalitär-subversive Narrativ des *Cyberspace* ist sowohl auf diese technologischen Besonderheiten zurückzuführen wie auch auf das Milieu ihrer Entstehung, den Netzen der Bürger, wie sie Rheingold nennt.[362] Die Netze der Bürger sind kleine sogenannte *Bullitin-board*-Systeme (BBS), die sich abseits der großen Forschungslabors des US-Verteidigungsministeriums und der Industrie entwickelt haben. Rheingold spricht dabei von einer Graswurzelbewegung, die die mit 'computervermittelter Kommunikation' (CMC) verbundenen Vorteile zu ihren Gunsten nutzen wollte, nämlich den ungehinderten, freien Austausch von Informationen zu oftmals alternativen Themen. Die amerikanische Gegenkultur der 1970er und 80er Jahre spielt bei der Entwicklung und Ausbreitung dieser Technologie eine nicht unwesentliche Rolle.

Ein wichtiges Moment in der Definition des *Cyberspace* - im Unterschied zur Metapher der Datenautobahn - ist der Austausch innerhalb einer Gemeinschaft. Rheingold rekurriert wiederholt auf Andersons *imagined community*, um die besonderen Gemeinschaftsstrukturen in den Computernetzen zu beschreiben. Es sind die 'virtuellen Gemeinschaften', die ähnlich Andersons 'vorgestellten Gemeinschaften' aus Ermangelung physischer Nähe in den Köpfen der Menschen entstehen müssen. Rheingolds exemplarisches Beispiel für eine solche Gemeinschaft ist das *Whole Earth 'Lectronic Link* (WELL), welches in der Gegend um San Francisco seit 1985 existiert und an der er von Anfang an teilnahm. Seine Schilderungen des 'Lebens' im WELL gelten vor allem dem Austausch, der gegenseitigen Hilfe, den Problemen der Gemeinschaft, der Weitläufigkeit des Zugangs - nämlich entsprechend der Technologie weltweit - und der Entstehung einer virtuellen Gemeinschaft, deren Mitglieder sich auch privat und *in persona* treffen, nachdem sie sich zuvor im *Cyberspace* kennengelernt haben. Rheingolds Eindrücke und Schilderungen sind überwiegend positiv und erzählen von den enormen Möglichkeiten computervermittelter Kommunikation in einer Zeit, da sich andere Gemeinschaftsformen auflösen oder zunehmend komplexer und schwierger werden[363]:

> "Ich habe den Verdacht, daß die Erklärung für dieses Phänomen in dem wachsenden Bedürfnis nach Gemeinschaft liegt, das die Menschen weltweit entwickeln, weil in der wirklichen Welt die Räume für zwanglose soziale Kontakte immer mehr verschwinden."[364]

Darauf gründend entwirft er eine positive Utopie neuer Räume, die sich Menschen aneignen können und in denen sie einen neuen, andersartigen Gemeinschaftssinn entwickeln können, der nicht mehr auf Klasse, Nationalität und anderen Grenzmarkierungen beruht. Dabei bezieht er sich auf seinen eigenen Umgang mit diesem Medium und dem Aus-

---

[362] Vgl. Rheingold 1994, S. 141.

[363] Vgl. Rheingold 1994, bes. Kap. 2, 3 und 4.

[364] Rheingold 1994, S. 17.

tausch mit anderen Menschen, die Erfahrungen in ähnlichen Gemeinschaften gemacht haben.[365] Trotz seines Vertrauens in die neuen Gemeinschaften und ihre Kommunikationsräume - eine Betrachtungsweise, die sich als 'hoffnungsvolle Vision' beschreiben läßt - sieht Rheingold im Gegensatz zu anderen Visionären und selbsterkorenen Netzgurus auch die möglichen Schattenseiten von Computertechnologie. Er verliert in seinen Betrachtungen und Schlußfolgerungen selten den Kontakt zu den Strukturen der 'wirklichen' Welt, die trotz aller möglichen Veränderungen durch die Technologie den Rahmen für eine Nutzung und tatsächliche Veränderungen stellt. So gibt er sich eher zurückhaltend gegenüber den Stimmen, die das Internet und die Informationsgesellschaft als technologische Lösung aller Probleme sehen, da "[wir] noch wenig wissen über die Auswirkungen, die diese neuen Medien für unser tägliches Leben, unser Bewußtsein, unsere Familien oder gar die Zukunft der Demokratie haben werden.[366]

Rheingolds Metaphern und der Hintergrund seiner Analysen und seiner Vision bleiben, trotz der Vergleiche mit anderen Kulturen, deren Umgang mit CMC und der Wahrnehmung möglicher Gefahren, US-amerikanisch gefärbt. Am deutlichsten wird dieses am Untertitel der Orginialausgabe seines Buches: *Virtual Communities: Homesteading on the Electronic Frontier*. Damit wird der Mythos der *frontier*, jene von den amerikanischen Siedlern vor sich hergetriebene Grenze, wiederbelebt und verallgemeinert: Das Internet als missionarisches Paradigma amerkanischer Werte, Kultur und Vormachtstellung?

Es scheint so und dies läßt sich mit einigen wenigen Argumenten bekräftigen, ist doch die hauptsächliche Sprache des Internets amerikanisches Englisch, hat die ursrpüngliche Entwicklung in den USA stattgefunden und sind auch heute noch die meisten Nutzer in den USA ansässig. Dazu kommt die Macht der Medien- und Kulturkonzerne, die zu einem Großteil in den USA ihren Hauptsitz haben und somit in der Hauptsache amerikanische Werte exportieren.

Damit sind aber noch nicht die Inhalte und unterschiedlichen Aspekte dieser Erzählungen beschrieben, welche sich ganz grob in zwei Kategorien unterteilen lassen: In sozial-politisch orientierte Vorstellungen einerseits und technologisch-futuristisch orientierte andererseits. Beiden gemeinsam ist, daß sie die Schnittstelle von Gesellschaft und Technologie betreffen und eher in die Zukunft, denn auf die Gegenwart ger-

---

[365] Untersuchungen zu virtuellen Gemeinschaften wurden auch von Reid 1991, Smith 1993, (der von Rheingold zitiert wird; Leyde 1994, und Turkle 1995 gemacht. Bis auf Smith, der das WELL untersuchte, beziehen die anderen sich bei ihren Untersuchungen zu sozialen Strukturen und Identitäten auf sogenannte MUDs, (*Multi-User Domains*), abgeschlossene Bereiche auf dem Internet, die wie ein Soziotop funktionieren und eher einem Spiel gleichen im Gegensatz zu den Konferenzsystemen wie etwa dem WELL oder dem noch weitläufigeren *UseNet* mit seinen Diskussionsgruppen.

[366] Vgl. Rheingold 1994, S. 24. Die kritischen Ansätze bei Rheingold finden sich vor allem im letzten Kapitel seines Buches wieder mit dem Titel: Desinformokratie. Wiederholte Verweise und Vergleiche mit dem von Jeremy Bentham entworfenem Panopticum als negative Metapher für ein weltweites Kommunikationsnetz, geben seine Wahrnehmung der Gefahren der Möglichkeiten der Technologie wieder.

ichtet sind. Während Rheingolds 'hoffnungsvolle Vision' neben anderen Gesellschaftsvisionen eher dem ersten Typus zugerechnet werden kann, gehört die Metapher der Daten-oder Infoautobahn eindeutig der zweiten Kategorie an. Gleichwohl handelt es sich auch hier um eine Gesellschaftsvision für die Zukunft, nur eine, die technisch determiniert ist, während die erstere eher mit Begriffen wie Freiheit und Gemeinschaft operiert und nicht ausschließlich die Technik als den Heilsbringer ansieht. Problematisch in der Konzeption bleiben sie aber beide.

## 7.22. Sozial-politische Narrative

Den Rahmen für die sozial-politischen Visionen und Narrative stellt das egalitär subversive Potential des Internets. Eines der häufigsten Schlagworte dieser Narrative ist die Nivellierung globaler Ungleichheiten, da die Technologie es angeblich erlaubt, mit relativ geringen Mitteln am Weltmarkt teilzunehmen und ein Vermögen zu machen. So behauptet es zumindest John Perry Barlow, wenn er in einem Interview sagt: "Auf dem Internet ist alles gleich groß; meine Homepage hat mehr Besucher als die von General Motors Da kann eine Familienfirma aus Singapur spielend mit einem Konzern konkurrieren".[367] Ähnlich wie bei Barlow geht es auch bei Dyson[368] um freie Netze, den freien Informationsaustausch und freie Märkte, die keinerlei staatlichen Regulatorien mehr ausgesetzt sind. Jegliche Kontrollversuche, egal ob es sich um geistiges Eigentum oder den Zahlungsverkehr handelt, werden nicht akzeptiert. Staaten werden praktisch überflüssig. Und in der Tat entzieht sich das Netz durch seinen ubiquitären Charakter zu einem großen Teil staatlicher Kontrolle, da derzeit noch Unklarheit darüber herrscht, wie eine Kontrolle überhaupt ausgeübt werden kann.
Die Konzeptionen von staatlich angeregten Datenautobahnen zur Förderung nationaler Wirtschaften im Bereich des Internets und der Computertechnologie, wie etwa in Malaysia mit seinem *Multimedia Supercorridor* (MSC)[369] , sind gegensteuernde Versuche, wenigstens mit auf der Welle des Internets und einer 'Multimedia'-Zukunft zu schwimmen, die gegenüber der sehr dynamischen Entwicklung des Internets eher hölzern wirken.
Freie Märkte, erhöhtes Wissen durch den Zugriff auf das Weltwissen, die vielfältigen emanzipatorischen Möglichkeiten digital vermittelter Kommunikation sowie eine neue globale Kultur, die ohne ethnische, regionale und nationale Identitäten und deren steuernde Staaten auskommt, sind die Fixpunkte der sozial-politischen Narrative. Es geht um nicht weniger als um das Zusammenwachsen eines einzigen Netzwerkes, einer Art globalen Gehirns, welches mit seinem enormen Wissensbestand zum 'Guten' der Menschen da ist. Lau verdeutlicht die Mystik und Mythen, die sich hinter solchen Verlautbarungen versteckten und

[367] Vgl. Barlow 1996, S. 25; vgl. auch Barlow/Postman 1997, S. 16ff.
[368] Vgl. Dyson 1997, S. 82.
[369] Vgl. http. //www.mdc.com.my.

deren schriftliche Darlegungen er als eine 'technotherapeutische Erbauungsliteratur' bezeichnet.[370] Es ist die Rede von der digitalen Revolution, die nach der industriellen Revolution jetzt ein neues Zeitalter technologisch orientierter Gesellschaftsstrukturen und totaler Kommunikation hervorruft, deren gesellschaftliche Reichweite global ist. Microsofts Werbeslogan *Where do you want to go today?* liefert dazu die letztgültige Aussage und das Credo der Verfechter dieser neuen freieren Welt. Dabei offenbart sich gerade in diesem Slogan die Kurzsichtigkeit und Arroganz der sozial-politischen Narrative, wie sie hier bis jetzt vorgestellt wurden. Diese Kurzsichtigkeit äußert sich Johnson zufolge auch in der mangelnden Wahrnehmung von Geschichte, speziell der Geschichte technologischer Entwicklungen. Wie anders wäre sonst der Vergleich zu erklären, daß digitale Technologien ebenbürtig mit der Entdeckung des Feuers ist, wie er von manchen Utopisten angestrengt wird.[371] Die sozial-politischen Narrative des Internets leben von dem Optimismus, daß die enormen Möglichkeiten der Technologie die Lösung aller Probleme darstellen. Und obwohl das subversive Potential, die neuen Verbindungsgeflechte zwischen Menschen und der Zugriff auf mehr Informationen als jemals zuvor Tatsachen sind, so stellen sie nur einen Teil dessen dar, was notwendig sein wird, um die anstehenden Probleme einer Globalgesellschaft zu lösen. Denn es dürfte nicht allein die mangelnde Verständigung unter den Menschen, sondern die besonders gute Absprache und Kommunikation unter einigen wenigen sein (z. B.Internationaler Währungsfond (IWF), Welthandelsorganisation (WTO) etc.), die ein Problem darstellen. Es geht dabei um die Verteilungsstrukturen der Güter und die Kontrolle von Inhalten, die das Internet zu einem wirklich subversiven Medium für viele Nutzer machen können.

Zur ersten Ausgabe von WIRED in Großbritannien kommentiert Stallabrass den Slogan *We have it in our power to begin the world over again* als "the recast 'digital revolutionary' being summend up to defend the global Net from threats of restriction, gouvernmental and commercial. Yet networking alone is an insufficient peg on which to hang a visionary future in which all human relations are forever changed."[372]

Schiller sieht in der Attitüde des WIRED-Magazins genau jenen Optimismus am Werke, der fixiert auf ein digitales Zeitalter, die es umgebenden Strukturen und Dynamiken ignoriert. Der für ihn entscheidende Punkt der Ideologie des WIRED-Magazins ist die leidenschaftliche Bejahung der 'freien Kräfte eines freien Marktes', welches sich in WIRED vor allem durch die massive Präsenz entsprechender Werbung zeigt, etwa Computer, aber auch Lifestyle, Mode etc. Da WIRED ein Magazin ist, das sich nicht so sehr um die Computertechnologie im herkömmlichen Sinne kümmert, sondern eher um die Verbreitung von Ideen und Visionen, hält Schiller es nicht für verwunderlich, wenn in WIRED Autoren zu

---

[370] Vgl. Lau 1997, S. 57; zur Metaphorik des Internets vgl. auch Debatin, 1997.

[371] Vgl. Johnson 1997, S.2; Hudson 1997, S. 5ff.

[372] Stallabras 1995, S. 3.

Wort kommen, "die das Fortschrittsdogma nachbeten und sich als Claqueure der amerikanischen und internationalen Computerindustrie betätigen.[373] Diese exemplarische Kritik an dem 'Sprachrohr' der digitalen Revolution verweist auf zwei wichtige Punkte, die bei der hier vorgenommenen Analyse der Internetnarrative eine wichtige Rolle spielen. Zum einen deutet sich hier der Übergang zu den Erzählungen an, die an früherer Stelle als technologisch-futuristische Vorstellungen benannt wurden; zum anderen wird deutlich, daß es sich bei den Narrativen vor allem um Wahrnehmungsperspektiven handelt. Die Begrifflichkeiten des *Cyberspace* - neue Räume, virtuelle (vorgestellte) Gemeinschaften, Identitätslosigkeit, virtuelle Demokratie usw. - sind Indikatoren dafür. Entscheidend ist aber, daß vor allem in jüngster Zeit die Technologie des Internets immer enger mit der TV-Technologie verschmilzt, digitale Bildbearbeitung leicht und leistungsstark geworden ist, so daß die Abbilder der Welt leichter manipulierbar sind. McLuhans Bild des *global village*, einst entstanden im Zusammenhang mit dem Fernsehen, hat mit dem Internet eine neue Qualität bekommen, denn erst jetzt ist die Illusion komplett, neue weltumspannende Gemeinschaften zu bilden, die zu einer tatsächlichen Verkleinerung der Erde führen sollen. Auch wenn die Metaphorik Virilios stellenweise überspannt wirkt, macht sie deutlich, in welcher Weise Wahrnehmung durch Medientechnologien intensiviert und damit implodiert wird. Der Computer wird zu einer automatischen Sehmaschine, "die im Raum einer geographischen Realität arbeitet, die vollständig virtualisiert ist."[374]

Das virtuelle Bild tritt an die Stelle des Bildes der es umgebenden realen Welt. Es reiche, so Virilio, nicht einfach aus, sich den kybernetischen Netzen anzuschließen, sondern es gelte, die Realität, die Welt zu verdoppeln. Er spricht in diesem Zusammenhang von einem Globalitarismus, der die früheren Totalitarismen ablösen wird.[375]

Ähnlich wie Virilio, nur positiver formuliert, greift Faßler[376] das Verhältnis von Globalisierung und Moderne auf, welches bestimmt ist durch die elektronisch übertragene Kommunikation und die cybernetischen Räume. Er hält die industriell-bürgerliche Moderne für eine 'Cyber-Moderne' und stellt damit allen voran die technologischen Aspekte in den Vordergrund. Er versetzt damit die Moderne in einen virtuellen Raum und bestimmt sie in erster Linie technologisch. Einschränkend allerdings fügt er an, daß die Ablösung vom Raum nur eine medial gut organisierte Phantasie sei, die durch die Netztechnologie ermöglicht werde.[377]

---

[373] Vgl. Schiller 1996, S. 21; vgl. Hudson 1997, speziell das Interview mit Louis Rossetto, dem Gründer von WIRED.

[374] Vgl. Virilio 1997, S. ZB2.

[375] Vgl. Virilio 1997, ZB2; mit dem 'Globalitarismus', einem 'globalen Narrativ' in dem die Logik des Internets eine entscheidende Rolle spielt, wird sich in Kapitel 9 dieser Arbeit intensiv beschäftigt.

[376] Vgl. Faßler 1996, S. 182.

[377] Vgl. Faßler 1996, S. 183.

Auch John Perry Barlows *Unabhängigkeitserklärung des Cyberspaces*[378], die sich gegen die Kontrolle des virtuellen Raums ausspricht, (besonders gegen den amerikanischen *Computer Decency Act*, welcher nach langer Debatte im Sommer 1997 für nicht verfassungsgemäß erklärt wurde), ist in ähnlicher Weise formuliert.
Er wurde von Lovink/Schulz zu Recht kritisiert, u. a. mit dem Vorwurf, daß die Fixierung auf den virtuellen Raum und seine 'Bürger' die Probleme des nicht-virtuellen Raumes in den Hintergrund stellt und eine Wechselwirkung nicht stattfinden läßt, obwohl sich gerade hier ein "wachsendes körperliches und materielles Bedrohungspotential auftut."[379]

## 7.23 Die technologisch-futuristischen Narrative

Dieses körperliche und materielle Bedrohungspotential begleitet den technologisch-futuristischen Narrativ und stellt zugleich den ursprünglichen Hintergrund des Begriffes *Cyberspace*. Der Begriff des *Cyberspace* wurde von dem Schriftsteller William Gibson eingeführt. Er ist die Metapher für einen virtuellen Raum, beschreibt aber, entgegen seiner heute eher positiven Besetzung, bei Gibson eine negative Utopie einer von Technologie beherrschten Welt, in der Großkonzerne über Menschen mittels Computer- und Biotechnologie herrschen. Es ist die Fortführung hegemonialer Verhältnisse mit besseren technologischen Mitteln der Kontrolle und der Ausbeutung der abhängigen Schichten. Interessant ist jedoch, daß die so marginalisierten Schichten (Kriminelle, Prostituierte, Süchtige etc. von Gibson als *Cyberpunks* bezeichnet) eben diese Technologie für ihren Überlebenskampf nutzen wollen.[380] Das Bild des Hackers[381], des *underdog*-Computerexperten ist damit geboren, welches immer noch eine Rolle in der Diskussion um Freiheit und Kontrolle auf dem Internet spielt: Für die einen ein Symbol der Unsicherheit, für die

[378] Vgl. Barlow, *A Declaration of Independence of Cyberspace*, http://members.iquest.net/~dmasson/barlow/Declaration-Final.html.

[379] Vgl. Lovink/Schulz In: SPEX Nr. 5, Mai 1996 , S. 61; Vgl. auch: Barlow: *Declaring Indpendence*. In: WIRED Nr. 6 1996, S. 121f, wo er auf die Kritik, die von verschiedenen Seiten an seiner Unabhängigkeitserklärung geübt wurde, antwortet und seine Position klarstellt, die gerade nicht auf eine Trennung von Körper und Geist abzielt, sondern den Zusammenhang herstellen möchte zwischen diesen beiden, dargestellt in der 'realen' Welt und dem *Cyberspace*. Das bedeutet aber auch eine Verantwortung für das Handeln im virtuellen Raum. Einen ähnlichen Einwand macht er in einem Interview (Barlow 1996, S. 25), wenn er sagt, daß das WELL keine echte Gemeinschaft ist, da die Mitglieder ihre Mißgeschicke nicht wirklich teilen und keine großen sozialen Unterschiede aushalten müssen. Angemerkt sei, daß dieses gerade nicht der Fall sein muß für eine 'vorgestellte Gemeinschaft' wie sie Anderson vorschwebt und auf die sich Rheingold bezieht, da gerade die Gemeinschaft (die Nation) soziale Unterschiede etc. vergessen machen kann.

[380] Vgl. Gibson 1986 (Cyberspace) und 1987 (Neuromancer); Bühl 1995, S. 16ff; Stallabras 1995.

[381] Der Begriff *Hacker* wurde ursprünglich für jene Computerexperten benutzt, die weltfremd vor allem vor ihren Computer saßen und etwas in die Tastatur 'hackten'. Inzwischen wird der Begriff meistens in Zusammenhang mit 'kriminellen' Computer-*Freaks* benutzt, die sich unerlaubt Zugang in andere Computersysteme verschaffen; vgl hierzu auch Jordan 1998: *Sociology of Hackers*.

anderen Ikone eines freien *Cyberspace*, auf dem nicht zuletzt die von Rheingold angeführten Netze der Bürger aufgebaut sind. Als negative Utopie (Bühl) wird der *Cyberpunk* und der *Cyberspace* von Burrows als Möglichkeit einer sozialen Theorie der Postmoderne gesehen:

> "Whether Gibson intends it or not, his fiction can be systematically read as social and cultural theory in that it not only paints 'an instantly recognizable portrait of the modern predicament', but also shows 'the hidden bulk of an iceberg of social change' that 'now glides with sinister majesty across the surface of the late twentieth century'."[382]

Damit ist nicht nur die immer mehr technisierte Umwelt der Menschen in den Metropolen der Welt gemeint, besonders in den hochindustrialisierten Ländern des Nordens - kurz das was unter dem Schlagwort der Datenautobahn zu einem verbesserten Leben, mehr Arbeitsplätzen und allgemeinem Wohlstand führen soll - sondern auch die immer weiter fortschreitende Entwicklung auf dem Gebiet der Biotechnologien und der künstlichen Intelligenz bis hin zu 'biologischen Computern' und den sie begleitenden Narrativen eines Techno-Utopia, in dem ein Großteil der Menschen letztendlich störend wirkt.
Der technologisch-futuristische Narrativ beschreibt Technologie als Heilsbringer und steht dabei in einem noch engeren Zusammenhang mit den Produzenten bzw. der Industrie eben dieser Entwicklungen als sein sozial-politischer Counterpart. Dabei werden die negativen Seiten bzw. die möglichen moralischen, wie auch sozialen und politschen Bedenken unter einer Technologie-Euphorie begraben. Das WIRED-Magazin steht hierbei, wie Schiller bereits andeutete, mit an vorderster Stelle, wenn es um diese Art der Technologie und ihre Umsetzung in der Gesellschaft geht.
Einer der prominentesten Vertreter dieses Diskurses ist Nicholas Negroponte, der Direktor des *MIT Medialab*, Mitbegründer und Kolumnist von WIRED. Für ihn bedeutet die Verkabelung der Welt nicht nur das Internet und die Möglichkeit verbesserter Kommunikation, sondern die totale Kommunikation in dem Sinne, daß alle Aspekte menschlichen Lebens über Computer geregelt werden. Daß in diesem Bereich nicht ausschließlich Utopisten am Werk sind, zeigen gegenwärtige Entwicklungen ganz deutlich: Diskussionen um den Datenschutz in der Folge von immer mehr Magnetkarten, die auch die Erstellung von Konsumenten- und Verhaltensprotokollen zulassen; Debatten um den Einsatz und die Sinnhaftigkeit von Gentechnologie, insbesondere im Falle des Klonens.
Es geht bei diesen Technologien um die Schnittstelle Mensch-Maschine und damit um die personale und vielleicht auch kollektive Identität der Menschen.[383] Die Existenz solcher Entwicklungen als utopisch abzutun, ist ebenso gefährlich wie die Ignoranz, die von den Verfechtern dieser

[382] Burrows 1997, S.238.
[383] Vgl. Bühl 1997 zu dieser Thematik, speziell zur Problematik der Mensch-Maschinen Schnittstelle in einer 'Virtuellen Gesellschaft'.

neuen Welt gegenüber den negativen Folgen solcher Prozesse an den Tag gelegt wird.
Das Szenario einer totalen Kommunikation, der Wirklichkeit der Datenautobahn sozusagen, wird sehr anschaulich von Jean-Uwe Heuser beschrieben. An Großbildschirmen rufen Menschen in ihren Wohnzimmern Kinofilme ab, kaufen ein per Fernbedienung, arbeiten aus ihrem Schlafzimmer heraus mit Fachleuten in der ganzen Welt und lesen ihre elektronische Post. In ähnlicher, doch eher sehr positiver Weise beschreiben die offiziellen Visionen - etwa Al Gores *National Information Infrastructure* (später *Global Information Infrastructure*) sowie der sogenannte Bangemann-Report[384] zur Informationsgesellschaft - die Welt der Datenautobahn und die Wirklichkeiten der Informationsgesellschaft. Heuser zeichnet ein eher negatives, aber dennoch differenziertes Bild dieser Entwicklungen. Vor allem analysiert er die Widersprüchlickeiten, die sich aus den Visionen einer alles zum positiven verändernden Informationsgesellschaft und den gesellschaftlichen Wirklichkeiten der spät-industriellen Staaten des Nordens ergeben. Sein zentrales Argument dabei ist, daß die Arbeitswelt und ihre Verhältnisse sich anders verändern werden, als dieses in den Visionen zur Informationsgesellschaft angepriesen wird. Die Vorteile der vernetzten, hochqualifizierten digitalen Arbeit werden nur einer kleinen Schicht zugute kommen, während der Rest sich als 'Nomaden der Infobahn' zu einer 'Unterklasse im digitalen Zeitalter' entwickeln wird.[385] Auch seine Kritik zielt auf die mangelnde Wirklichkeitswahrnehmung der von Internet und digitaler Technologie bestimmten Narrative einer totalen Kommunikation ab.
Eine umfassende Kritik dieser Widersprüche muß aber auch die Unterschieds- und Abhängigkeitsverhältnisse zwischen 1. und 3. Welt berücksichtigen bzw. die Diskrepanzen innerhalb dieser Regionen zwischen Metropole und Peripherie bzw. den Gewinnern und Verlierern der neuen Technologien und den sie begleitenden wirtschaftspolitischen Ordnungen.[386]
Eine Trennung der Narrative in die hier verwandten Kategorien sozialpolitischer Narrative auf der einen und technologisch-futuristischer Narrative auf der anderen Seite dient einzig analytischen Zwecken und entspricht nicht der tatsächlichen Vielseitigkeit der Erzählungen und Utopien. Das gilt auch für das Maß an 'Wirklichkeitsverlust' der einzelnen Narrative. Eine qualitative Aufreihung der einzelnen narrativen Variationen des Themas 'Internet und Gesellschaft' ließe sich an verschiedenen Kriterien vollziehen. Die in der obigen Analyse indirekt zugrundegelegten Kategorien von positiver *versus* negativer Utopie sowie einer kritischen Auffassung *versus* einer religionsartigen Verehrung von Technologie sind sehr dazu geeignet, eine kompakte Darstellung der Narrative zu geben. Die Grundfrage, die den Rahmen für ein solches Modell darstellt, ist: Wie wird das Verhältnis zwischen technologischer Ent-

[384] Vgl. The Internet Unleashed 1994; Bangemann u. a.1994; Bühl 1997; S. 16f.
[385] Vgl. Heuser 1995, S. 54.
[386] Diese Widersprüche sind Teil eines 'globalen Narrativ', dazu siehe Kap. 9.

wicklung und Gesellschaft in einer als Informationszeitalter bezeichneten Epoche gesehen? Die 'hoffnungsvollen Utopien', wie sie u. a. von Rheingold entworfen wurden, stehen dabei an der einen Seite des Modells. Hierunter sind auch die Einstellungen zu fassen, die das Internet vor allem als ein Werkzeug ansehen, mit dem sich neue Möglichkeiten der Informationsbeschaffung als auch der Verbreitung verwirklichen lassen. Dazu gehören insbesondere die sozialen Bewegungen und Organisationen im Bereich der Menschenrechte, der Ökologie, der Entwicklungshilfe etc., die sogenannten Graswurzelorganisationen (Rheingolds 'Netze der Bürger'), die meist nicht-kommerziell in diesen Bereichen tätig sind wie etwa das *Institute for Global Communications* (IGC) in San Francisco.[387]
Im Anschluß daran läßt sich die Utopie der *Electronic frontiers*, wie sie etwa Barlow, Dyson und die von ihnen gegründete *Electronic Frontier Foundation* (EFF)[388] vertreten, einordnen. Im Gegensatz zu Rheingold fehlt hier die technologiekritische Komponente. Kritik und Warnungen richten sich vorrangig auf die Verhinderung einer freien Kommunikation und einer freien Selbstentfaltung, welche über das Internet verwirklicht werden sollen. Die amerikanischen Vorstellungen von Selbstentfaltung und einem Recht auf Glück treten in diesen Narrativen sehr deutlich hervor.
Die Technologie als Heilsbringer, als Lösung, wie sie in den technologisch-futuristischen Narrativen in unterschiedlichster Weise im Hinblick auf ihre Anwendungsbereiche dargestellt wird, stellt die nächste Kategorie dar. Im Gegensatz dazu sind es nicht die Begriffe der 'Gemeinschaft' und 'Freiheit', die durch das Internet eine neue Bedeutung erfahren, sondern es ist die Technologie und ihre potentiellen Möglichkeiten bzw. der Glaube an eine vermeintliche Allmacht technologischer Entwicklungen, die dieses Gesellschaftsbild prägen. Die von Lau[389] dargelegte Netzmystik, die fast religiös von neuen Gesellschaften spricht, ist in diesem Bereich angesiedelt. In ähnlicher Weise, nur als negative Utopie formuliert, existiert ein Narrativ, der als das Spiegelbild positiv-utopistischer Narrative gelten kann: Gibsons *Cyberpunk*, welcher in übersteigerter Form die Angst der Menschen vor neuen Technologien zusammenfaßt und die Gefahren ihrer Anwendungsmöglichkeiten auf drastische Weise beschreibt, letztlich aber die Technologie selbst als Mittel gegen die Übermacht einsetzen will.
Das Bild der Verschwörung, welches im Zusammenhang mit dem Internet immer wieder bedient wird, schließt sich hieran an bzw. wird u. a. aus dieser Angst genährt.[390]
Am anderen Ende eines solchen Modells stehen solche Kritiken, wie sie von Virilio formuliert werden und die auf eine Ablehnung der Informati-

387 IGC. vgl Fortier 1998; zu nennen wäre in diesem Zusammenhang auch das deutsche CL-Netz oder das *ZamirNet* im ehemaligen Yugoslavien, hierzu vgl. Bach 1996.

388 Vgl. Barbrook 1998; Hudson 1998; Jordan 1998a zur Kritik an der EFF und ihrer Politik und Ideologie.

389 Vgl. Lau 1997, S. 57.

390 Vgl Dyson 1996; Freyermuth 1996; Dowe 1997.

onstechnologien und ihrer Logik ausgerichtet sind. Oftmals entsteht dabei allerdings der Eindruck, daß das tatsächliche Wissen um die 'Wirklichkeit des *Cyberspace*' nur auf einem Hörensagen beruht und nicht aus einer aktiven Teilnahme am Internet heraus gewonnen wurde, was nicht ihre generelle Argumentationskraft schmälert, aber die Thesen teilweise unbrauchbar für eine weiterführende Analyse des Internets macht. Die aufgeführte Darstellung gibt eine Übersicht über die hier vorgenommene Einteilung:

| Narrative | Namen | Schlagworte | Merkmale |
|---|---|---|---|
| 'Hoffnungsvolle Vision' | Rheingold | Netze der Bürger | Austausch, Gemeinschaft, Kritik |
| Frontier | Barlow, Dyson, EFF,WIRED | Information ist frei | libertär, kapitalistisch, egalitär und elitär |
| Technologien als Heilsbringer | Negroponte, Gates, Clinton, Bangemann (allg. Politiker), WIRED | Where do you want to go today? Datenautobahn | positiv, technologiefixiert, kontrollierend, Netzmystik |
| Technologie als Alptraum | Gibson | Cyberpunk | Netzmystik,Chaos Beherrschung, Apocalypse, Verschwörung |
| Ablehnung | Virilio | virtuelle Bilder, transhorizontale Optik, rasender Stillstand, Globalitarismus | technische Sprache, philosophische Konzepte, Metaphorik |

**Tabelle1**

Kein Narrativ kommt in einer reinen Form vor, vielmehr enthalten alle mehr oder weniger Elemente der anderen. Das virulenteste Beispiel hierfür sind die beiden an der Bruchstelle liegenden Narrative einer positiven und einer negativen Utopie, die beide aus denselben Gründen zu völlig unterschiedlichen Einschätzungen kommen. Daß die negative Utopie die Bekämpfung einer 'Technologieherrschaft' mit eben denselben technologischen Mitteln betreiben will, zeigt, wie die Technologien diese Narrative beeinflussen. Das gilt auch für die ablehnenden Argumente Virilios, der in seiner Sprache selbst diese Technologie weiterleben läßt, auch wenn die Argumente ihre Ablehnung bzw. Verneinung dokumentieren. Darüberhinaus kann diese Einteilung nicht vollständig sein, enthält aber die prominentesten Namen und Organisationen, die mit den einzelnen Narrativen assoziiert werden können.

Daher kann das Modell nur in idealtypischer Weise die verschiedenen Narrative beschreiben, die in dieser Eindeutigkeit tatsächlich selten vorkommen. Das gilt auch für die grundlegende Kritik an allen Erzählungen - die Abkoppelung von den tatsächlichen Verhältnissen außerhalb des Internets bzw. jenseits industriekapitalistischer Staaten. Auch diese Kritik trifft in unterschiedlicher Weise auf die einzelnen Utopien und Narrative zu.[391] Der Hang zur Mythenbildung und zur Mystifizierung der Technologie, speziell des Internets, wenn es um ihre Möglichkeiten und die gesellschaftliche Zukunft geht, wird an den in diesem Modell vorgestellten Narrativen deutlich.[392] In gleicher Weise werden auch die mit dieser Technologie bereitgestellten Informationen zu einem 'Weltwissen' hochstilisiert, welches nun 'allen' zur Verfügung steht - und nicht mehr nur einer privilegierten Schicht.
Informationen werden damit zu einem Fetisch, allein durch die Möglichkeit ihrer Erreichbarkeit, Aufbewahrung und Weiterverarbeitung. Es ist letztlich die Form und Menge der Informationen und nicht ihr Inhalt und Kontext, die ihren Wert bestimmen. Ein nicht unbedeutender Grund hierfür ist auch die zunehmende Kommerzialisierung der Informationen. Eine solche Veränderung hin zu einem Handelsgut beeinflußt die Bedeutung von Informationen innerhalb von Gesellschaften. Die freie Zugänglichkeit von Informationen über das Internet - einer der ursprünglichsten Aspekte des Internets - ist damit gefährdet. Dieses wird deutlich, wenn man sich ansieht, wer über Inhalt und Verteilung auf dem Internet bestimmen bzw. Zugänge kontrollieren kann.[393]
Daß gesellschaftliche 'Wirklichkeiten' außerhalb des Internets bestehen, wird dabei ebenso betont, wie unbestritten ist, daß es eine Wirklichkeit des Internets mit einer eigenen Logik und Dynamik sowie daraus resultierenden Folgen gibt.[394]
Eine Analyse der Narrative, der Mythenbildungen und der tatsächlichen Folgen informationsgesellschaftlicher Technologie kann aber nur dann weiterführend sein, wenn die Wechselwirkungen zwischen den 'Wirklichkeiten' im und jenseits des Internets betrachtet werden. In dieser Hinsicht müssen auch die vorgestellten Narrative in einen Kontext gesetzt werden, wodurch ihre Herkunft, die dahinterstehenden

[391] Vgl. Barlow 1998, zu seinem Bericht über eine Afrikareise, bei der er die gegenwärtige Situation afrikanischer Netzinfrastrukturen 'untersucht' sowie die Möglichkeiten einer Ausweitung erörtert. Man kann ihm hierbei nicht unbedingt eine mangelnde Wahrnehmung der lokalen Verhältnisse vorwerfen, höchstens einen Optimismus, der in dieser Weise übersehen muß, daß es Probleme gibt, die nicht allein durch das Internet zu lösen sind. Der Glaube an eine globale Kommunikation, vermittelt durch Technologie zur Verbesserung der Lebensverhältnisse, schimmert in disem Bericht mehr als einmal durch. In dieser Hinsicht kann die bereits geübte Kritik an Barlow weiter aufrecht erhalten werden.

[392] Vgl. Mattelart 1995.

[393] Vgl. Mattelart 1995; Stoll 1996 zur zwischenmenschlichen Leere im Internet; Szczypiorski 1996; Becker 1996; Kalb 1998 zur Situation der Medien und ihrer Glaubwürdigkeit in den USA. Jarren 1998 zu den Techno-Mythen des Internet und den Methaphern, die nicht berücksichtigen, daß Kommunikation in sozialen Kontexten stattfindet und nicht einfach durch die Bereitstellung von Informationen schon einen Wert darstellt.

[394] Vgl. Rheingold 1994, besonders seine Schilderungen zum 'Leben' in der virtuellen Gemeinschaft des *WELL*; Bühl 1995, S. 17; Turkle 1995; Leyde 1994.

Machtverhältnisse und Gesellschaftsbilder verdeutlicht werden können. Zu diesem Zweck müssen aber zunächst die politischen und ökonomischen Rahmenbedingungen des Internets dargelegt werden, um die tatsächlichen Möglichkeiten seiner Entfaltung in einer globalen Gesellschaft beurteilen zu können. Will man das Internet auch weiterhin als einen Ansatz bzw. ein Paradigma zur Betrachtung und Analyse von Globalisierung und globalgesellschaftlicher Dynamik verwenden, müssen diese Rahmenbedingungen notwendiger Teil eines solchen Ansatzes sein.

### 7.24 Zur Politökonomie des Internets

Die Darstellung der politischen und ökonomischen Rahmenbedingungen des Internets im Zusammenhang mit den oben diskutierten Narrativen zielt auf eine Beantwortung folgender Fragen: 'Wessen Erzählungen' sind es eigentlich, die hier vorgetragen werden und welche Bedeutung haben sie bzw. welchen Zielen dienen sie? Welche politischen und wirtschaftlichen Macht- und Gesellschaftsverhältnisse stehen hinter den Visionen und Metaphern, die von globalen Wissensdatenbanken, Arbeitsplätzen und einer freieren Gesellschaft durch die Technologie sprechen?
Eine Antwort auf diese Fragen legt eine der zentralen Widersprüchlichkeiten des Internets frei, nämlich die scheinbare Unverträglichkeit des subversiv-alternativen Charakters des Internets und seiner Benutzer mit den oligopolen, transnational-kapitalistischen Strukturen der Telekommunikationskonzerne, auf deren Leitungen letztendlich die Kommunikation der virtuellen Gemeinschaften, Diskussionsforen und zivilgesellschaftlichen Gruppen stattfindet.
Dabei geht es nicht mehr nur um die Leitungen, sondern im Zuge einer Konvergenz von Telekommunikation und Fernsehen auch um die Inhalte und ihre Kontrolle zum Zwecke der Werbung und der Ausdehnung bzw. Schaffung von Absatzmärkten und Konsumenten.
Dabei kommt US-amerikanischen Unternehmen bei der Telekommunikation und auch im Bereich der Medien (besonders TV und Film) eine Schlüsselstellung zu. Die Vormachtstellung der USA bei der Internettechnologie ergibt sich dabei aus der historischen Entwicklung des Internets als einer amerikanischen. Der daraus resultierende technologische Vorsprung und die so entstandene Infrastruktur der Leitungen, speziell der sogenannten *Backbones* - der extrem schnellen und leistungsstarken Hauptleitungen des Internets -, lassen die Ökonomie des Internets verkürzt auf den Nenner bringen, daß 'die Welt zahlt und Amerika kassiert'.[395] Das hängt mit dem Abrechnungssystem des Internets zusammen, welches anders als beim herkömmlichen Telefonieren funktioniert. Ein Telefongespräch nach Ghana wird dem anrufenden Teilnehmer in Rechnung gestellt. Die Deutsche Telekom wiederum gibt von dieser Summe entsprechende Teile an die Betreiber, über deren

[395] Vgl. Borchers 1997, S. 86.

Netze das Telefongespräch letztendlich seinen Weg nach Ghana gefunden hat. Beim Internet kassiert der Absender, also der *Internet Provider*, welcher sich gegen eine Gebühr in ein *Backbone* eingemietet hat. Er legt diese Gebühr auf seine Kunden um. Ein Anbieter in Ghana (oder irgendwo auf der Welt) muß sich aber ebenfalls in ein *Backbone* einmieten, will er Information abrufbar halten oder Dienstleistungen anbieten. Damit finanziert dieser Anbieter aber die Benutzung des Internets zugunsten derjenigen Länder die über solche leistungsstarken *Backbones* verfügen, hauptsächlich die USA.
Dabei befinden sich die Internetbetreiber und die Telekommunikationskonzerne offensichtlich in einem Streit darüber, wie abzurechnen sei und wer und zu welchen Bedingungen die verschiedenen Leitungen benutzen darf.[396] Die Nachteile, so scheint es, gehen zu Lasten derjenigen, die am weitesten von den leistungsstarken Hauptleitungen entfernt sind, also den Entwicklungsländern, denen gerade das Internet immer wieder als Chance verkauft wird, die bisher zu ihren Ungunsten verlaufende ungleiche weltwirtschaftliche Entwicklung umzukehren.
Ein Beispiel hierfür ist die wachsende Branche der Softwareentwicklung in verschiedenen Ländern des Südens wie etwa im indischen Bangalore. Dort hat sich in einer Art 'indischem *Silicon Valley*' eine prosperierende Softwareindustrie etabliert, welche für einen Bruchteil westlicher Löhne exzellente Produkte herstellt und diese an Unternehmen im Westen verkauft. Soviel wie diese Entwicklung dem wirtschaftlichen Aufschwung und Anschluß der indischen Industrie auf diesem Sektor hilft, soviel nutzt es auch den im Westen beheimateten transnationalen Konzernen, welche dadurch vor allem immense Lohnkosten einsparen. Die Frage ist, ob sich durch solche Initiativen neue Innovationen ergeben, die diesen Ländern und ihren Industrien einen gleichberechtigten Status gegenüber den westlichen Konzernen ermöglichen, oder ob sie weiterhin die billigen Zuarbeiter für die multinationalen Konzerne bleiben werden.[397] Daß sich dadurch durchaus positive Effekte für eine relativ kleine Gruppe von hochqualifizierten Spezialisten ergeben, wird hier nicht verneint, spielt aber in dieser politökonomischen Gesamtbetrachtung nur eine untergeordnete Rolle. Letzendlich ist auch diese Elite nur mittelbarer Nutznießer der Ideologien und Narrative, nicht aber ihr eigentlicher Urheber. Sie ist somit abhängig von den großen multinationalen Konzernen, die über die eigentliche Macht verfügen.
Die multinationalen Konzerne in diesem Bereich sind nicht mehr nur die klassischen Telekommunikationsgiganten, welche über die entsprechenden Leitungskapazitäten verfügen, wie etwa AT+T, *British Telecom*, die japanische NTT oder die Deutsche Telekom, sondern in zunehmendem Maße auch die Medien- und Softwareunternehmen, welche für die Erstellung und Verbreitung der Inhalte verantwortlich sind. Es findet gegenwärtg eine Vermischung dieser Unternehmen und ihrer jeweiligen Bereiche statt, welches gleichzeitig eine Konzentration von Kon-

[396] Vgl. Borchers 1997, S. 86.
[397] Vgl. Afemann 1995, S. 25; Venzky 1995; Fischerman 1995; Rapaport 1996.

trolle und somit Macht bedeutet. Diese Entwicklung hat hauptsächlich zwei Ursachen, die auch für die weitere Zukunft des Internets von Bedeutung sind.
Zum einen ist es die wirtschaftliche Grundlage einer neo-klassischen oder auch neo-liberalen Deregulierungspolitik der USA und der WTO (in der Nachfolge des GATT-Abkommens) in Bezug auf die Telekommunikationsmärkte. Dadurch wurde es vor allem den US-amerikanischen Konzernen ermöglicht, auf anderen nationalen Märkten in aller Welt an Einfluß zu gewinnen. So sind es nach Ramonet immer dieselben Konkurrenten, die 'allüberall auf der Welt gegeneinander kämpfen'.[398] Gerade die kleineren Märkte aber haben den großen Telekommunikationsriesen kaum etwas entgegenzusetzen und werden somit zu großen Teilen von ihnen kontrolliert.
Verfolgt wird mit dieser globalen Deregulierung der Märkte, speziell der Telekommunikationsmärkte, einschließlich der Film-, Fernseh- und Computerindustrie, einen möglichst ungehinderten Fluß der Informationen und Kommunikation zu erreichen. So ist es auch nicht verwunderlich, wenn die USA "ihr ganzes Gewicht in die Waagschale der Deregulierung warfen, um zu erreichen, daß möglichst viele Länder ihre Grenzen dem 'freien Informationsfluß' öffnen, sprich den Giganten der US-amerikanischen Medien- und Unterhaltungsindustrie."[399]
Dieser 'freie Markt' wird von der amerikanischen Regierung Clinton/Gore vehement vorangetrieben, damit die USA das 21. Jh. auch wirklich gewinnen werden, wie Clinton es ausdrückte (*we can win the twenty-first century*).[400] Damit besteht ein ausdrücklicher Hegemonialanspruch der USA, welcher sich in den technologisch-futuristischen Narrativen widerspiegelt. Die Strategien der multinationalen Medienkonzerne unterscheiden sich dabei nicht sonderlich voneinander. Ganz gleich ob es sich nun um japanische, europäische oder aber um amerikanische Firmen handelt, sie alle machen sich die Rethorik der 'freien Märkte' zu eigen, die sie allerdings durch positive Interventionen ihrer jeweiligen Regierungen unterstützt sehen wollen.
Zum anderen wird diese Strategie von einer libertären Ideologie unterstützt, wie sie etwa Barlow und Dyson in Bezug auf das Internet vertreten und die in der Hauptsache eine völlige Abwesenheit des Staates fordert, wenn es um den ungehinderten und unkontrollierten Austausch von Informationen sowie das wirtschaftliche Engagement auf dem Internet und darüberhinaus geht.[401] Diese ideologische Verbrämung kann kaum über die hegemonialen Strukturen hinwegtäuschen, die hier von den USA und der Medienindustrie ausgehen.

---

[398] Vgl. Ramonet 1997, S. 16.

[399] Ramonet 1997, S. 16; vgl. Mattelart 1996a.

[400] Vgl. Schiller H. 1995, S. 77 und 91: "In September 1993, the White House described the electronic highway as a means 'to enable U.S. firms to compete and win in the global economy'".

[401] Vgl. Torrès 1996, S. 60.

Die libertären Gruppen, wie etwa die sogenannten Krypto-Anarchisten, die sich für ein Recht auf Verschlüsselung ohne staatliche Kontrollmöglichkeit einsetzen sowie den Staat auch sonst aus allen Belangen eines freien wirtschaftlichen Austausches heraushalten wollen, verkennen die Macht der multinationalen Medienkonzerne ebenso wie ihnen die Wahrnehmung für die Rolle des Staates bei der Ausdehnung der 'freien' Märkte fehlt.[402] Das gilt nicht für alle Hacker, wie der Fall des Kevin Mitnick zeigt, der verhaftet wurde und dessen Anklage vor dem Hintergrund der Kontrolle der Telekommunikationsmärkte in den USA zu einem Politikum geworden ist. Auch wenn es in diesem Fall um staatliche Macht- und Kontrollansprüche geht, so geschieht dieses sehr wohl vor dem Hintergrund neo-liberaler Ideologien und unterstreicht den Zusammenhang von Staat und Wirtschaft.

Gerade aber die Zusammenführung von Telekommunikation, Kabelnetzen, Film- und Fernsehproduktion sowie die Kontrolle über die Medien selbst, also die Möglichkeit des Sendens, gibt diesen Konzernen in dieser Konzentration bisher unbekannte Macht- und Kontrollmöglichkeiten, welche im Zuge eines Zusammenwachsens von Fernsehen und Internet auch die emanzipatorischen Möglichkeiten des Internets gefährden können.[403] Personifiziert werden diese monopolartigen Großkonzerne durch Leute wie Bill Gates mit seinem Unternehmen *Microsoft* oder den Medientycoon Rupert Murdoch mit seinem Nachrichten- und Satellitenfernsehimperium *News Corp.*

Die Kommerzialisierung von Informationen, ungeachtet ihrer Qualität und jeweiligen sozialen, politischen oder kulturellen Bedeutung, hat auch zu einer Privatisierung von Informationen und somit zur Privatisierung von Öffentlichkeiten geführt, die darüber an die wirtschaftlichen Strategien der großen Konzerne angepaßt werden. Ohne derartige öffentliche Informationen und das Recht auf eine informationelle Selbstbestimmung, die hier einer vorgetäuschten Souveränität des Konsumenten geopfert wird, kann keine demokratische Kontrolle, zu der auch die Möglichkeit alternativer frei verfügbarer Information gehört, stattfinden. Die öffentliche Meinung und die Möglichkeiten einer freien Meinungsäußerung und einer Meinungsvielfalt sind damit in Gefahr.[404] Die

---

[402] Manifest der Krypto-Anarchisten von Timothy May 1995 unter http://lannert.rz.uni-düsseldorf/anarchy.htm. Bei dieser Gruppe handelt es sich, wie bei vielen der libertären Internetgruppen, um Hacker bzw. um Netzaktivisten aus diesem Milieu. Becker bezeichnet diese Gruppe als nützliche Idioten (Becker 1995), die mittlerweile ausgedient haben und den globalen Wirtschaftsstrategien der Medien- und Softwareriesen weichen mußten. Darüber kann auch nicht das Bild von Bill Gates als 'Hackeremporkömmling' der Softwarebranche hinwegtäuschen; vgl. Hudson 1997 und Barbrook 1998 zur Kritik an der libertären Ideologie.

[403] Vgl. Schiller D. 1997; S. 25.

[404] Vgl. Ramonet 1996, S. 17; Quéau 1997, S. 10f; Schiller H. 1995, S. 44, wo er auf die Verbindungen zwischen der *Gannett Cooperation* (einem großen Medienkonzern) und der *Freedom Forum Foundation* Bezug nimmt, einer Organisation, die sich für das Recht auf freie Meinungsäußerung einsetzt, dabei aber insbesondere die Freiheit von Medienkonzernen im Auge hat, Inhalte zu senden, die nicht vom Staat kontrolliert werden und sozusagen dem Konsumenten die 'freie Wahl' garantieren; vgl. zu diesem Thema auch Mattelart 1995, S. 15.

Monopolisierung freier Meinungsäußerung durch Medienkonzerne, die alternative Meinungen mit dem Hinweis auf die freie Meinungsäußerung in keiner Weise mehr zulassen, stellt für Schiller die Hauptgefahr dabei dar. Die vorherrschenden Narrative, die sich um das Internet und eine Informationsgesellschaft gebildet haben, stehen in enger Verbindung mit dem hegemonialen Anspruch der USA, das 21. Jahrhundert zu gewinnen. Es sind die Narrative der multinationalen Medienkonglomerate, die einen Großteil des Inhalts, seiner Produktion, der Verteilung als auch der Leitungen kontrollieren. Das gilt im besonderen für die hier als technologisch-futuristisch benannten Erzählungen. Die Narrative, welche die Freiheit der Bürger, die verbesserte Kommunikation und das Glück durch den freien Zugang zu Informationen anpreisen, stellen in vielerlei Hinsicht den sozialen und politischen Kontext für Wirtschaftsstrategien bereit. Sie sind in ihrer Rethorik amerikanisch gefärbt und besitzen einen ebenso missionarischen Unterton, mit US-amerikanischen Werten von Freiheit und einem Recht auf Selbstbestimmung dem Rest der Welt zu ihrem Glück zu verhelfen.
Die Informationsgesellschaft, ihre Technologien und die sie begleitenden Narrative stammen aus dem 'Norden', speziell den USA, und reflektieren die existierende Hegemonie gegenüber dem 'Süden'. Daran werden auch neue Technologien wie das Internet vorerst nichts ändern. Genau das wollen aber diese Narrative glauben machen. Das eigentliche Ziel ist jedoch der Ausbau von Absatz und Konsumentenmärkten sowie eine Verlagerung von Kontrollmechanismen weg vom Staat hin zu den Meinungsimperien. Die Kluft zwischen Gewinnern und Verlierern einer solchen Gesellschaft wird dabei zusehends größer, je mehr Kontrolle sich in den Händen dieser Medienkonzerne konzentriert.[405]
Einen Zusammenhang zwischen der globalen Durchdringung dieser Ideologien und ihrer Heilsbotschaften des freien Konsums und der steigenden Kriminalität in den Gebieten, wo die Verlierer leben bzw. die, die an dem Wohlstand nicht teilhaben können, stellt Galeano fest:

> "Le Nord dicte, de manière de plus en plus autoritaire, des ordres à ces pays du Sud et de l'Est afin qu'ils importent et consoment d'avantage, mais ce qui s'y multiplie, ce sont les mafias, la corruption et l'insécurité. Les néosociétés des consommation émettent des messages de mort".[406]

Die Medien kolportieren eine 'einzig mögliche Gesellschaftsform' bar jeder Alternativen. In Galeanos Augen findet darin aber ein Ersatz der Menschen durch den Markt, der Bürger durch den Konsumenten, der Nation durch das Unternehmen statt und damit ein Verlust an demo-

[405] Vgl. Becker 1995; Baiman 1995 zeigt, daß dieses auch für die USA selbst gilt, wo sich im Zuge der Deregulierung der Zugang zu Telekommunikationsdiensten für einkommensschwache Gruppen verschlechtert hat und die Kontrolle von einem Oligopol einiger weniger Konzerne ausgeübt wird.
[406] Galeano 1996, S. 78.

kratischen Möglichkeiten. Im Sinne seiner Analyse der ökonomischen Schieflage zwischen Norden und Süden sowie zwischen Versprechungen der Medien und einer als gewaltsam erkannten Wirklichkeit in vielen Regionen der Erde (nicht nur im Süden, sondern auch in den Peripherien des Nordens), dienen diese Ersatzkategorien vor allem den Unternehmen. Sie können aber im Sinne eines alternativen Ansatzes sinnvoll für eine Analyse des Verhältnisses von Identität und Staat sowie Identität und Medienmacht benutzt werden (siehe Kapitel 7.26).
Noch bietet das Internet vielfältige Möglichkeiten alternativer Informationen und eines ungehinderten Austausches von staatlicher und unternehmerischer Seite. Es befindet sich aber mit diesen Möglichkeiten in einem Widerspruch zu den Strategien der multinationalen Konzerne, die in Zukunft maßgeblich für sein Überleben verantwortlich sein werden, nicht zuletzt um die Technologie für die Schaffung von Absatzmärkten zu benutzen.
Solange das Internet allerdings immer noch alternative und emanzipatorische Potentiale bereithält, lassen sich auch mit Recht Ansätze formulieren, die diesen alternativen Charakter berücksichtigen und den hegemonialen Narrativen etwas entgegensetzen. Dazu soll zunächst die Einstellung zu diesen Narrativen untersucht werden, bevor ein alternativer Ansatz formuliert wird.

## 7.25 Neunzehn Aussagen zum Internet: Eine Evaluation

Die neunzehn Aussagen, die im vierten Abschnitt der IKI-Untersuchung stehen, repräsentieren Einstellungen und Äußerungen wie sie im Zusammenhang von Informationsgesellschaft und Internet in Berichten verschiedener Medien (Zeitung, Bücher, Fernsehen und offiziellen Papieren (wie dem 'Bangemann Report') gemacht wurden. Das WIRED-Magazin kann hier als Paradebeispiel für solche Aussagen gelten.[407]
Die von den Untersuchungsteilnehmern zu bewertenden Aussagen stellen demnach keine Originalzitate dar, sondern sind Verallgemeinerungen und Versatzstücke der Narrative, wie sie in Abschnitt 7.22/23 diskutiert wurden. Die Teilnehmer sollten diese Aussagen auf einer Skala von 1 ('stimme zu') bis 4 ('stimme nicht zu') bewerten.
Eine auf diesem Wege vorgenommene Bewertung solcher Paraphrasierungen kann dazu beitragen, die Akzeptanz bzw. die Glaubwürdigkeit der Narrative und ihrer Inhalte zu überprüfen.
Wie bereits an anderer Stelle notiert wurde (vgl. Kap. 7.1), können die Ergebnisse nicht als unbedingt repräsentativ angesehen werden. Die Tatsache jedoch, daß es sich bei den Teilnehmern zum einen um aktive Benutzer der Technologie selbst handelt und zum anderen ein großer Teil von ihnen einer gebildeten und im akademischen Bereich tätigen Gruppe angehört, läßt es zu, die Antworten zumindest als Tendenzen zu bewerten. Dieses wird unterstützt durch die hohe Anzahl von Bewertungen bei allen neunzehn Aussagen mit einem Mittel von 112,21

[407] Vgl. Schiller, H. 1996, sowie den Kapitelabschnitt 7.23.

Antworten (min.97; max.115 von 120), so daß die Ergebnisse weiterführende Schlüsse zulassen, die die Aussagen als auch die vorhergehende Analyse der Narrative und ihrer Urheber berücksichtigen.
Der Schwerpunkt der gewählten Aussage lag dabei auf dem Verhältnis von kultureller/ethnischer Identität und dem Internet, wobei speziell diese Aussagen eine Technikdetermination in den Vordergrund stellten.
Der Aussage, *Das Internet stärkt kulturelle /ethnische Identität* wurde von nur 9,7% (N=113) zugestimmt, von 27,4% mäßig, und erhielt vom überwiegenden Teil der Teilnehmer wenig (29,2%) oder gar keine Zustimmung (33,6%). Ein ähnliches Verhältnis ergibt sich für *In den letzten Jahren haben sich weltweit die Lebensstile und kulturellen Identitäten angeglichen*. Nur 11,3% stimmten zu und immerhin 27,8% stimmten mäßig zu, insgesamt also knapp 40% (N=97).
Der Behauptung *Das Internet fördert kulturelle/ethnische Abkapselung* wollten insgesamt nur 13,9% zustimmen (10,2) bzw. mäßig zustimmen (3,7%; N=108) Eine Nichtangleichung der Lebensstile wurde nicht unbedingt als eine Abkapselung wahrgenommen.
66,7% stimmten insgesamt der nächsten Aussage zu (28,9 und 37,7; N=114), *Die Kommunikationstechnlogie beeinflußt die kulturelle Identität.* Diese Beeinflussung scheint sich weniger in der Stärkung als in der Vermischung von Identitäten widerzuspiegeln. 18,2% stimmten der Formulierung *Das Internet vermischt kulturelle Identitäten* zu, 46,4% mäßig (gesamt 64,5%; N=110).
Ob diese Vermischung kultureller Identitäten in jedem Falle etwas 'Neues' entstehen läßt oder ob es sich um veränderte alte Identitäten handelt, bleibt dabei offen.
Die Aussage *Mit dem Internet entstehen neue Gemeinschaften, die die bisherigen ersetzen werden* zielte in diese Richtung und ihr wurde von insgesamt 42,5% (N=113) zugestimmt (16,8% und 25,7% mäßig).
Die Dynamik von Ethnizität (kultureller/ethnischer Identität) für Veränderungen und Anpassungen scheint auch im und durch das Internet und andere Kommunikationstechnologien zu funktionieren. Womit aber auch impliziert ist, daß Ethnizität sehr wohl eine Rolle im Zusammenhang mit diesen Technologien spielt, wie in den hegemonialen Narrativen häufig verneint wird.
Daß dem Internet als Kommunikationsmedium für inter-kulturelle Kontakte von den Teilnehmern der Untersuchung eine wichtige Rolle zugesprochen wird, spricht für die hier getroffene Einschätzung der Bedeutung von Ethnizität im Zusammenhang mit dem Internet.
Der Aussage *Das Internet fördert inter-kulturelle Kommunikation* wurde von 55,7% zugestimmt und von 33,9% noch mäßig (N=115). Insgesamt stimmten nur 10,5% wenig oder gar nicht zu.
Tendenziell wurde dem Internet von dem überwiegenden Teil der Antwortenden ein eher positives Potential zugeschrieben. Eine Gefahr durch die Technologie für die kulturellen/ethnischen Identitäten wurde nur von wenigen konstatiert. Daß das Internet jedoch einen Einfluß auf die Identitäten hat, wurde von einem Großteil angenommen. Ob diese

Beeinflussung positive oder negative Folgen haben wird, ist hieraus nicht klar ersichtlich. Da aber von zwei Dritteln der Aussage zugestimmt wird, daß sich Identitäten durch das Internet vermischen werden, ist eine eher positive Tendenz anzunehmen.
Aus verschiedenen Kreuztabulationen dieser Aussagen untereinander ergibt sich u. a, daß auch die wenigen, die eine Abkapselung durch das Internet gegeben sehen, sehr wohl zustimmen, wenn es um die Förderung inter-kulturellen Kontakts durch das Internet geht. Auch bei den anderen Aussagen zum Verhältnis von Internet und Identität, die mit der zur 'Förderung des inter-kulturellen Kontakts' kreuztabuliert wurden, gibt es eine starke tendenzielle Zustimmung.
Die Behauptung *Das Internet fördert die Aufsplitterung der Gesellschaft'* erfährt mehr Zustimmung als die, daß es zu einer ethnischen Abkapselung führt. Insgesamt stimmten 27% (N=115) der Aussage zu (8,7% stimmten zu und 18,3% mäßig). Ein direkter Vergleich der beiden Punkte zeigt, daß es eine Verschiebung hin zur 'Aufsplitterung' gibt, vor allem bei den Teilnehmern, die einer ethnischen Abkapselung nicht zustimmen.
Die Narrative sind - wie bereits festgestellt wurde - oftmals sehr technikzentriert. Der Behauptung *Technik ist die Ursache für gesellschaftliche Veränderungen* stimmten jedoch nur etwas über die Hälfte aller Teilnehmer zu (13,9 stimmten zu, 42,6 mäßig; N=115). Der folgenden Behauptung *Das Internet ist Mittel zum Zweck* stimmten immerhin 44,6% zu und noch 25% mäßig (N=112). In einer Kreuztabelle die diese beiden Aussagen gegenüberstellt, ist zu erkennen, daß immerhin 26,8% (N=112) den Zweck des Internets als einer Technologie nicht unbedingt darin sehen, die Ursache für gesellschaftliche Veränderungen zu sein. Für welchen Zweck das Internet ein Mittel ist, läßt sich allein aus diesen Einschätzungen nicht direkt erkennen. Ein Zweck kann die Vereinfachung von Kommunikation und Informationsbeschaffung sein, da 39,8% (N=113) der Aussage zustimmten *Das Internet vereinfacht die Informationssuche und erhöht damit das individuelle Wissen*. 23,9% stimmten noch mäßig zu, womit insgesamt gute zwei Drittel der Teilnehmer dem Internet einen 'wissensbildenen' Charakter zuschreiben, wobei die hier gewählte Formulierung 'vereinfacht die Informationssuche' gleichzeitig einen Grund für die Verbesserung des individuellen Wissens vorgibt. Die oben diskutierten Narrative setzen dieses oftmals voraus, weshalb an anderer Stelle von einem Fetischcharakter der Technologie gesprochen wurde (vgl. Kap. 7.23). Und auch das verbleibende nicht-zustimmende Drittel zeigt, daß es durchaus entsprechende Vorbehalte gibt.
Etwas mehr Skepsis wird dem Satz *Das Internet kann zur Lösung von Konflikten beitragen* entgegengebracht. Es stimmten hier 20,9% zu und noch 33% mäßig, also etwas über die Hälfte aller Antwortenden. Diese verhaltenere Zustimmung im Vergleich zur Vereinfachung der Informationssuche könnte darin begründet sein, daß es sich bei den Konflikten nicht um Phänomene handelt, die ausschließlich auf dem Internet stattfinden. Die Suche und Übermittlung von Informationen, z. B. aus Daten-

banken, hingegen ist etwas, daß im eigentlichen Sinne 'Aufgabe' des Internets ist.
Ähnlich könnte es sich mit der Aussage *Das Internet verhilft zu mehr Demokratie* verhalten, der insgesamt nur etwas über die Hälfte der Teilnehmer zustimmten (26,5% und 25,7% mäßig; N=113).
Noch deutlicher wird die Skepsis gegenüber dem Internet bei solchen Prozessen, wo eine Technisierung allein nicht zur Lösung ausreicht, wenn es etwa um die Diskrepanzen von Nord und Süd geht. Die Behauptung *Durch das Internet und andere Kommunikationsmittel werden wirtschaftliche, soziale und politische Ungleichheiten zwischen 1. und 3. Welt abgebaut* fand nur bei 7,9% generelle und bei 17,5% mäßige Zustimmung (N=114). Der emanzipatorische Effekt über die Grenzen des Nordens hinaus wird als eher gering betrachtet, entgegen den Visionen, die gerade den Süden am meisten vom Internet profitieren sehen.
Argumente, die auf eine Abschaffung bzw. die Bedeutungslosigkeit von Nationen, Staaten und Regierungen abheben und dabei allzuhäufig den Markt als den Platz politischer Auseinandersetzungen und alleiniger gesellschaftlicher Entwicklung sehen, werden durchaus mit Skepsis betrachtet.
*Der Nationalstaat spielt im Internet keine Rolle mehr* erfuhr dabei mit insgesamt 40,7% (18,6% und 22,1% mäßig; N=113) am meisten Zustimmung. Nur 23,9% stimmten generell (8,8%) oder mäßig (15%) der Aussage zu *Der Nationalstaat spielt in einer Weltgesellschaft keine Rolle*. Und ganze 14% gaben der Behauptung *Das globale Dorf macht Regierungen und Staaten überflüssig* ihre Zustimmung, 13,2% davon mit mäßiger Zustimmung.
Daraus läßt sich keine unbedingte Verteidigung des Konzeptes der Nation und eines Nationalstaates ablesen, wohl aber eine Skepsis gegenüber solchen Ideologien, die existierende Phänomene offensichtlich ignorieren bzw. nur dann für wichtig erachteten, wenn einer Nation dadurch Vorteile auf dem Weltmarkt gesichert werden. Bill Clintons Rhetorik vom 'amerikanischen Gewinnen des 21. Jahrhunderts' klingt dann wie eine Einladung, die Interessen der Wirtschaft auf einem 'freien' Markt mit hegemonialer Hilfe eines Staates und seines Militärapparates zu unterstützen.
Die Bewertungen der beiden Aussagen *Das Internet ist gut für die Gesellschaft'* und *Das Internet ist schlecht für die Gesellschaft* erscheinen mir sehr interessant im Hinblick auf eine abschließende Bewertung.
Während der erste Satz eine Zustimmung von über 90% erfährt (51,3% generelle und 38,9% mäßige Zustimmung; N=113), teilen wesentlich mehr Teilnehmer die Auffassung, daß das Internet schlecht für eine Gesellschaft sei. 12,5% stimmen dieser Aussage zu und noch einmal 9,8% mäßig (N=112). Es findet erstaunlicherweise nicht einfach eine Umkehrung der Verteilung statt, sondern auch eine etwas andere Gewichtung.
Dieses kann mit der ambivalenten Rolle des Internets zu tun haben, die es einerseits ermöglicht, ein enormes emanzipatorisches Potential zu

nutzen, welches durch die Technologie des Internets gegeben wird, andererseits eine Technisierung von Gesellschaften fördert, die nicht nur zum Vorteil ihrer Mitglieder genutzt werden kann (z. B.digitale Überwachungen, Kreditkarten etc.).
Die Narrative, wie sie hier diskutiert wurden, spiegeln diese Ambivalenz wider, auch wenn sie sehr häufig die negativen Seiten mit dem Hinweis auf die 'erlösenden' und 'unterstützenden' Funktionen der Technologie kaschieren. Befragt nach einer qualitativen Einschätzung des Internets für die Gesellschaft durch die Bewertung zweier aufeinanderfolgender Aussagen, kann diese Ambivalenz sehr gut zutage treten. Eine einzelne Frage, die nach einer entweder-oder Einschätzung etwa auf einer Skala von 1-5 gefragt hätte, würde vermutlich andere Ergebnisse hervorgebracht haben.
Die Evaluation der Bewertungen von Aussagen im Rahmen der IKI-Untersuchung sollte dazu dienen, die Glaubwürdigkeit von Versatzstücken herrschender Erzählungen der Medienkonzerne und Regierungen in ihrem Werben für eine Informationsgesellschaft herauszufinden. Eine Verallgemeinerung dieser Beschreibung ist nicht unbedingt möglich, trotzdem gibt es eine Reihe von Punkten, die für die weitere Untersuchung von Bedeutung sein können.
Die generell positive Einschätzung des Internets durch die Teilnehmer war durch ihre enge Verbindung als Internetnutzer erwartet worden.
Überraschend war, daß die Antworten zum Verhältnis von Identität und Internet so differenziert waren und in keinster Weise einer Ideologie des Identitätsverlustes (im negativen Sinne) als auch der Bedeutungslosigkeit von Identität auf dem Internet (in einem 'positiven' Sinn) das Wort redeten, sondern eher an eine Dynamik glaubten. Das gilt generell auch für den Zusammenhang des Stellenwertes eigener ethnischer Identität und den zu bewertenden Aussagen. Festzustellen sind bei einigen Bewertungen leichte Verschiebungen, die allerdings das Gesamtbild nicht entscheidend beeinflussen.
Für etwa zwei Drittel der Teilnehmer, die der Aussage *Das Internet stärkt die kulturelle Identität* ihre Zustimmung geben, ist die eigene ethnische Identität sehr oder mäßig wichtig. Allerdings bewerten ähnlich viele Teilnehmer die Aussage mit Ablehnung, welche ihre eigene Identität ebenfalls als sehr oder mäßig wichtig erachten. Ähnliche Tendenzen lassen sich auch bei einem Vergleich mit den Aussagen zu Internet und Nationalstaat sowie Nationalstaat und Weltgesellschaft finden.
Daß Antworten jedoch einzig von der eigenen ethnischen Identität abhängen, läßt sich nicht belegen. Ebensowenig ist ein Zusammenhang von Migration und Bewertung zu erkennen. Zwar gibt es eine jeweilige Konzentration bei einer Bewertungsnote, - nicht zuletzt weil ohnehin nur ein Viertel aller Teilnehmer in die Kategorie 'Migrant' fällt - das Verteilungsbild ist aber dem Gesamtbild in seiner Gewichtung angepaßt.
Die festgestellte generell positive Einstellung der Teilnehmer geht nicht zu Lasten von Kritikfähigkeit, was z. B.die Skepsis gegenüber dem Einfluß des Internets auf die Entwicklung in der 'Dritten Welt' zeigt.

Die tendenzielle Technikzentriertheit, besonders der als technologisch-fururistisch bezeichneten Narrative, wird so nicht geteilt. Anderen Faktoren wie etwa kulturellen, sozialen oder politischen Prozessen wird ein wichtiger Einfluß zugebilligt, was sich u. a. daran zeigt, daß einer Rethorik, welche Staaten als überflüssig erklärt, nur bedingt zugestimmt wird. Daß eine solche Wertung des Internets und seiner Folgen mit dem bereits festgestellten akademischen Milieu der Untersuchung zusammenhängt, darf nicht vergessen werden; es macht aber gleichzeitig deutlich, daß es Alternativen zu den Narrativen der Industrie und ihrer politischen Unterstützer gibt und diese entsprechend formuliert werden müssen.

## 7.26 Das Internet als Symbol einer vernetzten Weltsicht

Trotz aller Kritik an den Narrativen des Internets mit ihrer 'Eine-Welt-Logik' und der vielfältigen Gehirn-Weltwissen-neue-Welt-Metaphorik läßt sich das Internet sehr wohl als Symbol oder Paradigma zur Beschreibung gegenwärtiger global-gesellschaftlicher Verhältnisse verwenden. Das zentrale Argument einer alternativen Betrachtungsweise sind die technologischen Möglichkeiten gleichberechtigter Kommunikation und ihre Abstraktion über den limitierenden Charakter der Technologie selbst: Das Internet als Sinnbild für die Wahrnehmung der Totalitäten, Verknüpfungen und Abhängigkeiten, die nicht zuletzt durch die Entwicklungen in der Kommunikations- und Transporttechnologien entstanden sind.
Das Internet ermöglicht - bei aller Kritik an den hegemonialen Narrativen von staatlicher und wirtschaftlicher Seite - eine bi-direktionale, ortsunabhängige, nicht-hierarchische Kommunikation zwischen beliebig vielen Teilnehmern.
Der hier vorgeschlagene Ansatz stellt nicht die technologisch-futuristischen Visionen kapitalistischer Verwertungsmöglichkeiten einer auf ihre Sendefunktionen reduzierten Technologie in den Mittelpunkt, sondern das emanzipatorische Potential des Internets, das einen Austausch zwischen Menschen möglich macht. Darin eingeschlossen sind die 'hoffnungsvollen Visionen' sowie die zu Recht vorgebrachte Skepsis gegenüber einer Technologie und ihren gesellschaftlichen Konsequenzen.
Diese Konsequenzen beinhalten die wachsende Medien- und Machtkonzentration in den Händen einiger weniger Oligopole, die transnational operieren; die zunehmende Bedeutungslosigkeit staatlicher Regularien durch die Umgehungsmöglichkeiten einer 'grenzenlos' wirkenden Welt; die Lobpreisung der Technologie als Heilsbringer, die es unmöglich macht, kritisch über ihre Folgen nachzudenken.
Der Verlust staatlicher Macht hängt auch mit dem Glauben an diese Technologien zusammen. Indem die Vertreter von Staaten über Standortdebatten und Wettbewerbsvorteile eine nationalstaatliche Idee retten wollen, die gegenwärtigen Entwicklungen und Problemen in vielen Bereichen nicht adäquat gegenübertreten kann, können wenig Vorsch-

läge für Lösungen bereit gestellt werden. Ein alternativer Ansatz setzt an der Totalität des Internets an, welche die Interdependenzen zwischen den einzelnen Regionen und die bestehenden Machtgefälle registriert und thematisiert. Der Nationalstaat kann dabei nicht die einzige Referenzgröße sein, zumal die Idee angesichts weltweiter Migrationsbewegungen immer weiter ausgehöhlt wird. Nomadentum und Migration beschreiben sehr viel besser die gegenwärtige globale Situation, weshalb sich das Internet als Bild für die Verknüpfungen und Abhängigkeiten entsprechend gut eignet.[408] Es geht also auch jenseits der technischen Durchdringung des Internets - etwa in weiten Teilen des Südens - um die Verknüpfungen, die sich aus einem grenzenlosen Welthandel und fast uneingeschränkter Mobiliät von Menschen ergeben. Die Beschränkungen und die negativen Folgen werden dabei berücksichtigt und ergeben erst so ein vollständiges Bild.
Soziale, politische und wirtschaftliche Prozesse können nicht unabhängig voneinander betrachtet werden, besonders dann nicht, wenn es um die gesellschaftliche Dynamik einer wie auch immer definierten 'Weltgesellschaft' geht. Diese Prozesse müssen entlang ihrer Verknüpfungen und punktuellen Bedingungen vor einem Gesamtbild gesehen werden. Es ist die von Jameson vorgeschlagene 'geopolitische Ästhetik'[409], die durch das Bild des 'blauen Planeten' die Welt in seiner Totalität erfaßt.
Ethnische und kulturelle Identität können in einem solchen System Referenzpunkte darstellen, die adäquat zur Logik des selbstorganisierten Internets als Knotenpunkte von 'Weltkultur' mit mannigfaltigen Verbindungen funktionieren können, etwa über Diasporanetzwerke, Migration, Kommunikaton und letztendich, um sich auf dem Netz zu organisieren. Anders als Nation oder Region stellt Ethnizität eine wesentlich dynamischere Form von Kollektivität dar.
In diesem Sinn ist Weltkultur als eine Kultur der Vielfalt zu verstehen, deren einzelne Komponenten sich austauschen, verknüpft sind oder sich vermischen und nicht als von Hollywood verbreitete 'amerikanische Welt- (mono)-kultur', die in vielen Regionen der Welt und in vielen Bereichen menschlichen und gesellschaftlichen Lebens eine nicht unbedeutende Rolle spielt.
In diesem Sinn wird hier vorgeschlagen, das Internet und den *Cyberspace* als Sinnbild einer 'postmodernen' Beschaffenheit (*postmodern condition*)[410] von Beziehungen zwischen einzelnen Regionen, Kulturen, Staaten und den Menschen zu sehen, unabhängig davon, ob diese an dem Internet teilhaben oder nicht, denn die Verknüpfungen berühren auch diejenigen, die nicht direkt involviert sind. Die damit verbundenen

---

[408] Vgl. Featherstone 1995, S. 127.; Krysmanski 1998, S. 4.

[409] Vgl. Jameson 1992; vgl. auch Krysmanski 1998, der in Anlehnung an Jameson dessen Bild vom 'blauen Planeten' weiterentwickelt und in den Netzen das Medium sieht, welches eine Sinn- und Kontextsteuerung einer hochkomplexen Welt ermöglicht, etwa mit einem Rückgriff auf Verschwörung, die ein elementarer Teil heutiger gesellschaftlicher Narrative geworden ist, z. B. in den negativen Utopien Gibsons.

[410] Vgl. Escobar: 1994, S. 222.

Ungleichheiten zwischen Nord und Süd sowie zwischen arm und reich wären dabei zentrale Punkte eines solchen Ansatzes.[411] Für Escobar, der Vorschläge für eine Anthropologie des Cyberspace macht, liegt darin die Chance *for anthropology to renew itself without again reaching, as in the anthropology of this century, premature closure around figures of the other and the same.*[412]
Worum es geht, ist die Perspektive für die Untersuchung globaler Prozesse. Für einen alternativen Ansatz, wie er hier skizziert wurde, ist eine dezentrale, den hegemonialen Narrativen entgegengestellte Perspektive ausschlaggebend. Denn nur so können Fragen nach der kulturellen, sozio-politischen und wirtschaftlichen Dynamik beantwortet werden, welche nicht davon ausgehen, daß eben diese Prozesse bloße Anhängsel technologischer Entwicklungen sind, sondern eine eigene Logik und Dynamik entfalten können.
Damit wird den unterschiedlichen Reaktionen auf die Technologie, deren Möglichkeiten und Logiken sowie den entstehenden Vernetzungen (kulturell, sozial, politisch, wirtschaftlich) Rechnung getragen.
Angesichts der bilderproduzierenden Übermacht der Medien- und Telekommunikationsoligopole muß gefragt werden, wie sich jeweils betroffene Gruppen zu den Medien verhalten, speziell in Bezug auf ihre eigene Identität, deren Bilder (*images*) und ihrer informationellen Selbstbestimmung.
Wie bereits die Analyse der Aussagebewertungen gezeigt hat, schätzen dort sehr viele der Teilnehmer eine Vermischung der Identitäten als wahrscheinlich ein. "Sind also 'Vermischung' und 'Kreolisierung' die Zukunft der Welt?",wie Mattelart im Hinblick auf die Dynamik kultureller und technologischer Entwicklungen und ihrer gegenseitigen Bedingungen fragt[413].
Die Bedingungen für die Bildung, Erhaltung und die Auseinandersetzung mit Identität (eigener und 'fremder') auf dem Internet und in einer davon geprägten Welt, sind wichtige Ansatzpunkte, um die Nutzung und Aneignung von Technologie durch Gruppen vor unterschiedlichen gesellschaftlichen und wirtschaftlichen Hintergünden zu erkunden.

### 7.3 Internet als 'soziale Theorie' der Selbstorganisation

Die Bedeutung von Ethnizität als eine Ressource der Selbstorganisation wurde im ersten Teil (speziell Kap. 6) eingehend erläutert, ebenso die Möglichkeiten dieses Ansatzes ('Ethnizität als Selbstorganisation') für die Untersuchung gegenwärtiger Entwicklungen, die an dieser Stelle grob und ungenau mit dem Begriff der Globalisierung zusammengefaßt werden können. Das Internet ist ein zentraler Bestandteil dieser Entwicklungen.

[411] Vgl. Poster 1995, S. 28.
[412] Escobar 1994, S. 223.
[413] Vgl. Mattelart, 1995, S. 15.

Daß in der vorliegenden Arbeit die selbstorganisatorischen Möglichkeiten von Ethnizität auf dem Internet untersucht werden, ist aus verschiedenen Gründen keine willkürliche Entscheidung, sondern beruht auf der Annahme, daß das Internet den idealen Rahmen für die dezentrale und transnationale Selbstorganisation von Gruppen bietet.
Diese Annahme wurzelt in der Geschichte des Internets und seiner in den letzten dreißig Jahren entstandenen dezentralen Struktur und Verbreitung. Daß es sich, wie bereits im Kapitel 7.2 gezeigt wurde, dabei in einem Spannungsverhältnis zwischen Staat, Markt und den Interessen zivilgesellschaftlicher Gruppen befindet, verdeutlicht vor allem die Vorteile und die Attraktivität der derzeit praktizierten Selbstorganisation und Verwaltung des Internets. Es offenbart jedoch gleichermaßen seine Schwächen, die sich aus diesem Spannungsverhältnis ergeben.

## 7.31 Technologie und Selbstorganisation: Die Geschichte des Internets

Die Möglichkeit, das Internet als Bestandteil sozialer Theorie der Selbstorganisation zu erfassen, resultiert nicht zuletzt aus seiner Entstehungsgeschichte.
Es scheint daher angebracht, einen kurzen Blick auf die Geschichte dieses Mediums und seiner Technologie zu werfen und die dafür zugrundeliegenden Strukturen zu erläutern.
Kennzeichnend für die Entwicklung der verschiedenen Technologien ist, daß oftmals parallel und an verschiedenen Orten gleichzeitig an Konzepten und ihren technischen Umsetzungen gearbeitet wurde, wobei eine konkrete Zusammenarbeit erst zu späteren Zeitpunkten aufgenommen wurde bzw. koordiniert wurde.
Diese Dezentralität gilt aber nicht nur für den Bereich der technologischen Entwicklung und Verbesserung, sondern auch für die eigentliche Idee einer Struktur des Internets. Diese Struktur besteht aus einem dezentralen Netzwerk von Computern, dessen Kommunikationswege gerade nicht durch eine zentrale Stelle kontrolliert werden, um Informationen auf vielen Wegen ans Ziel kommen zu lassen. Ausgefallene Knotenpunkte eines solchen Netzwerkes würden ohne Verlust der eigentlichen Information umgangen.
Darauf aufbauend gilt das Prinzip der Selbstregulierung auch für die Kommunikation und die Interaktion zwischen Menschen im Internet, welches ohne eine zentrale Autorität auskommt und dem Modell von Konsensbildung und Egalität folgt. Dieses Modell unterliegt auch dem Prozeß der technischen Weiterentwicklung des Internets und seiner Standards, wobei gerade hier der Einfluß staatlicher und wirtschaftlicher Gelder und Interessen nicht zu ignorieren ist.
Der Beginn des Internets wird auf das Jahr 1957 datiert[414], in dem die Sowjetunion den *Sputnik*-Satelliten in die Erdumlaufbahn schoß und die

[414] Im Anhang findet sich eine Zeittafel, auf der die wichtigsten Entwicklungen sowie der Zeitpunkt und Ort ihrer Entstehung aufgeführt sind.

USA als Reaktion darauf die *Advanced Research Projects Agency* (ARPA)[415] innerhalb des Verteidigungsministeriums ins Leben rief, um den Wettlauf im Bereich der Hochtechnologie nicht gegen die UdSSR zu verlieren. Damit ist aber nur der Zeitpunkt beschrieben, an dem die Institution gegründet wurde, der in der Folge die wichtigste Rolle bei der Entwicklung des Internets, wie wir es heute kennen, zukam. Ohne die wegweisenden Vorarbeiten und Visionen einzelner Ingenieure allerdings, die sich zum Teil noch vor Entstehung von ARPA Gedanken über die Vernetzung von Computern und deren Möglichkeiten für die Bearbeitung von Symbolen machten - wie etwa Douglas Engelbart[416], der bereits in den fünfziger Jahren die Idee zur Verwendung eines Bildschirms zur Darstellung von Computerinhalten hatte - wäre die Entwicklung des Internets anders, bestimmt aber langsamer verlaufen. Es ist von daher zu einfach, dem US-Verteidigungsministerium (*Department of Defense*) und der ARPA den alleinigen Ursprung des Internets zuzuschreiben, wie Bowker zu bedenken gibt.[417]
Einige Jahre bevor das ARPANET als erstes Netz 1969 in Betrieb genommen wurde, gab es bereits Ideen zu dezentral organisierten Computernetzwerken, die sich des *packet-switching* bedienten, dem Modell, das es erlaubte, Informationen über verschiedene Wege, in Pakete zerlegt an ihren Bestimmungsort zu befördern, ohne Rücksicht auf Hindernisse nehmen zu müssen. Der eigentliche Inhalt der Information bleibt dabei unangetastet.
Viele der Ideen, die später in das enstehende Netzwerk einflossen, wurden fast zeitgleich und teilweise noch unabhängig von ARPA- am *MIT* in Massachusetts von J.C.R. Licklider 1960 und 1962 und Leonard Kleinrock 1962, am *Stanford Research Institute* von Engelbart[418] und bei der *RAND-Corperation* von Baran 1964, beide in Kalifornien - gemacht. Erst durch ARPA allerdings konnten diese Aktivitäten gebündelt und effektiviert werden.
Ging es am Anfang vor allem um die Entwicklung von Computerwerkzeugen, an denen mehrere Nutzer gleichzeitig arbeiten können und deren Benutzung auch Nicht-Ingenieuren möglich ist, wurde ab 1965 an der Konzeption eines Netzes gearbeitet, welches einen Informationsfluß durch Aufteilung der Informationen in gleichgroße Pakete auch im Falle von Störungen über weite Strecken aufrecht erhalten konnte. Die Idee, die dahinter stand, war, Computersysteme im Falle eines thermonuklearen Krieges weiterbetreiben zu können.

[415] ARPA hieß zwischenzeitlich auch DARPA für Defense Advanced Research Projects Agency. Es wurde mehrmals hin und her benannt und heißt heute DARPA. Ich verwende ARPA, da es bekannter ist und es auch inhaltlich keinen Unterschied zu DARPA gibt.

[416] Vgl. Rheingold 1994, S. 87ff.

[417] Vgl. Bowker 1995.

[418] Vgl. Rheingold 1994 ; Zakon 1993-8; Leiner/Cerf et al. 1998. Historisch Überblicke zur Geschichte des Internets und seiner Dienste werden auch von Hudson 1997 und Johnson 1997 gegeben. Letzterer konzentriert sich dabei vor allem auf die Entwicklungen im Bereich der Funktionalität von Designs und der Bedeutung von *Interfaces* für die Nutzung jener Technologien durch Menschen.

Dazu brauchte man dezentrale Netze, die in der Lage waren, Störungen, etwa ausgefallene Computer, bei gleichzeitiger Aufrechterhaltung des Informationsflusses zu umgehen.
1969 nahm das ARPANET mit vier Knotenpunkten seinen Betrieb auf[419], nachdem das Prinzip der Paketverteilung bereits 1968 in Großbritannien am *National Physical Laboratory* getestet worden war. Bereits zwei Jahre später gab es fünfzehn Knotenpunkte. Gleichzeitig mit der Inbetriebnahme von ARPANET wurde auch der erste Dienst entwickelt, der sich in der Folge als der erfolgreichste erwies: *Email*. Mit *Email* ließen sich mit Leichtigkeit Nachrichten von beliebiger Länge und an beliebig viele Teilnehmer gleichzeitig verschicken. Es entstanden eine Reihe von Diskussionslisten, auf denen sich die Systemingenieure über ihre Arbeit, aber auch andere Dinge, wie etwa Science Fiction unterhielten. Rheingold[420] sieht in diesen *Email*-Adressenlisten die ersten Anzeichen einer sozialen Seite der Computernetze, nämlich seine Möglichkeiten als ein Austausch- und Kommunikationsmedium.
Ebenfalls 1969 wurde von der Firma Xerox das *Palo Alto Research Center* (PARC) eingerichtet, um das Unternehmen zum Informationsarchitekten der Zukunft zu machen. Nach und nach konnten viele der Experten für PARC gewonnen werden, die zuvor für ARPA und das ARPANET gearbeitet hatten. Jetzt endlich waren sie in einer Institution versammelt (ARPA selbst finanzierte nur Projekte, die an anderen Standorten verwirklicht wurden, wie in Harvard, am MIT etc.) und nahmen viele der Ideen wieder auf, die bereits in den fünfziger und sechziger Jahren von Engelbart am SRI in Stanford konzipiert worden sind und die das Erscheinungsbild der Computer bis heute geprägt haben. Zu nennen wären da z. B. graphische Benutzeroberflächen, die Maus, Textverarbeitsungssysteme und ein Hypertextsystem, wie es heute in ähnlicher Weise für das World Wide Web verwendet wird.
Die wichtigste Entwicklung am PARC allerdings war die Technologie des *Ethernets*, womit kleinere lokale Netze über *Gateways* mit dem Internet verbunden werden konnten. Damit war die Voraussetzung geschaffen, alle kleinen Netze zu einem großen zu verbinden, zum Internet wie es heute besteht.[421]
Als Grund für einen Wechsel von ARPA zu PARC für viele der jungen Forscher nennt Rheingold die Politisierung von ARPA in der Folge des Vietnamkrieges. In den sechziger und siebziger Jahren gab es eine Reihe von Entwicklungen, die unabhängig voneinander und auf unterschiedlichen Gebieten zum Ausbau des Internets und seiner Struktur beitrugen. Zum einen bestand das ARPANET weiter und wurde weiter ausgebaut. Bei der Anbindung von anderen Netzwerken jedoch gab es Probleme im Hinblick auf die unterschiedlichen jeweils benutzten Protokolle für die Datenübertragung. Das bereits 1974 von Vinton Cerf und Bob

---

[419] Die vier Knotenpunkte waren: UCLA in Los Angeles; *Standford Research Institute* (SRI); UCSB in Santa Barbara/Kalifornien; University of Utah, vgl. Zakon 1993-8, S. 2.
[420] Vgl. Rheingold 1994, S. 102.
[421] Vgl. Rheingold,1994, S. 103f.

Kahn entworfene *Transmission Control Protocol/Internet Protocol* (TCP/IP) wurde daher 1983 der Übertragungsstandard des Internets und löste die bis dahin bestehenden Übertragungsprobleme. TCP/IP ermöglichte die heute bestehende *open architecture* des Internets, was heißt, daß Netze unterschiedlicher Konzeption mit einem Protokoll verbunden werden können, ohne ihre eigene Struktur und Erscheinung aufzugeben.

Die Entwicklung von TCP/IP und anderen Standards und Technologien des Internets war von Anbeginn an gemeinschaftlich organisiert und offen für alle beteiligten Forscher und Ingenieure. Die sogenannten *Request for Comments* (RFCs) dienten dazu, einen schnellen Austausch über Ideen und Entwicklungen zu erreichen. Diese Dokumente waren und sind für jeden kostenlos zugänglich.[422] Institutionalisiert wurde diese Art der Entwicklung gegen Ende der siebziger Jahre in den verschiedenen selbstorganisierten Zusammenschlüssen der Entwickler, die sich mit der Internetarchitektur befaßten. Diese Institutionen[423] sollen auf der Basis eines *rough consensus* die Entwicklung des Internets offen und 'basisdemokratisch' regeln. Mit dem enormen Zuwachs des Internets und seiner Kommerzialisierung nehmen an diesen Institutionen und ihren Tagungen auch immer mehr kommerzielle Computerfirmen teil. Was als akademisch - eigentlich beschränkt auf den Bereich der Computertechnologie - orientiertes Netz begann, ist inzwischen offen nach allen Seiten, nach wie vor allerdings unter der Prämisse der Selbststeuerung und Selbstverwaltung.

Die Vielseitigkeit des Internets ist aber nicht allein auf die offene Entwicklungs und- Verwaltungsstruktur zurückzuführen, sondern vor allem auf die vielen anderen Ideen, die um das Internet entstanden sind und zum Großteil kostenlos der gesamten Gemeinschaft der Nutzer zur Verfügung gestellt wurden. Viele dieser Entwicklungen haben das Internet und seine Nutzer dem Einsatz von Enthusiasten zu verdanken, die nicht primär für die Weiterentwicklung des Internets bezahlt wurden. Dazu gehören z. B. das *UseNet*, der Verbund von Diskussionslisten, die MUDs (*Multi User Dungeons*, virtuelle textbasierte Spielwelten), Unix (ein Betriebssystem, entwickelt von AT&Tund kostenlos zur Verfügung gestellt) und UUCP (*Unix to Unix Copy Protocol*), mit dem die Datenübertragung abseits des 'großen' Internets betrieben werden konnte; sowie natürlich das *World Wide Web*, welches von Tim Berners-Lee, einem Physiker am CERN in Genf, entwickelt wurde.[424] Alle diese Entwicklungen wurden der Gemeinschaft zur Verfügung gestellt und durch diese wei-

---

[422] Vgl. Leiner/Cerf 1998.

[423] Die Institutionen bzw. Organisationen/Zusammenschlüsse sind: InternetConfiguration Control Board, inzwischen abgelöst durch folgende *Task Forces*: *Internet Engeneering Task Force; Internet research Task Force; Internet Steering Group; Internet Acitivities Board; Internet Architecture Board*; die *Internet Society* wurde gegründet, um die Prozesse und die Arbeit dieser Zusammenschlüsse transparent zu machen und um eine Schaltstelle für die Belange der Nutzer zu schaffen; dazu gehört auch neuerdings das *World Wide Web Consortium* (W3C), welches sich ausschließlich um die Entwicklung des WWW kümmert, vgl Leiner/Cerf 1998.

[424] Vgl. Holloway 1997.

terentwickelt. Eine kommerzielle Nutzung war nur unter Preisgabe des Quellcodes im Rahmen sogenannter *'Shareware'* 'erlaubt', wodurch es wiederum möglich wurde, auch dieses neue Produkt weiterzuentwickeln und zu verbessern[425]. Ein nicht zu vernachlässigender Grund für die offene Praxis der Weitergabe und der Teilhabe an der Entwicklung des Internets liegt in seiner Finanzierung aus Steuergeldern begründet, rein kommerzielle Aktivitäten waren dadurch auf dem Internet ausgeschlossen und wurden von der 'Netzgemeinde' auch nicht akzeptiert. Das Modell der freien Software hat auch Bernard Land zum Anlaß genommen, ein alternatives, dezentrales Modell des Wirtschaftens zu schaffen bzw. zu intensivieren. Es würden damit u. a. hegemoniale Stellungen auf diesem Gebiet, wie sie etwa *Microsoft* besitzt[426], bedroht werden sowie Innovationen mehr gefördert werden können:

> "Die Entwicklung freier Software ersetzt eine zentralisierte (und monopolistische) kommerzielle Produktion, deren Abschottung langfristig die wirtschaftliche und technische Entwicklung erstickt und nur wenige Arbeitsplätze schafft durch eine kommerziele Dienstleistungstätigkeit, die mehr dezentralisierte Arbeitsplätze und mehr Wettbewerb schafft; außerdem begünstigt sie durch die erhöhte technologische Beweglichkeit die Gründung neuer Unternehmen. Dem Süden bietet die Verfügbarkeit freier, unentgeltlicher Ressourcen die Möglichkeit einer unabhängigen technologischen Entwicklung."[427]

Daß die Praxis der Selbstverwaltung sowie einer eigenständigen und offenen Entwicklung derartig fruchtbar verlaufen konnte, ist um so erstaunlicher, als von Anbeginn der Entwicklung der amerikanische Staat, vor allem in Form der *National Science Foundation* (NSF), immer wieder Geld in die verschiedenen Projekte steckte, eine Kontrolle im üblichen Sinne über die Entwicklung aber nie wirklich ausgeübt hat. Aus der Entwicklung ergab sich aber die dezentrale Struktur, die die Verwaltung und den Ausbau auf verschiedene Institutionen, wie etwa Universitäten, verteilte.
Parallel zu der oben skizzierten poly-direktionalen Evolution des Internets und seiner zahlreichen Dienste steckten die USA immer wieder Geld in neue und größere Netze (u.a NSFNET, BITNET, NRENNET), die bis heute das Rückgrat des Internets stellen.Vielfach wurden sie dabei einfach von der Angst getrieben, den technologischen Anschluß zu verpassen, was vielen Forschern offensichtlich genug Freiheiten gab, ihre

---

[425] Vgl. Rheingold 1994, S. 131; Die Firma *Netscape*, die eine Software zur Benutzung des WWW herstellt, hat im Frühjahr 1998 den Quellcode seines Produktes freigegeben, um so den Markt gegen *Microsoft* und dessen Konkurrenzprodukt für sich zu entscheiden.
[426] *Microsofts* Gründer und jetziger Vorsitzender Bill Gates war nicht zufällig einer der ersten, der das Prinzip der freien Weitergabe der Software ignoriert hat und Gewinn aus der geistigen und kollaborativen Arbeit vieler Netzenthusiasten gezogen hat ohne diesen etwas 'frei' zurück zu geben; vgl. Rheingold 1994, S. 130.
[427] Lang 1998, S. 19.

Forschung auf dem Gebiet relativ unkontrolliert durchzuführen.[428] Parallel dazu hatte das Internet Anfang der achtziger Jahre längst den rein computertechnologischen Sektor verlassen und auch in andere wissenschaftliche Bereiche Einzug gehalten, was einer Weiterentwicklung sicherlich förderlich war. [429]
Mit der Übernahme der Verwaltung zentraler Teile des Netzes durch kommerzielle Firmen - u. a. MCI*, Merit Networks Inc.* - und der zunehmenden Kommerzialisierung im Zuge des *World Wide Webs* seit 1994 sehen die 'Urväter' des Netzes die Offenheit des Internets in einigen Bereichen gefährdet. Bereits 1969 hatten J.C.R. Licklider und Robert Tylor einen Artikel veröffentlicht, in dem sie die Gefahren einer Zweiteilung durch die neue Technologie beschreiben. Die einfache Frage dabei war: Wird 'online' sein zu können zu einem Privileg oder einem Recht?[430]
Es besteht die Gefahr, daß sich kommerzielle Großunternehmen wie etwa IBM (welches in den fünfziger und sechziger Jahren nicht an die Ideen von Engelbart u. a. glaubte) sich Wettbewerbsvorteile durch die privilegierte Nutzung einer Technologie verschaffen, die aus Steuermitteln finanziert wurde. Die Kontrolle über die Verwaltung und die Adressenvergabe im Internet würde diese Unternehmen zu 'Türstehern' machen und damit die Selbstorganisation des Internets gefährden. Rheingold sieht hier eine besondere Gefahr, die von den Bürgern mitgestalteten Netze diesen zu entziehen und damit das für ihn größte Potential des Internets zu bedrohen.
Diese Gefahr sieht auch die *Internet Society*. Sie erkennt jedoch auch die Notwendigkeit, das Internet anders als bisher zu verwalten, da die NSF dieses bei den stetig steigenden Zahlen von teilnehmenden Menschen nicht mehr adäquat gewährleisten kann. Ihre Stellungnahme zu verschiedenen Vorschlägen der Neustrukturierung der Verwaltung des Internets macht aber auch unmißverständlich deutlich, daß jede Veränderung das Prinzip der Selbstregulation der verschiedenen Organisationen, welche sich um die Verwaltung und Entwicklungsstandards des Internets kümmern, nicht antasten darf. Das schließt die kommerzielle Vergabe einzelner Aufgabenbereiche, wie etwa die Registrierung der *Domain*-Namen, nicht aus, solange hier entlang selbstregulierender Prinzipien von IANA, der *Internet Assigned Number Authority*, einer Organisation, die ebenfalls selbstverwaltet und demokratisch auf der Basis von Konsensus organisiert ist und in Zusammenarbeit mit der *Internet Society* arbeitet, verfahren wird.

[428] BITNET= *Because It's There/Time Network*, ein von der NSF und IBM geschaffenes Netzwerk für Nicht-Naturwissenschaftler, die auch an Vorteilen elektronisch vermittelter Kommunikation teilhaben wollten; NRENET= eine weitere Inkarnation von ARPANET, das *National Research and Education Network*, das vor allem auf die Entwicklung und die Verbindung von Supercomputern ausgerichtet war und ist. NSFNET= *National Science Foundation Network*, das gegenwärtige Netzwerk, welches auch die Hauptleitungen des Internets bereitstellt; nicht mehr ausschließlich, aber zu einem nicht unbeträchtlichen Teil. vgl: Rheingold 1994, S: 109ff; Leiner/Cerf 1998,
[429] Vgl. Rheingold 1994; Leiner/Cerf 1998.
[430] Vgl. Rheingold 1994, S. 101.

Angesichts der zunehmenden Kommerzialisierung des Internets und seines enormen Benutzerzuwachses, der sich nunmehr nicht ausschließlich aus dem akademischen und speziell dem Computermilieu rekrutiert, ist dieses eine Aufgabe, die zu lösen nicht leicht sein wird.[431] Die Kontrollversuche einzelner Internetanbieter und auch die weltweite Medienkonzentration stehen dieser Selbstverwaltung und damit der Offenheit und demokratischen Zugänglichkeit des Internets entgegen. Dabei ist eine Zukunft des Internets, soll es wirklich zu einem 'echten' und weltweiten Massenmedium werden, ohne diese Unternehmen nicht mehr denkbar. Sie allein allerdings würden die Struktur, wie sie heute besteht, durch Monopolisierungstendenzen zerstören, so daß neue Strategien und Wege für die Teilhabe kleiner Unternehmen als auch wirtschaftlich ärmerer Regionen gefunden werden müssen. Ein solcher Weg kann die weiter oben beschriebene 'freie Software' mit ihren offenen Standards und den für alle zugänglichen Quellcodes sein.
Die Kommerzialisierung mit ihrem hohen Datenaufkommen und die zunehmende Verbreitung des Internets außerhalb der wissenschaftlichen Einrichtungen hat zusätzlich dazu geführt, daß über differenzierte Netzwerke mit Diensten unterschiedlicher Qualität nachgedacht wird. Die Ideen eines 'Internet 2' kommen aus dem akademischen Bereich und zielen auf die Verbesserung wissenschaftlicher Netzwerke ab, da die wissenschaftliche Arbeit in vielen Bereichen eine Qualität der Datenübertragung erreichen muß, die durch die Überlastung des Netzes mit für die Wissenschaft zweitrangigen kommerziellen Aktivitäten nicht gewährleistet ist. Es geht bei dieser Entwicklung nicht um eine erneute Spaltung des Internets für privilegierte Wissenschaftler und nicht-privilegierte Normalnutzer, sondern um eine generelle Weiterentwicklung des Internets im ganzen. Das 'Internet 2' -Projekt konzentriert sich in seiner Initialphase auf den Bildungsbereich von Schule und Universitäten und somit auf den öffentlichen Sektor und steht damit in der Tradition der Selbstregulation und Offenheit des Internets, wie sie hier dargestellt wurde.[432]
Die Narrative des Cyberspace und die Mystifizierung des Internets haben nicht zuletzt ihren Ursprung in der praktizierten Selbstverwaltung, wie sie hier erläutert wurde und wie sie zur Geschichte und Gegenwart des Internets gehört. Diese Form der Organisation besteht aber nicht nur im Bereich der Entwicklung und Verwaltung des Internets, sondern findet sich auch in seinen Diensten fortgesetzt, speziell in den über 71.000 registrierten *Mailing* -Listen (Stand 1997) und den ca. 20.000

---

[431] Vgl. Internet Society 1998. IANA verwaltet und koordiniert die Adresssnummern der Internet Protokoll (IP)- Adressen, so daß Dopplungen u.ä. ausgeschlossen sind. IANA bestand bis vor kurzem vor allem aus Jon Postel, einem der ARPA/Internet- Veteranen und seiner Sekretärin, wie er selbst auf dem INET '97 Kongreß im Juni 1998 in Kuala Lumpur während einer Podiumsdiskussion zur Zukunft des Internets erzählte. Jon Postel war ansonsten als Direktor eines informatischen Instituts an der *University of Southern California* tätig. Er starb im Oktober 1998. IANA existiert in veränderter Form unter dem Namen ICANN weiter.
[432] Vgl. Graves 1998.

*UseNet*-Diskussionsgruppen. Auch hier versuchen die Beteiligten, auftretende Konflikte auf der Basis von Konsensus und Moderation zu lösen.[433] Eine Kommerzialisierung einerseits und die relative Freizügigkeit des Mediums andererseits stellen zwei Quellen für eine Gefährdung dieser 'herrschaftsfreien' Verwaltungs- und Entwicklungsstruktur durch Medienkonzerne, wie etwa *Microsoft*[434], und staatliche Autoritäten dar. Staatliche Autoritäten haben ein Interesse, diese Ressourcen, auf denen weitgehend ohne ihre Kontrolle kommuniziert und publiziert wird, zu kontrollieren. Das gilt für rigide kontrollierte Diktaturen wie etwa Singapur in gleicher Weise wie für die Bundesrepublik Deutschland. Um wenigstens die Entwicklung und z. T. auch die Inhalte steuern zu können, haben viele Staaten inzwischen Förderprogramme ins Leben gerufen, mit denen sie in Zusammenarbeit mit der Wirtschaft das Internet bzw. hochmoderne Informationstechnologien fördern. Diese Art der Förderung hat allerdings nur am Rande mit der Struktur des Internets zu tun, die weite Teile der Internetgemeinde so schätzen. Es bleibt fraglich, wie kontrollierbar die Art der Kommunikation überhaupt ist, angesichts der mannigfaltigen technologischen Möglichkeiten für elektronische Kommunikation, die es heute gibt, "denn das Netz ist ein höchst redundantes, die Bürger miteinander verbindendes System, das aus sich selbst heraus wächst und die Ergebnisse der ARPA-Forschungen nutzt, um etwas auszubilden, das eher einer Fan-Gemeinde gleicht als einer militärisch-industriellen Elite."[435]
Die Zukunft des Internets ist ungewiß und angesichts der vielfältigen Interessen ist es schwierig zu sagen, in welcher Weise die bis jetzt praktizierte Struktur der Selbstorganisation und Selbstverwaltung vor dem Hintergrund staatlich geförderter Forschung, wirtschaftlicher Interessen und den graswurzel-bewegten Zielen überleben wird. Nicht zuletzt spielen bei alledem die Rechtsprechung und Politik einzelner Staaten in bezug auf die Nutzung einzelner Komponenten und Verfahren, wie etwa Kryptographie zur Verschlüsselung von Informationen und die Möglichkeiten der staatlichen Zensur, eine entscheidende Rolle bei der Beantwortung dieser Fragen.
In welcher Form werden die Netze der Bürger überleben, die Rheingold als eine der Hauptquellen für die freie und dezentrale Entwicklung des Internets und elektronischer Kommunikation generell ansieht? Welches Interesse können Staaten generell daran haben, allen ihren Bürgern einen Zugang zu dem Medium Internet zu gewährleisten?

---

[433] Vgl. Kei Ishii 1995, zu den Selbstregularien des *UseNet*, die er am Beispiel einiger 'prominenter' Konfliktfälle aufgezeigt hat; vgl. auch Goltzsch 1998 zum *UseNet* und den Überlegungen zu *UseNet* 2.

[434] Zu den Monopolbestrebungen *Microsofts* mit seinen teilweise orwell'schen Ideen der Medienkonvergenz (Internet und Fernsehen) und einer rigiden Kontrolle im Hinblick auf die Steuerung der Konsumenten gibt es im Internet eine Vielzahl von Informationsmaterialen; ebenso gibt es so etwas wie eine lose organisierte 'Anti-Microsoft-Kampagne, deren Wortführer u. a. der amerikanische Verbraucheranwalt Ralph Nader ist; vgl auch Nader/Love 1998.; der *Micro$oft Monitor* kann unter http://www.netaction.org gefunden werden.

[435] Vgl. Rheingold 1994, S. 139.

Und welchen Nutzen haben die Bürger von einem solchen universellen Zugang?
Das Internet läßt sich im Hinblick auf seine 'politische und soziale' Struktur gewinnbringend mit Hilfe der Theorie akephaler Gesellschaften betrachten, wie sie von Sigrist und später Clastres entwickelt wurde. Darin offenbart das Fehlen zentraler Herrschaft - im Falle des Internets einer zentralen Kontrollautorität - nicht ein politisches Unvermögen, sondern einen kollektiven Willensbildungsprozeß, eine Option unter anderen, die auf eine 'Herrschaftsfreiheit', wie sie oben für das Internet dargestellt wurde, abzielt.[436] Die Verteidigung der eigenen Gleichheit gegen fremde Ansprüche kann auch für das Internet konstatiert werden. Die Veröffentlichungen der *Crypto-Anarchists* sowie anderer Netzaktivisten und ihrer Gruppen, wie z. B. die *Electronic Frontier Foundation,* zu deren Vordenkern auch John Perry Barlow und Esther Dyson[437] gehören (siehe Kap. 7.2), lassen diesen Schluß sehr wohl zu. Die Vehemenz staatlicher Kontrollversuche über Dienste und Bereiche des Internets mit Hilfe von Gesetzen und die subtileren Strategien der Wirtschaft, die Selbstverwaltung auszuhöhlen bzw. zu zerschlagen, verdeutlichen die Dynamik zwischen selbstgewählter 'Herrschaftslosigkeit' und den Kontrollansprüchen von Staaten und Medienkonzernen[438]. Nicht vergessen werden darf dabei allerdings, daß sich eine solche Gleichheit und ihre Verteidigung nur auf diejenigen bezieht, die an den Möglichkeiten des Internets teilhaben, und die Frage nach der Verteilung der Grundversorgung mit Information nicht unbedingt eine Priorität der Netzaktivisten ist. Denn das hieße, so Rötzer[439] , möglicherweise in die Verteilung des gesellschaftlichen Reichtums einzugreifen. Damit kollidiert aber in vielen Fällen die dem Internet so verbundene Ideologie der freien Märkte eines friktionslosen Kapitalismus, die über das Internet gerade die gesellschaftlichen Probleme einer Teilhabe am ökonomischen Leben und Reichtum für alle auf elegante Weise gelöst sieht.
Diese dem Internet und seiner Evolution unterliegenden Struktur bestimmt bis heute die Narrative vieler am Internet beteiligter und interessierter Personen (wie auch im Kapitel 7.2 gezeigt wurde). Darunter gibt es auch eine Reihe von Forschern, die sich Gedanken dazu machen, wie und ob diese Form der Selbstorganisation als Modell für eine soziale Theorie zu benutzen ist. Naheliegend dabei ist der Ansatz der Systemtheorie, geht es doch hier um ein immerhin technisches System und darauf stattfindende Kommunikation. Inwieweit ein systemtheoretischer Ansatz in Bezug auf das Internet greifen kann und wieviel davon in den Bereich der Mystik zu verweisen ist, wird im folgenden Abschnitt kurz diskutiert.

---

[436] Vgl. Sigrist 1967/1994, S. xviii; 1989; S. 138ff; Clastres 1974/76.
[437] Vgl. Leggewie/Dyson 1998.
[438] Vgl. Fortier 1998, und seine eher pessimistische polit-ökonomische Analyse der Eigentums- und Machtverhältnisse, wie sie seit der Kommerzialisierung des Internets bestehen, und welche darauf hinweisen, daß sich bestehende Verhältnisse der Medienkontrolle und der monetär-politischen Macht nicht geändert haben.
[439] Vgl. Rötzer 1998.

## 7.32 Das Internet als selbstorganisiertes soziales System.

Das Internet als neue Technologie mit einer Reihe von bisher nicht dagewesenen Möglichkeiten der Datenproduktion, -aufbewahrung und -verbreitung eignet sich hervorragend als Metapher zur Beschreibung der Welt bzw. ihrer globalisiert-vernetzten Struktur am Ende des 20. Jahrhunderts. Diese 'technosoziale Erbauungsliteratur' (Lau) hat dabei die Zukunft fest im Blick und den ausgesprochenen Willen, alles Vergangene hinter sich zu lassen, oft um den Preis unvollkommener bzw. haltloser Bilder und Vergleiche. Daß dieses nicht zwingend der Fall sein muß, wurde in Kapitel 7.26 deutlich gemacht.
Das Internet läßt sehr wohl Globalität denken und stellt Ansätze für die Betrachtung damit zusammenhängender Prozesse zur Verfügung. Damit ist aber auch gesagt, daß das Internet eine soziale Komponente hat, die es genauer zu bestimmen gilt. Grundlegend für eine solche Bestimmung ist allerdings die weiter oben vorgenommene Darstellung der eigentlichen Technologie des Internets und ihrer Entwicklungsgeschichte, ohne die alle weiteren Betrachtungen nur an der Oberfläche bleiben würden. Ebenso wichtig ist die bereits im Kapitel 7.2 gemachte Analyse zu den ökonomischen Bedingungen der Existenz des Internets vor dem Hintergrund einer zunehmenden Konvergenz von Medienkonzernen.
Die dargestellte Struktur der Selbstverwaltung- und Organisation legt die Frage nahe: Ist das Internet als weltumspannendes Kommunikationsmedium mit all seinen Diensten und Technologien ein soziales System? Da es sich bei dem Internet um ein (Massen-) Medium handelt, welches zu einem großen Teil auf Kommunikation ausgerichtet ist, erscheint diese Frage keineswegs abwegig. Und in vielerlei Hinsicht verwirklicht sich im Internet auch tatsächlich Luhmanns Ansatz einer Weltgesellschaft, die auf die Kommunikation aller mit allen jenseits regionaler und nationaler Grenzen ausgerichtet ist sowie eine Vernetzung und weltweite Interaktion ermöglicht. Luhmann, der Frage nachgehend, was sich faktisch als Weltzustand beobachten läßt, stellt fest, daß ein Anwachsen der Kenntnisse über Fakten des Lebens und der Interaktionsbedingungen aller Menschen zu beobachten ist. Er bemerkt dazu, daß diese Kenntnisse natürlich nicht als reales Wissen des einzelnen vorhanden sind, 'wohl aber in der Form des Wissens der Zugänglichkeit des Wissens im Bedarfsfalle'.[440]
In diesem Sinne muß auch die Formulierung eines 'erhöhten Weltwissens' verstanden werden, welches im Zusammenhang mit dem Internet von anderen wiederholt geäußert wird, nämlich als verbesserte Möglichkeit der Wissens- bzw. Informationsbeschaffung und nicht als tatsächliche Erhöhung des Wissens jedes einzelnen. "Weltgesellschaft ist das Sich-ereignen von Welt in der Kommunikation", sagt Luhmann[441], und es erscheint merkwürdig, daß Luhmann in keiner Weise auf das dem Internet unterliegende *global village* und seiner Eine-Welt-Narrative

---

[440] Luhmann 1975, S.53.

[441] Luhmann 1997, S. 158.

eingeht. Von Luhmann selbst erfährt man dann ebenfalls - obwohl dieses sehr naheliegend erscheint - sehr wenig zu den elektronischen Medien, zu denen er eben Fernsehen, Telefon, Fax und elektronische Post (*Email*) zählt. Explizit zum Internet macht er keinerlei Aussagen, wobei er durchaus einige elementare Probleme dieser 'neuen' Medien erkennt und auch formuliert. So erkennt er die Probleme der Euphorie, welche durch die Computer ausgelöst wird und auch deren Bedeutung für die Veränderung der Wahrnehmung unserer Umwelt bzw. die gesteigerten Möglichkeiten der Manipulation von Informationen, wenn es z. B. um die Frage der Authentizität von Informationen geht, die durch die Möglichkeiten der Anonymität auf dem Internet entstehen können.[442]
Aber weder in seinem Werk zur 'Realität der Massenmedien'[443] noch in den Kapiteln in 'Die Gesellschaft der Gesellschaft' erfährt man irgendetwas über den Zusammenhang von Kommunikation und den entsprechenden Technologien. Für Luhmann verhält sich das technische Netz (gemeint ist bei Luhmann in der Hauptsache das Fernsehen) völlig neutral zur Kommunikation. Also ganz gleich, um welches Medium es sich handelt, wirkt dieses nicht auf die Art und Weise der Kommunikation und Information ein. Für Werber[444] ist diese fehlende Technikbeachtung - und scheinbar auch Kenntnis - der Hauptkritikpunkt an Luhmanns Medientheorie, wie sie sich in beiden oben erwähnten Werken darstellt. Luhmann trennt zudem den Inhalt ('was kommuniziert wird') von der Form und Erscheinungsweise der Medien ('wie etwas kommuniziert wird') und vernachlässigt damit die unterschiedlichen Qualitäten der einzelnen Medien. In bezug auf das Internet kann er daher nicht wahrnehmen, daß hier eine Veränderung stattgefunden hat, nämlich die Verwirklichung multi-direktionaler Kommunikation. Das Sender-Empfänger-Prinzip ist damit obsolet geworden und wird ersetzt durch eine Interaktivität, die durch die bisherigen Massenmedien nicht zugelassen wurde. Es wurden so nicht nur Räume für alternative Informationen und Gegenöffentlichkeiten geschaffen, sondern es hat sich auch die Art und Weise der Informationsbeschaffung und- verbreitung verändert und somit auch die Wahrnehmung der Informationen und der dahinterstehenden 'Wirklichkeiten'[445]. Luhmanns Ansatz zur Beschreibung der Massenmedien ist nicht ausreichend, um die vielfältige Beziehung dieser Medien und der sie nutzenden Menschen darzustellen. Insbesondere im Hinblick auf das Internet und seine politischen, ökonomischen, kulturellen und sozialen Aspekte und Narrative ist Luhmanns Beitrag unzureichend. Die Erwägung der Frage, ob das Internet als solches ein soziales System ist, das einer eigenen Logik folgt - anders als die herkömmlichen Massenmedien - wird von ihm nicht geleistet.

---

[442] Vgl. Luhmann 1997, S. 302ff.

[443] Vgl. Luhmann 1996 und 1997.

[444] Vgl. Werber 1997.

[445] Vgl. Werber 1997 zur Trennung von Form und Inhalt; Rötzer 1998 zur Interaktivität der neuen Medien; Johnson 1998 zur Bedeutung von *Interfaces* für jegliche Art von Kommunikation.

Fuchs hingegen stellt diese Frage und versucht anhand der soziologischen Systemtheorie eine Antwort zu finden. Es geht ihm dabei explizit nicht um die Soziologie einer Technik, sondern darum, das Internet als ein soziales Phänomen und somit als ein System zu begreifen. [446]
Die zentrale Frage bei einem sozialen System sind seine Grenzen, die Fuchs für das Internet als allopoetisch verfaßt sieht. Allopoetisch deshalb, weil sich in keiner Weise Abgrenzungen ausmachen lassen, die daraufschließen lassen, daß diese von dem System selbst gemacht werden. Alle Funktionssysteme durchkreuzen das Internet und nutzen es als Mittel der Kommunikation, so daß die Grenze gewissermaßen von außen bestimmt wird. Das Netz erscheint dann wie eine Registratur, in die von außen etwas hineingehängt wird, ohne daß das Netz selbst einen Einfluß auf den Inhalt hätte oder gar eine Kontrolle ausüben könnte. Zum sozialen System würde es dann aber nur, wenn diese Registratur auf sich selbst reagieren könnte. Die Struktur der *Hyperlinks* auf dem *World Wide Web* gleichen einer solchen Struktur eines 'offenen Verweisungshorizontes', durch den das System Bezug auf sich selbst nimmt. Notwendig für diese Annahme ist allerdings die Abkoppelung der kommunikativ behandelten Themen von den Verweisoperationen. Eine Unterscheidung von Netz und Gesellschaft ist nur aufgrund dieser Verweisoperationen möglich, da die Themen genau die Heterogenität der Gesellschaft widerspiegeln und sich daher keine Unterscheidung ergeben kann.
Der *Link* beschreibt für Fuchs den Moment der Kommunikation auf dem Netz, wobei er nur sehr ungenau eine Unterscheidung zwischen dem *World Wide Web* und dem Rest des Netzes trifft, ohne die eine solche Behauptung allerdings relativ unverständlich bleibt.
Die Verweise sind die Selbstreferenz des Systems. Anschlußereignisse, wie sie zum Verstehen einer Mitteilung im Sinne der Systemtheorie notwendig sind, sind die Mitteilungen in den Mitteilungen, also Verweise auf andere Verweise in den Dokumenten erster Ordnung (die Texte und Inhalte selbst), die Fuchs für das Bestehen des Systems als nebensächlich erachtet. Diese Weiterschaltung entlang der Verweise ist die Kommunikation. Das Erzeugen von Verstehen ist die Operation des 'Verlinkens'.[447] Damit ist für Fuchs das Netz ein soziales System, welches sich mit dem Instrumentarium der Systemtheorie weiterhin untersuchen läßt. Was bis hierhin der gelungene Versuch war, die technologischen Bedingungen für die Kommunikation bzw. auch die sich daraus ergebenden Sinnverschiebungen und -verknüpfungen (im Sinne eines Netzes) des Internets (genauer des *World Wide Web*) zu erläutern, scheitert in der Folge an der beschränkten Wahrnehmung der Komplexität des Internets durch den Anspruch auf eine umfassende Theorie des Netzes als sozialem System und damit die Auslassung wichtiger Aspekte computervermittelter Kommunikation.

[446] Vgl. Fuchs 1998.
[447] Vgl. Fuchs 1998.

Fuchs' Anspruch mit einem universellen Ansatz, das mystisch erscheinende Netz - wie er es nennt - einfach und ohne 'wissenschaftliche, artistische und intellektuelle Beschwörungen erklären zu wollen, wird hier von ihm selbst *ad absurdum* geführt.
In der Hauptsache sind es zwei Punkte, die hier als Kritik genannt werden können und an denen sich Fuchs Hang zur Mystifizierung und die Unzulänglichkeit seiner Internet-als-Sozialsystem-Theorie zeigen läßt. Dabei verweist sein Ansatz sehr wohl auf eine Eigenart des Internets, speziell des WWW, welche zentral für viele Narrative ist, die aber in der Folge seiner Perspektive keine adäquate Beachtung findet. Es geht dabei um die 'nomadische Sinnverteilung' - wie er es nennt - und wie es durchaus sinnvoll ist, wenn man sich die Funktionsweise von WWW und den darauf befindlichen Suchmaschinen ansieht, die eine "supermultiple (nomadisierende) Konstruktion der Realität erzeugen".[448] Krysmanski[449] nimmt diesen Punkt auf und erkennt darin einen Raum für eine 'überraschende Kombinatorik von Bedeutungen'. Diese Bedeutungen weisen auf die vorher von ihm postulierte Vernetzung weltgesellschaftlicher Ereignisse hin, wie er sie mit Jameson unter einer geopolitischen Ästhetik verwirklicht sieht. In dieser Hinsicht macht es durchaus Sinn, die Operation des 'Verlinkens' von Verweisen ohne einen direkten Bezug zu dem jeweiligen Inhalt zu sehen. Krysmanski geht in dieser Hinsicht weiter als Fuchs und erkennt die politischen und ökonomischen Dimensionen des Internets und deren Totalität, die hinter den Verknüpfungen stecken.
Fuchs blendet in seinen Ausführungen die Menschen als Urheber und Nutzer des Internets aus und offenbart damit eine Schwäche seines systemtheoretischen Ansatzes, welcher technisch überhöht versucht, dem Internet den Rang eines eigenen Bewußtseins zuzuschreiben. Damit befindet er sich aber im Bereich der Mystik, den er gemäß seiner Einleitung umgehen, ja aufklären wollte.
Die Umwelt des Internets besteht für ihn aus historischen Maschinen (Menschen?), die den strukturierenden Lärm produzieren, den das Internet als Eingabe in die Registratur braucht, um funktionieren zu können. Damit befindet er sich aber im Blickwinkel jener Kritik, die die Subjektlosigkeit bzw. Subjektvernachlässigung der Luhmanschen Systemtheorie beanstandet[450]. Für eine Betrachtung computervermittelter Kommunikation, wie sie auf dem Internet stattfindet, greift sein Ansatz damit nicht weit genug und beschränkt sich unnötig selbst, da er auf das 'wie' und 'wer' der Informationsproduktion und Darstellung nicht eingeht, dieses aber elementare Bestandteile für eine Untersuchung sein müssen.
Die Abstraktion von den Inhalten zeigt die Vielzahl und die Polykontextualität der Verknüpfungen, wie sie durch die technologischen Gegebenheiten des Internets möglich sind, sie leistet aber keine tiefer ge-

[448] Vgl. Fuchs 1998.
[449] Krysmanski 1998.
[450] Vgl. Sigrist 1989a; Mühlfeld 1997; Fürnkranz 1997; Kößler 1997.

hende Analyse und läßt sich damit auch nicht in Angriff nehmen. Die 'als Lärm produzierende historische Maschinen geringer Komplexität' bezeichneten Menschen werden damit zu passiven Subjekten gemacht, die nicht aktiv an der Gestaltung von Informationen und Sinnzusammenhängen beteiligt sind, sondern diese nur rezipieren; gemacht werden diese Zusammenhänge vom System Internet entlang der Verweisstruktur selbst. Das steht konträr zur computervermittelten Kommunikation im 'Netz der Bürger', bei der es um wesentlich mehr geht als um bloße Rezeption von fremd geschaffenen Sinnzusammenhängen, nämlich auch und wesentlich um die Gestaltung und Selbstbestimmung von Informationen sowie um die alternativen Möglichkeiten von Informationsbeschaffung, -verbreitung und -darstellung. Daß die Nutzer dieser Technologie bei ihrer Verwendung und bei der Gestaltung der Inhalte der Logik des Internets folgen müssen, wird nicht bestritten. Damit aber kommt der Form der Darstellung, den sich daraus ergebenden Möglichkeiten der Rezeption, Selektion und Neugestaltung eine wichtige Rolle zu, so daß sich eine Betrachtung der Inhalte und ihrer Darstellung lohnt, um die Beziehung von Internet und sie umgebender 'realer' Welt zu erkunden. Bei einer solchen Erkundung geht es um die Handlungs- und Motivationsmuster der am Internet beteiligten Menschen und ihrer Lebenswirklichkeit bzw. deren Einfluß für ihre Nutzung moderner Kommunikationstechnologien wie dem Internet. Im Hinblick auf den theoretischen Ansatz von 'Ethnizität als Selbstorganisation' stellt sich die Frage, inwiefern und ob das Internet überhaupt ein Mittel der Selbstorganisation für ethnische Gruppen ist. Dazu müssen aber die Menschen in den Mittelpunkt der Untersuchung gestellt werden, nicht zuletzt um zu verhindern, daß die Narrative der technologischen Überlegenheit den Menschen die Beherrschbarkeit (und sei es nur die semantische) der Technologie gänzlich entziehen. Fuchs ist dabei nur insofern zu folgen, als er die Eigengesetzlichkeiten des Internets deutlich macht (Verweisstruktur und die mögliche Abkapselung der Inhalte von der Struktur, das 'reine Surfen', wie es Krysmanski beschreibt[451]), was wiederum von Bedeutung für die Gestaltungs- und Nutzungsstrategien der jeweiligen Individuen und Gruppen ist. Eine Analyse kann sich aber nicht darauf beschränken, sondern muß weiter gehen und die Verknüpfungen und Bedingungen für eine Nutzung analysieren und die tatsächliche Erscheinung beschreiben. Nur dann lassen sich grundsätzliche Fragen nach Identität in einer durch Kommunikationstechnologien verbundenen und dadurch globalisierten Welt adäquat beantworten. Im Sinne der an anderer Stelle (vgl. Kap. 7.26) vorgeschlagenen Verwendung des Internets als Narrativ für eine globalgesellschaftliche Totali-

[451] Wichtig wird diese Struktur vor allem im Zusammenhang mit den Suchmaschinen und der Weiterentwicklung von Kontrollprogrammen, die Informationen anhand von Stichworten filtern können, im Prinzip genau das, was auch Suchmaschinen zum Auffinden von Informationen machen. Fortier (1998) weist deutlich darauf hin, daß sich entlang dieser Kontrolltechnologien und der entsprechenden Software existierende Machtverhältnisse fortschreiben können bzw. im Zuge der zunehmenden Kommerzialisierung des Internet es auch tatsächlich werden.

tät, welcher auch jenseits der Zugangsgrenzen des Internets blickt, wird in der Folge das Verhältnis von ethnischer Identität und dem Internet untersucht.

# 8

# Virtuelle Ethnizität: Internet und Identität

Der zentrale Punkt dieses Kapitels ist das Verhältnis von Ethnizität und dem Internet. Daß dahingehend eine Beziehung besteht, wurde bereits mehrfach in den vorangegangenen Kapiteln geäußert.

Hier sollen jetzt anhand theoretischer Überlegungen und empirischer Beobachtung (u. a. in Form der IKI-Untersuchung) diese Zusammenhänge eingehender analysiert werden.

Dabei geht es vor allem um die Funktion von Ethnizität bei der Nutzung des Internets, also in welcher Weise dabei auf kulturelle und ethnische Identitäten als Ressource zurückgegriffen wird und warum gerade solche Identitäten einen Vorzug gegenüber anderen erhalten.

Die hier vorgestellte Analyse geht dabei über das Internet hinaus, indem auch die sozialen, politischen und wirtschaftlichen Bedingungen für eine Nutzung und die Möglichkeiten von Selbstorganisation entlang kultureller Organisationsprinzipien mit einbezogen werden.

Nicht zuletzt wird es dabei um die Frage nach der Repräsentanz von Gruppen auf dem Internet und in anderen Medien ganz allgemein gehen. Das heißt, inwiefern es ethnischen, kulturellen und anderen Gruppen dabei noch möglich ist, angesichts eines Informationsüberangebots und eines weitgehend kontrollierten Medienmarktes ihre informationelle Selbstbestimmung zu behaupten.

Wenn das Prinzip von 'Ethnizität als Selbstorganisation' als eine Quelle der Auseinandersetzung in einem (global-) gesellschaftlichen Rahmen eine Bedeutung hat, müßte es auch auf dem Internet als Symbol und Abbild einer solchen Globalgesellschaft, als Ressource für eine Gruppenbildung dienen können

Eine mögliche Beziehung von Ethnizität und modernen Kommunikationstechnologien wie dem Internet muß zwangsläufig dynamisch sein. Es gilt daher, auch hier die Veränderungen zu erkunden, die sich aus einem solchen Verhältnis ergeben. Dabei geht es zum einen um die Formen der Darstellung kultureller Identitäten, wie sie auf dem Internet entstehen, als andererseits um die Veränderungen, die sich daraus für die Konstituierung von Identität in 'realen' gesellschaftlichen Kontexten ergeben.

## 8.1 Theorie und Phänomenologie

### 8.11 'Virtuelle Ethnizität': Entwicklung eines Begriffs (Theorie)

Das Verhältnis von Ethnizität und Internet soll durch den Begriff der 'Virtuellen Ethnizität'[454] beschrieben werden. Die Verwendung eines solchen Terminus zielt dabei auf unterschiedliche Ebenen des Verhältnisses ab, die auch über das Internet als einen Erfahrungsraum im Sinne des *Cyberspace* hinaus gehen.
Das Konzept der 'Virtuellen Ethnizität' (im folgenden VE genannt) umfaßt dabei die folgenden Bereiche und Beziehungen, welche für sich allein betrachtet werden können, aber auch eine Reihe von Verknüpfungen untereinander aufweisen. Es handelt sich bei der Aufzählung um Ebenen von unterschiedlicher Komplexität, was das Verhältnis zwischen einer 'Innenwelt' (Internet, künstliche 'virtuelle Welten) und einer sie umgebenden 'realen' Außenwelt (Gesellschaft, Wirtschaft, Politik, Kultur) betrifft.
Bei einer ersten als individuell zu bezeichnenden Ebene handelt es sich um das Phänomen 'neuer' selbstgewählter Identitäten, wie sie speziell in den sogenannten MUDs (*Multi-User-Dungeons* oder auch *Multi-User Domains*) vorzufinden sind, welches in der Regel textbasierte Lebenswelten sind, in denen Abenteuerspiele mit Rittern, Elfen, Feen und Zauberern stattfinden, oder die als nicht spielorientierte soziale Umgebungen ohne ein zu erfüllendes Ziel existieren. Hauptaktivität in diesen Lebenswelten, besonders in letzteren, ist die soziale Kontaktaufnahme und die Interaktion mit den anderen Spielern bzw. Bewohnern. Ähnliches gilt für den *Internet Relay Chat* , vorzustellen als Bar- und Thekengespräche von geringer Tragweite und Qualität, jedoch in Echtzeit auf dem Bildschirm. Hier - und wie noch viel elaborierter in den Spiel- und Gesellschaftsumgebungen - wird Identität über Selbstbeschreibungen artikuliert, d. h. jemand ist, wer er/sie behauptet zu sein. Es gibt keine Kontroll- und Überprüfungsmöglichkeiten. Turkle, Reid und Leyde[455] haben jeweils diese Welten untersucht, analysiert und beschrieben. Rheingold[456] gibt einen sehr umfassenden Überblick über die Entstehung und Entwicklung dieser Welten als auch ihrer verschiedenen Formen und der damit verbundenen Probleme von Identität, Virtualität und Realität. Eine der häufigsten Formen der 'Täuschung' scheint dabei das Wechseln des Geschlechtes zu sein, wobei es in der Mehrzahl Männer

---

[454] Der Begriff der 'Virtuellen Ethnizität' (VE) wurde von mir erstmals 1995 in einem Exposé gleichen Namens für die vorliegende Dissertation verwendet. 1997 bin ich auf einen Artikel von Marc Poster gestoßen, der den Titel in seiner englischen Übersetzung benutzte ('Virtual Ethnicity'). Die Artikel sind nicht identisch, weisen allerdings verschiedene theoretische Parallelen auf. Meine Verwendung des Begriffs der VE war früher, was mir von Mark Poster persönlich im Herbst 1997 auch bestätigt wurde.

[455] Vgl. Turkle 1996 und1995; Reid 1994, Leyde 1994.

[456] Vgl. Rheingold 1994, S. 183ff.

sind, die sich als Frauen ausgeben und seltener umgekehrt[457]. Am meisten Einfluß auf die derzeitige Diskussion bezüglich Identität auf dem Internet hat dabei Sherry Turkles Studie *Life on the screen* (1995). Eine ihrer zentralen Aussagen darin ist, daß Identität im Informationszeitalter, speziell im Zusammenhang mit Computern (*Life on the screen*!), vielschichtig und multipel ist. Es gibt also keine fixierten Identitäten mehr, sondern eine Vielzahl von Erzählungen (*stories*, wie sie es nennt), in deren Zentrum die Person steht: eine postmoderne Situation[458]. Das WIRED-Magazin, nie zu spät, wenn es darum geht, den neuesten Trend der digitalen Welt aufzutun und zu verkünden, widmet ihr eine Titelgeschichte, denn diese Thesen erscheinen revolutionär und passen so schön in das Bild der neuen Welt, die ständig in Bewegung alles Alte hinter sich lassen will. Nicht zufällig wird Turkle von WIRED *the leading anthropologist of Cyberspace* genannt.
Die Tatsache, daß Identitäten, wie sie z. B. durch ethnische Kategorien ausgedrückt werden, sich situationell ändern können, ist dabei nicht sehr neu. Es gehört aber vielleicht auch zu der von Johnson (vgl. Kap.7.2) konstatierten Geschichtsvergessenheit der 'Netzrevolutionäre', diese Tatsache als neu zu verkaufen, als etwas, was erst mit der Digitalisierung der Welt entstanden ist.
Damit soll nicht die Bedeutung der Studie geschmälert werden, die eindrucksvoll zeigt, wie und warum sich Menschen auf dem Internet eine neue Identität geben und damit leben bzw. welche Auswirkungen diese angenommenen Identitäten auf ihr jeweiliges 'reales' Leben haben. Es geht dabei um den Einfluß der Technologie auf die Wahrnehmung von Identität, Authentizität, Wirklichkeit und deren Vermittlung bzw. die relative Bedeutung solcher Konzepte angesichts eines bisher nicht dagewesenen technologischen Potentials für Manipulation und Täuschung.
Damit deuten sich zwei weitere Ebenen des Konzeptes der VE an, zum einen nämlich das generelle Verhältnis von Kommunikationstechnologie und Ethnizität und Identität, nicht ausschließlich in Bezug zum Internet, welches in diesem Sinne jedoch als Sinnbild moderner Informations- und Kommunikationstechnologien gesehen werden kann; zum anderen wird mit dem Begriff der VE die Flexibilität von Ethnizität hervorgehoben im Sinne des konstruktivistischen Potentials von Identität, wie es im ersten Teil herausgearbeitet wurde. Posters Begriff der *Virtual Ethnicity*[459] sieht eine gegenseitige Beeinflussung des 'Realen' und des 'Virtuellen' vor, d. h. daß auch im Zusammenhang 'realer' Ethnizität virtuelle Elemente wie etwa kollektive Vorstellungen oder das Imaginäre - z. B. in Form von Legenden oder Mythen - eine bedeutende Rolle spielen.

---

[457] Vgl. dazu Rheingold 1994, S. 204ff, speziell zu dem Phänomen der messageries roses des französischen Minitelsystems; Leyde 1994, S. 44ff. Beide beziehen sich in ihrer Analyse auf eine Arbeit von Amy Bruckman, (MIT Media Lab Abschlußarbeit 1992) welche das Phänomen der Identitätsannahme und das Spielen mit fremden Identitäten auf dem Internet auch als Identity Workshop beschreibt.
[458] Vgl. Turkle 1996, S. 110, in einem Interview in WIRED (April 1996).
[459] Vgl. Poster 1997. 12ff.

Damit kann auch eine 'virtuelle' Ethnizität im *Cyberspace* nicht eine beliebige Form annehmen, sondern steht immer in historischer Verbindung zu einer ihr vorangegangenen Form von Ethnizität, die sich lokal (im kulturellen als auch geographischen Sinne) verorten läßt.
'Reale' und 'virtuelle' Ethnizität finden nicht endlich und schließlich im Internet zusammen, sondern führen ihre gegenseitige Durchdringung und Beeinflussung dort nur mit anderen Gewichtungen und Folgen für die Wahrnehmung und Darstellung von Ethnizität fort.
Bei einer solchen Transformation bzw. Translokation des Erfahrungsraumes können so Veränderungen der Darstellung und des Umgangs mit Ethnizität auftreten, welche letztendlich zu einem veränderten Bewußtsein der eigenen oder auch fremder Ethnizität führen können.[460]
Informations- und Kommunikationstechnologien müssen in diesem Zusammenhang als Übersetzungstechnologien betrachtet werden, die bedingt durch ihre eigene Logik ein verändertes Umgehen mit Konzepten wie Ethnizität und Kollektivität hervorrufen, ermöglichen oder gar erfordern. In diesem Sinn sind auch Turkles 'multiple Identitäten' für die hier vorgenommene Analyse zu verstehen, als die Dynamik, die Ethnizität entfalten kann und die sie als Ressource im gesellschaftlich- lebensweltlichem Kontext als auch im imaginären Raum des Internet nutzbar macht.
Letzteres ist besonders wichtig für das Konzept von 'Ethnizität als Selbstorganisation'. Denn so wenig Ethnizität eine ontologische Tatsache ist, so wenig ist sie nur konstruiert bzw. läßt sich an- und abstreifen wie Turkle das in ihrer Studie vermuten läßt. Auch bei den auf dem Internet angenommenen Identitäten (nicht auf ethnische beschränkt) läßt sich ein gesellschaftlicher Kontext nicht ausblenden.
An diese beiden Ebenen schließt eine weitere an, die innerhalb einer VE berücksichtigt wird: das Verhältnis von Ethnizität und Globalität, also lokaler Identitäten und globaler Prozesse. Es geht um die wechselseitigen Beeinflussungen der beiden Faktoren, da eine 'Globalität' ohne eine 'Lokalität' keinen Sinn ergibt. Beide Zustände bzw. ihre Wahrnehmung verändern sich aber durch eine solche Beziehung, wie etwa Diskussionen um eine Hybridisierung von Kultur und Identität, Globalkultur, Kreolisierung oder das Schlagwort der *global tribes* deutlich machen können.
Es ist dieses Verhältnis, vor welchem Hintergrund Poster in einem Artikel zur *'Virtual Ethnicity'* seine Thesen entwickelt und nach der Verträglichkeit lokaler Kulturen und globaler Informationssysteme und ihrer Begleiterscheinungen fragt: "What then is the fate of ethnicity in an age of virtual presence".[461] Für das Konzept der VE ergibt sich eine solche Verbindung aus der Rolle der Technologie, die ihr darin eingeräumt wird. So wird das Internet auch hier zum Synonym für Globalität, ohne daß eine genauere Definition dieses Phänomens vorgenommen werden muß. Die Reichweite und die ubiquitären - wenn auch virtuellen - Prä-

---

[460] Vgl. Poster 1995, S. 35ff.

[461] Poster 1997, S. 4.

senzmöglichkeiten dieser Technologie und des Mediums reichen aus, um von einer Globalität zu sprechen. Damit ist jedoch nicht der Begriff des *global village* gemeint, der fälschlicherweise von einem 'Zusammenwachsen' der Welt ausgeht, von einer Weltgemeinschaft, wie sie so in keiner Weise zu beobachten ist.
Ethnizität ist somit nicht nur lokal und isoliert zu betrachten. Will man die Dynamik des Phänomens und seine Wandlungsfähigkeit erfassen, wie auch die Faktoren, die zu einer Erstarrung in Form von Fremdethnisierungen und selbstgewählten Fundamentalismen führen, müssen die Prozesse betrachtet werden, die mit dem Attribut 'global' belegt werden können und bei denen Ethnizität bzw. kulturelle Identität und Bilder eine Rolle spielen, wie z. B. Migration sowie Fernseh- und Filmproduktion (insgesamt den Bereich der Kulturproduktion und Distribution). Da diese Prozesse sich aber nicht ausschließlich auf eine Lokalität beschränken, sondern über geographische, soziopolitische und nationale Grenzen hinweg Auswirkungen haben, bedeutet das auch für die Untersuchung von Ethnizität die Einbeziehung solcher 'globaler Faktoren'.

## 8.12 Virtuelle Ethnizität: Ausführungen (Theorie)

Die hier dargestellten Ebenen des Konzeptes der 'Virtuellen Ethnizität' besitzen Verknüpfungspunkte untereinander. Das bedeutet jedoch nicht, daß bei einer Untersuchung zwingend alle oben aufgeführten Aspekte auch berücksichtigt werden müssen. Es ergeben sich gemäß dem Untersuchungsgegenstand Schwerpunkte, die einzelne Ebenen des Konzeptes mehr berücksichtigen als andere. Für die vorliegende Analyse wird daher der hier als erste Ebene beschriebene 'individuelle' Aspekt weniger in Betracht gezogen, also die Formierung und Konstruktion 'neuer' Identitäten im *Cyberspace* (im Sinne eines Erfahrungsraumes). Das Hauptaugenmerk für die vorliegende Untersuchung liegt vor allem auf dem Aspekt der Beziehung zwischen Ethnizität auf der einen Seite und Informations- und Kommunikationstechnologie auf der anderen Seite. Es geht um die Wechselwirkungen zwischen Gesellschaft und Technologie, so u. a. darum, wie und warum Ethnizität die Nutzung einer solchen Technologie beeinflußt und welche Folgen dies für die Wahrnehmung kultureller/ethnischer Identität außerhalb wie auch auf dem Internet selbst haben kann.
Wie bereits weiter oben angemerkt wurde, läßt sich die Erschaffung neuer Identitäten auf dem Internet nicht losgelöst von einer realen Umgebung betrachten. So wie die selbstgewählten Identitäten (und Erlebnisse) von den Nutzern verschiedener Internetdienste mit in die 'reale' Welt genommen werden[462] , so ist ebenfalls anzunehmen, daß Diskurse der 'realen' Welt einen Einfluß auf die Artikulation von Identität innerhalb des Internets (bzw. seiner Dienste und der dort bereitge-

[462] Vgl. Leyde 1994, S. 39, die im Zusammenhang mit den Abenteuerspielen in den MUDs allerdings von Spielern spricht. Eine Übertragung auf das Internet in der Gesamtheit seiner Dienste halte ich jedoch vertretbar und notwendig, um die Bedeutung der folgenden Analyse auf das Internet als Informations- und Kommunikationsmedium auszudehnen.

stellten 'Räume') haben. Genau um diese Artikulationen geht es Lisa Nakamura[463] in ihrer Untersuchung der Identitätsstrukturen und der darum stattfindenden Diskurse in LambdaMOO, einer sozial-orientierten virtuellen Umwelt, wie sie bereits weiter oben kurz erläutert wurden.
Es sind zwei Punkte, die Nakamura bei der Untersuchung der Kommunikation innerhalb der Rollenspiele im LambdaMOO auffielen: Die Ignoranz gegenüber 'Rasse' (*race*)[464] als eine Kategorie zur Bestimmung der selbstzuwählenden Identität innerhalb der virtuellen Welt des LambdaMOO sowie die stereotypisierte Darstellung von 'Rassen' innerhalb erlaubter Rollenspiele rassischer Stereotypen.
Konzipiert als Rollenspiel, in dem die tatsächlichen Identitäten hinter einem textbasierten *Interface* verborgen bleiben, wird der Spieler aufgefordert, sich eine neue Identität zu geben. Dazu werden hauptsächlich das Geschlecht und eine Selbstbeschreibung benutzt, wobei es außer männlich und weiblich noch zwei Variationen eines neutralen Geschlechtes gibt. Diese Angabe kann nicht umgangen werden, da es das Programm so fordert. Umgangen werden sollte aber offensichtlich jede Form rassischer Kategorien wie *Asian*, *African-american, Latino* etc., da allein die Wahl selbst zu einer feindseligen Einstellung anderer Spieler führen kann. Die Einführung solcher Kategorien in die phantastische Welt textlicher Interaktion wird als Bedrohung des virtuellen Lebensraumes empfunden.
Rasse ist somit nicht nur keine verpflichtende Angabe (wie etwa Geschlecht), ihre Angabe ist nicht einmal vorgesehen. Über die Möglichkeit der Selbstbeschreibung, die keinen Restriktionen unterliegt, lassen sich rassische Kategorien trotzdem artikulieren. Die große Mehrheit der Spieler macht davon jedoch keinen Gebrauch, so daß alle Spieler ohne rassische Merkmale als 'weiß' gelten, womit eine hegemoniale rassische oder auch ethnische Kategorie eingeführt wird.
So wie auf der einen Seite Rasse als Gefahr abgelehnt wird bzw. in Ermangelung eines konstruktiven Diskurses mit diesem Thema alle Charaktere als 'weiß' gelten und somit eine Form sozialer Hygiene um einer eher diffusen Vorstellung eines 'sozialen Friedens' willen betrieben wird, so wird auf der anderen Seite das Spiel mit rassischen Stereotype sehr wohl gepflegt.[465]
Und es sind vor allem diese Stereotypen, über die sich eine Beziehung von im Internet artikulierter und dargestellter Ethnizität und einer es umgebenden 'Außenwelt' herstellen läßt.
Nakamura konzentriert sich bei der Beschreibung der Stereotypen auf die asiatischen Charaktere, welche die am häufigsten gewählte nichtweiße Kategorie im LambdaMOO ausmachen. Die Identitäten mitsamt ihrer Stereotypen werden häufig Videospielen, Filmen und TV-Serien

[463] Vgl. Nakamura 1995.
[464] Nakamura spricht von 'Rassen' in einem US-amerikanischen Zusammenhang, in dem der Begriff gleichbedeutend mit ethnischer Gruppe sein kann (das gilt zumindest für die von ihr gemachte Untersuchung). Ich verwende den Begriff der Rasse nur insoweit ich auf ihre Argumente eingehe bzw. diese wiedergebe.
[465] Vgl. Nakamura 1995, S. 1f.

entlehnt und auch nach ihnen benannt: *Mr. Sulu* (aus Raumschiff *Enterprise*), *Akira* (eine populäre Comikfigur), Bruce Lee (ein Filmstar des 70er Jahre Hongkong Action Kinos), *Little Dragon* (ein Charakter aus James Clavells *Shogun*). Eine typisch männliche asiatische Person innerhalb des LambdaMOO ist somit potent, altmodisch (*antique*), exotisch und anachronistisch, besitzt ein Schwert und bestätigt damit gängige Stereotypen, wie sie in anderen Medien bereits seit Jahren transportiert werden. Nicht stereotypisierte Charaktere abseits dieses Musters sind kaum zu finden, was Nakamura veranlaßt, von einem Symptom der Unterdrückung zu sprechen. Für weibliche asiatische Charaktere wird diese Situation um die sexuelle Variante von Stereotypisierung erweitert. In viele Fällen wird der Charakter einer weiblichen Asiatin auf eine sexuelle Komponente zurückgeschraubt bzw. der Schwerpunkt ihrer Existenz darauf verlegt wie im Fall des Geisha-Charakters. Andere Rollen sind z. B. *Maiden Taiwan, Japan Doll* oder *Miss Saigon*.[466]
Nakamuras sieht in den Praktiken der Unterdrückung rassischer Kategorien zur Selbstbeschreibung aus Gründen einer *cybersocial hygiene* die Weiterführung bzw. Wiederbelebung von Unterdrückungsdiskursen und bereits vorhandenen Hierarchien. Gerade die Abwesenheit visueller Kontrolle und die Möglichkeiten des Spielens mit Identität und ihrer Darstellung und Wahrnehmung könnte über den Weg textbasierter Auseinandersetzung ein innovatives Spiel generieren, so Nakamura abschließend.
Das Scheitern bzw. Nichtzustandekommen eines solchen Projektes im Rahmen von LambdaMOO weist in sehr anschaulicher Weise auf die Beziehung zwischen Internet, Ethnizität und der sie umgebenden gesellschaftlichen Verhältnisse, zu denen auch die Stereotypen und Hierarchien gehören. In übersteigerter Weise wurde hier versucht, die Häßlichkeiten rassischer Klassifizierungen, wie sie im US-amerikanischen Alltag eine Rolle spielen, auszublenden, mit dem Erfolg, daß allein existierende Stereotypen Eingang in die heile Welt der neuen (alten), aber immerhin virtuellen Welt gefunden haben. Mehr noch als die Unfähigkeit der Teilnehmer, die Spielumgebung konstruktiv und kreativ zu nutzen, beweist diese Untersuchung die Funktionstüchtigkeit und Aktualität solcher Stereotypen auf dem Internets (und darüber hinaus auch außerhalb des Mediums) und verdeutlicht so die im Konzept der VE konstatierten Beziehungen zwischen Ethnizität, dem Internet und dem jeweiligen sie umgebenden (global-) gesellschaftlichen Kontext.
Nicht in einer Spielumgebung, aber auch auf dem Internet bzw. in der New Yorker Online-Gemeinde ECHO fand eine vom *Whitney Museum of American Art* gesponserte Diskussion zum Thema Rasse statt. Auch hier reizte das Thema zu Beleidigungen, Stereotypen und Verzerrungen, was Berger[467] u. a. darin begründet sieht, daß die Diskutanten häufig ausschließlich 'weiß' waren. Weiterhin sieht er die Unmöglichkeit, über Rasse zu diskutieren, darin, daß 'Weiße' außer abfälligen Bemerkungen

[466] Vgl. Nakamura 1995, S. 4f.
[467] Berger 1995, S. 140.

über 'Farbige' (*people of color*) in deren Abwesenheit nicht über dieses Thema sprechen, daher ist es nicht verwunderlich, daß eine *Online*-Diskussion, die unter hauptsächlich 'weißen Mittelklasse'-Männern stattfindet, einen entsprechenden Verlauf nimmt. Hier werden gesellschaftliche Realitäten reflektiert, die sich durch das neue Medium des Internets nicht verändern, sondern eher zugespitzt herausgestellt werden.
Damit kann die in Turkles Analyse auftretende Beliebigkeit von Identität auf dem Internet zumindest für den Bereich der Ethnizität verworfen werden. Es ist ein naiver Traum, das Internet als kontextloses, von seinem gesellschaftlichen Entstehungs- und Nutzungsumfeld abgekoppeltes Medium anzusehen. Nicht verworfen werden damit die Möglichkeiten multipler Identitäten, das spielerische Umgehen mit Identität, wie die von Turkle, Leyde und Rheingold gegebenen Beispiele bezüglich eines imaginären Geschlechtertausches zeigen.[468] Es ist jedoch wichtig, auch hierbei die unterliegenden sozialen Diskurse zu sehen und nicht angesichts neuer Technologien in falsche Hoffnungen und mystifizierende Narrative zu verfallen, die vorhandene Mechanismen von Ausgrenzung und Stigmatisierung durch Nichtbeachtung auszublenden versuchen. Einer mit Hilfe neuer Technologien weiterführenden Auseinandersetzung mit dem Phänomen Identität wird auf diese Weise aus dem Weg gegangen und der Weiterführung solcher Unterdrückungs- und Ausgrenzungsmechanismen Vorschub geleistet.
So wie die Vorstellung vom Internet als ein 'identitätsloser' Raum die Diskurse bestimmt, so wird in gleicher Weise der Körper aus dem Internet verbannt. Für die Benutzung der Technologie selbst spielt der Körper tatsächlich keine Rolle, ebensowenig wie für die Herstellung von Gemeinschaft auf dem Internet, z. B. im LambdaMOO. Der soziale Raum des *Cyberspace* entsteht über die Interaktion der Teilnehmer an einem MUD oder einer *Mailing*-Liste. Dessen ungeachtet sind diese Gemeinschaften jedoch letztendlich nur Beziehungen von Körpern/Menschen, die an ihren Bildschirmen sitzen und dort ihre erfahrenen sinnlichen Eindrücke verarbeiten, lokal und für sich. Für Cleaver ist diese Erkenntnis wichtig, wenn es um die Grenzen und Begrenzungen des *Cyberspace* und seiner Teilnehmer geht.[469]
Nicht zufällig wird von Cleaver und auch von Poster auf die 'Vergewaltigungsfälle' im LambdaMOO hingewiesen, welche eine Krise bei den Spielern und Spielerinnen hervorgerufen hatten.[470]

---

[468] Vgl. Rheingold 1994; Leyde 1995; Turkle 1995; McCorduck 1996.

[469] Vgl. Cleaver 1995, S. 2f. Er spricht von Boundaries und frontiers, wobei boundary in diesem Fall die Begrenzung zwischen dem Körper und der Maschine meint, als auch die Grenzen einer Gemeinschaft. Frontier verweist auf den amerikanischen Mythos der vor sich hergetriebenen Grenzen des neuen Landes, den Siedlermythos, welcher - so Cleaver - allein für die europäischen Immigranten galt, da die Indianer von der frontier eher zurückgedrängt wurden und weniger einen positiven Anteil an den neuen Eroberungen der weißen Siedler hatten (ebd. 3ff.)

[470] Vgl. auch Poster 1995, S. 31.

Die Frage nach den Grenzen zwischen menschlichen Körpern und neuen Informations- und Biotechnologien (Gentechnologie) spielt für die vorliegende Arbeit nur am Rande eine Rolle. Für einen Ansatz, der konsequenterweise die Beziehungen zwischen Ethnizität und damit auch körperlicher Identität, die über Ethnizität und eine ethnische Zugehörigkeit vermittelt werden kann, miteinbeziehen will, ist es jedoch von Bedeutung, die Frage nach diesen Grenzen als einen Teilbereich zu erwähnen. Die mutmaßliche Körperlosigkeit spielt immerhin eine Rolle beim Umgang mit den Inhalten und Darstellungen von Ethnizität auf dem Internet.
Die hier aufgezeigte Durchdringung von Realität und Virtualität muß gleichermaßen auch für andere Bereiche (andere Dienste) des Internets gelten, umso deutlicher, als es sich bei den *UseNet*-Gruppen oder *Mailing*-Listen nicht um Spielumgebungen wie dem hier erwähnten LambdaMOO handelt. Es ist anzunehmen, daß dort Ethnizität in unterschiedlicher Darstellung, Form und Funktion vorzufinden ist bzw. auf sie von den Nutzern zurückgegriffen wird.
Darüber hinaus erstreckt sich die Beziehung zwischen Ethnizität und Informationstechnologien wie dem Internet auch auf Bereiche, in denen Technologie für die jeweiligen Menschen keinen direkten Einfluß hat, weil entweder der Gebrauch der Technologien von den Personen selbst verweigert wird, der Zugang zu den Technologien nicht gegeben ist oder von Dritten verhindert wird.[471]
Die Formen der Auseinandersetzung mit eigenen und fremden Identitäten sowie den Möglichkeiten und der Bedeutung des Internets beschreiben auf jeden Fall ein dynamisches Verhältnis oder wie Poster meint: *The effect of new media such as the Internet and virtual reality, then, is to multiply the kinds of 'realities' one encounters in society.*[472]
Daher muß auch Castells[473] widersprochen werden, der im Prolog zu seinem dreibändigen Werk *The Information Age: Economy, Society and Culture* ein dynamisches Verhältnis von Identität und Informationstechnologien wie dem Internet nicht sieht, sondern viel mehr eine 'bipolare Opposition zwischen dem Netz (*Net*) und einem Selbst (*Self*) ausmacht. Das *Self* steht in seinem Ansatz der *networking theory* für diverse Identitäten, unter die auch Ethnizität fällt. In der Entwicklung einer *networking society*[474] stellt er einen Trend fest, der eine zunehmende Globalisierung auf der einen Seite und der Formierung von Identitäten auf der anderen Seite erkennen läßt. Ein dynamisches Verhältnis, wie es Poster ausmacht und der Ansatz der VE vorschlagen, sind bei ihm nicht vorgesehen. Ethnizität hat bei Castells keinen konstruktiven, sondern einen eher reaktiven Charakter und steht für Kontinutät, während das Netz Synonym für die Veränderungen einer globalen Gesellschaft ist. Die Ge-

[471] Vgl. Cleaver 1995, S. 3.
[472] Poster 1995, S. 31.
[473] Vgl. Castells 1996, S. 1ff, speziell 23.
[474] Auf den Begriff und das von Castells entwickelte Konzept der *networking society* wird in Kap. 9 weiter und detaillierter eingegangen.

genüberstellung von Netzwerken und Ethnizität bei Castells verbaut ihm die Chance, die Möglichkeiten zu sehen, die Ethnizität gerade beim Aufbau von Netzwerken haben kann. Castells fehlt eine Definition von Ethnizität, die sich von einer zentralistisch orientierten nationalen Identität unterscheidet, und somit die Möglichkeit das Potential von Ethnizität für die Bildung von Netzwerken zu konzeptualisieren, womit gerade nicht ein *per se* antagonistisches Verhältnis zu den netzwerkartigen Informations- und Kommunikationstechnologien bestehen muß.[475] Das Funktionieren ethnischer Netzwerke in Einwanderungsländern und die Veränderungen ethnischer Identität in der Diaspora zeigen, daß dieses Potential vorhanden ist.
Die theoretische Erörterung des Konzeptes der VE hat auf eine Reihe von Problemen aufmerksam gemacht, die sich aus der Beziehung von Ethnizität und Internet ergeben, wobei zu den wichtigsten und in der Folge dieser Arbeit immer wieder auftretenden der Komplex der Repräsentation ethnischer Gruppen und Inhalte zählt; weiterhin die Frage nach den Veränderungen der Wahrnehmung und Bedeutung von Ethnizität in einer von Informationstechnologien direkt oder indirekt geprägten Welt; und schließlich die Funktion von Ethnizität bei der konkreten Nutzung des Internets, wenn es diesbezüglich einen Zusammenhang gibt, der über theoretische und phänomenologische Betrachtungen hinaus auch empirisch zu erkunden ist. Die Aufgabe muß daher jetzt sein, 'das neue Territorium zu erkunden und die Möglichkeiten (und Begrenzungen) zu analysieren und definieren'.[476]

## 8.13 'Chiapas95-L@al.': Austausch und Gemeinschaft (Phänomenogie)

Wenn also Beziehungen zwischen einer 'realen', körperlich erfahrbaren Welt und den Diskursen und Darstellungen des *Cyberspace* bestehen, wie diese theoretisch im vorangegangenen Abschnitt erörtert wurden, so sollten diese Beziehungen auch auf dem Internet wiederzufinden sein bzw. eine Rolle für eine Artikulation von Ethnizität und Identität bzw. ihrem Fehlen spielen.
Mit Hilfe einer kleinen Phänomenologie der Beziehung von Ethnizität und Internet und darüber hinaus auch anderen Informations- und Kommunikationstechnologien soll dieses Verhältnis und die sich gegenseitig durchdringenden Beziehungen anschaulich gemacht werden, auch um die Relevanz des Ansatzes der VE über seine theoretische Bedeutung hinaus zu verdeutlichen. Im Mittelpunkt dabei stehen die Brüche und Gefahren, die sich für Gemeinschaften im allgemeinen durch die Technologie ergeben, aber auch um die Kontinuitäten, die auf dem Internet zu erkennen sind. Am Anfang einer solchen Betrachtung muß deshalb die Frage stehen: 'Wie tritt Ethnizität auf dem Internet in Erscheinung?', bevor die Konsequenzen dieser Erscheinungen analysiert werden können.

[475] Vgl. Castells 1997, S. 64ff.
[476] Vgl. Poster 1995, S. 35 (meine Übersetzung).

Eine Einteilung der Erscheinungsweisen muß den Möglichkeiten der Technologie des Internets und seiner Dienste mit ihren unterschiedlichen Qualitäten bezüglich der Darstellung und des Potentials zur Bildung von Gemeinschaft und Austausch folgen. Dabei geht es nicht nur um das 'Wie?' der Darstellung selbst, sondern insbesondere um das 'Warum?' einer Nutzung und die Konsequenzen einer Artikulation von Ethnizität auf dem Internet.
Demnach wären vom Standpunkt der Komplexität der Darstellung sowie der Beziehungen zum gesellschaftlichen Kontext das *UseNet* und mit Einschränkungen das IRC (*Internet Relay Chat*) an erster Stelle zu nennen. MUDs und andere 'künstliche' Umgebungen, die entweder einen Rollenspielcharakter haben oder genuin als soziale Experimente konzipiert worden sind, werden hier ausgenommen, da die Erscheinungsweisen bzw. die Abwesenheit kultureller Identitäten in diesen virtuellen Welten bereits weiter oben diskutiert wurden.
Das *UseNet* und das IRC sind in erster Linie keine Spielumgebungen, auch wenn der Gebrauch häufig spielerisch ist, das gilt insbesondere für die 'Plauderkanäle' (*chatten* im Internetdeutsch oder *to chat* in Englisch) des IRC, in denen Konversationen in Echtzeit stattfinden, die sehr häufig nicht über sich ständig wiederholende Begrüßungen und ähnliche Banalitäten hinausgelangen. Daran ändern auch neue Visualisierungsversuche der Räumlichkeiten und der Erscheinung von sogenannten *chatrooms* wenig, wie Johnson berichtet.[477] Der Reiz des IRC liegt gerade in der Augenblicklichkeit und der Direktheit der Interaktion, so daß qualitativ hochwertige Beiträge hier eher störend wären.
Das *UseNet* hingegen bietet die über seine Foren erhältlichen Informationen entsprechend einer Ordnung in acht Hierarchien und deren Unterbereichen an. Die Hierarchien sind aufgeteilt in *comp.* (Computer), *humanities*, *misc.* (miscelleanious), *news*, *rec.* (recreational), *sci.* (scientific), *soc.* (social) und *talk*. Insgesamt gibt es mehr als 15.000 Foren, die in ca. 2300[478] unterhalb der genannten Hierarchien bestehenden Gruppen zusammengefaßt sind (z. B. alt.soc.culture.marsians usw.).
Die Kommunikation bzw. der Austausch im *UseNet* erfolgt asynchron, d. h. die Nachrichten werden verschickt und können erst danach gelesen werden. Vereinfacht ausgedrückt deckt das *UseNet* innerhalb seiner Foren jeden Bereich menschlichen Lebens ab, und es ist gerade diese unkontrollierte und offene Art und Weise der Kommunikation, die dieses Medium so attraktiv macht und gleichzeitig einschränkt. Das *UseNet* kann als ein virtueller Marktplatz im Sinne einer *Agora* betrachtet werden, auf dem jeder seine Meinung sagen kann, ganz gleich ob er ge-

[477] Johnson 1997, S. 65ff; die Unterscheidungen zwischen dem 'traditionellen' IRC und den neuen Formen sind Versuche, die Textoberfläche des IRC, entstanden in den Anfangszeiten des Internets und eher an Programmieroberflächen erinnernt, durch neue, graphisch eingängigere Versionen zu ersetzen. Dazu wurden Metaphern von Räumen, Bars etc. bedient, um ein anderes Flair zu erschaffen, ohne jedoch die Qualität der Diskussionen zu verändern, die Johnson als *typed jam sessions* bezeichnet.
[478] Vgl. Goltzsch 1998; zur Geschichte des UseNet vgl. auch Hudson 1997.

hört wird, ob es wichtig ist, beleidigend oder völlig belanglos. Im Zusammenhang mit Ethnizität ist vor allem der Bereich der *soc.culture*-Hierarchie wichtig, da sich dort die meisten Gruppen finden lassen, die einen Bezug zu kulturellen Gruppen oder Regionen besitzen.[479] Ob es Informationen zu Afghanistan, Indien, *African-Americans*, Argentinien, dem Baskenland oder Deutschland sind oder entsprechend untergeordnete Aspekte, etwa *Gay-italian-americans*, es gibt keine Region der Welt, die nicht in irgendeiner Weise vertreten ist. Es sind nicht alle ethnologisch bekannten Gesellschaften durch ein Forum repräsentiert, es finden aber auch in dem in dieser Hinsicht beschränkten Angebot mehr Kulturen eine Plattform, als dementsprechend benennbare Foren vorhanden sind.
Das *UseNet* reflektiert Ethnizität - vereinfacht gesagt - als Abbild gesellschaftlicher Verhältnisse, wie sie die Menschen außerhalb des Internets antreffen. Dabei sind, gegeben durch die Anonymität des Mediums, seine Unverbindlichkeit und Beliebigkeit, viele Beiträge drastischer und unzensierter, als das in anderen Medien und Formen von personeller Interaktion der Fall wäre. Beleidigungen und sogenannte *Flame-wars*, - das beleidigende 'Kaputtreden' einer anderen Person - sind dabei keine Seltenheit.
Die Spannbreite der diskutierten Themen reicht von dem Austausch über kulturelle Besonderheiten, Kochrezepte, über die Diskussion relevanter politischer und gesellschaftlicher Themen bis hin zu offenem Haß, Rassismus, und Verleumdungen anderer Personen oder kultureller Gruppen. Das Niveau ist niedrig, eine wirkliche Auseinandersetzung findet nicht statt. Ethnizität kommt in diesen Foren als Verlängerung und Extrapolierung gesellschaftlicher Kontexte vor, die außerhalb der Sphäre des *UseNet* liegen, aber hier diskutiert werden und somit ein essentieller Teil der Inhalte der Foren sind.
Ob Ethnizität der primäre Grund für die Beteiligung an diesen Foren ist, kann nicht mit Sicherheit gesagt werden, das Vorhandensein dieser Foren allerdings weist darauf hin, daß es ein Interesse gibt, sich entsprechend einer ethnischen Identität oder regionalen Herkunft geordnet über diese auszutauschen. Die qualitativ meistens unbefriedigenden Inhalte dieser Diskussionsforen, die häufig an einer unüberschaubaren Vielzahl von Beiträgen, von denen viele wenig mehr als ein 'Rauschen' darstellen, zugrunde gehen, stellen jedoch nicht die generelle Intention in Frage, sich aufgrund einer kulturellen, regionalen Zugehörigkeit zu organisieren oder zusammenzufinden, also Ethnizität als eine Art der-Selbstorganisation nutzen zu wollen, auch wenn es nicht selten darauf hinausläuft, 'alte (und neue) Rivalitäten und Uneinigkeiten neu zu beleben'.[480] Ähnlich dem *UseNet*, aber fokussierter und häufig effektiver sind *Mailing* -Listen als Medium dazu geeignet, sich über Ethnizität in verschiedener Form auszutauschen. Ihre Qualitäten beruhen vor allem auf

[479] Aussagen zum Internet, die nicht namentlich gekennzeichnet sind, beruhen auf meinen persönlichen Erfahrungen mit dem Internet, sozusagen im Rahmen einer 'teilnehmenden Beobachtung' seit 1992.
[480] Cisler 1998, S. 3 (meine Übersetzung).

der relativen Abgeschlossenheit des Mediums und einer Verwaltung der Kommunikation, die sich in der Regel auf das Ein- und Austragen von Adressaten beschränkt, aber auch auf die Rolle eines Vermittlers in Streit- und Konfliktfällen ausgedehnt werden kann. Zusätzlich gibt es solche Listen, in denen eine Moderation stattfindet, d. h. Beiträge an eine Person geschickt werden, die über eine weitere Verbreitung oder auch über die Aufnahme neuer Mitglieder entscheidet. *Mailing*-Listen sind nicht *per se* offen wie die *UseNet*-Foren, sondern sind in diesem Sinn 'private' Veranstaltungen. Dieses gewährleistet noch keine hohe Qualität der Beiträge an sich, schafft aber Voraussetzungen, unter denen es leichter zu sein scheint, fokussierter und spezieller zu einem gegebenen Thema zu diskutieren und sich auszutauschen. Anders als das *UseNet* gibt es hier keine Hierarchien, unter denen ein Forum untergeordnet ist, sondern eine fast unüberschaubare Anzahl von Listen (ca. 70.000), die thematisch von ihren jeweiligen Urhebern festgelegt wurden. Sie decken daher auch ein wesentlich detaillierteres Spektrum ab, als dieses die UseNet-Foren können, da sie einfacher ins Leben zu rufen sind und zu jedem beliebigen Thema eingerichtet werden können. Diese Spezialisierung verkleinert den potentiellen Teilnehmerkreis und erhöht damit das Potential an interessiertem Austausch der beteiligten Personen.

*Mailing*-Listen dienen dem Austausch von Informationen und ihrer Diskussion. Ethnizität kann darin (in den ethnischen und kulturellen Themen gewidmeten Listen) auf unterschiedliche Weise auftreten: Als Abbild gesellschaftlicher Kontexte, in denen sich die teilnehmenden Menschen befinden; als Medium des Austausches und der Verbreitung von Information über eine Gruppe und schließlich als akademische Ressource zur Diskussion von Ethnizität im allgemeinen und speziellen (z. B. an eine bestimmte Region oder Gesellschaft gebunden).

Dabei nutzen *Mailing*-Listen alle Vorteile des Internets in bezug auf geographische Unabhängigkeit und die Umgehung von Kontrollen, in Fällen der Verbreitung prekärer Informationen, welche in anderen Medien einer staatlichen (o.a.) Zensur zum Opfer fallen würden.

Ethnische Gruppen oder deren Mitglieder in ihrem Namen machen intensiven Gebrauch von diesen Möglichkeiten aus verschiedenen Beweggründen und mit den unterschiedlichen Zielen und Folgen für ihre Gruppe, Kultur und Identität. Ein von Steve Cisler herausgegebener Band des *Cultural Survival Quarterly* beschäftigt sich ausschließlich mit dem Thema indigener Gruppen auf dem Internet (*the Internet and indigenious groups*) und enthält diesbezüglich eine Reihe von Beispielen.

Delgado-P./Becker analysieren darin das Verhältnis von Internet und indigenen Texten in Latein-Amerika, einer Region, in der der Zugang zum Internet wenn nicht durch mangelhafte Infrastruktur und Armut, so durch ein enormes Analphabetentum verhindert wird. Trotzdem fand dort, wo ein Zugang ermöglicht wurde - häufig mit Hilfe internationaler NGOs -, eine Auseinandersetzung mit der Technologie, aber vor allem mit der eigenen Identität, statt, und vielen half diese Auseinanderset-

zung *to redefine cultural and national identities.*[481] Die genutzten Ressourcen dienten vor allem dazu, Informationen über indigene Gruppen von diesen selbst - und nicht durch Dritte - zu artikulieren, wenn überhaupt die Möglichkeit einer Beteiligung an gesellschaftlichen Diskussionen für diese Gruppen besteht. Das Internet bietet einen Weg, eine Beteiligung einzufordern und in die Tat umzusetzen.
Die Stärkung oder 'Rekonstruktion' von Identität und ethnischer Gemeinschaft mit Hilfe des Internets beschreibt Gabrial[482] für die im Exil lebenden Assyrer. Vertrieben aus ihrer Ursprungsregion und unterdrückt in den Ländern dieser Region (Iran, Irak, Syrien) bietet das Internet den Assyrern die Möglichkeit, sich und ihre Geschichte, Kultur und Identität einer Weltöffentlichkeit so vorzustellen, wie es vorher nur sehr schwer vorstellbar war. Das Internet dient damit nicht nur dem Austausch der einzelnen Menschen über elektronische Konferenzen und *Mailing*-Listen, sondern wird auch zur Bewahrung des kulturellen Erbes verwandt, zur Aufbewahrung von Bildern, Texten und Tondokumenten.
Ein solches kulturelles Erbe ist die Sprache, die wiederum benutzt wird, um bestimmte Inhalte der Kultur zu übermitteln. Das *Leoki*-Projekt in Hawaii hat den Versuch unternommen, mittels eines Computernetzwerkes hawaiianische Kinder und Erwachsene ihre 'eigene' Sprache zu lehren.
Mehr als der Erfolg eine Sprache durch Verwendung von Computernetzwerken zu schulischen Zwecken vor dem Aussterben bewahrt zu haben, wiegt die Tatsache, daß über die Sprache und das Netzwerk Kontakte zu anderen Gruppen außerhalb Hawaiis geknüpft wurden. Das Internet hat auf diese Weise zur Entstehung einer Gemeinschaft beigetragen, deren Mitglieder geographisch und kulturell (Hawaii als Staat der USA im Gegensatz zu anderen pazifischen Inselstaaten und ihren Kulturen) isoliert voneinander waren.[483]
So wie die Technologie des Internets speziell in Form von Email und *Mailing*-Listen zum Austausch und darüber zu einer Stärkung ethnischer Gruppen und ihrer Identität führen kann, so kann es ebenfalls lokalen Gruppen, die sich nicht in der Situation eines verstreuten Exils befinden, helfen, sich gegen Mißstände zu wehren. Cleaver hat die Entwicklung und Funktionsweise dieser 'Widerstandsnetzwerke' (*Networks of resistance*[484]), anhand des Netzwerkes um den Chiapas-Konflikt, welches einen sehr populären Status erlangt hat, umfassend beschrieben.[485]
Diese von anderen auch als *Guerilla-net*[486] bezeichneten Netzwerke arbeiten intensiv mit und über das Internet, um sich gegen Unterdrückung, Zensur, Gewalt oder Ausbeutung zur Wehr zu setzen. Die

[481] Vgl. Delgado-P./Becker 1998, S. 6ff.
[482] Vgl. Gabrial 1998, S. 22ff.
[483] Vgl. Hale 1995, S. 90ff.
[484] Vgl. Neumann 1996, S. 108ff.
[485] Vgl. Cleaver 1996.
[486] Vgl. Krøvel 1995, S. 22ff.

'Widerstandskämpfer' setzen dabei nicht so sehr auf Waffen als auf Informationen und eine darüber organisierte internationale Solidarität. Mit Hilfe des Internets wird dabei eine stattfindende Zensur umgangen und damit die Möglichkeit für alternative Informationen geschaffen. Das gilt im besonderen für Gruppen, die sich in ihren Ländern besonderen Repressionen ausgesetzt sehen, wie Beispiele aus Burma, Ost-Timor oder Chiapas verdeutlichen.[487] So wird in Burma versucht, von im thailändischen Exil lebenden Burmesen bzw. von aus Burma geflüchteten Angehörigen in Burma ansässiger ethnischer Gruppen wie den *Mon* eine Gegenöffentlichkeit herzustellen, die sich gegen das Militärregime und dessen Politik richtet. Über das Internet haben diese ein Netzwerk zwischen Universitäten und anderen Einrichtungen geschaffen, die sich für Burma und die dort herrschende Situation interessieren wie z. B. Menschenrechtsgruppen oder Wissenschaftler.[488]
Die Chiapas-Liste *chiapas95-L* , über welche Informationen zum Chiapas-Konflikt ausgetauscht und verbreitet werden, ist ein exemplarisches Beispiel für das Funktionieren solcher Netzwerke. Auf dieser Liste werden Informationen aus Chiapas verbreitet, Analysen zur Politik Mexikos verbreitet und diskutiert, Solidaritätsaktionen werden geplant und mit Hilfe der Liste organisiert, Helfer werden informiert. Die Liste dient als Verbindung zwischen einer internationalen Solidaritätsgemeinschaft und den Menschen in Chiapas. Informationen können auf diesem Wege verifiziert oder falsifiziert werden, um Versuchen von Gegeninformationen des mexikanischen und amerikanischen Staates entgegenzuwirken. Cleaver spricht in diesem Zusammenhang von *Information-warfare*, offizielle Medien von einem *'High-tech'-guerilla war*. [489] Darüber hinaus werden auf dieser Liste Informationen anderer Ressourcen zu diesem Thema ausgetauscht sowie Informationen, die nichts mit dem Chiapas-Aufstand zu tun haben, aber in ihrer Intention dieselben Ziele verfolgen: dem Kampf gegen einen Neoliberalismus. So finden sich auf der Liste z. B. Informationen zu den Kämpfen in Ost-Timor und im Ogoniland in Nigeria.
Damit erst etabliert sich eine solche Ressource als Netzwerk, das in seiner Reichweite global ist, sich aber mit konkreten lokalen Problemen befaßt. Daran läßt sich die paradoxe Situation erkennen, in der sich diese Netzwerke und ihre Organisationen und Individuen befinden: Der Kampf gegen den Neoliberalismus und seine häufig fatalen Folgen für viele Gruppen und Gesellschaften, die der Logik eines unerbittlichen Weltmarktes unter Federführung des Westens, speziell der USA, nicht folgen können, bedient sich gerade der Mittel, die eng mit dieser Ideologie verbunden sind: Informations- und Kommunikationstechnologien wie dem Internet, das wie keine andere Technologie die Logik einer entgrenzten Welt und eines vermeintlichen 'post-industriellen' Kapita-

[487] Vgl. Neumann 1996; Cleaver 1996; Krøvel 1996; Fink 1998;
[488] Vgl. Fink 1998, S. 12; Cleaver 1996 beschreibt eine ähnliche Vorgehensweise für die Widerstandsbewegung in Chiapas.
[489] Vgl. Cleaver 1996, S. 9f.

lismus verkörpert. Daß eine solche entgrenzte Welt wirtschaftlich gesehen nur einen relativ kleinen Teil einer ökonomischen Elite bevorzugt, macht deutlich, warum eine Organisation für den Widerstand auf gleichem Niveau erforderlich ist und schließlich dadurch erfolgreich sein kann. Letztendlich bestätigt dieses Paradoxon den subversiven Charakter von Technologie, die entgegen ihren ursprünglichen Intentionen eingesetzt werden kann. Dem Internet müssen in diesem Zusammenhang emanzipatorische Potentiale zuerkannt werden, die den bereits erwähnten Beschränkungen einer Kommerzialisierung und Vereinnahmung der Technologie durch transnationale Medienkonglomerate entgegenwirken können (vgl. auch Kap. 7.2).
Ethnizität, das kann an dieser Stelle festgehalten werden, ist ein Bestandteil solcher Netzwerke, deren Organisation und Austausch über das Internet der Vertiefung, Rekonstruktion, dem Widerstand gegen gesellschaftliche Mißstände oder der Verbreitung alternativer Informationen und Darstellungen über eine Kultur dienen.
Die Art der Kommunikation bleibt dabei nicht immer ohne Folgen für das Verständnis und die Wahrnehmung von Ethnizität, sondern unterliegt gleichermaßen einer Dynamik, die zu einer Veränderung jeweiliger kultureller Diskurse führen kann. Ein Grund für eine von J. Anderson[490] als 'Kreolisierung' genannte Mischung der Diskurse ist das Zusammentreffen räumlich (geographisch und gesellschaftlich) weit auseinander lebender Menschen einer Kultur, wie z. B. von Migranten und 'Zu-Hause-Gebliebenen'. Die Migranten, in diesem Fall in den USA lebende Studierende aus dem mittleren Osten, bringen neue, ungewohnte Erfahrungen in die Diskurse ein, womit zum einen sie selbst und ihre Identität herausgefordert werden, zum anderen aber auch die teilweise starren Diskurse von Ethnizität, wie sie in ihren Herkunftsländern vorherrschen. Es verändern sich die Wahrnehmungen der eigenen Identität und somit auch deren Darstellungen. Diese gemischten Diskurse - wie J. Anderson es nennt - verändern sich, bleiben aber nicht auf das Internet beschränkt, sondern wirken zurück auf das persönliche Leben der Menschen. Ethnizität oder gar eine kulturelle Integrität wird dadurch nicht in Frage gestellt, sondern nur der Absolutheitsanspruch eines ethnischen Diskurses.
Es geht bei einer Kreolisierung sehr wohl um die Bewahrung von Identität als einer Alternative zu Assimilation, aber unter Einbeziehung der gemachten Erfahrungen. Ethnizität wird als Ressource zur Auseinandersetzung herangezogen und wird im Falle eines Austausches im Internet, der als Teil dieser Auseinandersetzung gesehen werden kann, verändert und bleibt lebendig.

---

[490] Vgl. J. Anderson 1996.

## 8.14: Darstellung, Identität und das WWW (Phänomenologie)

Der Austausch über ethnische Inhalte auf *Mailing*-Listen oder im *UseNet* sind wichtig, jedoch nicht die einzige Formen, in der Ethnizität auf dem Internet artikuliert wird. Die Technologie, Möglichkeiten des *World Wide Web*, jenes Informationsnetzes, welches als Teil des Internets die gleichzeitige Präsentation von Tönen, Bildern und Texten sowie über *Hyperlinks* die Verknüpfung verschiedener Informationen ermöglicht, ist geradezu ideal für die Darstellung von Kultur und Ethnizität einer Gruppe oder Gesellschaft.
Anders als bei *den Mailing*-Listen liegt der Schwerpunkt des WWW nicht im Austausch und der Kommunikation von Individuen und Gemeinschaften, sondern auf der Präsentation. Damit sind zwar die interaktiven Komunikationsmöglichkeiten, wie sie selbst computer-vermittelte Diskussionen bieten, beschränkt, es eröffnen sich jedoch eine Reihe anderer Optionen. Diese Optionen legen es nahe, das Verhältnis von WWW und Ethnizität entsprechend der weiter oben vorgenommenen Einteilung der Erscheinungsweisen von Ethnizität auf dem Internet als abschließendes aufzuführen, da sich in seiner Komplexität grundlegende Probleme des Verhältnisses von Kommunikationstechnologien und Ethnizität finden lassen.
Ethnizität findet sich auf dem WWW in sehr unterschiedlichen Kontexten. So gibt es Informationsangebote sich mit diesem Thema befassender akademischer Institute, die Artikelsammlungen, Datenbanken und andere Informationen zu Ethnizität bzw. zu einzelnen Gruppen, Gesellschaften oder Kulturen bereitstellen, weiterhin Informationen von Organisationen, die sich für ethnische Gruppen einsetzen, etwa Menschenrechtsgruppen usw. und natürlich Darstellungen von den jeweiligen ethnischen Gruppen selbst.
Diese Informationen stehen selten nebeneinander, sondern sind vielfach ineinander verwoben oder *verlinkt*, womit zum ersten Mal bestehende Netzwerke eine adäquate Technologie zur Seite gestellt bekommen und sich die Interdependenzen einer 'globalen' Gesellschaft symbolisch darstellen lassen. Durch viele der Seiten im WWW, speziell solchen, die sich mit ethnischen Gruppen und/oder deren Problemen befassen, wird deutlich, daß eine isolierte Betrachtungsweise ethnischer Konflikte nicht haltbar ist, auch wenn die Auswirkungen sehr häufig lokal sind und bleiben, die Ursachen jedoch auf einer globalen Ebene zu finden sind.
Damit ist der allgemeine Rahmen beschrieben, vor dem Ethnizität auf dem WWW artikuliert wird. Der entscheidende Punkt für eine Betrachtung betrifft die Frage, wer Urheber dieser Informationen und Darstellungen ist und welchen Zweck die bunten Seiten des WWW bezüglich der dargestellten Kulturen, ethnischen Gruppen, politischen Organisationen und verbreiteten Diskurse haben. Zugespitzt formuliert, werden die Inhalte auf dem Internet (in diesem Fall dem WWW) von denen bestimmt, die 'auf' dem Netz sind, während die Folgen dieser Darstellun-

gen sowie der Technologie generell auch jene betreffen werden, die keinen Zugang und keinen Einfluß auf eine Gestaltung der Inhalte haben.[491]
Wie bereits die Demographie des Internets (vgl. Kap. 7.1.) vermuten läßt, handelt es sich bei Nutzern um eine relativ kleine, aber privilegierte Schicht und nicht um einen repräsentativen Querschnitt der Weltbevölkerung. Auf dem Internet vertreten sind aber durchaus auch solche Gruppen und Gesellschaften, deren ökonomische, politische und soziale Situation eine Teilnahme nur sehr bedingt, wenn überhaupt, zuläßt. Es ist daher anzunehmen, daß die Darstellungen und Informationen entweder von einzelnen Angehörigen einer Gruppe bereitgestellt werden, einer privilegierten Schicht, häufig Migranten (nicht selten Studenten und Akademiker), die in diesem Zusammenhang durchaus als 'Techno-Elite' bezeichnet werden können; oder die Repräsentation der Gruppen findet durch Vermittler, etwa Solidaritätsorganisationen, Menschenrechtsgruppen usw. statt, die einen Zugang zu der Technologie haben. In beiden Fällen (und allen Mischformen) besteht die Gefahr, daß einige wenige für eine Gruppe in ihrer Gesamtheit sprechen, ganz gleich, ob es sich um offizielle Vertreter oder nur um engagierte Mitglieder oder gar um nicht dazugehörige Vermittler handelt.
Cleaver, der die Struktur des Netzwerkes um den Chiapaskonflikt beschreibt, bestätigt die in dieser Richtung geäußerten Befürchtungen einer Fremdbestimmung durch Dritte, die aufbauend auf ihrer Stellung als Vermittler eine bestimmte Richtung der Darstellung beeinflussen können. Die Informationen des Chiapasnetzwerkes[492] auf dem Internet stammen weder direkt aus den Wäldern und Stützpunkten der EZLN (der zapatistischen Befreiungsarmee) noch aus den Dörfern der indianischen Bauern, sondern werden über Dritte, die über einen Zugang verfügen, im Internet verbreitet. Zwar findet eine Gegenkontrolle durch die Heterogenität des Netzwerkes statt, die Menge an Informationen, die im Internet vorhanden ist, kann jedoch Korrekturen erschweren oder verzögern, und einmal verbreitete Informationen können daher als 'das' Abbild einer Gruppe bestehen bleiben.[493]
Diesen Bildern kommt in einer zunehmend medial vermittelten Gesellschaft eine Schlüsselstellung zu, daher ist es auch nicht verwunderlich, daß viele Gruppen bzw. sie (offiziell oder inoffiziell) vertetende Indivi-

---

491 Vgl. J. Anderson 196; Cisler 1998; S. 3.

492 Unter http://www.ezln.org/links.html als auch unter http://www.eco.utexas.edu/Cleaver/zapsincyber.html finden sich zwei Metaverzeichnisse bzw. Link-Sammlungen, die einen guten Überblick über die Bandbreite der mit diesem Konflikt befaßten Gruppen und Organisationen sowie Ressourcen, die über Chiapas und andere ähnliche Konflikte berichten. Beide Informationsquellen, das heißt die Internetserver befinden sich in den USA. Ähnliche Sammlungen zu vielen anderen Kulturen/Konflikten lassen sich zahlreich auf dem WWW finden.

493 Vgl. Cleaver 1996; sowie persönliche Gespräche mit dem Autor auf dem INET 1998 in Genf zur Erörterung der Frage der Repräsentation durch Dritte und der möglichen Modifikation dieser Information entsprechend eigener Ziele und Vorstellungen dieser Vermittler. Dabei wird hier die Integrität der Hilfsorganisationen und die häufig freiwillige Arbeit von Individuen nicht generell in Zweifel gezogen.

duen daran interessiert sind, an der Gestaltung mitzuwirken. Letztendlich geht es darum, Ansprüche zu formulieren, oder wie es Dale Rood, ein Vertreter der *Oneida Indian Nation*, in einem Interview ausdrückt, 'Territorium im *Cyberspace*' zu besetzen. Dan Umstead, ein weiterer Aktivist der *Oneida*, sieht in dieser Art der Artikulation die einzige Chance, die verzerrten Bilder der *Native Americans* zu korrigieren, zumindest aber die Möglichkeit, selbst für diese Bilder und Wahrnehmungen verantwortlich zu sein.[494] Was für viele Gruppen und Gesellschaften hier zur Debatte steht, ist ihre informationelle Selbstbestimmung.
Die produzierten Bilder und Repräsentationen müssen im Zusammenhang mit einer Kommerzialisierung von Kultur und der Vermarktungsfähigkeit dieser Darstellungen gesehen werden. Letztendlich geht es bei der Darstellung auf dem WWW, und darin unterscheiden sie sich von den Kommunikationsformen der *Mailing*-Listen, um das Image einer Gruppe oder Gesellschaft vor einer (Welt-) Öffentlichkeit und möglicherweise deren Unterstützung, Solidarität oder gar deren finanzielle Hilfe. Da ist es wichtig, eine möglichst attraktive und mediengerechte Darstellung zu produzieren. Von der Besetzung dieser Schlüsselstellung hängt das Maß an Kontrolle ab, die die jeweiligen Gruppen über ihr eigenes Bild haben. Dabei ist es nicht unbedingt im Interesse von Medienkonzernen und anderen Informationsanbietern, wenn ihre Darstellungen von Kultur durch vermeintlich authentischere ersetzt oder herausgefordert werden. Im Rahmen der Vermarktung von Kultur dürfen die Abweichungen von einem *mainstream* nicht zu groß sein und die 'fremde' Kultur nicht zu gefährlich wirken. Alternative Informationen bergen somit Gefahren in sich, diese Stereotypen zu zerstören und damit das 'freundliche' und beherrschbare Bild einer Kultur. Die von Martin Glen als *Internet indian wars* beschriebenen Vorkommnisse auf dem Internet Service Anbieter *America Online* (AOL) geben dafür ein sehr anschauliches Beispiel.
Dort beschwerten sich einige *Native- Americans* über einen 'Indianer', der ihrer Meinung nach zu freizügig Informationen über Rituale und spirituelle Zeremonien preisgab. Dabei benutzte er Stereotypen, die nahelegten, daß es sich nicht um einen der ihren handeln konnte. Sie hielten die Anmaßung für eine Gefährdung ihrer kulturellen Selbstbestimmung und versuchten dagegen vorzugehen. Eine Beschwerde bei AOL brachte keinen Erfolg, woraus einige der Aktivisten schlossen, *it* [the company AOL] *doesn't want real indians - we're not 'Indian' enough. 'it wants the buckskin fringes and the feathers.*[495]
Solche mystisch-romantischen Darstellungen und Stereotypen verdrängen dabei oftmals reale, sozio-ökonomische Strukturen, die auf diese Weise nicht wahrgenommen werden müssen und in diesem Sinn auch nicht vorhanden sind.

[494] Vgl Polly 1998, S. 17ff; vgl. hierzu auch A.G. Smith, der über die Bedenken neuseeländischer Maoris bezüglich des Verlustes kultureller Werte und mangelnder Kontrolle der Verwendung von Informationen berichtet.
[495] Martin 1995, S. 110.

Im Fall der Native-Americans stellte das (inzwischen geschlossene) *Office of Technology Assessment* (OTA) in seinem Bericht *Telecommunication Technology and Native Americans. Opportunities and Challenges* (1995) fest, daß diese Bevölkerungsgruppe über die weitaus schlechteste Anbindung an die Telekommunikationsnetze der USA verfügt und somit auch von den Segnungen der heraufziehenden Informationsgesellschaft ausgeschlossen bleiben wird, wenn sich in relativ kurzer Zeit nicht entscheidende Veränderungen ergeben. Das gleiche gilt auch für eine infrastrukturelle Versorgung in den Bereichen der Bildung und der medizinischen Versorgung. Eine ähnliche Situation findet sich in vielen Regionen der Welt wieder[496], mit ähnlichen ungleichen Strukturen, in denen häufig Gruppen aufgrund bestimmter kultureller Identitäten von Technologien und anderen Diensten moderner Gesellschaften ausgeschlossen werden. Und das nicht nur, weil sie diese 'Segnungen' ablehnen, sondern weil ihnen ein Zugang zu diesen Ressourcen verwehrt wird. In dieser Hinsicht hat die Technologie auch einen Einfluß auf die Menschen und Gruppen, die nicht direkt an ihr partizipieren, indem sie keine Möglichkeiten haben, auf die Folgen der über sie verbreiteten Bilder und Darstellungen Einfluß zu nehmen.

Ethnizität kann in solchen Fällen als Ressource für einen Widerstand gegen diese Strukturen dienen. Dabei kann sich ein solcher Widerstand auch der Mittel bedienen, gegen deren Logik er sich in erster Linie wendet, der Logik einer globalen und elitären Informationskaste, deren kultureller Hegemonialanspruch alles ausschließt, was dazu nicht kompatibel ist. Das Chiapas-Netzwerk ist ein Beispiel für einen Widerstand, dessen Erfolg und Solidarität u. a. auf einem solchen *Network of resistance* beruht.

Eine Beziehung von Technologie und Ethnizität ergibt sich aber auch allein daraus, wenn kulturelle Identität den Grund für eine strukturelle Unterversorgung und Benachteiligung bestimmter Gruppen ausmacht.

Mit dieser so dargestellten Beziehung von Ethnizität und Technologie berücksichtigt das Konzept der VE auch mögliche, über die Nutzung der Technologie hinausgehende gesellschaftliche Strukturen, die einen Einfluß auf kulturelle Identitäten und den Umgang mit ihnen haben.

Dabei vertritt die VE keine Unvereinbarkeit von Technologie und Ethnizität, auch wenn die letzten Abschnitte einen eher negativen und desillusionierenden Ton anschlugen. Die konsequente Weiterführung des Ansatzes jedoch läßt es nicht zu, diesen Teil der Beziehung auszusparen. Schwerpunkt dieser Arbeit ist es jedoch, die Erscheinungsweisen auf dem Internet und ihre Motivationen und Gründe zu erkunden. Dabei kann davon ausgegangen werden, daß ein Großteil ethnischer Inhalte mehr oder weniger direkte Reaktionen auf Vorkommnisse außerhalb des Internets sind, wie z. B. die Ressourcen zur Kultur der Berber (auch Kabylen), auf welche nicht zufälligerweise kurz nach dem Tod des kaby-

---

[496] Vgl. Hamelink 1994; Afeman 1995 zur Situation in Afrika bezüglich des Internets; Uimonen 1997.

lischen Sängers Lounès Matoub und des offiziellen Verbots ihrer Sprache in Algerien von einem französischen *Newsletter* (*Le Micro Bulletin*) mit Nachdruck hingewiesen wurde, mit den einleitenden Worten:

> "Mort de Lounès Matoub, le musicien berbère, et arabisation officielle, la culture berbère (tamazight en v.o.) se voie menacée. Internet est sansfrontière. Il devient un espace d'existence voire de survie. Butinage:....". [497]

Anschließend werden eine Reihe von Adressen im WWW aufgeführt, die reichhaltige Informationen zur Kultur dieser Menschen geben. Alle Adressen lassen darauf schließen, daß die Informationen auf Computern außerhalb von Algerien gespeichert sind und von dort verbreitet werden. Damit aber gelten, ungeachtet des ehrenvollen Einsatzes der Verantwortlichen und des Wahrheitsgehaltes der Informationen, die in diesem Kapitel gemachten Überlegungen zu Repräsentation und der Besetzung von Schlüsselpositionen bei der Erstellung und Kontrolle solcher Informationen und der damit generierten Bilder und Darstellungen.

## 8.2 Ethnizität und Internet: Nutzung und Motivation (Empirie)

Ausschließlicher Gegenstand dieses Kapitels ist eine empirische Ausweitung und Überprüfung des im vorhergehenden Kapitels aufgestellten Konzeptes der 'Virtuellen Ethnizität' (VE). Grundlage dafür ist die IKI-Untersuchung, die auf einer individuellen Basis das Verhältnis von Ethnizität und einer dadurch motivierten Internetnutzung herausfinden wollte. Die empirischen Daten sollen die innerhalb der VE gemachten Annahmen komplettieren. Mögliche Stärken oder Beschränkungen des Ansatzes können nur mit Hilfe einer empirischen Analyse erörtert werden. Dabei liegt der Schwerpunkt der Auswertung auf der Frage nach der Bedeutung einer ethnischen oder kulturellen Identität der Teilnehmer und inwiefern diese eine Nutzung des Internets und die Beurteilung der vorgefundenen Inhalte beeinflußt oder überhaupt erst möglich macht.

### 8.21 Ethnizität und die Nutzer

Die Nennung von 40 verschiedenen ethnischen Kategorien durch die Teilnehmer an der IKI-Untersuchung läßt allein darauf schließen, daß Ethnizität bzw. ethnische oder kulturelle Identität wahrgenommen wird und ihr auch eine Bedeutung zugemessen wird. Daß es nur 15 Nennungen gab, die mit einer Nationalität gleich waren, unterstützt diese Annahme. Eine Selbstbeschreibung sagt allerdings noch nichts über den Grad an Bedeutung aus, die eine solche Kategorie für den einzelnen haben kann. Wie im Kapitel über die *New-ethnicity* in den USA gezeigt

[497] LMB actu (www.internetactu.com) 2. Juli 1998, Butinage thematique: Bebère en ligne.

wurde (vgl. Kap. 4.3), können solche ethnischen Attribute sehr oberflächlich sein oder rein strategisch kalkulierte Identitäten im Sinne einer *affirmative-action* darstellen. Damit ist nicht beabsichtigt, ethnische Kategorien wie etwa *Irish-American* generell als aufgesetzt und strategisch zu betrachten, denn das würde einer falschen Authentizität das Wort reden, wie es in diesem Zusammenhang nicht beabsichtigt und der Analyse einer möglichen Beziehung von Identität und Internet eher abträglich wäre.

Es waren insbesondere zwei Fragen, die auf die Bedeutung von kultureller/ethnischer Identität bei den Teilnehmern abzielten. Die erste war speziell an die Teilnehmer gerichtet, die sich als Migranten in irgendeiner Form in einem 'fremden', also nicht ihrem Geburtsland aufhielten, und wurde daher nur von circa einem Viertel aller Teilnehmer beantwortet (23,5% oder 28 Personen gaben an, nicht in ihrem Geburtsland zu leben; N=119). In der Frage ging es um den Einfluß der ethnischen Identität in der fremden' Gesellschaft. Es konnten bis zu 6 verschiedene Stichworte genannt werden, was tatsächlich jedoch nur ein paar wenige Teilnehmer voll ausnutzten. Die jeweilige Anzahl bei den einzelnen Nennungen war: 1. Nennung: N=24; 2.: N=21; 3.: N=15; 4.: N=11; 5.: N=6; 6.: N=4 (Frage 2.7).

Die einzelnen Aussagen wurden zu 13 verschiedenen Kategorien zusammengefaßt, so daß es möglich war, einen Überblick über die unterschiedlichen Aussagen zu gewinnen. Es wurde dabei versucht Ausdrücke zu finden, denen sich mehrere Aussagen unterordnen ließen:

- Benachteiligung bei der Arbeit
- Mangel an kulturellem Wissen der fremden Kultur (die Kultur der Aufnahmegesellschaft in diesen Fällen)
- Diskriminierung /Rassismus
- Sprachkompetenz
- Isolation
- Fehlen der eigenen Gruppe
- Fehlen der eigenen Kultur - Essen, Musik etc.
- Schwierigkeiten bei der Anpassung
- Kulturelle Unterschiede
- Bereicherung des Lebens / Herausforderung
- Besseres Verstehen des 'Anderen'
- Gesteigertes Interesse an Politik
- Guter Kontakt zu anderen Migranten
- Andere

Die Begriffe verweisen auf eine Reihe von Problemen, die in einer fremden Gesellschaft mit Ethnizität in Verbindung stehen können. Einige davon können als 'typische' Probleme von Migranten angesehen werden, etwa die Punkte 'Isolation', 'Benachteiligung bei der Arbeit' oder 'Diskriminierung/Rassismus'. Ethnizität bleibt damit nicht nur an der Oberfläche geographisch-kultureller Eigenartigkeiten, wie sie etwa Touristen erfahren, sondern sie kann elementare Bereiche des Lebens berühren. Die Palette der Begriffe ist im Zusammenhang mit der demographischen Zusammensetzung aller Teilnehmer, also auch des migrierten Teils, interessant, da es sich bei den Teilnehmern um eine relativ homogene Gruppe handelt, was das Bildungsniveau und die Beschäftigung angehen. Der Einfluß von Ethnizität läßt sich daher nicht mit einem Klassen- oder Schichtunterschied erklären, da anzunehmen ist, daß die meisten der Teilnehmer einer eher privilegierten Schicht angehören, für die ein Ortswechsel auf globalem Niveau nichts sonderlich ungewöhnliches ist. Es handelt sich hier um so etwas wie eine *Globalized-professional-middle-class*, wie Stubbs sie im Zusammenhang mit internationalen Hilfsorganisationen beschreibt und analysiert.[498]

Umgekehrt gilt dieses allerdings auch für die positiven Aspekte, die genannt wurden. Sie zeigen im besonderen, daß Ethnizität nicht nur eine negative Konnotation haben muß, sondern sehr wohl als Ressource für einen Umgang in einer wie auch immer fremden Umgebung haben kann. Ethnizität spielt eine Rolle im Leben dieser Menschen, welches die Berechtigung der Frage nach einer möglichen Beziehung von ethnischer Identität und Internet verdeutlicht.

Sieht man sich die einzelnen Nennungen im Detail an, so findet man folgende Verteilung:

In der ersten Nennung (N-=24) standen 'kulturelle Unterschiede' (16,7%) vor 'Diskriminierung/Rassismus', 'Sprachkompetenz' und 'Schwierigkeiten bei der Anpassung (je 12,5%) an erster Stelle.

Bei der zweiten Nennung (N=21) waren es 'Sprachkompetenz', 'Schwierigkeiten bei der Anpassung', 'kulturelle Unterschiede' (je 14,3%), sowie 'Mangel an kulturellem Wissen', 'Besseres verstehen des 'Anderen'', 'Guten Kontakt zu anderen Migranten' (je 9,5%).

Bei der dritten Nennung (N=15) stand 'Diskriminierung' an erster Stelle mit 20%, vor 'Schwierigkeiten bei der Anpassung' und 'Bereicherung des Lebens' (je 13,3%).

Um die verschiedenen Aussagen besser und kompakter erfassen zu können wurden sie in 'positive', 'neutrale' und 'negative' Aussagen zusammengefaßt.

Auffallend dabei ist, daß die negativen Aussagen in allen sechs Nennungen an erster Stelle stehen. Dieses ist u. a. mit der ungleichen Anzahl der einzelnen Aussagen zu erklären, welche durch die einzelnen Kategorien repräsentiert werden. Gleichzeitig aber zeigt dieses auch den generellen Überhang an als *negativ* einzustufende Antworten.

Die zweite Frage, die explizit nach der Bedeutung einer ethnischen/kulturellen Identität fragte, richtete sich an alle Teilnehmer der Untersuchung (Frage 3.15). Gefragt nach dem Stellenwert der eigenen ethnischen/kulturellen Identität für ihr Leben, gaben 11,5% (N=113) *sehr wichtig* als Antwort, 39,8% *mäßig wichtig*, 23,0% *weniger wichtig* und 25,7% *nicht wichtig*. Für 51,3% aller Teilnehmer hat damit ihre eigene Identität einen eher wichtigen Stellenwert. Und immerhin

[498] Vgl. Stubbs 1996.

nutzen 38,9% (N=113, Frage 3.12) aller Antwortenden solche Ressourcen, die ihre eigene ethnische Identität zum Thema haben.
32,3% (N=108) schließlich nutzen solche Ressourcen und erachten ihre eigene ethnische Identität als *sehr* bzw. *mäßig wichtig* (vgl. Graphik 1).

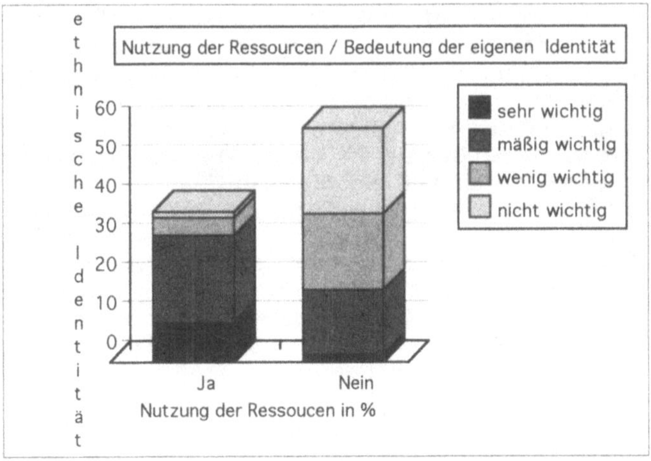


**Graphik 1**

Der Umstand der Migration spielt für die Bedeutung der eigenen Identität keine eindeutige Rolle. So ist für nur ca. die Hälfte aller Migranten die eigene Identität sehr oder mäßig wichtig. Diese Tatsache mindert allerdings in keiner Weise die Bedeutung der Aussagen einiger Teilnehmer, wie sie weiter oben diskutiert wurden. Da viele der Punkte Bezug nahmen auf Phänomene, die einen eher passiven Charakter haben, u. a. 'Diskriminierung', steht die persönlich geringe Bedeutung von Ethnizität in diesem Zusammenhang in keinem unbedingten Widerspruch dazu.
Aufschlußreicher mag die Frage nach einer ethnische Kategorie sein, welche die Teilnehmer von Dritten erhalten, sozusagen eine Fremdethnisierung, die von der Nationalität und der selbstgewählten ethnischen Identität abweicht. 29,9% (N=108, Frage D9) geben eine solche Kategorie an. Ca. 68% dieser Personen messen der eigenen Identität einen eher wichtigen Stellenwert zu. Der Umstand der Fremdethnisierung scheint deutlicher als eine Migration die Bedeutung der eignen Ethnizität zu beeinflussen.
Es kann an dieser Stelle festgestellt werden, daß Ethnizität bzw. ethnische /kulturelle Identität wahrgenommen werden und ihnen auch eine Bedeutung in den Leben der Teilnehmer zukommt. Dieses festzustellen ist wichtig, da ohne diese Grundvoraussetzung die Untersuchung von 'ethnischen' Inhalten und ihrer Nutzung durch die teilnehmenden Personen obsolet gewesen wäre.

Die Frage, der jetzt nachgegangen werden muß, ist, inwieweit diese Wahrnehmung für die Nutzung des Internets eine Rolle spielt und welche Motivationen es dafür gibt, kurz: stellt Ethnizität auch auf dem Internet eine Ressource der Selbstorganisation dar?

## 8.22 Nutzungsstrukturen

Nachdem erkundet wurde, ob Ethnizität überhaupt eine Bedeutung für die Teilnehmer der IKI-Untersuchung hat, geht es nun darum herauszufinden, wie und wozu das Internet im Detail genutzt wird. Dabei stehen vor allem die von den Teilnehmern generell diskutierten Inhalte im Mittelpunkt. Die Annahme ist, daß Themen, die außerhalb des Internets wichtig sind und u. a. die persönliche Identität eines Teilnehmers betreffen, sich auch auf dem Internet wiederfinden lassen. Und ebenso sind die Themenverschiebungen von Interesse, d. h., welche Themen besonders auf dem Internet diskutiert werden und warum sich gerade das Internet für eine bestimmte Art der Kommunikation anbietet - oder gerade nicht.
Zunächst müssen daher die Nutzungsstrukturen genauer betrachtet werden.
Bei der Frage (Frage 3.5) nach der generellen Nutzung einzelner Dienste standen *Email* und *World Wide Web* (WWW) ganz vorn. *Email* wurde von 99,1% aller Teilnehmer (N=119) sehr (91,4%) oder mäßig viel genutzt. Das WWW wurde immerhin von 72,9% sehr viel genutzt und von 22,9% noch mäßig viel.
Damit sind dieses mit Abstand die beliebtesten Dienste, was auch der allgemeinen Nutzung außerhalb dieser Untersuchung entspricht.
*Ftp* steht mit 45% (N=100) sehr oder mäßig häufiger Nutzung an dritter Stelle vor *den Usenet netnews* mit 41,2% (N=102).
Anzumerken ist hier, daß die *Netnews* bei der sehr häufigen Nutzung mit 19,6% vor dem *Ftp* mit 12% liegen. Es gibt hier eine geringe Verschiebung, die aber die generelle Nutzungsstruktur nicht beeinflußt (vgl. Graphik 2).

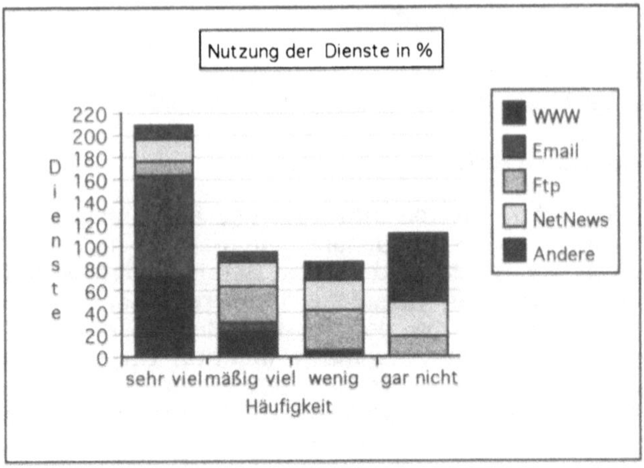


**Graphik 2**

Das hier skizzierte Bild verschiebt sich nicht unerheblich, wenn nach der Nutzung einzelner Dienste gefragt wird, die sich als Internetressourcen mit ethnischen/kulturellen Themen beschäftigen (Frage 3.8). *Mailing*-Listen als Form einer kollektiven Ressource, die auf der Verwendung von *Email* basiert, werden nur von 47,3% sehr und 17,2% mäßig häufig genutzt (N=93). Ein etwas besseres Bild ergibt sich für das WWW, welches insgesamt von 82% (N=89) sehr oder mäßig häufig im Zusammenhang mit ethnischen/kulturellen Ressourcen frequentiert wird. Die anderen Dienste, nach denen gefragt wurde - das *Gopher*-Informationssystem und die Diskussionsgruppen im *Fido*-Netz -, schneiden deutlich schlechter ab als ihre 'Konkurrenten'. Die Gründe hierfür liegen wahrscheinlich in ihrer geringeren Verbreitung bzw. in ihrer niedrigeren Leistungsfähigkeit, wobei letzteres insbesondere für den Vergleich von *Gopher* und seinem 'Nachfolger' WWW gilt. Die *Netnews* stehen in etwa auf der Höhe der oben skizzierten allgemeinen Nutzungshäufigkeit.
Als bevorzugte Form für die Beschäftigung mit ethnischen/kulturellen Themen (Frage 3.9) geben 39,7% *Email*/*Mailing*-Listen und 35,6% das WWW an (N=73). Die hauptsächlichen Gründe hierfür sind 'Handhabbarkeit', 'Austausch/Gemeinschaft', 'fokussiert' sowie ein gewisser *Push*-Faktor für die *Email*-Dienste; die Vorteile des WWW liegen vor allem in seiner 'Angebotspalette', seiner Visualität', den 'Suchma-schinen' sowie ebenfalls seiner 'Handhabbarkeit'.
Die hier präsentierten Zahlen lassen den Schluß zu, daß das Internet sehr wohl als Ressource für die Auseinandersetzung mit ethnischen/ kulturellen Themen dient. Da bei den hier ausgewerteten Fragen der Schwerpunkt nicht auf die 'eigene' Identität gesetzt wurde, ist die Zahl derer, die 'beliebige' Ressourcen zu ethnischen/kulturellen Themen nutzen, höher als die der Nutzer von Quellen, in denen ihre eigene Identität im Mittelpunkt steht (vgl. Kap. 8.21). Das aber bedeutet, daß die In-

halte der Ressourcen sehr wichtig für die eigentliche Nutzung sind, d. h., es macht einen Unterschied ob es sich hier um die eigene Identität handelt oder um das Interesse an einer anderen Gruppe oder Identität (wissenschaftlich, journalistisch etc.).
Die Ressourcen, die auf die Frage nach der Kenntnis von Internetquellen, die sich mit ethnischen/kulturellen Themen befassen, genannt wurden (Frage 3.7), machten deutlich, daß ein zu enger Begriff von Ethnizität und der damit verbundenen Nutzung des Internets nicht aufrecht erhalten werden kann. Die Ressourcen[499], die genannt wurden, ließen sich in mehrere Kategorien unterteilen, wobei sie nicht ausschließlich in die Rubrik einer sich mit Ethnizität im engen Sinne befassenden Ressource eingeordnet werden konnten.
Besonders interessant sind die Kategorien '*Mailing*-Listen spezielle Interessen' bzw. 'WWW-spezielle Interessen', die sich zu einem Großteil aus Quellen zusammensetzen, die sich mit Themen zur Homosexualität auseinandersetzen. Diese Nennungen deuten auch daraufhin, daß ethnische bzw. kulturelle Identitäten durchaus durch etwas anderes bestimmt werden können als durch 'Kultur', wie es im Verlaufe dieser Arbeit hauptsächlich getan wurde. Auch wenn es sich in diesem Fall primär um eine Selbstbestimmung von Identität handelt und eine Einordnung anhand sexueller Orientierung für die Begriffsbestimmung von Ethnizität nicht berücksichtigt wurde, ist eine solche Kategorisierung nicht zu vernachlässigen, da sie zeigt, durch welche Faktoren kulturelle Identität beeinflußbar ist. Die Kategorien insgesamt waren:

- *Mailing*-Listen zu ethnischen Gruppen oder Themen
- WWW-Seiten zu ethnischen Gruppen oder Themen
- *Mailing*-Listen zu speziellen Themen (z. B. gay/lesbian, <u>nicht</u> ethnisch)
- WWW-Seiten zu speziellen Themen (z. B. gay/lesbian, <u>nicht</u> ethnisch)
- *Mailing*-Listen: wissenschaftliche Quellen zu ethnischen Gruppen / Themen
- WWW-Seiten: wissenschaftliche Quellen zu ethnischen Gruppen / Themen
- *Mailing*-Listen zu anderen Informationen (als die bereits aufgeführten)
- WWW-Seiten zu anderen Informationen (als die bereits aufgeführten)
- Clearinghouses und Kataloge
- Andere

Von 66,4% oder 79 aller Teilnehmer (N=119) wurde mindestens eine Quelle genannt, 56 nannten zwei, 37 drei, 25 vier und immerhin 13 noch fünf Ressourcen. Die Verteilung der ersten Nennung stellt sich wie folgt dar:

[499] Es wurden dabei genaue Adressen (z. B. http//.....etc) angegeben oder nur die Namen der *Mailing*-Listen bzw. thematische Schwerpunkte. Es waren bis zu fünf Nennungen möglich.

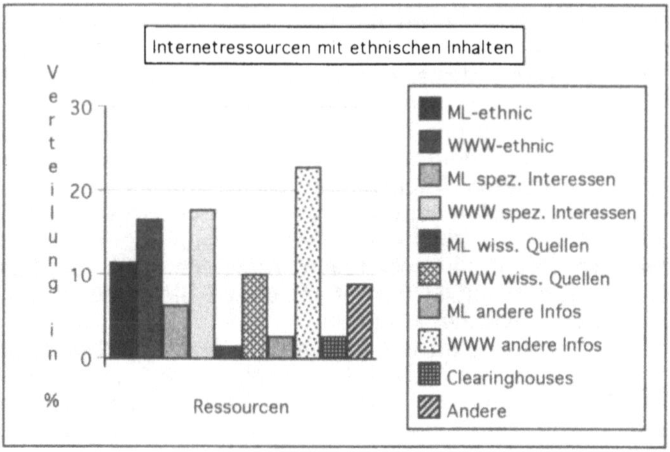


**Graphik 3**

Die folgenden Nennungen sind in der Tendenz gleich und weisen nur leichte Verschiebungen auf, welche nicht zuletzt mit der geringer werdenen Anzahl der gegebenen Antworten zu erklären ist.
Diese Aufstellung zeigt, daß ein Interesse vorhanden ist, sich auch auf dem Internet in unterschiedlicher Weise über Ethnizität, Identität und verwandte Themen zu informieren, bzw. diese Themen einen nicht unerheblichen Teil der Nutzung ausmachen. Damit wäre aber zunächst nur die Nutzung selbst beschrieben und nicht die Inhalte der Nutzung. Um die Dynamik des Internets in bezug auf die Themen und die eigentlichen Motivationen seiner Nutzer zu analysieren, ist es erforderlich, die tatsächlich diskutierten Inhalte zu untersuchen.

### 8.23 Motivation und Interessen

Wenn das Internet als Ressource für die Auseinandersetzung mit Themen des 'täglichen' Lebens wie etwa Ethnizität/Identität dienen soll, dann ist zu erwarten, daß sich die persönlichen Interessen der Teilnehmer der IKI-Untersuchung in ihrer thematischen Nutzung des Internets widerspiegeln oder da hinein getragen werden.
Da nicht anzunehmen ist, daß es sich hierbei nur um eine bloße Abbildung der Welt außerhalb des Internets handelt, können Vergleiche der unterschiedlichen Sphären (persönliche Interessen - Interessen auf dem Internet) gleichermaßen eine Kontinuität (Nutzungsmotivation) und die Dynamik des Mediums bzw. die Veränderungen offenlegen, die sich in der Nutzung des Internets ergeben.
Weiterhin stellt sich hier die Bandbreite der Inhalte dar, wie sie auf dem Internet diskutiert werden und die insofern als von elementarer Bedeutung für die Teilnehmer anzunehmen sind.

Die Antworten auf die Frage nach den persönlichen Interessen bezüglich gesellschaftlicher, politischer oder kultureller Themen zeigen erwartungsgemäß ein relativ breites Spektrum (Frage 3.17). Um eine größere Übersichtlichkeit zu erreichen, wurden die einzelnen, sehr unterschiedlichen Aussagen zu 21 Kategorien zusammengefaßt[500].
An erster Stelle bei allen fünf Nennungen (N=104, 98, 92, 71, 52) standen 'Politik', 'gesellschaftspolitische Themen', 'Sexualität und Geschlechterfragen', sowie 'wissenschaftliche Forschung'. 'Migrations- und ethnische Themen', die speziell als solche ausgegeben wurden, waren stärker bei den letzten drei Nennungen vertreten. 'Umwelt' als Thema war in allen Auflistungen aufzufinden, aber wirklich stark nur in der dritten mit 12,0% (N=92).
Erstaunlich wenig Aussagen verwiesen auch auf das Internet und Informationstechnologien im allgemeinen, Themen, die angesichts der 'Jugendlichkeit' des Mediums und seiner oft sehr computerorientierten Nutzer mehr Nennungen erwarten ließen.
Als weitere Anhaltspunkte für die politischen, sozialen oder kulturellen Interessen der Teilnehmer können die Aussagen zu einem sozialen oder politischen Engagement gewertet werden (Frage 3.21 und 3.22). 69,8% oder 81 Teilnehmer (N=116) gaben an, daß sie sich in irgendeiner Weise sozial oder politisch engagieren. Immerhin 69 dieser Teilnehmer gaben Auskunft über die Art ihres Engagements, welche sich insgesamt in 8 verschiedene Bereiche untergliedern ließ:

- Sozial
- Politisch
- Hilfsorganisationen
- Religiös
- Sexuelle Orientierung
- Anti-Rassismus/Diskriminierung
- Bildungsbereich
- Andere

Diese Bereiche sind auf der Grundlage der Antworten der Teilnehmer gebildet worden, so daß die Untergliederungen keiner eindeutigen Logik folgen können. Ziel war es, die große Diversität der Interessen wiederzugeben und dennoch eine Vergleichbarkeit untereinander zu ermöglichen. Es konnten bis zu 3 Nennungen gemacht werden, wobei nur 9 eine zweite und 4 eine dritte machten.
'Soziales' Engagement[501] steht mit 27,5% (N=69) an erster Stelle vor 'sexueller Orientierung' mit 20,3%. 'Politisches' Engagement (17,4%) und die Mitarbeit in Hilfsorganisationen bzw. im Bildungsbereich (außer

[500] Eine Liste aller Kategorien ist im Anhang aufgeführt.

[501] Unter die Kategorie 'soziales' Engagement wurden folgende Bereiche zusammengefaßt: *Whiteness*, Frauen und Geschlecht, Immigranten- und Minderheitenrechte, Behinderung, Gesundheit, soziale Gerechtigkeit und Entwicklung. Sexuelle Orientierung besteht ausnahmslos aus *Gay and lesbian-* Interessen. Politisches Engagement wurde dann angenommen, wenn eine Mitgliedschaft in einer poltischen Partei angegeben wurde.

Schule oder Universität) mit je 10,1% folgen an dritter bzw. vierter Stelle. Die restlichen (inkl. 'andere') machen insgesamt nur 11,5% aus und haben daher nur eine marginale Bedeutung für diese Aufzählung.
58 aller Teilnehmer geben an, für ihr Engagement auch das Internet zu benutzen, womit dem Internet eine nicht zu vernachlässigende Bedeutung als Organisationsressource und Informationsquelle in diesen Bereichen zugesprochen werden muß.
Als hauptsächliche Gründe für die Nutzung des Internets im Zusammenhang mit einem sozialen oder politischen Engagement stehen an erster Stelle die 'Schnelligkeit der Informationsbeschaffung', der 'Austausch mit Gleichgesinnten', die 'Verfügbarkeit der Informationen' sowie die 'Reichweite'. Insgesamt wurden 12 Kategorien aus den verschiedenen Aussagen gebildet, welche einen vergleichbaren Überblick ermöglichen.[502] In den weiteren vier Auflistungen steht vor allem das Argument des 'Austausches mit Gleichgesinnten' prominent an erster Stelle; an Bedeutung gewinnt hierin auch der Punkt der 'Meinungsvielfalt'. Hier wurden die weiter oben bereits aufgeführten positiven Nutzungseigenschaften einzelner Dienste, speziell von *Email*-Diensten und dem WWW, noch einmal mit Bezug auf ein persönliches Engagement präzisiert. Auch hierbei steht der Austausch - in diesem Falle mit Gleichgesinnten - sehr weit vorn, welches berechtigt, dem Internet eine wichtige Rolle als Mittel der Selbstorganisation zuzusprechen. Es zeigt zugleich, daß es ungerechtfertigt und effektheischend ist, das Internet allein auf bestimmte Dienste und Inhalte festzulegen bzw. dahingehend zu verteufeln.
Diese erste Analyse einer Internetnutzung und ihrer Motivation zeigt, daß persönliche Interessen und Umstände durchaus Beweggründe sein können, sich des Internets in solchen Zusammenhängen zu bedienen.
Das würde aber bedeuten, daß den genannten persönlichen Interessen auch in ähnlicher Gewichtung auf dem Internet nachgegangen wird bzw. diese Inhalte dort von vorrangiger Bedeutung sind. Welche Inhalte sind es also, die die Teilnehmer der Untersuchung auf dem Internet vor allem suchen bzw. dort diskutieren? (Frage 3.6, vgl. Graphik 4)
Aus den gegebenen Antworten wurden 15 Kategorien generiert, die einen Vergleich zwischen den 'persönlichen' und den 'Internet -Interessen' ermöglichen sollten. Bewußt wurde dabei auf eine Übernahme von Kategorien im vorhinein verzichtet, um die mögliche Unterschiedlichkeit der Aussagen deutlich zu machen und die einzelnen Antworten nicht in Kategorien zu unterteilen, die der Gesamtheit der Aussagen nicht gerecht werden[503].
Es lassen sich eine Reihe überschneidender Interessen finden, wie etwa 'Sport', 'Freizeit' oder' politische Informationen'. Es läßt sich aber

---

[502] Alle zwölf Kategorien finden sich im Anhang, Frage 3.24.

[503] Die Antworten auf Frage 3.6 (Internet-Interessen) wurden vor den Antworten auf Frage 3.17 (persönliche Interessen) codiert und zusammengefaßt. Eine vollständige Liste der Kategorien zu Frage 3.6 findet sich im Anhang.

feststellen, daß es in den jeweiligen Antworten auf die beiden Fragen unterschiedliche Gewichtungen gab. So wurden die persönlichen Interessen häufig genauer benannt, d. h., die einzelnen Bereiche oder gar bestimmte Themen und Probleme innerhalb einer Kategorie wie etwa Politik, oder Wirtschaft.
Es scheint, als ob mit den Aussagen zu den Interessen, denen auf dem Internet nachgegangen wird, eher die generellen Themen der Ressourcen oder Oberbegriffe genannt worden sind. Hinzu kommt, daß es sich bei den genannten Interessensschwerpunkten häufig um die 'Informationen' zu bestimmten Themen handelt und nicht so sehr um die Themen als solche - Informationen zu Sport, nicht der Sport als solcher -, was allerdings für einen Vergleich nicht hinderlich ist bzw. sogar die genaue Intention einer Internetnutzung offenlegt: Themen, die von einem persönlichen Interesse sind, mit Hilfe des Internets und seiner abrufbaren Informationen zu bearbeiten oder zu vertiefen.
Weiterhin werden Dienste - etwa Suchmaschinen - oder Veröffentlichungsformen, die ausschließlich auf dem Internet zu finden sind, als Inhalte genannt, die von Interesse sind. Ebenso läßt sich auch in diesen Antworten das Argument des 'Austausches' in *Mailing*-Listen oder per *Email* wiederfinden, wie es bereits bei der allgemeinen Internetnutzung sowie bei der Motivation für eine Internetnutzung bei sozialem/politischem Engagement zu finden war.
Erstaunlich hoch ist auch die Kategorie der 'Bildungsinformationen', welche bei den 'persönlichen Interessen' eher eine geringere Rolle spielten. Da diese 'Bildungsinformationen' in der Regel nicht weiter spezifiziert wurden, wird angenommen, daß viele der persönlichen Interessen Teil einer wissenschaftlichen Beschäftigung sind, nicht zuletzt, da ein großer Anteil der Teilnehmer dem akademischen Milieu angehört.

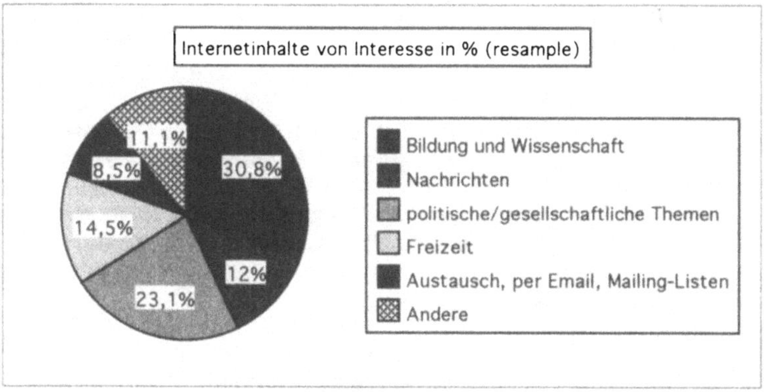


**Graphik 4**[504]

[504] Die Codierung des *resamples* findet sich im Anhang.

Generell kann festgehalten werden, daß das Internet bis zu einem gewissen Grad die persönlichen Interessen der Teilnehmer widerspiegelt und sich hier nicht eine völlig neue und von ihrem bisherigen Lebensumfeld abgekapselte Lebenswelt ergibt. Gemäß der Eigengesetzlichkeiten und der neuen Möglichkeiten des Mediums allerdings werden zum einen viele Inhalte in anderer Form gesucht wie etwa die Spezifizierung der Inhalte als 'Informationen' und nicht nur als 'Themen'; zum anderen werden neue Wege der Kommunikation über diese Inhalte, der Informationsbeschaffung (Suchmaschinen) und des Austausches gesucht und praktiziert. Das Internet ist somit kein Abklatsch von bereits Vorhandenem, sondern bietet durchaus neue Qualitäten für die Beschäftigung mit und Gestaltung von Inhalten, die sehr wohl als persönliche Interessen gesehen werden können, aber nicht unbedingt in derselben Form auftreten müssen. Diese und die weiter oben aufgeführten Beobachtungen lassen es darum zu, dem Internet ein selbstorganisatorisches Potential zuzusprechen, wenn es darum geht, Inhalte, die im persönlichen Leben eine Rolle spielen, als Anhaltspunkt für eine Gruppenbildung im weitesten Sinn zu nutzen und sich mit diesen Themen in neuer Form zu beschäftigen. Die besonderen Qualitäten, die das Internet für solche Organisationsprozesse bereitstellt, sind vor allem in seiner (theoretisch) unbeschränkten Geographie, seiner Reichweite, der Schnelligkeit und der Vielfalt zu sehen, ohne dabei die Rolle von anderen Medien und anderen Formen der Kommunikation zu schmälern. Es darf aber angenommen werden, daß gerade diese Faktoren mit dazu beitragen, gerade das Internet für solche Aktivitäten und Diskurse zu benutzen, abgesehen von einer Begeisterung für eine neue Technologie, die eine solche Benutzung vielfach unterstützt (vgl. auch Kap. 7.2). Diese letztendlich eher allgemein gehaltenen Aussagen zu den Interessen geben nur einen unvollständigen Überblick über die Inhalte des Internets in seinen verschiedenen Bereichen (WWW, *Mailing*-Listen). Wenig wurde über die Art und Weise des Umgangs mit den Inhalten zu Ethnizität und Identität gesagt. Da aber ein konstatiertes Interesse an Ressourcen zu Ethnizität und kultureller Identität seitens der Teilnehmer besteht, müssen diese Inhalte betrachtet werden, wenn die gemachten Annahmen zur Selbstorganisation auf dem Internet auch für diesen Bereich gelten sollen. Dabei geht es auch um die Frage, ob und wie Identität zur Motivation für eine Nutzung werden kann und wie sich Ethnizität bzw. die Beschäftigung damit auf dem Internet darstellt.

## 8.24 Identität und Nutzung

Wie bereits in den vorangegangenen Kapiteln deutlich wurde, hat Ethnizität für verschiedene Teilnehmer unterschiedlichen Einfluß auf ihr jeweiliges Leben. Die Bedeutung und die Einschätzung von Internetressourcen für die Auseinandersetzung mit ethnischen und kulturellen Themen ist hoch, so daß eine Untersuchung der eigentlichen Inhalte dieser Ressourcen die notwendige Konsequenz der bisher vorgenom-

menen Analyse ist. Immerhin halten 83,3% solche Quellen für *sehr* bzw. *mäßig sinnvoll* und noch 68,3% halten das Internet für *sehr* bzw. *mäßig geeignet*, ethnische Konflikte zu lösen.
Wie auch bei den vorherigen offenen Fragen wurden ebenso bei der Frage nach den Inhalten der auf ethnische und kulturelle Identität fokussierten Gruppen (Frage 3.13) jene Aussagen in Kategorien zusammengefaßt, die einen Überblick und Vergleich der doch sehr unterschiedlichen Antworten ermöglichen sollten.
Es sind insgesamt 13 Kategorien[505], die die gemachten Aussagen für diese Frage bündeln:

- Sport
- Gruppenspezifische Informationen (Geschichte, Veranstaltungen usw. )
- Nachrichten (*news*)
- Politische und gesellschaftliche Informationen
- Nachrichten aus der 'Heimat'
- Informationen zum Herkunftsland
- Unterstützung und Solidarität
- Austausch und Anschluß
- Alternative Informationen und Nachrichten
- Wissenschafts- und Bildungsinformationen
- Kulturelle Informationen
- Allgemeine Informationen
- Andere

Es finden sich hier eine Reihe Kategorien, wie sie sich bereits aus den Analysen der Aussagen zu den 'persönlichen Interessen' und den 'allgemeinen Internetinhalten' ergaben. Einige Kategorien sind jedoch neu und sind speziell mit der Frage nach den Inhalten dieser 'Ethnizität-Ressourcen' verbunden. Dazu zählen die 'gruppenspezifischen Informationen', die 'Nachrichten aus der Heimat', 'Informationen zum Herkunftsland' und - sehr interessant - der Punkt 'Unterstützung und Solidarität'. Die Verteilung der einzelnen Kategorien bekräftigt die gemachte Beobachtung, daß eine Beschäftigung mit diesen Themen sehr vielfältige Formen annehmen kann und ebenso, daß die Ressourcen zu diesen Themen nicht ausschließlich einer (oft verengten und ideologischen) Propagierung von Ethnizität und der Suche nach kultureller Authentizität dienen müssen, sondern häufig ein lebendiges und vielschichtiges Bild von Ethnizität zeichnen. Letzteres kann auch bedeuten, daß Ethnizität 'nur' genutzt wird, um in Kontakt mit anderen, eventuell Gleichgesinnten, zu treten, um dann losgelöst von diesem eigentlichen Beweggrund für die Nutzung dieser Ressource sich über andere als die Identität betreffende Themen auszutauschen. In dieser Hinsicht wird Ethnizität als Selbstorganisation vor dem Hintergrund einer scheinbar schwer zu überschauenden und manchmal anonymen Umgebung wie z.B. dem Internet genutzt.

[505] Jeder Teilnehmer konnte je 5 Aussagen zu den Inhalten machen.

Die 'gruppenspezifischen Informationen' stehen in der ersten Nennung (N=45) an erster Stelle mit 24,4% vor den 'politischen und gesellschaftlichen Informationen', 'Wissenschafts- und Bildungsinformationen' und 'allgemeinen Informationen' (etwa Wetter oder Steuern) mit je 11,1%. Etwas dahinter folgen die 'Informationen zum Herkunftsland' und 'kulturelle Informationen' - zu verstehen als solche, die sich nicht auf eine Verbindung zu Ethnizitäts-Themen festlegen ließen (etwa Musik, Literatur, etc.) - mit je 6,7%.
Vor allem die erstgenannten dieser Punkte stehen auch bei den weiteren Nennungen an prominenter Stelle, wobei zusätzlich der Faktor des 'Anschlusses und Austausches' erheblich an Bedeutung gewinnt. In der fünften Auflistung (N=10) bleiben allein die folgenden fünf Kategorien übrig, so daß für sie als Themen innerhalb dieser Ressourcen eine wichtige Stellung angenommen werden kann:
1. Gruppenspezifische Informationen; 2. Politische / gesellschaftliche Informationen; 3. Austausch und Anschluß; 4. Wissenschafts- und Bildungsinformationen; 5. kulturelle Informationen (jede der fünf Kategorien ist auch in den vorangehenden drei Auflistungen vertreten).
Diese Verteilung und Gewichtung unterstützt die aus der Interpretation der gewonnenen Kategorien gemachte Annahme für eine gruppenbildende Funktion von Ethnizität auf dem Internet bzw. innerhalb dieser Internetressourcen (fast ausschließlich WWW-Seiten oder *Mailing*-Listen). Gerade die häufig genannten Kategorien 'Wissenschafts- und Bildungsinformationen' sowie die 'politischen und gesellschaftlichen Informationen' lassen darauf schließen, daß Ethnizität nicht allein als Thema *sui generi* gewählt wird, sondern in Verbindung mit einer akademischen Beschäftigung, einem politischen Interesse oder einem sozialen Engagement seine besondere Bedeutung entfaltet. Die wiederholt festgestellte stark akademische Orientierung der Teilnehmer sowie das politisch-soziale Engagement einiger weisen ebenfalls in diese Richtung. Die spezifischen Vorteile einzelner Internetdienste wurden in einem vorangehenden Abschnitt dieses Kapitels bereits aufgeführt. Die Beschäftigung mit ethnischer und kultureller Identität findet vor dem Hintergrund dieser Vorteile statt, wie sie allgemein für das Internet und speziell für eine bevorzugte Form der Beschäftigung mit solchen Inhalten festgestellt wurden. Es wurde deutlich, daß die Technologie nicht ohne Einfluß auf die Art und Weise des Umgangs mit diesen Inhalten war, z. B. die Bezugnahme auf 'Informationen' statt auf abstrakte Themengebiete. Das müßte demnach auch für die Inhalte gelten, die sich mit ethnischer und kultureller Identität befassen bzw. den Ort für solche Inhalte auf dem Internet erst bereitstellen.
Da es sich bei der Frage 3.13 um die Inhalte der entsprechenden Internetressourcen handelte, wurde jetzt danach gefragt, inwieweit diese sich von denen außerhalb des Internets unterschieden. Die Aussagen wurden auch hier zu Sammelkategorien zusammengefaßt, um einen Vergleich und eine Darstellung zu erleichtern. Folgende Kategorien ergaben sich aus den Antworten der Teilnehmer:

- Keine Unterschiede
- Schneller
- Leichter und besser zugänglich
- Größere Meinungsvielfalt
- Ehrlicher und offener
- Unpersönlicher
- Eingeschränkter
- Sicherer, weil anonymer
- Mehr Gleichgesinnte auf dem Internet
- Mehr Austausch mit anderen
- Spezifischer
- Eher global als lokal nutzbar
- Andere

Auffallend sind die vielen als 'positiv' zu betrachtenden Kategorien, die sich aus den Antworten ergeben haben. Aussagen, die unter die Kategorien 'größere Meinungsvielfalt', 'ehrlicher und offener', oder 'schneller' fallen, korrespondieren mit den weiter oben aufgeführten Antworten zu den Vorteilen des Internets bezüglich eines politisch-sozialen Engagements (vgl. Frage 3.24, Kap. 8.23) oder dem Argument für eine bestimmte Form der Beschäftigung mit ethnisch-kulturellen Themen auf dem Internet (vgl. Frage 3.9, Kap. 8.22).
Es sind dieses die Argumente, die häufig als 'die' Vorteile des Internets benannt werden: Schnelligkeit; Anonymität, dadurch sicherer und offener; Vielfalt an Themen und Meinungen.
Auch bei diesen Antworten läßt sich die 'Austausch'-Kategorie wiederfinden, die sich bei diesen Aussagen in zwei Kategorien unterteilen ließ: auf der einen Seite ein allgemeiner Austausch, auf der anderen die Suche nach mehr Gleichgesinnten auf dem Internet. Die Möglichkeiten eines wie auch immer benannten Austausches, also der Suche nach Gleichgesinnten und eventuell nach Gemeinschaft, ergeben sich in dieser Qualität - d. h. über kontinentale, soziale und politische Grenzen hinweg sowie mit einer relativ hohen Anzahl von Teilnehmern - erst durch die Technologie des Internets. Diese Kategorien allein rechtfertigen die bereits gemachten Aussagen zum selbstorganisatorischen Potential des Internets, in bezug auf die vorhandenen Inhalte, deren Nutzung und die darum stattfindende Gruppenbildung, der auch als *Netizens*[506] bezeichneten Nutzer.
Um die Verteilung der Aussagen zugespitzt darzustellen, wurden die generierten Kategorien noch einmal einem *resample*[507] unterzogen und in die Kategorien 'positiv', 'neutral' und 'negativ' neu geordnet. In der Verteilung dieser Kategorien in erster Nennung (N=40) stehen die positiven Aussagen mit 47,5% an erster Stelle. Die als negativ einzustufende Aussagen folgen darauf mit 20,0%. Die Kategorie 'Keine Unterschie-

[506] Net + Citizen = Netizen
[507] Die Neuordnung der Kategorien in 'positiv', 'neutral' und 'negativ' findet sich im Anhang.

de' wurde als solche übernommen, da sie nur in der ersten Auflistung vorkommt und eine Einordnung als 'neutral' einen unverhältnismäßig hohen Abfall zu den neutralen Aussagen der anderen Nennungen verursacht hätte.
Die zweite, dritte und vierte Nennung (N=24, 15, 8) geben ein ähnliches Bild mit einem starken Gewicht auf den positiven Aussagen (62,5%; 53,3%; 62,5%) Die fünfte Nennung hat insgesamt nur 4 Antworten, die sich auf 'positive' und 'andere' je zur Hälfte verteilen.
Das Internet und seine technologischen Möglichkeiten sowie die sich daraus ergebenden Formen des Austausches und Diskurses eignen sich offensichtlich sehr gut, um sich über Ethnizität in jeglicher Form auszutauschen. Darüber hinaus fügt sich dieser letzte Teil zu den Veränderungen der Beschäftigung mit Ethnizität auf dem Internet (im Gegensatz zur Beschäftigung 'außerhalb' des Mediums) in das Gesamtbild der in diesem Kapitel gemachten Analyse zum selbstorganisatorischen Potential des Internets in bezug auf ethnische und kulturelle Identität. Eine der Eingangshypothesen, nämlich daß Ethnizität sich auf dem Internet wiederfinden läßt, wenn es eine Rolle im Leben eines Menschen bzw. einer Gruppe spielt, findet sich damit hier bestätigt. Weiterhin zeigen auch die Aussagen zu den Unterschieden, daß das Internet ein dynamisches Medium ist, welches durch seine Eigengesetzlichkeiten auf die Form und die Struktur der Inhalte einwirkt, so daß die behandelten Themen keinen spiegelbildlichen Abklatsch einer bei den Teilnehmern vorhandenen Wirklichkeit darstellen, sondern Variationen der Themen sowie Veränderungen bei Gewichtung und Form der Auseinandersetzung mit den Themen zulassen, wenn nicht sogar in vielen Fällen nötig machen.
Vergleiche zwischen einzelnen Variablen machen deutlich, daß die Aussagen zu den Ressourcen, welche der Behandlung ethnischer und kultureller Identität gewidmet sind, auch von den Teilnehmern stammen, die zum einen ihrer persönlichen Identität einen hohen Stellenwert zuschreiben und zum anderen diese Ressourcen auch tatsächlich nutzen. Es ist vor allem der Stellenwert der persönlichen Identität, welcher eine Rolle für die Nutzung solcher Quellen spielt. Dazu kommt ein wissenschaftliches Interesse sowie ein sozialpolitisches Engagement einiger Teilnehmer, welche als Motivation für die Frequentierung dieser Ressourcen angenommen werden kann. Die Faktoren 'Alter' und 'Geschlecht' haben keinen nennenswerten Einfluß, weder auf die allgemeine Internetnutzung noch auf eine Nutzung fokussierter Angebote, wie etwa solcher zu Ethnizität oder sexueller Orientierung.
Die Nutzung dieser Ressourcen schließt jedoch eine Skepsis gegenüber dem Internet und seinen Möglichkeiten nicht aus. So werden ethnische und kulturelle Inhalte diskutiert und es wird ein Austausch mit Gleichgesinnten gesucht, der Aussage allerdings, daß das Internet die kulturelle/ethnische Identität stärkt (Frage 4.6), können nur 27 Teilnehmer (25%, N=108), deren persönliche Identität einen hohen bzw. mäßigen Stellenwert hat, voll oder mäßig zustimmen. 30 Teilnehmer geben

eine kleine bzw. keine Zustimmung. Insgesamt stimmen ca. 38% dafür und alle anderen dagegen.
Anders hingegen sieht es bei der Aussage aus, 'das Internet fördert inter-kulturelle Kommunikation', welcher von etwa 47% aller Teilnehmer mit einem hohen bzw. mäßigen Stellenwert persönlicher Identität zugestimmt wird (insgesamt gibt es eine Zustimmung von 90%; N=110). Andersherum teilt ein Großteil der Teilnehmer auch nicht die Einschätzung eher pessimistisch eingestellter Aussagen, daß das Internet eine kulturelle/ethnische Abkapselung fördere. Diese letzten Vergleiche wie auch die zuvor gemachte Analyse stützen sich auf die persönlichen Aussagen von Internetnutzern und geben somit zu allererst die persönlichen Sichtweisen dieser Menschen wieder. Daß diese Aussagen nur bedingt verallgemeinert werden können und eher Tendenzen als gesellschaftliche Konstanten aufzeigen, wurde bereits in einem anderen Kapitel festgestellt (7.1). In Verbindung mit den phänomenologischen Betrachtungen jedoch lassen sich diese Ergebnisse sehr wohl verallgemeinern bzw. dazu benutzen, die aufgestellten Hypothesen zu unterstützen. Zu bedenken ist allerdings dabei, daß es sich bei diesen Nutzern hauptsächlich um Akademiker bzw. Menschen in eher privilegierten Stellungen handelt, in ihrer Eigenschaft als Internetnutzer und ihrer beruflichen sowie gesellschaftlichen Stellung. So läßt das vielfach geäußerte politische und soziale Engagement der Teilnehmer vermuten, daß dabei u. a. Schlüsselpositionen besetzt werden, die es ermöglichen, 'für' andere zu sprechen und somit eventuell auch ein Bild einer Gruppe zu bestimmen. Ob diese Bilder letztendlich die 'Wirklichkeit' einer Gruppe wiedergeben bzw. eine solche Darstellung von den Mitgliedern und anderen Beteiligten geteilt werden, bleibt dabei fraglich. Mit diesen Bedenken soll nicht die Glaubwürdigkeit der in der IKI-Untersuchung gemachten Aussagen angezweifelt werden, sondern auf ein Problem hingewiesen werden, welches im Zusammenhang mit dem (noch) elitären Zugang zum Internet steht: Repräsentativität und die gesellschaftliche Bedeutung des Internets für Ethnizität und Identität im allgemeinen. Dabei geht es um die größeren gesellschaftlichen Zusammenhänge, in denen das Internet angesiedelt ist und welche mit Hilfe einiger Ergebnisse der hier zugrundeliegenden Untersuchung betrachtet werden sollen. Letztendlich geht es um die Bedeutung und Veränderungen von Ethnizität vor dem Hintergrund einer globalen Informationsgesellschaft, deren genaue Umrisse eher schwach sind und mehr verschleiern als erhellen.

## 8.3 Virtuelle Ethnizität: Mögliche Reichweiten des Konzeptes

Die theoretischen und phänomenologischen Annäherungen an das Konzept der VE konnten mit den empirischen Daten der IKI-Untersuchung bestätigt werden. Ethnizität beeinflußt eine Nutzung des Internets deutlicher, als das in diesem Fall Faktoren wie Alter oder Ge-

schlecht tun. Dabei dient Ethnizität nicht als ein Selbstzweck und alleiniges Ziel auf dem Internet, sondern wird als Ausgangspunkt einer Selbstorganisation genommen, um mit anderen 'Gleichgesinnten' in Kontakt zu treten, Probleme zu diskutieren oder wissenschaftlich zu arbeiten. Dabei beeinflußt die persönliche Lage der Personen entsprechende Schwerpunkte bei der Nutzung, wobei immer die Beschränkungen der Aussagefähigkeit bezüglich der demographischen Zusammensetzung der Befragten berücksichtigt werden müssen.
Um so erstaunlicher ist es, daß auch in dieser Untersuchung Fragen der Repräsentativität und Kontrolle von Informationen, wie sie in in den theoretischen und phänomenologischen Erörterungen diskutiert wurden, wieder zum Vorschein kamen.
Eine vertiefende Betrachtung dieser Problematik, die sich dabei auf Teile der IKI-Untersuchung stützt, wird die gesellschaftlichen Bedingungen für solche Kontrollverluste bzw. die Besetzung von Inhalten durch Dritte erhellen. Damit lassen sich auch Überlegungen anstellen, die eine Beantwortung der Frage, warum gerade Ethnizität, also partikulare Identitäten im Gegensatz zu einer Globalkultur und einer Internet-vermittelten Globalgesellschaft, trotz tatsächlicher globaler Dynamiken Bestand haben.

## 8.31 Wer spricht für wen? Fragen der Repräsentation auf dem Internet

Ausgangspunkt für die folgenden Überlegungen ist eine Aussage einer schwarzen Teilnehmerin von den Bermudas, die auf die Frage nach den Unterschieden der Inhalte auf und außerhalb des Internets (Frage 3.14) folgende Bedenken äußerte: "*Resources for Black people on the Net are mostly for African-Americans and I am not American*".[508]
Diese Aussage beschreibt - auf den Punkt gebracht - ein Dilemma des Internets, welches mit seiner Entstehung in den USA zusammenhängt, inzwischen aber eine Dynamik entfaltet hat, die nicht nur auf diese historische Gegebenheit allein zurückzuführen ist. Dabei geht es um die Darstellung, Wahrnehmung und die Vermarktung von Kultur und kultureller Identität, welche zu einem Großteil in den Händen einiger weniger Medienkonzerne liegt, aber auch von Eliten ethnischer Gruppen mitbeeinflußt werden kann. Oftmals entscheidet dabei nur eine Definition eines Begriffes über den Kontext der Wahrnehmung oder den Diskurs, innerhalb dessen eine Gruppe (dieser Mechanismus ist nicht allein auf ethnische Gruppen beschränkt) sich äußern kann. Ein Verlassen vorbestimmter und nach Begriffen geordneter Diskurse kann durch eine Öffentlichkeit aber auch durch die Gruppe selbst durch bewußte Nichtbeachtung oder mit Feindseligkeiten beantwortet werden. Mit der Durchbrechung des Prinzips der Kategorisierung erscheint ein Zustand nicht mehr kontrollierbar und somit als gefährlich.
Durch die dezentrale und egalitäre Struktur des Internets bezüglich der Verbreitung von Informationen wird diese Gefahr ein immanenter Teil

[508] Fragebogen 38.

der Kommunikation, da potentiell die ständige Möglichkeit besteht, sich konträr zu äußern. Diese Freizügigkeit bedeutet jedoch nicht, daß damit der 'Kampf um die Bilder' beendet ist. Er findet nur mit anderen (technologischen) Mitteln statt.
Daß in diesem Zusammenhang die Aussage der oben zitierten Teilnehmerin nicht ohne Bedeutung und Substanz ist, zeigt eine kurze Recherche auf dem Internet anhand einer Stichwortsuche mit Begriffen um das Wort *black*[509].
*Black* als Suchbegriff ist zu unspezifisch, da es als Adjektiv nicht nur für Menschen, sondern auch für alles andere Erdenkliche benutzt werden kann, *black humor* etc. Der Begriff *Blacks* erzielt ca. 80.000 Hinweise auf WWW-Seiten, die im Zusammenhang mit dieser so benannten Bevölkerungsgruppe stehen. Dabei handelt es sich jedoch zu einem sehr großen Teil um pornographische Seiten (*nude Blacks* etc.) und um wenige andere Quellen. Ein Hinweis auf ein Buch mit dem Titel *Jews and Blacks in the USA* konnte u. a. gefunden werden.
Der Begriff *black people* (15204 Hinweise) erweist sich als präziser für das Auffinden von WWW-Ressourcen, die mit *Blacks* eine Bevölkerungsgruppe meinen. Dabei ist allerdings der Überhang an Informationen festzustellen, die mit *African-Americans* verbunden sind, womit sich die Aussage der Teilnehmerin bestätigt. Ähnliches gilt für den Begriff der *black history*, der eine Liste vor allem US-zentrierter Ressourcen generierte. *Blacks on the Web* (76859) verwies entweder auf *African-American*-Quellen (z. B. *Chocolate City, Blacks online* ein sogenannter *chatroom* ) oder auf Pornographie.
Suchanfragen, die auf *Blacks* in Verbindung mit den Bermudas abzielen, bringen entweder Pornoseiten hervor oder Tourismusinformationen über die Bermudas, wobei im ersten Fall nach genau dem Begriff *Black people in the Bermudas* (216) gefragt wurde und im zweiten nach den Worten *Blacks* und *Bermudas* (36). In letzterem Fall mußten nur beide Worte enthalten sein, die Reihenfolge aber nicht eingehalten werden und auch keine Verbindung zwischen den beiden bestehen.
Erweitert man die Suche auf Begriffe jenseits von *Blacks*, wie etwa *Africans*, so erhält man dafür etwa 26.000 Einträge, die in ihrem Inhalt sehr gemischt sind, viele jedoch auf die USA zentriert. Eine deutsche Entsprechung, nämlich *Afrikaner im Netz*, generiert 59 Einträge, bei denen es sich entweder um das Thema Fußball oder um *African-Americans* handelt. Der Begriff *Schwarze* ist zu unspezifisch, als daß eine Suche damit zu brauchbaren Ergebnissen führt.
Die Suche mit dem Begriff *Blacks as ethnic group* (8271) verweist auf eine Definition von *Blacks*, die in einer Datenbank der *Library of Congress* steht:

---

[509] Gesucht wurde mit der Suchmaschine *Hotbot* (www.hotbot.com) auf dem WWW. Es wurde nicht jeder Eintrag nachgeprüft, sondern nur die ersten 200-300 Hinweise, was allerdings ausreicht, um einen Eindruck von den Begriffen und den damit verbundenen Quellen zu bekommen. Die Suche wurde im August/September 1998 durchgeführt.

"Public Note: For blacks who are permanent residents of countries other than the United States. (Images relating to black people in countries whose racial composition is predominantly black are assigned headings appropriate for the country as a whole, without the use of the heading BLACKS.) Search under AFRO-AMERICANS for permanent residents of the U.S. of black African descent, including black slaves in the U.S.
Cataloger's Note: Although it is a proper name, this Library of Congress Subject headings term is included in TGM1 for ready reference. As appropriate, subdivide by subdivisions used with names of ethnic, racial, and regional groups, and with classes of persons (Appendix A).
Used for: Negroes
Date approved: 9-Jan-93."[510]

Auch wenn hier eine Nutzung des Begriffes *Blacks* für andere als in den USA lebende Personen vorgeschlagen wird, so steht, wie die sicherlich unvollständige aber dennoch aussagkräftige Suche auf dem WWW vermuten läßt, die tatsächliche Situation dem entgegen. Die zitierte Teilnehmerin mahnt damit einen Zustand an, der über eine einzelne Meinung und Beobachtung hinausgeht. Der kritisierte Zustand erweist sich auch über die mit bloßen Begriffen durchgeführte Suche hinaus als gegeben. So nehmen Diskussionen, die sich um die Themen Rasse, Ethnizität und Cyberspace bewegen, selten Bereiche und Problemlagen außerhalb der US-amerikanischen Gesellschaft wahr. Die Ungleichheiten der Verteilung und des Zugangs zwischen '1. und 3. Welt' fallen unter die Rubriken 'indigen' oder 'Entwicklungsländer'.
Damit sollen nicht die Bemühungen der *African-American* Aktivisten geschmälert werden, die sich innerhalb der US-amerikanischen Gesellschaft für eine Gleichberechtigung ihrer Bevölkerungsgruppe einsetzen, wobei eine Homogenität auch hier nicht angenommen werden darf. Durch die Besetzung des Begriffs *Blacks* nehmen sie anderen Gruppen jedoch die Chance, sich eigenständig auf der Grundlage dieses Begriffs zu organisieren und artikulieren. Mit dem Anspruch für 'die' *Blacks* zu sprechen, wie ihn etwa das WWW-Magazin HYPE[511] erhebt (Untertitel: "*Monitoring the Black Image in the Media*"), wird ein allumfassendes Bild suggeriert, welches tatsächlich nicht erfaßt wird, da es sich fast ohne Ausnahmen nur um *African-americans* handelt.[512]

---

[510] http://lcweb.loc.gov/lexico/tgm1/b/Blacks.html

[511] vgl. http://afrikan.net/hype. Aus einer anderen Perspektive betrachtet, ist HYPE allerdings ein evidentes Beispiel dafür, wie gesellschaftliche Kontexte außerhalb des Internets einen Einfluß auf den im Internet dargestellten Inhalt haben. So z. B. ein Artikel über Gangs auf dem Internet mit dem Titel *Takin' the Streets to the Web*. Viele der in dem betreffenden Artikel vorgestellten Seiten werden von Polizei und anderen Ordungsbehörden beobachtet und als potentiell gefährlich eingestuft, ähnlich ihren realen Entsprechungen in den Städten der USA. Vgl. http://afrikan.net/hype/gangs1.html

[512] Die Besetzung von Begriffen und der Streit um die 'richtige' Darstellung findet auch unter den *African-Americans* selbst statt bzw. unter den Intellektuellen dieser Bevölkerungsgruppe, wie Heider sehr detailliert beschreibt. Vgl. Heider 1996 und Kap. 4.3 in dieser Arbeit.

So erzeugte Bilder und die Besetzung von Begriffen werden dann bedeutsam, wenn es, wie im Fall der oben dargestellten Suche, Technologien, wie z. B. sogenannte 'Agenten' oder Filter sind, die eingesetzt werden, um Informationen zu finden und zu sortieren. Johnson sieht in den Agenten, kleinen Computerprogrammen, die darauf programmiert sind, selbständig im Internet nach Informationen zu suchen, die unabhängigsten Werkzeuge an der Schnittstelle (*Interface*) von Internet und Mensch mit einem äußerst weitreichenden Einfluß. Gerade die Reichweite und ihre eher subtile Funktionsweise möchte er daher nicht den Managern und Technokraten der Medienkonzerne überlassen.[513]
Agenten sollen den Nutzern die Arbeit der Informationssuche abnehmen bzw. aus ihrem jeweiligen Verhalten auf Interessen und Vorlieben schließen. Damit werden Manipulationen und Informationsvorauswahlen durch Dritte möglich und somit die direkte Meinungsbildung bzw. Beeinflussung. Das gilt in gleicher Weise für sogenannte Filter-Software, wie sie bereits für pornographische Inhalte unter Namen wie *Cybersitter* oder *NetNanny* erhältlich sind. Die eingestellten Parameter entscheiden über die Informationen, die letztendlich auf den Bildschirm gelangen. Daß die in den USA entwickelten Programme an den moralischen Vorstellungen eines methodistischen männlichen Geistlichen aus Missouri orientiert sind, verdeutlicht nur, wie entscheidend die Kontrolle über solche Technologien bzw. ihre Funktionsweisen ist. Suchmaschinen stellen in dieser Hinsicht keine Ausnahme dar, sondern entwickeln sich mit der Ausweitung des Internets in zunehmendem Maße zu den Technologien, die als erste Orientierungshilfen angesteuert werden. Das gilt vor allem für Personen, die das Internet ohne einen computertechnischen Hintergrund als Gebrauchsgegenstand wie etwa das Telephon benutzen.
Suchmaschinen sind keine objektiven, wertungsfreien Hilfen, sondern können entsprechend einer Vorauswahl so programmiert werden, daß die Reihenfolge der Suchergebnisse vorbestimmt ist. Dieses ist vor dem Hintergrund der zunehmenden Kommerzialisierung des Internets von Bedeutung. Der Aufkauf einzelner Suchdienste durch große Medienkonzerne wie *Microsoft* u. a. ist ein Hinweis, daß das Potential für die Vorauswahl von Informationen sowie für das Marketing von Produkten und Ideen dieser Dienste erkannt wurde.
Andersherum betrachtet, entscheidet die Wahl der Begriffe, mit denen eine Web-Seite operiert, über die mögliche Auswahl oder Nicht-Auswahl einer Seite durch Agenten, Filter oder Suchmaschinen und somit über ihre Wahrnehmung auf dem Internet, so wie z. B. Geschmacksmuster durch die *smart agents* und ihre selbstreferentielle Programmierung vorgegeben werden und sich durch einen Mangel an vorgeschlagenen

[513] Vgl. Johnson 1997, S. 179ff und 19.

Alternativen immer wieder selbst zu bestätigen scheinen.[514] Die Besetzung von Begriffen und Bildern im Hinblick auf ethnische Gruppen kann somit eine Beeinflussung von Diskursen und Darstellungen bedeuten. Definitionen und Inhalte von Kulturen können auf diese Weise von außen, aber auch von den Mitgliedern einer Gruppe selbst bestimmt werden. Technologien und mit ihrer Hilfe verschiedene Eliten (ethnische, Medien, Wirtschaft) üben auf diese Weise sogenannte *Gatekeeper*-Funktionen aus, die sie mit Macht ausstatten. Die Tragweite solcher Darstellungen bleibt nicht auf das Internet beschränkt, sondern ist unter Berücksichtigung der Eigengesetzlichkeiten anderer Medien auch auf diese und somit auf gesellschaftliche Kontexte außerhalb des Internets ausgedehnt.[515]

Eines der Hauptprobleme für eine selbstbestimmte und adäquate Darstellung von Kultur und Ethnizität einer Gruppe auf dem Internet ist die Sprache, bzw. der Mangel an geeigneten Möglichkeiten, Sprachen außer Englisch und einigen anderen, meist europäischen, korrekt wiederzugeben. So stellt z. B. A.G. Smith fest, daß viele Maoris das WWW gerade wegen seiner Schwierigkeiten bezüglich der Wiedergabe ihrer Sprache für ungeeignet halten, ihre Kultur korrekt zu repräsentieren.[516] Die Darstellung von Schriftzeichen im Internet, die nicht den ASCII oder dem erweiterten ISO-Codes europäischer Sprachen entsprechen, ist dabei nur eine Seite des Problems; eine andere ist die sogenannte Lokalisation von Software, das heißt der Anpassung von Software an unterschiedliche Sprachen bzw. ihre Einbettung in lokale (auch semantische) Kontexte.

Am Beispiel Indiens macht Keniston deutlich, welche Folgen die Entscheidung haben kann, Software für den indischen Markt nur in Englisch, nicht aber in einer der fünf großen Sprachen des Landes bereitzustellen. Dabei gibt es - so Keniston[517] - eine Reihe wichtiger Aspekte neben der Übersetzung von Texten, die einer Lokalisation bedürfen, so z. B. Zeichensätze, der Seitenaufbau und Geometrie, Wörterbücher, Zahlen, Farben, Fenstergrößen, Kalender und schließlich die *Icons* und Bilder der zunehmend visuell ausgerichteten Programme. Eine Lokalisierung von Software ist abhängig von der Marktfähigkeit dieser Produkte

---

[514] Vgl. Johnson 1997, S. 203ff, in seiner Kritik an Programmen wie *Firefly*, die bei der Musikauswahl helfen sollen bzw. nach einer Anlaufzeit sogar selbständig die Titel heraussuchen, die zu einem individuellen Geschacksmuster passen. Der Umstand, daß *smart agents* feine Geschmacksunterschiede nicht verstehen können und nicht experimentierfreudig sind, läßt vermuten, daß eine Abhängigkeit von solchen Technologien zu einer Geschmacksnivellierung im Sinne hoher Verkaufszahlen der Medienkonzerne führt (hier die Musikindustrie).

[515] Vgl. Klimkiewicz 1998, in dem sie das Verhältnis von ethnischen Minderheiten und den Medien (ohne Internet) in Polen diskutiert; vgl. auch Terwal 1996, mit einer Untersuchung zur Repräsentation arabischer Immigranten in einer italienischen Tageszeitung.

[516] Vgl. Smith, A.G. 1997, S. 6; vgl. auch Fink 1998, die über die Mon in Burma berichtet, die mit der Hilfe von Exilanten in Thailand Fonts (Schriftzeichen) für die richtige Darstellung ihrer Sprache im Hinblick auf eine Verwendung auf Computern und dem Internet entwickeln.

[517] Vgl. Keniston 1998, S. 106.

(bzw. ihrer lokalen Versionen). Eine Entscheidung darüber fällt somit unabhängig von realen Bedürfnissen. Im Falle Indiens lautet die Begründung für die Entscheidung, ausschließlich englische Versionen verfügbar zu machen, daß es eine ausreichend große Zahl von Indern gäbe, die Englisch beherrschen bzw. Englisch die *Lingua franca* Indiens seiund somit ein Markt für andere Versionen nicht vorhanden sei. Die wirtschaftlichen Gründe einer Nicht-Lokalisierung von Software in Indien werden durch kulturelle und politische 'Eigenartigkeiten' Indiens begleitet. Eine zentrale Entscheidung darüber, welcher Dialekt einer bestimmten Sprache als Modell für eine Lokalisierung genommen wird, ist, anders als in China (Kenistons Vergleichsbeispiel), nicht möglich. Somit entsteht durch die relative linguistische Freizügigkeit und Diversität Indiens das Problem, nicht zu wissen, welche indische Sprache oder welcher Dialekt innerhalb einer Sprache als Referenz zu wählen ist. Die daraus resultierende Entscheidung, keine Lokalisierung in irgendeiner Sprache vorzunehmen, schließt aber ca 95% der indischen Bevölkerung von einer Computerbenutzung aus. Die verbleibenden 5% können mittels ihrer englischen Sprachkenntnisse an einer globalen elektronischen Kultur teilhaben, unterwerfen sich aber damit gleichzeitig den Werten und Normen der damit transportierten Kultur, denn Software und die darin integrierten Benutzeroberflächen (*Interfaces*) sind Ausdruck bestimmter - in diesem Falle meist westlicher/amerikanischer - Weltbilder und Vorstellungen, die nicht unbedingt kompatibel zu denen ihrer eigentlichen Benutzer sind.[518] Die Frage der Lokalisierung von Software und den Möglichkeiten, Inhalte auf dem Internet entsprechend einer eigenen Kultur zu präsentieren, deren vermeintliche Authentizität von den jeweiligen Mitgliedern selbst verhandelt werden muß, berührt eines der essentiellen Probleme einer 'Globalkultur' und ihrer *Interfaces,* welche in zunehmendem Maße den Zugang zur Welt ordnen werden. Die Gestaltung solcher *Interfaces* - hier im Sinne von kulturellen Werten, Vorstellungen und auch Sprachen - die bisher stark vom Westen, speziell den USA bzw. der dort vorherrschenden Kultur dominiert werden - entscheidet über Möglichkeiten, bisher in diesem Bereich marginalisierter Gruppen und Kulturen, Kultur und Wertvorstellungen auf einem globalen Niveau zu präsentieren und somit zu einem Teil einer 'globalen' (elektronischen) Kultur zu machen. Solchen als *Interface* bezeichneten Schnittstellen, die gewissermaßen als Fenster zu einer Welt, die sich mehr und mehr auch im lokalen Kontext als global geriert, kommt in einer in vielen Aspekten medial (speziell elektronisch) vermittelter und gestalteter Welt zunehmend Bedeutung zu.

[518] Vgl. Keniston 1998, S. 109. Keniston bemerkt, daß die Beantwortung der von ihm skizzierten Problemlage bezüglich der Sprachenvielfalt und der sich daraus ergebenden Fragen, welche Sprache von wem lokalisiert wird und wer in Indien über solche Probleme letztendlich entscheidet bzw. in den Prozeß mit eingebunden werden muß, schwierig ist, aber damit kein Grund, dieses Projekt zuungunsten von 95% der Bevölkerung aufzugeben. Bereits 1995 gab es in der *Herald Tribune* (Ausgabe Toulouse 8. Aug. 1995, S. 1) einen Artikel mit dem Titel *Cultural War of Words Looms on the Internet* , der das Problem der englischsprachigen Dominanz im *Cyberspace* zum Thema hatte.

Zugespitzt formuliert kann man daher sagen, daß mit der Kontrolle des Designs von *Interfaces* die Kontrolle über Bilder, Darstellungen und darüberhinaus die Zugänge zu den Medien (bewußtseins-mäßig als auch infrastrukturell) verbunden ist.
Das Konzept der 'Virtuellen Ethnizität' kann daher auch als *Interface* dienen, um das Verhältnis von Globalität zu betrachten, wie es medial, politisch und ökonomisch usw. vermittelt ist und Lokalität im Sinne einer Identität, die diese Qualität ('lokal zu sein') in Anspruch nimmt, ohne es zwingend auch zu sein (z. B. Diasporakulturen). Als *Interface* in dem Sinn, daß VE die Zusammenhänge deutlich macht und darauf ausgelegt ist, Technologie (besonders ihre wirtschaftlichen Bedingungen) und gesellschaftliche, (insbesondere kulturelle) Kontexte zusammenzudenken.

### 8.32 Die Darstellung ist ... : Aussagen in der IKI-Untersuchung

Die Aussage der zitierten Teilnehmerin ist in ihrer Zuspitzung des Problems der Repräsentativität herausragend, aber nicht die einzige, die auf diesen Problembereich hinweist. Einzelne Antworten auf die Frage, warum die vorgefundenen Informationen nicht zufriedenstellend sind (Frage 3.19), unterstützen das angegebene Zitat und die daran anschließende Diskussion.
Zum einen lassen sich darunter solche Aussagen finden, die ein Informationsüberangebot bzw. die Unübersichtlichkeit und Qualität der angebotenen Informationen beklagen:

> "Für mich brauchbare Informationen sind unter einem Berg von unbrauchbaren versteckt. *Search engines* beheben dieses Problem keineswegs" (Fragebogen (Fb)15, weiblich aus Österreich).[519]

> "Oft reine Selbstdarstellung oder rein politisch" (Fb36, weiblich aus der Schweiz) .

> "Issues I am interested in are difficult to find resources on." (Fb 51, weiblich *American Indian/Caucasian* aus den USA ).

> "Web sites vanish, esp. ethnic sites" (Fb 63, weiblich aus Australien mit amerikanischer Nationalität).

Zum anderen wird von verschiedenen Teilnehmern die Dominanz einzelner Kulturen oder Regionen angemerkt und wiederholt auch die Schwierigkeiten der Repräsentativität und der Zugangsbeschränkungen angesprochen:

---

[519] Die Angaben der ethnischen Gruppe, Nationaltät usw. werden insbesondere dann von mir in den Klammern aufgeführt, wenn sie in irgendeiner Weise besonders sind. ...*aus der Schweiz* würde dann gleichbedeutend sein mit Schweizer Bürger, mit schweizer Nationalität ohne eine besondere Angabe einer selbstzugeschriebenen ethnischen Bezeichnung.

"Nur auf die USA bezogen" (Fb 20, männlich aus Österrreich).

"The Internet is not accessable to minority groups in general due to technological and economic factors."
"Very much viewpoint of dominant culture" (beide Fb 93, männlich, *Pakeha*, Bezeichnung für einen Neuseeländer europäischer Abstammung).

"The language is a barrier" (FB 107, weiblich, *Hispanic* aus Costa Rica).
"Unterrepräsentierte Themen" (Fb119, weiblich aus Deutschland).

"Only one viewpoint may be portrayed" (Fb110, weiblich, *African* aus Südafrika).

Auch wenn diese Antworten eher eine Minderheit der gesamten Teilnehmer repräsentieren - nur 29 machten überhaupt Aussagen zu dieser Frage - so zielen die hier aufgeführten Aussagen doch auf ähnliche Probleme ab, die die Gründe für die Unzufriedenheit mit den vorgefundenen Informationen ausmachen. Besonders interessant erscheint dabei die Herkunft und die ethnische Selbstzuschreibung einiger Informanten. Entsprechend den Ergebnissen des vorangegangen Kapitels zu Ethnizität und den Nutzungsstrukturen des Internets kann es nicht nur Zufall sein, daß die Aussage *the language is a barrier* von einer *Hispanic*-Frau aus Costa Rica gemacht wird. Auch die Kritik der Frau aus Südafrika, die als Dritte ihr von anderen verliehene ethnische Kategorie *Black* angibt, läßt sich im Rahmen der gemachten Analyse von Respräsentativität und Dominanzstrukturen als unterstützendes Argument lesen. Es zeigt sich, daß über die Einzelaussage am Anfang des Kapitels hinaus das darin angesprochene Problem durchaus eine Bedeutung hat, die von anderen Informanten ebenso erkannt und benannt wird.
Die unter der Frage 3.16 zu machenden Einschätzungen zur Darstellung ihrer eigenen ehnischen Identität auf dem Internet können diese Beobachtungen auf einer umfassenderen und für die IKI-Untersuchung repräsentativeren Ebene noch ergänzen.
Gefragt war, inwieweit sechs verschiedene Qualitäten, die den Informationen zugeschrieben wurden, für ihre eigene ethnische/kulturelle oder nationale Gruppe zutreffend sind. Die Qualitäten waren 'ausschnitthaft', 'differenziert', 'repräsentativ', 'stereotypisiert', 'umfangreich', verfälscht'. Gewertet werden konnte auf einer Skala von 1 - 4, wobei 1 einem 'sehr ausschnitthaft' etc. entsprach und 4 einem 'nicht...'.
Die Einschätzungen sind insgesamt sehr unterschiedlich (vgl. auch Graphik 6), was für eine differenzierte Sichtweise und die Wahrnehmung der angesprochenen Probleme sprechen kann. So halten 42,3% (N=71) der Teilnehmer die Darstellung für sehr oder mäßig ausschnitthaft.
Sehr oder mäßig differenziert sind die Inhalte nach Einschätzung von 41,7% (N=72), wobei weitere 41,7% allein diese für wenig differenziert

halten. Erstaunlicherweise sehen 70,2% (N=84, 25% sehr, 45,2% mäßig) die spezifischen Darstellungen als repräsentativ an.
Eine ähnliche Gewichtung fällt bei einer möglichen Stereotypisierung auf. 63,3% (N=79, 16,5% sehr, 46,8% mäßig) sehen in den Informationen stereotypisierte Darstellungen ihrer Kultur.
Ob die Inhalte umfangreich sind, wird geradezu ausgewogen beantwort. 31,7% (N=82) finden sie sehr umfangreich, 23,2% mäßig, 26% wenig und noch 18,3% nicht umfangreich. Eine deutliche Konzentration auf eine Einschätzung wie bei den anderen ist hier nicht auszumachen. Das mag bei diesem Punkt mit daran liegen, daß hier eine Menge ('umfangreich') einer subjektiven Einschätzung unterzogen werden sollte, anders als in den qualitativen Bewertungen der anderen Punkte.
Ob die Darstellungen verfälscht sind, wird hingegen von einer deutlichen Mehrheit eher verneint. 55,8% (N=77) halten die Informationen für wenig und noch 18,2% für nicht verfälscht.

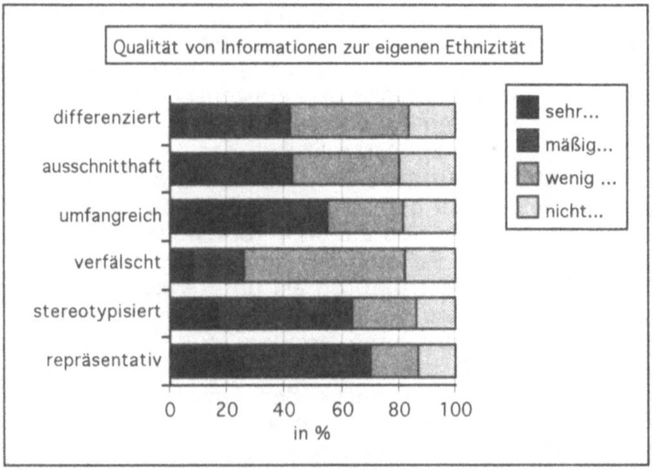


**Graphik 5**[520]

Diese Aufstellung zeigt zum einen die Unterschiedlichkeit, manchmal fast Gegensätzlichkeit der verschiedenen Einschätzungen, aber damit gleichzeitig die Virulenz von Fragen nach Repräsentativität, Zugangsbedingungen und der Gestaltung von *Interfaces* im Sinne einer Produktion von Orientierungs- und Wahrnehmungshilfen, die über das Bild einer Gruppe und damit über ihre mediale Existenz entscheiden können. Besonders interessant an den Einschätzungen ist, daß 'Verfälschung' ungleich einer ungenügenden 'Differenzierung' oder einer nur 'ausschnitthaften' Darstellung ist. Der Mangel an Vollständigkeit und eine daraus resultierende mögliche Stereotypisierung von Darstellung

[520] ausschnitthaft n=71; differenziert n=72; repräsentativ n=84; strerotypisiert n=79; umfangreich n=82; verfälscht n=72.

werden nicht unbedingt als Verfälschung wahrgenommen. Dieser Umstand könnte auf eine nicht zwingend essentialistische Wahrnehmung eigener Kultur und ethnischer Identität hinweisen. Die fast gegensätzliche Wahrnehmung von 'repräsentativ' auf der einen und 'stereotypisiert' als auch 'differenziert' auf der anderen Seite bezüglich der Darstellungen eigener ethnischer Identität könnte darin begründet liegen, daß auch stereotype Inhalte als repräsentativ angesehen werden, bedingt durch den Standpunkt des Betrachters und mit jenem auch wechseln können. Das würde bedeuten, daß Kultur situationsbedingt und nicht essentiell und zu allen Zeitpunkten allumfassend wahrgenommen wird. Entsprechend der Einschätzung der Verfälschung von Darstellungen und der hier gemachten Interpretation würde sich dann in der Frage nach einer Repräsentativität der Darstellungen das positive Gegenstück zu ersterem finden lassen. Nicht zu vergessen dabei ist die privilegierte Stellung der teilnehmenden Personen auch innerhalb ihrer ethnischen Gruppe, welche letztendlich den gemachten subjektiven Aussagen eine Gewichtung verleiht, die die Gesamteinschätzung des Problems von Repräsentation, Inhaltsgestaltung und Kontrolle nicht wesentlich beeinflußt, sondern vielmehr nochmals auf das Problem von Eliten und Zugang hinweist.
Hinzuzufügen ist, daß der Stellenwert, den Ethnizität persönlich für die Teilnehmer hat, die Wahrnehmung der Darstellungen bei den Teilnehmern nur unwesentlich beeinflußt. Es lassen sich Tendenzen erkennen, die Darstellungen bei einem höheren Stellenwert der eigenen ethnischen Identität kritischer zu sehen, eine Abhängigkeit oder Korrelation der beiden Variablen ist jedoch nicht festzustellen.
Es sind zwei Punkte, die aus dieser Analyse hervorzuheben sind. Zum einen die Bedeutung der Kontrolle über Gestaltung und Verbreitung von Inhalten auf dem Internet und in anderen Medien: Daß es sich dabei nicht um einen neuen und schon gar keinen zufälligen Prozeß handelt, zeigen bereits Hamelink sowie Schiller sehr eindrucksvoll in ihren Analysen der politischen und wirtschaftlichen Strukturen weltweiter Kommunikation.[521] Zum anderen unterstützen die Wichtigkeit und Zurkenntnisnahme dieser Prozesse und Probleme auf dem Internet durch die Teilnehmer der IKI-Untersuchung dabei die in der theoretischen und phänomenologischen Grundlegung des Konzeptes der VE gemachten Annahmen. Dabei deutet sich in allen Abschnitten an, daß Ethnizität nicht ausschließlich als eine starre Identität gesehen wird und auf sie als Resssource in unterschiedlicher Weise zurückgegriffen werden kann. Einer der Gründe für diese ständige Transformationssituation, in der sich Ethnizität im Zusammenspiel mit dem Internet befindet, liegt in der von dieser als auch von anderen Technologien produzierten Globalität. Kultur, ihre Inhalte und vor allem ihre Bedeutung und Bedeutungsräume stehen dabei unter dem Druck, ständig neu verhandelt zu wer-

[521] Vgl. Hamelink 1994; Schiller 1995. Hamelink konzentriert sich dabei auf eine globale Ebene und internationale Strukturen, während Schiller sich vor dem Hintergrund der USA mit diesem Thema beschäftigt, dabei eine globale Perspektive aber nicht aus den Augen verliert.

den. Daß dieses ohne den Verlust kultureller Identität gelingen kann, liegt in der Dynamik und Flexibilität von Ethnizität begründet. Darin liegt aber auch gleichzeitig die Gefahr der Manipulation, der Besetzung von Bildern, Darstellungen und Bedeutungen (*images*), die Schaffung 'kleinster gemeinsamer Nenner' im Rahmen einer Weltkultur, die dem Zwang eines Globalismus zu unterliegen scheint, wie die bisherige Diskussion gezeigt hat.
Ethnizität wird vor diesem Hintergrund jedoch nicht zu einem beliebigen Konzept, sondern verändert seine Dynamik entsprechend der sich erweiterten Rahmenbedingungen für die Konstitution ethnischer Gruppen und Gemeinschaften.

### 8.33 Identität, Kreolisierung und Globalismus

Die Aussagen, die als Antworten auf die Fragen 5.3 und 5.4 gegeben worden sind, zeigen, daß der Begriff der Ethnizität bzw. kulturellen/ethnischen Identität nicht beliebig von den Teilnehmern benutzt und verstanden worden ist (vgl. auch Kap. 3.3). Die Faktoren, die Ethnizität nach Meinung der Informanten ausmachen, reichen vielfach in die persönliche Identität einer Person hinein und besitzen eine Persistenz, die andere Merkmale - etwa die Zugehörigkeit zu einem Sportverein - nicht in dieser Weise aufweisen. Bei einem Vergleich der Aussagen von Faktoren, die Ethnizität allgemein ausmachen und solchen, die für die Teilnehmer persönlich wichtig für ihre eigene Identität waren, fallen zwei Punkte besonders auf: sexuelle Orientierung und persönliche Erfahrungen.
Für den ersten Punkt gilt, daß in den Antworten zu verschiedenen Fragen Homosexualität (nur in diesem Zusammenhang wurde eine sexuelle Orientierung überhaupt geäußert) der gleiche Stellenwert zukam wie einer ethnischen Identität. Sexuelle Orientierung ist nicht Ethnizität, es lassen sich jedoch ähnliche Muster der Identitätsstrukturierung feststellen. Zu erklären ist eine solche Verwendung und Sichtweise durch den zweiten Punkt, der eine besonders wichtige Rolle für die persönliche Identität verschiedener Informanten spielt, namentlich die persönlichen Erfahrungen, zu denen auch sexuelle Orientierungen gerechnet werden können. Dieses eher individualisierte Merkmal ethnischer/ kultureller Identität trägt der Loslösung von starren ethnischen Zugehörigkeitsprinzipien Rechnung, gibt aber nicht den Begriff oder das Konzept der Ethnizität auf, sondern erweitert es.
Eine solche Definition ist für Transformationen offen, wie sie sich im Zuge erhöhter individueller Mobilität und medial vermittelter Globalität ergeben können. Besonders durch die Veränderungen räumlicher und zeitlicher Wahrnehmungen lokaler und globaler Ebenen, wie sie durch die ubiquitäre und globale Logik des Internets gefördert werden, erscheint Identität einem erhöhten Druck ausgesetzt, was die Neuinterpretation und gleichzeitige Bewahrung von Traditionen betrifft.
Andererseits erscheint Ethnizität vor allem aufgrund seiner tatsächli-

chen oder auch nur vermeintlichen Historizität ideal, ein Gegengewicht zu dem durch die neuen Medien produzierten 'Verlust an chronologischer Kontinuität', wie Hobsbawm es nennt, zu stellen.[522] In Anlehnung an Girards Thesen der Entdifferenzierung von Gesellschaften (vgl. Kap. 5), wird hier angenommen, daß der Bezug auf Ethnizität und kulturelle lokale Identitäten u. a. dazu dient, in einem 'geschichts- und zeitlosen' globalen Medium Geschichte einzuführen, also die Bereitstellung 'historischer' Wurzeln zur Orientierung. Eine mutmaßliche globale Kultur wird letztendlich medial in einem lokalen Kontext vermittelt. Der Rückgriff auf 'lokale' Identitäten in einem globalen Kontext der Medien, der darüber produzierten Bilder und *Interfaces* stellt ein Orientierungsprinzip bereit, über das Kultur und ethnische Identität übersetzt und neu gestaltet werden können. Nur über den Bezug auf eine Geschichte oder eine kollektive Identität - deren tatsächliche historische Tiefe weniger maßgeblich ist als ihre kollektive Beschaffenheit - sind Transformationen ohne einen Verlust an Identität möglich. Die Herausbildung von Kreolen- oder Hybridkulturen, wie sie gerade für Diaspora- und Migrantengruppen typisch sind (in negativer wie positiver Form), zeigt sich auch auf dem Internet und seinen virtuellen Gemeinschaften, wo sich wie J. Anderson ausgeführt hat, neue Chancen für die Auseinandersetzung mit der eigenen, aber auch mit anderen, fremden Kulturen bieten.[523] Der Austausch und die gegenseitige Verständigung ohne eine gleichzeitige Aufhebung der einen oder anderen Kultur hält jene lebendig.[524] Abschottungen, ganz gleich ob durch fundamentalistische Essentialisten oder durch Fremdethnisierungen, mit dem Ziel der Kontrolle von Menschen (z. B. Asylbewerber oder Arbeitsimmigranten) blockieren das dynamische Potential in erheblichem Maße.

Castells Annahme, daß in einer *network society* ethnische Identität nur als Reaktion anzusehen ist und somit verhindernd und anachronistisch ist, wird damit widersprochen. Castells begründet seine Unvereinbarkeit von Ethnizität als Organisationsprinzip von Gemeinschaften in einer *network society* mit der zeitlichen und territorialen Verankerung ethnischer Identität, welche konträr zu ihrer netzwerkartigen Verfassung einer gegenwärtigen Globalgesellschaft (*network society*) steht. Er erkennt in Ausnahmen die ethnische Grundlage von Netzwerken an, wie im Fall der chinesischen Wirtschaftsnetzwerke oder von ethnisch basierten Widerstandsbewegungen (z. B. Chiapas), negiert aber generell die Bedeutung von Ethnizität in einer Gesellschaft (*network society*). Der Mangel eines dynamischen Konzeptes ethnischer/kultureller Identität in seinem Ansatz wird hier offenbar.

Dabei besteht gerade in einer wie auch immer verfaßten globalen Netzwerkgesellschaft über das Internet - als die entsprechend korrespon-

[522] Vgl. Hobsbawm 1996, S. 17, der den Verlust chronologischer Kontinuität, als eine Kritik an den Medien und ihrer Tendenz zu vergessen, vorbringt; vgl. auch Johnson 1997, S. 2 zur Geschichtsvergessenheit der digitalen Welt; siehe auch Kap. 7.2 in dieser Arbeit; vgl. Castells 1997, S. 66.

[523] Vgl. J. Anderson, 1996, und Kap. 8.14.

[524] Vgl. Augé 1995, S. 91.

dierende Technologie - die Möglichkeit, Ethnizität losgelöst von einem Territorium, von Zeit und anderen 'lokalen' Gegebenheiten zu aktivieren und als Ressource zu nutzen; das 'Lokale', global vermittelt, bedeutet auch seine entsprechende Transformation.
Mit Begriffen wie Kreolisierung, Hybridkultur, globalem Nomadentum oder *global tribes* wird versucht die Dynamik der Veränderung von Kulturen zu beschreiben, ein Prozeß, wie er bisher vor allem bei Migrantenkulturen vorkam. Neu ist also nicht der Prozeß an sich, sondern die Bedingungen, unter denen er stattfindet. Dazu tragen in großem Maße die Medien bei - vor allem das Fernsehen - und ihre fast unbegrenzte Reichweite in alle Regionen der Welt. Das Internet hat dem letztendlich nur eine weitere Dimension in Form der bi-direktionalen aller-mit-allen-Kommunikation hinzugefügt. Die Entstehung virtueller Gemeinschaften bzw. die Hervorhebung von Virtualität durch digitale Medien hat die transnationale Vermittlung von Kultur um eine Ebene bereichert. Das Verhältnis von Virtualität, Realität und Imagination muß - so Ribeiro[525] - als eine des Transits angesehen werden, nicht als Opposition.
Ein daraus resultierender global-lokal Nexus, wie es Morley/Robins nennen[526], ist - wenn es überhaupt ein typisches Merkmal für die mit Globalisierung bezeichneten Prozesse gibt - ein wichtiger Punkt für die Analyse der Transformation von Kultur und der Bedeutung von Ethnizität in einer angenommenen globalen Mediengesellschaft.
Gillespies[527] Untersuchung jugendlicher *Punjabis* im Londoner Stadtteil Southall und ihres Fernsehkonsums (und anderen Konsumverhaltens) sowie die Rolle des Fernsehens als transnationalem Medium für die Auseinandersetzung mit der eigenen Identität und Kultur und der des Gastlandes zeigt die Wechselwirkungen, die sich zwischen globaler Medienwelt und einer lokalen Kultur ergeben können. Die Untersuchung verweist ausdrücklich darauf, daß die von den Jugendlichen gelebte Kultur sich von der ihrer Eltern und der in Indien verbliebenen Verwandten unterscheidet, ohne ihre Bedeutung oder Zuordnung als Sikh, *Punjabi*, Inder usw. zu verlieren. Zum einen - wie in diesem Fall - werden transnationale oder auch globale Inhalte lokal angepaßt und darüber die Bedeutung der eigenen Identität im Verhältnis zu anderen neu definiert. Zum anderen kann lokale Identität speziell über das Internet transnational vermittelt, artikuliert und 'verhandelt' oder übersetzt werden; eine Qualität, die auch Castells den neuen Medien bezüglich der verbreiteten Symbole (*images and sounds*) und ihrer Produktion durch kollektive Praxis oder individuelle Präferenzen zuspricht. [528]
Indem Castells in seiner Analyse jedoch teilweise eine Opposition von Ethnizität auf der einen und *network society* auf der anderen Seite vornimmt, folgt er der Argumentation eines Globalismus, der Ethnizität

[525] Vgl. Ribeiro 1994/95.
[526] Vgl. Morley/Robins 1995, S. 115/6 in dem Kapitel mit dem bezeichnenden Titel: *Tradition and Translation*.
[527] Vgl. Gillespie 1995.
[528] Vgl. Castells 1996; S. 337.

und kulturelle Identität hauptsächlich negativ wahrnimmt, sozusagen als Negierung einer modernen globalen Welt. Diese Sichtweise ignoriert die sozialen und wirtschaftlichen Bedingungen und Ursachen, die zu einer ausschließlich reaktiven und häufig konflikthaft auftretenden Ethnizität führen. Gerade weil es bei dem Verhältnis von Ethnizität und Informationstechnologien auch um die Existenzbedingungen letzterer geht, muß eine Analyse deren sozialökonomische Gegebenheiten berücksichtigen.

# 9
# Globale Weltbilder

Das durch moderne Kommunikations- und Informationstechnologien wie das Internet neu kontextuierte Verhältnis von global und lokal stellt den Hintergrund für das Konzept der 'Virtuellen Ethnizität' dar und bestimmt gleichzeitig die Perspektive, die dieses Konzept nicht aus den Augen verlieren darf. Globalität bezieht sich dabei nicht nur auf die weltweite Distribution der Medientechnologien Telephon, Fernsehen und Internet, sondern in erster Linie auf deren Funktionsweisen und die daraus resultierenden Folgen für die Wahrnehmung von Raum und Zeit sowie geographischer und sozio-kultureller Kontexte.
Mit dem Begriff der Globalisierung wird versucht, die Prozesse zu beschreiben, welche herkömmliche Vorstellungen von lokalen und globalen Kontexten in Frage stellen und eine neue Qualität in das Verhältnis zwischen diesen beiden 'Räumlichkeiten' einbringen. Globalisierung beschreibt dabei nicht nur die weltweiten Möglichkeiten der Interaktion, z. B. des Handels über Landesgrenzen oder Kontinente hinweg, wie er innerhalb eines Weltsystems nach Wallerstein bereits seit 500 Jahren betrieben wird, sondern besonders die Interdependenzen, die sich aus den durch elektronische Netzwerke geschaffenen Möglichkeiten des sofortigen Austausches ergeben - sowohl in wirtschaftlicher Hinsicht als auch bezogen auf soziale sowie politische Entscheidungen und Entwicklungen. Überspitzt formuliert läßt sich eine netzartige Verbindung aller lokalen Kontexte zu einem globalen Netzwerk feststellen, welches zum einen mehr als nur die Summe der einzelnen Komponenten ist, zum anderen aber von den Interessen bestimmt wird, die sich nicht länger auf einen lokalen Kontext beziehen, sondern per se global ausgerichtet sind, wie z. B. die Marketingstrategien multinationaler Industriekonzerne, die weltweit operierenden Medienkonglomerate sowie ihre Produkte oder globale Organisationen wie *Greenpeace* oder *amnesty international*.
Die Hauptmerkmale von Globalisierungsprozessen sind dabei die globale Reichweite ihrer Auswirkungen, denen sich zu entziehen nicht möglich erscheint, sowie eine geopolitische Grenzenlosigkeit, die bisherige Konzepte nationalstaatlicher Autonomie herausfordert wenn nicht sogar *ad absurdum* führen kann. Gerade im Zusammenhang mit letzterem Punkt wird Globalisierung sehr häufig als quasi naturgesetzlich dargestellt, dem sich entgegenzustellen fast als irrational gilt. Eine solche Einschätzung verweist jedoch eher auf den ideologischen Charakter von Globalisierungsrhetoriken, die weniger einen zwingenden Prozeß beschreiben, sondern mit deren Hilfe versucht wird, Interessen

durchzusetzen und die Wahrnehmung von *Welt*, Machtverhältnissen oder ökonomischer Verteilung zu steuern.[528] In diesem Sinne können Konzepte von Globalität oder Globalismus, wie es im vorherigen Kapitel genannt wurde, als *Interfaces* gesehen werden, über die versucht wird, die gegenwärtige gesellschaftliche Situation zu ordnen, sozusagen in Form von Welt(gesellschafts)bildern, Kosmologien und Narrativen, die den Menschen die vielfältigen und häufig chaotisch erscheinenden Verhältnisse erklären. Das trifft in gleicher Weise auf wissenschaftliche Theorien zur Globalisierung zu wie auch auf die Verwendung des Begriffes im Zusammenhang mit politischer und wirtschaftspolitischer Rhetorik.
Mit dem Bedeutungskomplex der Globalisierung steht folglich ein Begriffsinventarium für eine Bewußtseinsstrukturierung bereit.
Da hier speziell das Verhältnis von Lokalität und Globalität berührt wird, ist zu erwarten, daß diese Weltbilder auch einen Einfluß auf die Bildung und Erhaltung von Gemeinschaften haben werden sowie auf deren Möglichkeiten zur Artikulation ihrer Bedürfnisse im Sinne einer informationellen Selbstbestimmung.

## 9.1 Globalisierung und globaler Narrativ

### 9.11 Globalisierung

Globalisierung ist nach Beck das am meisten gebrauchte - mißbrauchte - und am seltensten definierte (Schlag- und Streit-) Wort der letzten, aber auch der kommenden Jahre.[529] Die Unklarheit des Begriffes rührt Beck zufolge u. a. daher, daß unter Globalisierung häufig nur die wirtschaftliche Verknüpfung und Vernetzung von Märkten und die hier entfaltete ökonomische Logik verstanden wird und andere Dimensionen (ökologische, kulturelle, arbeitsorganisatorische, etc.) keine Beachtung erfahren. Unklar bleibt allerdings auch hier, welcher Aspekt globaler Wirtschaftstätigkeit tatsächlich gemeint ist, wenn von Globalisierung geredet wird. Die scheinbare Beliebigkeit der Verwendung des Begriffes ergibt auch bei der Beschränkung auf eine einzige Dimension (z. B. Wirtschaft) keine größere Klarheit.
Es gibt jedoch einige Punkte, die mehr als andere für die Beschreibung des Begriffes herangezogen bzw. als Ursache oder Motor des Phänomens selbst genannt werden. Zu diesen Punkten gehören Kommunikations- und Informationstechnologien wie das Internet, die Vernetzung der Wirtschaft über diese Technologien, die Entstofflichung der Ökonomie, d. h. ihre zunehmende Unabhängigkeit von der Produktion von Gütern, wie das Beispiel der globalen (u. a. elektronischen) Finanzmärkte

[528] Vgl. Brune 1997, S. 10-12, der als die Komponenten einer Ideologie der Globalisierung die folgenden vier Punkte aufführt: 1. Le mythe de progrès; 2. Le primat du technique; 3. le dogme de la communication; 4. La religion de l'époque.
[529] Vgl. Beck 1998, S. 5.

und der Handel mit sogenannten Derivaten zeigt, die weltweite Verbreitung kultureller Symbole und eine mutmaßliche kulturelle Einheit ('globale Kultur'), die über einige dieser Symbole erzeugt werden soll.
Es zeigt sich an dieser Aufzählung bereits, was das eigentliche Merkmal von Globalisierung abseits partikularer Ausprägungen zu sein scheint, nämlich die Interdependenz verschiedener gesellschaftlicher Dimensionen auf einem globalen Niveau. Das bedeutet nicht nur die Verknüpfung von Regionen, die weit voneinander entfernt liegen, sondern die Einbeziehung nahezu aller Regionen, Kulturen, Nationen und Gesellschaften in diesen Prozeß.
Für Giddens bedeutet Globalisierung in diesem Sinn eine Intensivierung weltweiter sozialer Beziehungen, durch die entfernte Orte in solcher Weise miteinander verbunden werden, daß Ereignisse an einem Ort durch Vorgänge geprägt werden, die sich an einem viele Kilometer entfernten Ort abspielen.[530]
Robertson bezeichnet diesen Prozeß als' Kompression der Welt' und fügt der Definition die 'Dimension eines Bewußtseins von der Welt als ganzem' hinzu.[531]
Martin/Schuhmann folgern, angesichts ihrer Nachforschungen über Globalisierung und speziell der damit assoziierten Erscheinungen und Folgen, daß niemals zuvor so viele Menschen gleichzeitig so vieles über den Rest der Welt wußten. Diese Feststellung veranlaßt sie zu der Vermutung, daß das globale Ideal eines bevorzugten Lebensstils ein amerikanisches Mittelstandsdasein in einem Vorort von San Francisco sein würde. Müßte die Menschheit darüber abstimmen, so die Autoren, so wäre nicht nur eine überwältigende Mehrheit für dieses Ideal, sondern es könnte - dank moderner Kommunikationstechnologie und der Verbreitung von Telefon und vor allem des Fernsehens (speziell satellitenübertragener Programme) - auch tatsächlich abgestimmt werden.[532]
Die Verbreitung westlicher (speziell amerikanischer) Konsumgüter und ihrer mittransportierten symbolischen Bedeutungen von Freiheit, Allmacht, Erfolg, Lebensgefühl, etc. lassen vermuten, daß es so etwas gibt wie eine einheitliche Kultur, gesteuert und dominiert von im Westen sitzenden Großkonzernen im Verbund mit Medienmultis à la Murdoch. Diese Sichtweise und die Kritik an der damit einhergehenden neo-liberalen Wirtschaftsideologie spiegelt sich in den Ansätzen wider, die Globalisierung in erster Linie als eine 'Veranstaltung' des Westens auffassen, verbunden mit einer neo-imperialistischen Politik der kulturellen Dominanz und Kontrolle, wie Amin, Schiller, Becker, Bischoff oder Altvater/Mahnkopf es ausführen.[533] Kennzeichnend für diese Thesen ist die fast ausschließlich ökonomische Orientierung im Hinblick auf globale Entwicklungen. Für Amin ist Globalisierung daher ein trilateraler wirt-

[530] Vgl. Giddens 1995, S. 85.
[531] Vgl. Robertson 1992, S. 8.
[532] Vgl. Martin/Schuhmann 1997, S. 27.
[533] Vgl. Amin 1992; Becker 1995; Schiller 1995; Bischoff 1996; Altvater/Mahnkopf 1997.

schaftlicher Prozeß zwischen Japan, den USA und der EG. In diesem Sinn versteht auch Kothari Globalisierung als eine Integration der Welt in die Interessen der dominanten Zentren des Westens und nicht als einen multilateralen Prozeß.[534] Anders als in den weiter oben aufgeführten Erklärungs- und Definitionsversuchen (Giddens, Robertson) wird Kultur von den als polit-ökonomisch zu bezeichnenden Ansätzen nur als manipulierter 'Konsumar-tikel' wahrgenommen, der im Zuge der Globalisierung zu einem Instrument der Kontrolle und Dominanz wird. Positive und negative Entwicklungen, die auf die Verdichtung oder Kompression gesellschaftlicher Beziehungen zurückzuführen sind, spielen dabei keine Rolle. Es sind aber gerade diese Verknüpfungen unterschiedlicher Dimensionen, welche die Qualität von Globalisierungsprozessen ausmachen. Eine Beschränkung auf wirtschaftliche Dimensionen allein engt eine Analyse unnötig ein.

Für eine Untersuchung gesellschafts- und bewußtseinsstrukturierender 'globaler Weltbilder' ist es jedoch nötig, die Perspektive um eine 'kulturelle' Dimension zu erweitern. Denn wenn es- wie Martin / Schumann mutmaßen - einen global einheitlichen Lebensstil gibt bzw. ein dahingehendes Ideal, dem eine Mehrheit weltweit zustimmen würde, dann ist auch nach der Qualität und Bedeutung einer solchen 'globalen Kultur' zu fragen, wie sie im Zuge der medialen und verkehrstechnischen Vernetzung der Welt entstehen soll bzw. tatsächlich entsteht.

Featherstone[535] hält eine globale Kultur (*global culture)* für nicht existent, wenn darunter eine nationale Kultur im Weltmaßstab verstanden werden soll. Eine Globalkultur muß in Begriffen des Wandels und der Heterogenität erfaßt werden. Es gibt ihm zufolge keine homogene Globalkultur, wie sie in Theorien des Kulturimperialismus oder der Amerikanisierung als Gefahr westlicher Dominanz dargestellt wird, sondern eine Vielzahl lokaler und populärer Diskurse sowie kulturelle Praktiken und Codes, die manipuliert, verändert werden können und mit denen den Homogenisierungsbestrebungen der multinationalen Konzerne begegnet werden kann.

Er sieht sogenannte 'dritte Kulturen' (*third cultures*) entstehen, die neue flexible Formen der Orientierung in einem globalen Raum anbieten. Diese dritten Kulturen ähneln sehr den Kulturen, wie sie durch die Übersetzungsvorgänge eigener und fremder Identität bei Migranten vorzufinden sind und wie sie Morley/Robins und Gillespie beschrieben haben (vgl. Kap. 8.33).

Appadurai[536] führt in einem ähnlichen Zusammenhang den Begriff des *ethnoscape* ein, um die veränderten Bedingungen für die soziale, räumliche und kulturelle Entstehung von Gruppenidentitäten sowie deren Brüche zu erfassen. Es geht ihm dabei in der Hauptsache um eine 'Enträumlichung', d. h. um die zunehmende Dissoziation von Identität, Raum, Nation, Wirtschaft, Territorium, Politik und Gesellschaft. Diese

---

[534] Vgl. Amin 1992, S. 9ff; Kothari 1995b, S. 1600.

[535] Vgl. Featherstone 1990, S. 1ff.

[536] Vgl. Appadurai 1990, S. 296; 1998, 11ff.

Enträumlichung hinterläßt jedoch kein Chaos, sondern generiert ihrerseits neue Vorstellungen, Bedeutungen und Realitäten sowie gleichermaßen neue (ethnische) Konflikte, die aus diesen Vorstellungen genährt werden. Dabei handelt es sich nicht um 'postmoderne' Beliebigkeiten, sondern um die Folgen tatsächlich stattfindender Prozesse, die neue Verknüpfungen von Räumen und Identitäten entstehen lassen. So gesehen besteht Globalisierung und eine Globalkultur in den andauernden Transformationen kultureller Vorstellungen und Phantasien, wie Appadurai sie nennt.
Diese Vorstellungen finden ihren Ausdruck in den Narrativen und Weltbildern von Gruppen und Gesellschaften, denn trotz ihres globalen Ursprungs und ihrer Reichweite werden diese Vorstellungen lokal vermittelt und dienen der Übersetzung von Prozessen, die sich dem direkten Einfluß der Menschen oftmals entziehen.
Der Begriff des *ethnoscape* bietet somit die Möglichkeit, die Verbindungen und die einhergehenden Bedeutungen ohne eine territoriale Fixierung zu analysieren. In einem früheren Beitrag hat Appadurai bereits vier weitere Dimensionen als Rahmen einer Untersuchung der Brüche einer globalen Welt genannt: *Mediascapes*, *technoscapes*, *financescapes* und *ideoscapes*.[537] Diese Dimensionen sind perspektivische Konstruktionen, um die unterschiedlichen Aspekte globaler Entwicklungen und Vernetzungen zu beschreiben. Im Unterschied zum Konzept der VE geht es ihm hierbei jedoch nicht genuin um die Untersuchung des Verhältnisses technologischer Entwicklungen und Identität, sondern um globale Prozesse, die verschiedene Ausprägungen haben können. VE macht keine Unterscheidung mehr zwischen möglichen Perspektiven (*scapes*), sondern hat vielmehr deren Beziehungen und Durchdringungen als zentrales Thema.
Im Hinblick auf die Bedeutung von Globalkultur zeigt sich hier, daß die bloße Beschränkung auf die politökonomische Dimension keine ausreichenden Erklärungen für eine Vielzahl von Entwicklungen bietet, die sich im Zuge von Globalisierungprozessen - also der Zunahme von wirtschaftlichen, sozialen und politischen Beziehungen und Verknüpfungen - beobachten lassen. Dazu gehören z. B. transnationale Migrationen, Diasporakulturen, weltweit ausgetragene ethnische Konflikte, mediale Darstellungen und Konzeptionen von Welt und 'Anderen', kulturelle Vermischungen im Sinn einer globalen Ökumene.
Castells großangelegtes theoretisches Werk *The Information Age: Economy, Society and Culture*[538] ist ein Versuch, diese beiden Diskurse zusammenzubringen. Seine darin ausgeführte Theorie der *network society* konzentriert sich dabei weniger auf einen der beiden Schwerpunkte (Wirtschaft, und Politökonomie auf der einen und Kultur auf der anderen Seite) als vielmehr auf die globalen Netzwerke, welche die Logik gegenwärtiger weltgesellschaftlicher Entwicklungen repräsentieren. Gleichzeitig sind es jene wirtschaftlichen, politischen u. a. Netzwerke,

[537] Vgl. Appadurai 1990, S. 269.
[538] Vgl. Castells 1996, 1997, 1998.

über die die von ihm analysierten Entwicklungen stattfinden und gesteuert werden. Castells eröffnet mit dieser theoretischen Perspektive die Möglichkeit, globale Prozesse ohne eine nationalstaatliche Fixierung zu untersuchen und zu beurteilen. Es sind die von Castells sogenannten *flows*, Bewegungen, die für eine *network society* prägend sind. Wichtigstes Merkmal dieser Gesellschaft ist es, daß die 'Macht der Bewegungen' (*power of flows*) eine vorrangige Stellung gegenüber der Bewegung der Macht (*flows of power*)einnimmt. Diese Bewegungen (oder Ströme) sind Informationsbewegungen (*informational flows*), die über die politischen, sozialen und wirtschaftlichen Netzwerke transportiert werden. Räume in der *network society* entstehen über diese Netzwerke und ihre *flows* und sind nicht länger als geographisch fixe Örtlichkeiten anzusehen, sondern als ein andauernder Prozeß, der von Castells hinsichtlicher urbaner Siedlungsformen mit dem Ausdruck der *informational city* charakterisiert wird. Dem zugrunde liegt die These der *space of flows* , sozusagen das Paradigma informationszeitalterlicher räumlicher Ordnung im Gegensatz zum bisherigen *space of places*.[539]
Deutlich wird hier vor allem der prozessuale Ansatz seiner Theorie, der in diesem Sinn mit Appadurais Begriff der Enträumlichung korrespondiert. Mit der Organisation der Welt anhand von Netzwerken werden - so folgert Castells - Machtbeziehungen neugeordnet. Macht kommt dann vor allem denen zu, die an den Knotenpunkten oder Schaltstellen (*switches*) der Netzwerke sitzen und diese kontrollieren: "Thus the switchers are the power holders."[540]
Castells relativ offene Analyse und die daraus gezogenen Folgerungen lassen einen Spielraum für die Interpretation, wo diese Schaltstellen zu finden sind und - viel wichtiger - was die *switches* qualitativ auszeichnet und welche Funktionen sie haben können.
Bezüglich des 'Wo' bietet Sassen mit ihrem Ansatz der *global cities* eine Interpretationsmöglichkeit. Für sie liegen diese Knotenpunkte in eben diesen *global cities*, welche für sie die Abbildungen von Globalisierung und ihrer widersprüchlichen Prozesse sind. *Global cities* sind die Orte, an denen der Globalisierungsprozeß konkrete lokale Formen annimmt.[541] Sassen wendet sich mit diesem Ansatz gegen eine Enträumlichung und Ortslosigkeit der Untersuchung von Globalisierung, da sich für sie eine globale Informationsgesellschaft nicht auf den Informationstransfer und -ausstoß reduzieren läßt. Die *global cities* repräsentieren Globalisierung insofern, da sich dort häufig die Kommandozentralen der multinationalen Konzerne finden lassen, die als 'Akteure' (im Sinne der *global players*) aktiv an diesen Prozessen teilnehmen. Weiterhin bilden diese Orte Kristallisationspunkte für Immigranten aus aller Welt, die häufig elementare Aufgaben innerhalb der globalen Wirtschaft wahrnehmen, wie z. B. Sekretärinnen, Arbeiter, Putzkolonnen etc. Die Produktionsorte global agierender Konzerne sowie die transnationalen

[539] Vgl. Castells 1996, S. 376ff und 398f.

[540] Castells 1996, S. 471.

[541] Vgl. Sassen 1991, 1995, 1998.

Märkte liegen in den *global cities*, so daß die Dynamik, die von diesen Prozessen ausgeht, hier eine räumliche Entsprechung findet und sich von hier auch wieder auf ein 'globales Umland' (Welt) ausbreitet.
Ein zentrales Merkmal der *global cities* ist, daß eine Unterscheidung von Zentrum und Peripherie in geographischer Hinsicht nicht mehr aufrechtzuerhalten ist. Die innerhalb einer Stadt vorzufindenden Unterschiede sind häufig so kraß wie zwischen Industrieländern und Entwicklungsländern. Sassen folgert hieraus, daß die Präsenz von Immigranten die Durchsetzung solcher Unterschiede, wie sie in Löhnen und dem kulturellem Leben sichtbar werden, mit gefördert haben könnte.[542]
Sassens Ansatz ermöglicht ebenfalls einen Blick auf globale Prozesse ohne die Fixierung auf das nationalstaatliche System, wendet sich mit ihren *global cities* aber gegen eine Ortslosigkeit der Debatte mit dem Ziel, die tatsächlichen Strukturen und Vernetzungen von Wirtschaft und Kultur zu analysieren, z. B. die Nischenökonomie der Städte, die einen Teil der globalen Wirtschaft darstellen, da sie dieser auf eigenes Risiko (mangelnde soziale Absicherung, niedrige Löhne) zuarbeiten.
Die Kontrolle über die in den *global cities* ansässigen Produktionsstätten und die transnationalen Märkte wäre dann entsprechend Castells von enormer Bedeutung für die Ausübung von Macht innerhalb der globalen Netzwerke.
Die Knotenpunkte können aber auch in einer ganz anderen Weise interpretiert werden, nämlich als Bedeutungsknotenpunkte, mit deren Hilfe über die Bedingungen für gesellschaftliche Entwicklung, Artikulation und Teilhabe entschieden wird. Wie bereits weiter oben mehrfach angedeutet wurde, beschreibt Globalisierung nicht ausschließlich empirische Tatsachen, sondern auch und vor allem Perspektiven und Narrative, die bestimmen, wie und unter welchen Aspekten globale Prozesse zu sehen oder zu untersuchen sind. Wenn Globalisierung eine Tatsache ist, dann ist es gleichermaßen eine Ideologie, mit der versucht wird, Macht an die sich wandelnden Bedingungen anzupassen und umgekehrt.
Die Frage, die sich hier stellt, ist, mit welchen Bildern die Welt, wie sie sich gegenwärtig darstellt, verarbeitet und geordnet wird - und wer letztendlich über diese Bilder bestimmt, die im Anschluß an Castells auch als *switches* betrachtet werden können. Solchen 'globalen Narrativen' muß daher die eigentliche Aufmerksamkeit in der Analyse globaler Prozesse zukommen.

## 9.12 Zur Ideologie des globalen Narrativs

Mit der Untersuchung von 'globalen Narrativen' werden im Unterschied zur Globalisierungsdebatte nicht die ökonomischen, politischen und sozialen Strukturen globaler Prozesse als Ansatzpunkt genommen, sondern die Inhalte der Definitionen und Argumentationsrhetoriken, mit denen letztere operieren. Es ist nicht die Absicht, die tatsächlich statt-

[542] Vgl. Sassen 1995, S. 10ff.

findenden Prozesse zu ignorieren oder gar zu verneinen, vielmehr sollen die Perspektiven der Beschreibungen und die dahinterstehenden Weltgesellschaftsbilder offengelegt werden, die letztendlich eine wichtige Rolle hinsichtlich der Entfaltungs- und Artikulationsmöglichkeiten von Gruppen, Gemeinschaften und Gesellschaften spielen.
Das paradigmatische Bild eines informationszeitalterlichen Gesellschaftsbildes ist die Metapher des 'globalen Dorfes', welche von Marshall McLuhan mit dem Blick auf eine sich entwickelnde elektronische Medienlandschaft (speziell TV) bereits in den 1960er Jahren geprägt wurde. Die Metapher des globalen Dorfes (*global village*) hat im Zuge der Entwicklung und Ausdehnung des Internets und seiner weltweiten Netzwerke eine kongeniale Entsprechung gefunden und wurde zu dem Sinnbild einer vielbeanspruchten 'neuen Epoche'.
Grundlegend für das Bild des globalen Dorfes ist seine Grenzenlosigkeit im Hinblick auf geographische, soziale, wirtschaftliche, kulturelle und politische Abgrenzungen. Die Metapher suggeriert ein Miteinander von Menschen auf einem kleinen, allen bekannten Raum, ein Zusammenrücken der Welt und ihrer Kulturen gewissermaßen. Gerade im Zusammenwirken mit elektronischen Medien wie dem Internet scheinen sich einige der Inhalte dieser Metapher zu verwirklichen, zumindest aber eine annähernde Entsprechung zu finden.
Das globale Dorf repräsentiert somit die Logik eines ubiquitären Internets sowie der Vernetzung und einer darüber erzeugten räumlichen Dichte aufbauend auf einer Technologie.[543]
Die Werbeslogans *Where do you want to go today?* (Microsoft) und *The world at your fingertips* (IBM) bringen die Metapher technologischer Logik und gesellschaftlicher Beziehungen auf den Punkt und offenbaren - Microsoft mehr als IBM - den elitären Charakter des Konzeptes eines globalen Dorfes und seiner Rhetorik. Es ist besonders das Argument einer Technologie als Heilsbringer für die gesellschaftlichen Probleme dieser Welt. *Where do you want to go today?* zielt zum einen auf die 'virtuellen Reisemöglichkeiten' im *Cyberspace* und suggeriert gleichzeitig eine geographische Freizügigkeit, die in dieser Weise nur für wenige besteht, so z. B. für Unternehmen, NGOs, Regierungsapparate und ihre Angestellten. Es stellt sich damit die Frage, wie global ein globales Dorf ist und ob diese Metapher überhaupt geeignet ist, gegenwärtige Prozesse zu beschreiben.
Hamelink[544] sieht, entgegen dem Bild einer 'schrumpfenden Welt' symbolisiert im *global village*, eine sich stetig vergrößernde Welt, was sich anhand der zunehmenden Kenntnisse von der Welt und des quantitativen Wachstums der darauf lebenden Menschen sowie der Nationen und ihrer Konflikte festmachen ließe. Sein Hinweis, daß trotz aller globalen Rhetorik immer noch ein Ungleichheitsverhältnis zwischen dem 'Norden' und dem 'Süden' besteht - was sich u. a. an der weltweiten

[543] Zu einem großen Teil positiv und dieser Logik entsprechend waren auch die Aussagen, die in der IKI-Untersuchung als Assoziationen zum Begriff des *global village* genannt wurden; eine Aufstellung der Kategorien und ihrer Gewichtung findet sich im Anhang.
[544] Vgl. Hamelink 1994, S. 2.

Verteilung der Informations- und Kommunikationstechnologien ablesen läßt - macht deutlich, daß global nicht nur Zusammenschluß bedeutet, sondern auch Ausgrenzung, ein Umstand, der im nächsten Kapitel aufgeschlüsselt wird. Trotz dieser ökonomischen und sozialen Unterschiede, welche hier einmal als Tatsachen angenommen werden sollen, existieren Narrative und Ideologie, die Globalität als gegeben ansehen und sogar für eine 'nicht hintergehbare Bedingung menschlichen Handelns am Ausgang dieses Jahrhunderts' halten, wie Beck es formuliert.[545] Will man Beck nicht eines ideologischen Globalismus bezichtigen, kann man diese Aussage nur dahingehend verstehen, daß menschliche Handlungen in einem globalen Kontext stehen, also mögliche Verbindungen zwischen einem deutschen Konsumenten von Waren und den Produzenten dieser Waren (Arbeiter, Bauern, Händler, etc) in Indonesien, Indien oder Afrika bestehen.[546] Diese Sichtweise ist Teil des Konzeptes der VE, wie es in dieser Arbeit entwickelt wurde.

Eine andere Deutung dieser Aussage würde die Annahme nahelegen, daß hier eine intellektuelle Übernahme der Rhetorik von der Herrschaft des Marktes und des Globalismus stattgefunden hat, wie dieses z. B. Bhambri für Indien festgestellt und historisch dargelegt hat.[547]

Was hier deutlich wird, ist, daß globale Narrative, welche eng verzahnt mit den globalen ökonomischen, politischen und sozialen Strukturen sind, die Wahrnehmung von damit verbundenen Prozessen strukturieren und somit Filter- und Steuerungsfunktionen ausüben. Letztendlich wird ein Bild oder Konzept von der Welt über diese Narrative organisiert. Der universelle Geltungsanspruch, der von dieser Ideologie ausgeht, wird über global operierende Medien und die darüber transportierten Symbole von Freiheit, Gleichheit, Reichtum, Grenzenlosigkeit, etc.,verwirklicht, so daß dieses Bild weltweit einheitlich existieren kann. Im Zusammenhang mit den Distributionsmedien Fernsehen und Internet, die weitgehend in der Hand westlicher Medien- und Industriekonglomerate sind, muß gefragt werden, welche Interessen sich in den globalen Narrativen widerspiegeln und wer die eigentlichen Träger einer solchen Ideologie sind bzw. wessen Lebensstil und Weltbild sich hier eigentlich darstellt.

Globalität bzw. Weltgesellschaft sieht Nassehi nur dann gegeben, wenn sich *global players* in der Differenz ihrer unterschiedlichen Bezogenheit auf ein und dieselbe Welt wahrnehmen.[548] Damit macht er deutlich, daß gerade globale Prozesse, wenn sie nur von allen Beteiligten gleichermaßen wahrgenommen werden, also ein 'globales Bewußtsein' dafür besteht, global oder weltgesellschaftlich sind. Mit dem Ausdruck *global players* allerdings verweist er zugleich auf den elitären Cha-

---

545 Vgl. Beck 1998, S. 5.

546 Die *Transfair*- und 'Eine Welt'-Kampagnen für ein gerechtes Handeln mit den Produzenten in den Entwicklungsländern, hauptsächlich bezogen auf landwirtschaftliche und kleingewerbliche Produkte, stellen Versuche dar, diese Abhängigkeiten transparent zu machen und gleichzeitig die immanenten Ungerechtigkeiten zu beseitigen.

547 Vgl. Bhambri 1998.

548 Vgl. Nassehi 1998, S. 163.

rakter dieser global gleichermaßen wahrgenommenen Welt, die aber in ihrer Globalität nur für eine relativ kleine Schicht - gemessen an der Weltbevölkerung - tatsächlich als Raum erfahrbar ist, nämlich den Angestellten transnational operierender Firmen, Mitarbeitern von NGOs und internationalen Organisationen, wie z. B. der UN und ihrer Abteilungen, sowie von Touristen und Migranten. Gerade für letztere allerdings gilt nicht uneingeschränkt die über den globalen Narrativ proklamierte Grenzenlosigkeit, wie sie für die anderen Gruppen besteht (vgl. Kap. 9.2)

Der Ausdruck einer 'globalen professionellen Mittelklasse' (*globalized new professional middleclass*[549]), von der Paul Stubbs im Zusammenhang seiner Untersuchung von Hilfsorganisationen in Kroatien spricht, erscheint passend, allgemein die Bevölkerungsgruppe zu beschreiben, die vorrangig in den Genuß eines globalen Lebensstils und Raums kommt, wie z. B. Manager, Akademiker, Journalisten, Touristen, Experten, Entwicklungshelfer. Als 'Avantgarde im Klub der permanenten Weltreisenden' bezeichnen Martin/Schumann diese Menschengruppe, die trotz ihres globalen Aktionsradius nicht die Kraft besitzen, sich auf das Fremde, wirklich Neue, welches ihnen täglich begegnet, einzulassen. Stattdessen - so schildern es die Autoren - sitzen sie in ewig gleichen Hotelzimmern oder Flughäfen und erfahren Halt und Orientierung vor allem durch die standardisierte Massenkultur der Kettenrestaurants, Kinos und anderer Orte.[550] Die Möglichkeit eines wirklich globalen Erfahrungsraumes wird nicht genutzt, stattdessen wird ein provinzieller (amerikanischer?) Lebensstil als Orientierungshilfe und Handlungsmaßstab für sich und andere gehegt, der wie ein Imperativ globalen Handelns dieses Gesellschaftsbild prägt.

Diese Standardisierung wirkt sich jedoch nicht nur auf Konsumkulturen wie Hotels, Restaurants, etc. aus, sondern beeinflußt auch die Darstellung und Vermittlung von Kultur, Identität und damit verbundenen Anliegen weltweit. Im Zusammenspiel mit Fernsehen und Internet, über die die Bilder und *Images* der Kulturen ausgestrahlt und verbreitet werden, wird auch deren Wahrnehmung gesteuert (Vgl. Kap. 7.14). Dabei dürfen entsprechend eines globalen Narrativs der Grenzenlosigkeit und globalen Einheit die verbreiteten Bilder nicht zu sehr von den medial gesteuerten 'globalen' Geschmacksmustern abweichen, da sie sonst vor allem als fremd und gefährlich erscheinen würden. In- und Exklusion in diesem globalen Diskurs wird über die Frage der Kompatibilität von Kulturen und ihrer (Selbst-)Darstellung gesteuert, denn nur was wahrgenommen werden kann, ist auch tatsächlich vorhanden. Dieses ist gleichbedeutend mit einer medialen Präsenz, die es vermeidet, konflikthaft und gefährlich anders aufzutreten bzw. in dieser Form nicht von den verantwortlichen Akteuren vermittelt wird.

Als verantwortliche Akteure können einerseits die Eliten jener kulturellen Gruppen angesehen werden, zum anderen die Redakteure, Mana-

[549] Vgl. Stubbs 1996.

[550] Vgl. Martin/Schumann 1997, S. 34.

ger und Besitzer der Fernsehsender, die über den Inhalt bestimmen und somit Kontrolle über die *switches* ausüben. Denn die Erstellung von Bildern entscheidet auch über die Formen von Macht in einer zu großen Teilen medial vermittelten Welt, wie Castells in Ausführung der Bedeutung der *switches* in einer *network society* deutlich macht (*image-making is power-making*).[551] Das schließt die Selbstorganisation von Gruppen anhand dieser 'neuen' medial verträglichen Bilder und Selbstbeschreibungen jedoch nicht aus.
Der globale Narrativ kann somit als ein Gesellschaftsbild verstanden werden, welches auf Einheitlichkeit und Grenzenlosigkeit ausgerichtet ist und von der ubiqitären Logik der neuen Medien - besonders des Internets - getragen und unterstützt wird.
Die Inhalte dieses Narrativs - Ideologie oder Imperativs - sind dabei häufig selbstreferentiell und beschränkt, z. B. wenn es um Akzeptanz von Fremden geht. Deshalb ist zu fragen, in welcher Weise dieser Narrativ und die ihn begleitenden Technologien grenzenlos und grenzeneinreißend sind und ob nicht letztendlich doch Grenzen innerhalb dieses Narrativs bestehen, die jedoch außerhalb seines Konzeptes von Welt stehen.

## 9.2. Identität und die 'Anderen' in einer grenzenlosen Welt

Identität beinhaltet auch immer eine Abgrenzung zu anderen Menschen und Gruppen. Das gilt für eine personale Identität ebenso wie für kollektive Identität, beruhend auf ethnischer Zugehörigkeit. Diese 'Anderen' sind dabei mal mehr, mal weniger bzw. gar nicht bekannt oder existieren nur in Form von Legenden, Märchen und Mythen.
Alle Menschen befinden sich in der Lage, daß es Dinge, Erscheinungen, Territorien und Gesellschaften gibt, die sich ihrer persönlichen Erfahrung entziehen, nicht aber ohne Einfluß auf ihr Leben bleiben und somit zu einer potentiellen Bedrohung werden können. Gesellschaftsbilder sind ein Orientierungsprinzip, mit dem dieses Unbekannte und Unerfahrbare über die Konstruktion von Grenzen und eines 'Innen-Außen'-Verhältnisses einer Gruppe konzeptualisiert wird.
Die Form solcher Konzeptionen variiert mit dem Vergesellschaftungsprinzip einer Gesellschaft und ihrer Struktur. So stellen sich die Gesellschaftsbilder und Kosmologien von Wildbeutergruppen anders dar als die von Agrar- oder Industriegesellschaften. Die jeweilige Reichweite von Gesellschaftskonzeptionen, d. h. die von ihnen umschlossene Einheit (Gruppe, Dorf, Region, Nation, Welt), variiert ebenfalls mit dem unterliegenden Prinzip, nicht aber die Funktionsweise, also die Konstruktion von Innen-Außen-Grenzen. Diese Konzeptionen nehmen dem Unbekannten seinen zufälligen Charakter und machen es somit zum integralen Bestandteil von Gesellschaft, wie es sich an Legenden, stereotypen Vorurteilen, nationalen und ethnischen Mythen sowie Geschichten über

[551] Vgl. Castells 1996, S. 476.

Fremde ablesen läßt. Als soziale Institutionen und gesellschaftliche Normen helfen diese Konzepte dabei, die Lücke zwischen persönlicher Erfahrung und den unbekannten, aber dennoch für sie wichtigen Bestandteilen von Gesellschaft und Welt zu überbrücken.[552]
Das gilt auch und in besonderem Maße für Gesellschaftsbilder wie dem hier diskutierten globalen Narrativ, den zwei Eigenschaften maßgeblich bestimmen, nämlich seine mutmaßliche Grenzenlosigkeit sowie seine Affinität zum Internet bzw. zu Kommunikations- und Informationstechnologien im allgemeinen, die zugleich als Sinngeber, Motor und Transportmittel dieses Narrativs fungieren. Damit werden aber die Paradoxien deutlich, wie sie innerhalb dieses Gesellschaftsbildes existieren: Der Grenzenlosigkeit des globalen Narrativs steht der Abgrenzungsmechanismus von Gesellschaftsbildern gegenüber, der Gemeinschaft in diesem Sinn erst möglich macht, auch wenn er nicht bestimmend ist wie im Falle 'negativer' Gemeinschaftsbildung, die auf Rassismus und Erniedrigung des 'Anderen' angewiesen ist.
Nimmt man also an, daß sich Gemeinschaft durch Abgrenzung definiert, Abgrenzung gegen andere Familien, Clans, Ethnien, Regionen, Nationen oder Religionen, dann stellt sich die Frage, wer diese 'Anderen' sind und wie sie wahrgenommen werden, wenn - wie der globale Narrativ vermuten läßt - Grenzen nicht mehr existieren und alle Menschen und Gruppen in einer Art 'totaler Kommunikation' miteinander verbunden sind und somit voneinander wissen.
Wenn der globale Narrativ, wie er hier dargestellt worden ist, tatsächlich als Gesellschaftsbild bewußtseinsstrukturierend wirken soll, dann ist anzunehmen, daß auch hier Abgrenzungen gegenüber 'Anderen' gemacht werden. Ungeachtet der transnationalen und tatsächlich grenzüberschreitenden bzw. grenzmißachtenden Technologien, reicht es aber nicht aus, nur davon zu sprechen, daß Grenzen eingerissen oder gar abgeschafft werden. Es ist ebenso wichtig zu untersuchen, 'wessen' Grenzen für 'wen' abgeschafft wurden und 'wo' eventuell neue errichtet werden.
Um das Funktionieren des globalen Narrativs als grenzenziehendes Gesellschaftsbild darzustellen, sollen hier zwei Komplexe betrachtet werden, die in exemplarischer Weise mit Grenzen, Grenzüberschreitungen und Unbekanntem in Verbindung stehen und die Widersprüche dieser Ideologie besonders deutlich machen können: Migration und globaler Tourismus sowie das widersprüchliche Verhältnis von Verschwörungstheorien und dem Internet.

### 9.21 Migration und globaler Tourismus

Migration, sei es als Arbeitsmigration, Flucht, Vertreibung oder freiwillige Auswanderung, ist grenzüberschreitend. Bei den Grenzen handelt es sich nicht allein um nationale Staatsgrenzen, sondern auch immer um Sprach-, Kultur- oder Religionsgrenzen, die aus unterschiedlichen

[552] Vgl. Popitz et al 1967, S. 1ff; Gellner 1991.

Gründen überschritten werden. Die grenzenlose Globalgesellschaft, wie sie sich symbolhaft im Internet verwirklicht hat und vom globalen Narrativ propagiert wird, findet ihre 'reale' Entsprechung in den weltweiten Migrationsbewegungen, deren Ursachen Krieg, Hunger, Arbeitssuche, ökologische Zerstörung oder einfach nur die Hoffnung auf ein besseres Leben sind. Migration ist, nicht zuletzt aufgrund der verkehrstechnischen Entwicklungen, speziell immer billigerer und schnellerer Flüge, zu einem wirklich globalen Phänomen geworden, welches sich zunehmend einer Kontrolle entzieht und somit auch nicht mehr steuerbar ist, wie Opitz bemerkt.[553]

Globaler Tourismus, wie er gegenwärtig möglich ist und von den Konsumenten praktiziert wird, und dessen Ursachen in überschüssiger Freizeit, entsprechenden finanziellen Mitteln und einem Bedürfnis nach 'Ferne' begründet liegen, kann als eine besondere Form von Migration angesehen werden. Auch hier werden in zunehmendem Maße nationalstaatliche, kulturelle, religiöse, sprachliche und vor allem soziale Grenzen überschritten.

Während Touristen sich relativ freizügig bewegen können und die nationalstaatlichen und geographischen (kontinentalen) Grenzen für sie nur eine minimale Bedeutung haben, existieren besonders die nationalstaatlichen Grenzen als Abschottung oder schwer zu überwindendes Hindernis für die Migranten in gewohnter oder sogar verschärfter Form weiter.

Gemeinsam ist beiden Phänomenen demnach ihr grenzüberschreitender Charakter sowie die notwendige Begegnung mit Fremden und dem 'Anderen', wobei es speziell die Wahrnehmung als fremder Migrant durch eine Aufnahmegesellschaft und die Wahrnehmung des Fremden durch den Touristen ist, worin die entscheidenden Unterschiede begründet liegen.

Ein globaler Tourismus, wie er gegenwärtig stattfindet, ist ein relativ junges Phänomen. Reisen -speziell interkontinentales Reisen - war bis zur Mitte dieses Jahrhunderts sehr zeit- und kostenaufwendig. Der Kontakt zwischen den Reisenden - häufig Europäer, die in die Kolonien oder andere Gebiete außerhalb Europas reisten - und den Einwohnern der bereisten Gebiete war geprägt durch die Distanz und die Unterschiedlichkeit der Kulturen. Mit dem Aufkommen einer Tourismusindustrie, gefördert durch die verkehrs- und transporttechnischen Entwicklungen (speziell Luftfahrttechnik), hat sich dieses Bild gewandelt. Es ist nicht nur deutlich mehr Menschen möglich, in und für kurze Zeit überallhin zu reisen, sondern es hat sich auch die Art und Weise des Reisens verändert.

Es ist nicht länger das 'Neue', 'Andere', das gesucht wird, sondern das Bekannte und Vertraute, wenn auch mit einem exotischen Flair. Die Kulturen der touristischen Ziele werden zu auswechselbaren Hintergründen, zur Folklore, die harmlos und klischeehaft authentisch den Besuch

---

[553] Vgl. Opitz 1997, S. 15ff; Eco 1998 zur Bedeutung von Migration im 3. Jahrtausend als unausweichliche Tatsache einer global-gesellschaftlichen Entwicklung.

verschönern soll. Eine Annäherung an das 'Andere' und 'Fremde' findet in einer so konstruierten globalen Gesellschaft nur über den Bezug auf etwas Gleiches statt. Kulturen dürfen sich dieser Logik folgend nicht als zu fremd und damit als Gefahr darstellen, sondern müssen ein freundliches, zuweilen naives Bild von sich selbst geben. Das trifft insbesondere für die Kulturen in den touristischen Zielländern des 'Südens' zu, wo über den Weg der Folklore versucht wird, eine solche Anpassung an globale Geschmacks- und Toleranzmuster zu erreichen. Kultur als Ware und Produkt muß unter dem Einfluß des transnationalen Kapitalismus eine globale Kompatibilität besitzen, so wie dieses in Form von Restaurants, Speisen, Kleidung, Geschäften (speziell in der Form von *shopping malls*) und den abgeschlossenen Touristenenklaven vom Typ eines *Club Med* bereits verwirklicht worden ist.

Hennig spricht in diesem Zusammenhang von imaginären Geographien, welche Reisende von ihren jeweiligen Zielen haben.[554] Die Menschen - so Hennig - sollen in einer touristischen Perspektive nur dann erscheinen, wenn sie im Zustand vorzivilisatorischer Unschuld verharren und damit das Bild des edlen Wilden bestätigen. Die Austauschbarkeit von touristischen Reisezielen, deren jeweilige Eigenheiten zu einem exotischen Flair degradiert werden, begünstigt eine Standardisierung von Kultur bzw. der Erscheinung von Kultur als freundlich und harmlos.

Dort wo Kultur anders als harmlos und folkloristisch auftritt, wird sie als gefährlich von den Touristen abgelehnt. Kultur ist ein Konsumgut, welches sich nach den Bedürfnissen der Kunden zu richten hat. Die Wahrnehmung kultureller oder ethnischer Konflikte wird somit ausgeschlossen (oder zu einem Klagegrund gegen den Reiseveranstalter), eine mögliche Unterstützung dieser Gruppen durch die Konsumenten aus den meist westlichen Ländern[555] damit auch. Kultureller Kontakt, wie er durch Tourismus vermittelt stattfindet, ist abenteuerlich aber kontrolliert, ohne Risiken und mit einer Rückkehrgarantie versehen, etwas das den 'touristischen Objekten' häufig nicht gewährt wird.

Das läßt sich besonders gut am Beispiel des globalen Sextourismus zeigen, wo sich ein 'inter-kultureller' Kontakt auf die kontrolliert-bezahlte Beziehung zu den 'konsumierten' Frauen beschränkt. Jene sind dabei keine gleichberechtigten Partner der Touristen, sondern stellen einen Teil der Exotik dar, die jederzeit zurückgelassen werden kann. Das freie Reisen bleibt diesen Frauen und Kindern in die Länder ihrer Freier dabei in der Regel verwehrt.

Die gleiche Exotik jedoch, die sich in den Zielländern des Tourismus finden läßt, wird zu einer Gefahr, wenn diese Menschen als Migranten die Grenzen zum 'Norden' hin überschreiten. Das 'Andere' wird zu einem Eindringling, Differenz zum Horror einer mit sich selbst zufriedenen Ge-

[554] Vgl. Hennig 1998, S. 47f.

[555] Ein Bericht des *Bundesministeriums für wirtschaftliche Zusammenarbeit und Entwicklung* von 1993 (BMZ-Materialien Nr.88: Tourismus und Entwicklungsländer, Bonn 1993) bestätigt diese Gewichtung. Aus den OECD-Ländern reisen mehr als doppelt soviele Menschen als Touristen in 'Dritte-Welt'-Länder, als aus diesen Ländern Touristen die OECD-Länder besuchen kommen (53.9 zu 21,2 Mio).

sellschaft, die, entsprechend eines globalen Narrativs, getragen von den endlosen Debatten um Globalisierung und Standortpolitik, von einer entgrenzten Welt träumt, diese aber nur zu ganz eigenen Bedingungen und unter kontrollierbaren Umständen akzeptieren will.
Die Problematik der legalen und illegalen mexikanischen Migration in die USA zeigt in vielfältiger Hinsicht die hier skizzierte Widersprüchlichkeit zwischen einer grenzenlosen Ideologie und dem tatsächlichen Ausschluß.
Die Grenze zwischen den USA und Mexiko ist semipermeabel - ein Schutzwall des Wohlstands, wie Pinzler sie nennt.[556] Für Touristen von Nord nach Süd ist sie ohne Schwierigkeiten passierbar, auch die Rückreise ist problemlos, doch die langen Warteschlangen an den Grenzposten in den großen Städten(Tijuana-San Diego, Ciudad Juarez - El Paso) sind bereits ein Beleg dafür, daß genau kontrolliert wird, wer wieder in die USA zurück möchte. Im Zuge des NAFTA-Abkommens[557] zwischen Kanada, den USA und Mexiko wurden zwar die Wirtschafts- und Handelsgrenzen aufgehoben, die freizügige Migration zwischen Mexiko und den USA aber ausgeklammert, nicht zuletzt da Teile der US-amerikanischen Wirtschaft (besonders die Agrar- und Bekleidungsindustrie) auf die häufig illegalen Migranten als billige Arbeiter angewiesen sind, ein Sklavenheer, das gegen alle Bemühungen der US-Gewerkschaften für einen 'gerechten' Lohn einsetzbar ist, wie der Schriftsteller T.C. Boyle zu Bedenken gibt[558]. Sein Roman *The Tortilla Curtain* [559] beschreibt das Dilemma eines illegalen Migranten, dessen Schicksal durch einen Unfall mit einem weißen Mittelklasse-Amerikaner verknüpft wird. Ein Dilemma auf beiden Seiten, da die Familie des Amerikaners dadurch mit dem 'Anderen' auf ihrem eigenen Terrain konfrontiert wird. In einer Aussage von Kyra, der Frau des Protagonisten Delaney, wird der hier dargestellte Widerspruch globaler Narrative und globaler Wahrnehmung auf den Punkt gebracht, als sie zwei Mexikaner im Garten eines von ihr verwalteten Hauses entdeckt:

> "Delaney had told her they were camping in the canyon, miles from anything. If they could camp there, why not here? Suddenly the image of a village she'd seen on a tour of the Yucatán ruins came back to her in all its immediacy: naked children, pigs, cookfires, wattle huts - she couldn't have that. Not here. Not on the Da Ros property. How could you explain something like that to a prospective buyer?"[560]

Es wäre aber zu kurz gedacht, wenn hier nur eine Grenze zwischen 'Nord' und 'Süd' angenommen und gezogen würde. Vielmehr verlaufen diese Grenzen quer zu den Nationalstaaten und Regionen mitten durch

---

[556] Vgl. Pinzler 1998, S. 31; vgl. auch Kühler 1989.
[557] NAFTA = *North American Free Trade Agreement* in Kraft seit dem 1. Januar 1994.
[558] Vgl. Greiner 1996, S. 50.
[559] Vgl. Boyle 1995.
[560] Boyle 1995, S.163.

Gesellschaften, orientiert an Aspekten wie Klasse, Geschlecht, Alter, Bildung, ethnischer Gruppenzugehörigkeit, Religion, Mobilität und der Fähigkeit, sich an den einen 'globalen Lebensstil' anzupassen.
Damit sind die alten und auch noch bestehenden, meist staatlichen Grenzen nicht einfach abgeschafft, sondern es hat sich nur der Blick auf sie, ihre Wahrnehmung also, verändert. Eine Wahrnehmung die selektiv und arrogant ist. Zusätzlich dazu entstehen neue Grenzen, die sicherlich dafür sorgen würden, daß die nackten Kinder und herumlaufenden Schweine auch in Yucatán verschwinden würden, wenn an dieser Stelle ein Touristenzentrum geplant wäre.

## 9.22 Verschwörung und Internet

Während der Komplex von Migration und globalem Tourismus auf die Widersprüche des globalen Narrativs hinsichtlich seiner Grenzenlosigkeit aufmerksam macht, zeigt sich in dem Verhältnis von Verschwörungstheorien und dem Internet das Paradoxum eines Mediums mit globaler Reichweite und den darauf transportierten Inhalten, die sich im Falle vieler Verschwörungstheorien häufig gegen die globale Logik einer 'neuen Weltordnung' und der zunehmenden Vernetzung wirtschaftlicher und sozialer Beziehungen stellen, wie z. B. die *Militia*-Bewegung in den USA.
Verschwörungstheorien stellen Orientierungsprinzipien dar - ähnlich den Mythen oder Kosmologien -, mit denen das 'Unbekannte' rationalisiert wird, alles das, was jenseits persönlicher Erfahrung liegt, aber in irgendeiner Form das persönliche und gesellschaftliche Leben beeinflußt. Je größer die Lücke zwischen einer bekannten und einer unbekannten Welt ist, desto größer ist die Gefahr, daß die Urteilsbildung über das, was unbekannt ist, ins Phantastische und Programmatische abgleitet, wie bereits Popitz in Anlehnung an Gehlen bezüglich der Funktion von Gesellschaftsbildern ausführt.[561]
Verschwörungstheorien sind gesellschaftlich konstruierte, aber dennoch nicht frei erfundene Bilder, deren Funktion es ist, dissonante Wahrnehmungen und gesellschaftliche Komplexität zu reduzieren, sie geben Erklärungen für soziale, politische und wirtschaftliche Ungleichheiten, die von den Menschen und Gruppen erfahren, aber nicht verstanden werden.[562] Dann fällt es auch nicht schwer, angesichts gegenwärtiger Veränderungen durch globale Prozesse und den daraus resultierenden Folgen für die soziale und kulturelle Ordnung einzelner Gesellschaften die Gründe für solche Verschwörungstheorien auszumachen. Somit verweisen diese Theorien auf gesellschaftliche Entwicklungen und Situationen, deren Ursachen sich scheinbar einer rationalen Begründung entziehen.
Groh[563] beschreibt in seiner historischen Analyse der Ursprünge von

---

[561] Vgl. Popitz et al. 1967, S. 3.
[562] Vgl. Groh 1996, S. 15.
[563] Vgl. Groh 1996.

Verschwörungstheorien diese als Gegenbewegung zur Aufklärung und ihrem säkularen, rationalen Charakter. So ist es nicht verwunderlich, daß sie häufig eng mit Fundamentalismen und anti-modernen Bewegungen in Verbindung standen. Das gilt in ähnlicher Weise auch für gegenwärtige Theorien, die in Abgrenzung zu den durch Computer,- Informations- und Biotechnologien erzeugten Unsicherheiten bezüglich personaler und gesellschaftlicher Integrität entstanden sind. Verschwörungstheorien sind eingängig und verlockend, da es bei ihnen nicht notwendigerweise um die Wahrheit, sondern um komplexe Beziehungen von Glauben und Selbstidentifikation geht.[564] Eine Gesellschaft, die durch die Strukturen globaler und technologischer Verflechtungen gewohnte Orientierungsmuster einbüßt, begünstigt die Entstehung solcher Weltbilder.

Die Einheit einer als fragmentiert empfundenen Gesellschaft kann nur über die Verfolgung eines Sündenbocks - den oder die Verschwörer - wiederhergestellt werden. Ob es sich dabei um eine fremde oder eine zu diesem Zwecke konstruierte Gruppe handelt, die aus der eigenen zuvor ausgegrenzt wurde, ist laut Groh nebensächlich, da der Kern einer Verschwörungstheorie immer im Bereich des Sozialimaginären zu suchen ist[565]. Auch wenn Groh Girard nicht explizit erwähnt, ist die Ähnlichkeit an dieser Stelle offensichtlich.

Die *Militia*-Bewegung in den USA, geprägt durch Paranoia und eine aggressive 'rechte' Ideologie, stellt ein populäres aber auch sehr beängstigendes Beispiel für Verschwörungstheorien und damit verbundene Glaubenssysteme dar. Aber gerade ihre Verwendung des Internets zur Organisation und Verbreitung ihrer Ideen verdeutlicht die Paradoxien, wie sie im Begriff des *global village* angelegt sind und über und durch das Internet transportiert werden.

Der Kern ihrer Ideologie ist die Umzingelung der USA durch externe Feinde. Die Regierung, Immigranten, die UN und andere ausländische Kräfte haben sich versammelt, um das Land zu überfallen, zu übernehmen und seine treuen Bürger zu versklaven. Dieser Glaube, gepaart mit einer fundamentalchristlichen Moral- und Rechtsvorstellung sowie dem Recht auf Waffen und einer geglaubten Notwendigkeit permanenter Selbstverteidigung, läßt sie die Zeichen einer Verschwörung in allem Erdenklichen beobachten: in Gesetzen zur Regulierung von Waffenbesitz, Abtreibungsgesetzen, Umweltschutz, offenen Grenzen und einer moderaten Einwanderungspolitik, dem amerikanischen Engagement in der Welt und einer globalen Wirtschaft.[566]

Die Verwendung des Internets - die Inkarnation von Globalität -, um diese Probleme zu diskutieren und für 'ihre Sache' zu werben bzw. den oder die Schuldigen anzuprangern, ist nur auf den ersten Blick widersprüchlich. Zum einen ist der *Frontier*-Gedanke, jener amerikanische Siedlermythos, der mit dem Internet eine Art Renaissance erfuhr, eng

[564] Vgl. Dowe 1997, S. 184.

[565] Vgl. Groh 1996, S. 15

[566] Vgl. Leggewie 1996, S. 115ff; Castells 1996, S. 84ff.

mit ihrer Ideologie verbunden, wenn es sich nicht sogar um die tradierte Fassung dieses Mythos handelt.[567] Die *frontier* stellt dabei nicht eine Abgrenzung im Sinne nationalstaatlicher oder regionaler Abgrenzungen dar, sondern beschreibt eine von den europäischen Siedlern vor sich hergetriebene Grenze des gerade erreichten oder besiedelten Landes. Daß dieses Land bereits bewohnt war, wurde ignoriert, zusammen mit den Menschen, die dort lebten. Die *frontier* ist so gesehen eine Grenze der Ignoranz und Ausbeutung und der Angst vor den eindringenden Fremden, als die die Bewohner (Indianer) empfunden wurden.[568]
Das Internet läßt sich - wenn auch widersprüchlich - so analog zu ihrer eigenen Überzeugung instrumentalisieren.[569]
Der zweite Grund für die besondere Nähe von Internet und Verschwörungstheorien liegt in der Struktur des Internets begründet. Freyermuth und Dowe, die das Internet bezüglich seiner Verwendung für die Produktion und Verbreitung von Verschwörungstheorien untersuchten, halten die Möglichkeiten der direkten Kommunikation für eine der Ursachen, nur wirklich die Informationen zu bekommen, die in das jeweilige Weltbild passen. Dowe nennt als Quelle auf dem Internet für solche Nachrichten *UseNets tribal bulletin boards.*[570] Das Internet begünstigt die Entwicklung separater Nachrichten für jeden einzelnen und damit einer fragmentierten Öffentlichkeit und eines sozialen Konsenses, welches in sich schon wieder ein Grund wäre, an eine Verschwörung zu glauben. Das Internet mit seiner verzweigten, sich einer Kontrolle entziehenden Struktur fördert den Verfall einer gemeinsamen Informationsbasis und gleichzeitig darüber den Glauben an eine darinliegende Verschwörung. Würden sich in diesen Theorien nicht die Normen und Codes bestehender Gesellschaften widerspiegeln, ließen sie sich leicht als soziale Pathologie oder individuelle Paranoia erklären. So aber deuten sie auf gesellschaftliche Probleme, die in überspitzter und hysterischer Weise wahrgenommen und artikuliert werden.
Die in diesen Theorien errichteten Grenzen sowie die Konstruktion von feindlichen, bedrohenden 'Anderen' können als Antwort auf die Narrative des Globalen mit ihren Ideologien der Vereinheitlichung gesehen werden. Das Internet mit seinen *Multiple-choice*-Angeboten macht es sehr einfach, sich seine eigene Verschwörung zurecht zu basteln, denn im gleichen Maße wie es in seiner Vernetzung global ist, so ist es in seinen Möglichkeiten zur Bildung großer Öffentlichkeiten eingeschränkt und daher häufig sehr 'lokal' im Sinne eines engen Horizonts und einer eingeengten Perspektive seiner Nutzer.
Aliens, Außerirdische, und andere übermenschliche und unerklärbare Phänomene lassen sich auch mit dem Mangel an Grenzen und der Be-

[567] Rheingolds Buch (1994) über die virtuellen Gemeinschaften hatte im Englischen den Untertitel *Homesteading on the Electronic Frontier*; die Vorkämpfer eines freien Cyberspace haben sich in der *Electronic Frontier Foundation* zusammengeschlossen.

[568] Vgl. Cleaver 1995, S. 3ff.

[569] Vgl. Castells 1996, S. 91.

[570] Vgl. Freyermuth 1996; Dowe 1997, S. 185.

stimmung unseres Lebens durch Wissenschaft und einer 'überrationalen' Welt erklären, in der eine Antwort auf alle Fragen vorzuliegen scheint. Wenn selbst die Existenz Gottes und anderer spiritueller Wesen erklärt oder argumentativ verneint werden kann, so kann die Hysterie um Außerirdische als eine Suche nach neuen Göttern gedeutet werden, welches ein Verlangen nach Unbekanntem und letztendlich nach einer Orientierung vermuten ließe. Wenn Technologien wie das Internet keinen Raum für heilige Plätze und spirituelle Bedürfnisse lassen, dann werden diese auf die Aliens projiziert und darüber wiederhergestellt. Der Erfolg von *Science-Fiction*-Produktionen im Kino und Fernsehen, die sich mit dieser Thematik befassen, ist somit nicht überraschend.

Der globale Narrativ ist eine Ideologie der Wahrnehmung bzw. der Nicht-Wahrnehmung von Grenzen, welche er unter einer Rhetorik, die auf globale Märkte und die Kommunikation aller mit allen fixiert ist, zu verschleiern versucht. Gefährlich an dieser Ideologie ist insbesondere, daß sie sich als allumfassend ausgibt, tatsächlich aber in erster Linie wirtschaftlich geprägt ist und alle anderen Bereiche den darüber erzeugten *régimes globalitaires*, wie Ramonet sie nennt, unterordnet.[571] Die Ideologie des globalen Narrativs ist zwar global, in seiner strukturierenden Wirkung jedoch auch darauf angelegt, innergesellschaftlich als ein globaler Imperativ zur Durchsetzung lokaler Interessen zu wirken.[572] Ausgrenzungen und physische Grenzen sind ein notwendiger Bestandteil, der mit Hilfe eines globalen Dorf-Bildes jedoch kaschiert werden muß. Wo Grenzen jedoch verschleiert werden, tritt das, was als nichtexistent gedacht wurde, in umso häßlicherer Form wieder hervor.

Das Vorhandensein solcher Grenzen sowie ihre Bedeutung für Gesellschaften und gesellschaftliche Gruppen ist eine der Grundvoraussetzungen des Konzeptes der Virtuellen Ethnizität hinsichtlich der Untersuchung von Informationstechnologie und Ethnizität. Nur so kann die Perspektive des Ansatzes *per se* global ausgerichtet sein, ohne die verschiedenen Be- und Abgrenzungen aus den Augen zu verlieren, die sich sowohl positiv (Identität) als auch negativ (Ausbeutung, Fremdbestimmung) darstellen können.

---

[571] Vgl. Ramonet 1997, S. 1.

[572] Vgl. Ramonet 1996, S. 6f.

# 10

## Zum Schluß: Zwei Modelle

Eine Begriffsbestimmung von Ethnizität sowie die Untersuchung und Analyse des Verhältnisses von Ethnizität und modernen Kommunikations- und Informationstechnologien ist in den einzelnen Kapiteln ausgiebig behandelt worden, so daß eine Zusammenfassung nur repetierenden Charakter hätte.
Das Thema und der experimentelle Charakter der Untersuchung verweigern sich einer griffigen Formel sowohl für den Begriff der Ethnizität als auch für das Konzept der Virtuellen Ethnizität (VE), wie es im Rahmen dieser Arbeit entwickelt und ausgeführt wurde. Dennoch können für beide Bereiche Ergebnisse festgestellt werden, die als typisch für den Untersuchungsgegenstand angesehen werden müssen.
Anstatt eines Schlusses werden daher zwei Modelle[573] vorgestellt, die den Inhalt der Untersuchung zusammenfassen, ihn verdichten und so die Eigenheiten des Themas verdeutlichen können. Beide Modelle sind so angelegt, daß sie als Referenz für die Analysen in den einzelnen Kapiteln dienen können, sozusagen als Orientierungs- oder Übersichtshilfe. Keines der Modelle gibt eine Definition, sondern zeigt zum einen Interdependenzen, dynamische Beziehungen und Folgen für bzw. Ursachen von Ethnizität als Phänomen (1. Modell); und zum anderen die Wechselwirkungen im Zusammenspiel mit Technologien wie dem Internet (2. Modell). Die Modelle dienen dazu, Komplexität zu reduzieren[574], um so die Thematik auf einen Blick erfassen zu können, was in der linearen Anordnung der Kapitel und ihrer Inhalte nicht möglich ist. So gesehen haben die Modelle keinen Anfang und kein Ende, beschreiben also keine zielgerichteten Prozesse, die in einem bestimmten Zustand enden müssen.
In diesem Sinne ist auch der Entwurf dieser beiden Modelle anzusehen. Sie sind die konsequenten Folgen und der Abschluß dieser Untersuchung, aber nicht als Ende gedacht, sondern als ein Faktor eines wissenschaftlichen Prozesses, der sich mit Ethnizität und/oder Kommunikationstechnologien beschäftigt. Insofern können diese Modelle auch der Anfang weiterer Untersuchungen sein bzw. ein Ansatzpunkt für die Diskussion um die diese Modelle hervorbringende Arbeit selbst. Daher ist dieses auch kein Schluß, sondern nur ein vorläufiges Ende mit der Aufforderung weiterzumachen.

---

[573] Die Abbildungen der beiden Modelle befinden sich am Schluß dieses Kapitels auf einer aufzuklappenden Seite, so daß die Beschreibung und das Modell selbst vergleichbar sind und nicht durch die Linearität der Seitenfolge getrennt werden.

[574] Zum Modellbegriff vgl. Bahrdt 1984; S. 19 und den Eintrag im Lexikon zur Soziologie (Opladen 1988) von Hanns Wienold, S. 514f. Den dort ausgeführten Modellbegriffen zufolge, können die hier präsentierten 'Zeichnungen' begründet als Modelle bezeichnet werden.

## 10.1 Ethnizität

Das erste Modell[575] soll den prozessualen Charakter von Ethnizität verdeutlichen. Es stellt gewissermaßen einen Kreislauf dar, der keinen echten Anfang und kein echtes Ende besitzt und auch keine vorgeschriebene Richtung. Die Faktoren, die Ethnizität ausmachen (vgl. Kap. 3.3), wurden hier in vier Kategorien eingeteilt, die in unterschiedlicher Weise bestimmend sind. Das hängt von dem Verhältnis der einzelnen Faktoren untereinander ab, aber auch von ihrer Bedeutung für Ethnizität in einer bestimmten Situation. Der Punkt der persönlichen Erfahrungen kann deshalb auch als eine Art Negativ gesehen werden, auf dem sich die Folgen anderer Faktoren, etwa Fremdethnisierung und Diskriminierung, ablesen lassen. Persönliche Erfahrungen - und das gilt für die anderen Faktoren ebenso - können dabei Ursachen oder aber Folgen von Ethnizität (im Sinnes eines Prozesses) sein.
Der Bereich der Kultur wurde so umfassend gewählt, weil es gerade die dort vorkommenden Inhalte sind, an denen sich Ethnizität bzw. eine ethnische Identität manifestiert und nach außen deutlich werden läßt. Sie sind daher auch die Faktoren, die sich am besten 'konstruieren' bzw. verändern und neu besetzen lassen.
Ethnizität ist kein selbstgenügsames Phänomen und auch kein Prozeß, der aus sich selbst heraus stattfindet, sondern steht im Zusammenhang mit anderen sozialen, politischen und wirtschaftlichen Prozessen, die eine Transformation von Ethnizität / ethnischer Identität begünstigen oder verlangen.
Ethnizität verändert sich und kann im Zuge der Transformation unterschiedliche 'neue' Züge annehmen, die ihrerseits darüber bestimmen, welches Gewicht die einzelnen Faktoren bei der Definition einer bestimmten ethnischen Identität erhalten.
Diese Faktoren bzw. die Gewichtung einzelner Punkte ist auch dafür mit verantwortlich, ob Ethnizität als eine Ressource der Selbstorganisation in einem Transformationsprozeß genutzt wird und in welcher Form.

---

[575] Ein auf den ersten Blick ähnliches Modell (dort Schema genannt) wurde von Hettlage bereits 1997 vorgestellt. Die beiden Modelle (oder Schemata) weisen jedoch elementare Unterschiede auf, so daß sie jeweils eigenständig existieren bzw. das hier aufgeführte von mir entworfene eine Ergänzung und Zuspitzung darstellen kann. Ein Bezug Hettlages zu einem selbstorganisatorischen Potential von Ethnizität fehlt gänzlich, auch wenn es sich gegebenenfalls dahingehend interpretieren ließe; Hettlages Schema ist auf die Erklärung der strategischen Nutzung von Ethnizität angelegt und eher zielgerichtet, während mein Modell das 'Funktionieren' von Ethnizität in den Mittelpunkt stellt und weniger die Akteure und ihre jeweiligen Motivationen, was wiederum die Annahme von Ethnizität als ein *Rational-choice*-Modell nahelegen würde; letztendlich ist mein Modell kompakter, jedoch offener (nicht zielgerichtet) und dabei nicht weniger aussagekräftig als das dreigeteilte Schema von Hettlage, mit dem er den Inhalt des Aufsatzbandes ' Kollektive Identität in Krisen' (1997) für den Leser bereits in der Einleitung ein wenig zusammenfassen will. Schließlich bleibt festzustellen, das das hier vorliegende Modell unabhängig von dem von Hettlage entworfenem Schema entstanden ist.

## 10.2 Virtuelle Ethnizität

Anders als das erste Modell, welches die Entstehungs- und Transformationsbedingungen für Ethnizität und ihre daran orientierte Funktionsweise beschreibt, gibt das zweite Modell einen Überblick über ein Konzept, nämlich das der 'Virtuellen Ethnizität'.
Dieses Konzept beruht dabei insoweit auf dem ersten Modell, als die Faktoren, die Ethnizität 'definieren' sowie deren Dynamik übernommen werden. Ethnizität bezeichnet damit im zweiten Modell den gesamten Komplex des ersten Modells. Von besonderem Interesse bei der VE ist der Aspekt von Ethnizität als Ressource der Selbstorganisation für die Auseinandersetzung mit Technologie und ihren sozioökonomischen Bedingungen und Folgen für Kultur und Identität.
VE beschreibt den Untersuchungsgegenstand, nämlich Ethnizität und Technologie (Kommunikations- und Informationstechnologien im besonderen) und die notwendige Perspektive, die immer das rahmensetzende global-lokal-Verhältnis im Blick haben muß - und somit auch als eine Kritik an den Globalismus-Ideologien ('globalen Narrativen', vgl. Kap.9) dienen kann.
Das Modell zeigt darüber hinaus die Zusamenhänge zwischen Ethnizität und dem Internet, konzentriert auf die Erscheinungsweisen von ethnischen Inhalten auf dem Internet und den dahinterstehenden Gründen und Motivationen für eine Nutzung und die eventuellen Darstellungen.
Die Folgen, die sich daraus ergeben, daß es sich um ein Medium handelt, welches vergleichsweise wenigen Personen weltweit zugänglich ist, sind ein weiterer Punkt in dem Modell. Die grundlegende Frage bei den Darstellungen von Ethnizität auf dem Internet (das gilt auch für andere Medien) ist, 'wer für wen spricht' und welche Interessen dahinterstehen. Die über solche Besetzungen geschaffenen *Interfaces* haben auch einen Einfluß darauf, wie ethnische Gruppen wahrgenommen werden und welche Artikulationsmöglichkeiten sich ihnen bieten. Das gilt auch für diejenigen Personen und Gruppen, die keinen Zugang zum Internet haben. Diese haben sich dann mit einer Situation auseinanderzusetzen, die von ihnen unbeeinflußt geschaffen wurde.
VE geht damit über die engen Grenzen des Internets hinaus und fragt nach den sozioökonomischen Strukturen von Teilhabe und Ausschluß und nach den sich ergebenden Bedingungen für die Schaffung, Erhaltung und Auseinandersetzung von und mit Gemeinschaft. Die Prozesse, die innerhalb der VE beschrieben wurden, haben direkte Auswirkungen auf die Dynamik, wie sie innerhalb des ersten Modells dargestellt wurde. Welche Faktoren jeweils eine ethnische Identität maßgeblich ausmachen bzw. welche bevorzugt benutzt werden, wird auch von den *Interfaces* und den Ergebnissen der Auseinandersetzung auf dem Internet bestimmt.
Globale Entwicklungen (z. B. Migration, Tourismus, Fundamentalismus, ethnische Konflikte, Kriege) und die dahinterstehenden politischen,

wirtschaftlichen und sozialen Ursachen und Folgen sind in vielen Fällen nur durch die gleichzeitige Betrachtung von Ethnizität, Kommunikationstechnologien (TV, Internet) und deren Existenzbedingungen zu erfassen. VE liefert ein mögliches Konzept für eine dahingehende Analyse.

## Modell 1: Ethnizität

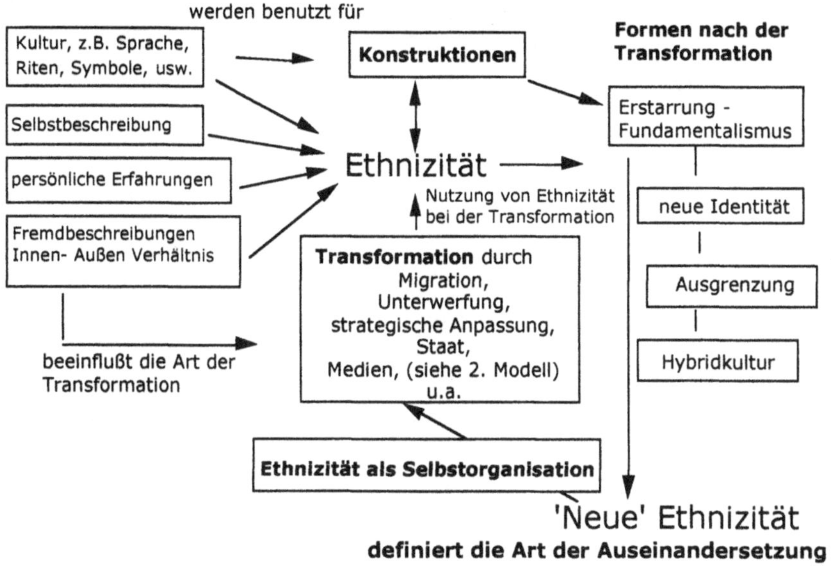


## Modell 2: Virtuelle Ethnizität

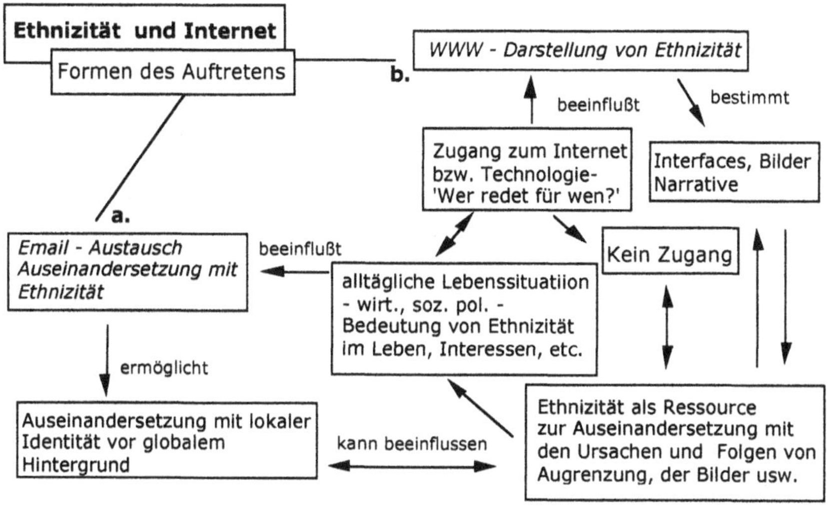

# Literatur
## Teil I


Afemann, Uwe: Verschärfung bestehender Ungleichheiten. Zur Bedeutung der neuen Kommunikationstechnologien in der 'Dritten Welt' am Beispiel des Internets. In Forum Wissenschaft Nr. 1 1996, S. 21-26.

Ahmed, Feroz: Ethnicity, Class and State in Pakistan. In: Economic and Political Weekly, November 23rd, 1996, S. 3050-3053.

Amin, Samir: Das Reich des Chaos. Hamburg 1992.

Amin, Samir / Craig Naumann: Die Krise dauert an. Interview mit Samir Amin. In: Kommune Nr. 12, 1995.

Amselle, Jean-Loup: Ethnies et espaces: pour une anthropologie topologique. In: Amselle: Au cœer de l´ethnie. Paris 1985, S. 11-48.

Amselle, Jean-Loup: Logiques métisses. Anthropologie de l'identité en Afrique et ailleurs, Paris 1990.

Anderson, Benedict: Die Erfindung der Nation. Frankfurt /Main, New York 1996 (erweiterte Auflage).

Anthias, Floya: Parameter kollektiver Identität: Ethnizität, Nationalismus, und Rassismus. In: Argument Sonderband 201, Hamburg 1992.

Antweiler, Christoph: Eigenbilder, Fremdbilder, Naturbilder. Anthropologischer Überblick und Auswahlbibliographie zur kognitiven Dimension interkulturellen Umganges. In: Anthropos 89, 1994: 137-168.

Apitzsch, Ursula: Migration und Ethnizität. In: Peripherie Nr. 50 1993 S. 5-18.

Appadurai, Arjun: Disjuncture And Difference in the Global Cultural Economy. In: Featherstone Mike: Global Culture. Nationalism, Globalization and Modernity. London 1990. S. 295-310.

Appadurai, Arjun: Globale ethnische Räume. In: Beck, Ulrich (Hg.): Perspektiven der Weltgesellschaft, Frankfurt/Main 1998, S. 11-40.

Atlan, Henri: Founding Violence and Divine Referent. In: Dumouchel, Paul: Violence and Truth. Stanford 1988.

Augé, Marc: Krise der Identität oder Krise des Andersseins? Die Beziehung zum Anderen in Europa. In: Kaschuba, Wolfgang (Hg.): Kulturen - Identität - Diskurse. Perspektiven europäischer Ethnologie. 1995.

Bade, Klaus: Einheimische, Ausländer, Dauergäste. In: Bade, Klaus (Hg.): Deutsche im Ausland. Fremde in Deutschland. München 1992.

Bahrdt, Hans Paul: Schlüsselbegriffe der Soziologie. München 1984.

Baiman, Ron: Neoclassical Economics and the End of Equitable, Open, and Universal Telecommunications Services in the United States. In: Review of Radical Political Economics. Vol 27 (3) 1995, S. 95-103.

Bangemann, Martin u. a.: Europa und die globale Informationsgesellschaft. Empfehlungen an den Europäischen Rat. Brüssel 1994.

Banton, Michael: Racial Theories. Cambridge 1987.

Barlow, John Perry / Postman, Neil: Den Fortschritt bremsen? In: Spiegel Spezial, Nr. 3 1997, S. 16-22.

Barlow, John Perry: Das Netz ist mein Gehirn. In: ZEIT-Punkte Nr. 5, 1996, S. 22-25.

Barth, Frederik: Ethnic groups and boundaries. The social organization of culture differences. Frederik Barth. (Hg.) Introduction, Bergen, Oslo 1969.

Beck, Ulrich: Die Eröffnung des Welthorizontes: Zur Soziologie der Globalisierung. Herausgeber-Mitteilung. In: Soziale Welt, Nr. 47 1997, S. 3-16.

Becker, Jörg: Die internationale Informationsordnung Anno 1995. Eröffnungsvortrag auf der Tagung "Obernationale Vernetzung von unten - das demokratische Salz in der Weltinformationsordnung?" des DGB-Bildungswerk im DGB-Bildungszentrum in Hattingen, 29. 10. 1995

Berger, Maurice: Race in Cyberspace. In: WIRED, Dezember 1995, S. 139-140.

Bertram, Christoph: Auf der Suche nach dem neuen Feind. In: Die ZEIT, Nr. 50, 6. Dezember 1996, S. 3.

Bhambhri, C.P.: Globalisation and the Social Science. In: Economic and Political Weekly, January 10th, 1998, S. 17-19.

Bischoff, Joachim: Globalisierung. Zur Analyse des Strukturwandels der Weltwirtschaft. In: Supplement der Zeitschrift Sozialismus, Nr. 1, 1996.

Blaschke, Jochen: Volk, Nation, Interner Kolonialismus, Ethnizität. Konzepte zur politischen Soziologie regionalistischer Bewegungen in Westeuropa. Berlin 1985.

Borchers, Wolfgang: Eine Welt, ein Netz? In: Die ZEIT Nr. 47, 14. November 1997, S. 86.

Bourdieu, Pierre: Sozialer Sinn. Frankfurt/Main 1987.

Boyle, T. Coraghessan: The Tortilla Curtain. London 1995.

Brand, Christiane: Feindbilder im ersten Golfkrieg (1980-1988) Eine Inhaltsanalyse bundesdeutscher Zeitungen. Unveröffentliche Magisterarbeit. Münster 1995.

Breton, Roland: Lob der Verschiedenheit, Paris 1981.

Brumlik, Michael: Die Entwicklung der Begriffe 'Rasse', 'Kultur', 'Ethnizität' im sozialwissenschaftlichen Diskurs. In: Dittrich / Radtke (Hg.): Ethnizität . Opladen 1990.

Brune, François: L'idéologie d'aujourd'hui. In: Le monde diplomatique. Maniere de voir hors série: Culture, idéologie et société. Mars 1997, S. 10-13.

Bühl, Achim: Cyberspace und Virtual Reality. In: Forum Wissenschaft, Nr. 1, 1995, S. 16-19.

Bühl, Achim: Die virtuelle Gesellschaft. Opladen 1997.

Burrows, Roger: Cyberpunk as Social Theory. In: Sallie Westwood / John Williams (Hg.): Imagining Cities. London 1997, S. 235-248.

Carment, David / James, Patrick: Internal Constraints and Interstate Ethnic Conflict. In: Journal of Conflict Resolution, Vol 39, No. 1, March 1995 , S. 82-109.

Castells, Manuel: The Information Age: Economy, Society and Culture. Vol. I: The Rise of the Network Society. Malden/Oxford 1996.
Castells, Manuel: The Information Age: Economy, Society and Culture. Vol. II: The Power of Identity. Malden/Oxford 1997.
Castells, Manuel: The Information Age: Economy, Society and Culture. Vol. III: End of Millennium. Malden/Oxford 1998.
Castles, Stephan: The Australian Model of Immigration and Multiculturalism: Is it applicable to Europe? In: International Migration Review, Vol.26, No. 2 1992 .
Castles, Stephen: Migration und Rassismus in Europa. Berlin 1987.
Chakrabarthy, Dipesh: Modernity and Ethnicity in India. A History for the Present. In: Economic and Political Weekly, December 30th, 1995, S. 3373-3380.
Chatterjee, Partha: Beyond the Nation? Or Within? In: Economic and Political Weekly, January 4th, 1997; S. 30-34.
Chaturvedi, Jayati und Gyan: In the long Shadow of Hindutva: Muslims, Christians and Dalits on North India: A Study of Encounters. Vortrag auf der Tagung: Asian Minorities, Cultures in Transition. 1996 in Münster.
Chilton, Bruce: The Temple of Jesus. Philadelphia 1992.
Chrétien, Jean-Pierre: Dimension historique de l'ethnicité en Afrique (Introduction). In: Jean-Pierre Chrétien / Gérard Prunier (Hg.): Les ethnie ont une histoire. Paris 1989.
Clastres, Pierre: Staastfeinde. Studien zur politischen Anthropologie. Paris, Frankfurt/Main 1974/1976.
Cleaver, Harry: The 'Space' of Cyberspace. Body Politics, Frontiers and Enclosures. Im November 1995 per Email vom Autor erhalten.
Cohen, Abner: The lesson of ethnicity (Introduction). In: Cohen, Abner (Hg.): Urban ethnicity. London u.a. 1974.
Diederichsen, Klaus: "Ich bin ein Nigger". Das veränderte Selbstbewußtsein schwarzer Amerikaner. In: Frankfurter Rundschau, Samstag, 23. Oktober 1993, ZBS. 1.
Dowe, Tom: The Netizen: News you can abuse. In: WIRED, No. 1, Vol. 5, January 1997, S. 53-56 and 184 -185.
du Toit, Brian M.: Ethnicity in Modern Africa. Boulder 1978.
du Toit, Brian M.: Introduction: Migration and Population Mobility. In: du Toit, Brian M. / Safa, Helen J (Hg.): Migration and Urbanization. Models and adaptive Strategies. The Hague, Paris, Chicago 1975.
Dumont, Louis: Gesellschaft in Indien (*Homo hierarchicus*). Zur Soziologie des Kastenwesens. Paris 1966 / Wien 1976.
Dumouchel, Paul: Introduction. In: Dumouchel, Paul: Violence and Truth. Stanford 1988.
Dyson, Esther: Die Deutschen verspielen ihre Chancen. In: Die ZEIT. Nr, 43, 17 Oktober 1997, S. 82.
Eco, Umberto: Die Migrationen des 3. Jahrtausends. In: Frankfurter Rundschau , Samstag 17. Januar 1998, S. ZB 2.
Elschenbroich, Donata: Eine Nation von Einwanderern. Ethnisches Bewußtsein und Integrationspolitik in den USA. Frankfurt/Main / New York 1986.

Eriksen, Thomas Hylland: The cultural contexts of ethnic differences. In: MAN, March 1991, Vol 26 No. 1, S. 127-144.
Escobar, Arturo: Welcome to Cyberia. In: Current Anthropology, Vol. 35, No. 3, June 1994, S. 211-231.
Faßler, Manfred: Privilegien der Ferne. Elektronische Landschaften, transkulturelle Kommunikation und Weltrethorik. In: Parabel Bd. 17: Gegen die Restauration der Geopolitik. Zum Verhältnis von Ethnie, Nation und Globalität. Gießen 1996. S. 166-194.
Featherstone, Mike: Global Culture: An Introduction. In Ders.: Global Culture. Nationalism, Globalization and Modernity. London 1990. S. 1-13.
Featherstone, Mike: Undoing Culture. London 1995.
Fischermann, Thomas: Mitleid für die erste Welt. Die Billigproduktion von Software im Ausland bringt die Gewerkschaften in die Bredouille. In: Die ZEIT Nr. 45, 3. November 1995, S. 25.
Foner, Nancy: The Jamaicans: Cultural and Social Change among Migrants in Britain. In: James L. Watson (Ed.): Between two Cultures. Migrants and Minorities in Britain., London u.a. 1977.
Forth, Gregory: The pa sése festival of the Nage of Bo'a Wae (central Flores). In: Barraud, C. / Platenlamp, JDM (Hg.): Rituals and socio-cosmic order in eastern indonesian societies. Part 1: Nusa Tengara Timur, special issue, Bijdragen Tot de Tal -, Land-en Volkenkunde 145, 1989.
Freyermuth, Gundolf S.: Das Internet der Verschwörer. In: Kursbuch 124: Verschwörungstheorien. Berlin 1996, S. 1-11.

Fujitani, Takashi: Inventing, Forgetting, Remembering: Toward a Historical Ethnography of the Nation-State. In: Befu, Harumi (Ed.): Cultural Nationalism in East Asia. Representation and Identity, Berkeley 1993, S. 77-106.
Fürnkranz, Wolfgang: Autopoesis - der deus ex machina der Systemtheorie. In: Hörmann, Georg (Hg.): Im System gefangen. Zur Kritik systemischer Konzepte in den Sozialwissenschaften. Frankfurt/Main 1997, S. 139-159.
Galeano Eduardo: Vers une société de l'incommunication. In: Internet: L'Extase et L'Effroi. Maniere de Voir hors série, October 1996, S. 78-80.
Gans, Herbert J.: Second-generation decline: Scenarios for the economic and ethnic futures of the post-1965 American immigrants. In: Ethnic and Racial Studies, Vol. 15, No 2, April 1992, S. 173-192.
Gellner, Ernest: Nationalismus und Moderne. Berlin 1991.
Giddens, Anthony: Die Konsequenzen der Moderne. Frankfurt/Main 1996.
Giessen, Bernhard: Kulturelle Vielfalt und die Einheit der Moderne. In: Leviathan, Nr. 1, März 1996, S. 93-108.
Gillespie, Marie: Television, Ethnicity and Cultural Change. London 1995.
Giordano, Christian: Ethnizität und das Motiv des mono-ethnischen Raumes in Zentral- und Osteuropa. In: Parabel Bd. 17: Gegen die Restauration der Geopolitik. Zum Verhältnis von Ethnie, Nation und Globalität. Gießen 1996, S. 127-141.

Girard, René: Das Heilige und die Gewalt. Frankfurt am Main 1987/1992.
Girard, René: Der Sündenbock. Zürich 1988.
Girard, Réne: Der Sündenbock hat ausgedient. In: Der SPIEGEL Nr. 35/1997, S. 112-115. Interview von Michael Schmidt-Klingenberg und Susanne Koelbl.
Glazer, Nathan / Moynihan, Daniel P.: Ethnicity. Theory and Experience (Introduction). Cambridge 1975.
Glen, Martin: Internet Indian Wars. In: WIRED December 1995, Vol.3, S. 108-117.
Greiner, Ulrich: Die einzige Hoffnung ist, daß wir aussterben. Kalifornische Impressionen: Jagd auf Mexikaner, Begegnungen in der Waschstraße und ein Besuch bei dem Schriftsteller T. Coraghessan Boyle. In: Die ZEIT, Nr. 37, 6 . September 1996, S. 49/50.
Groh, Dieter: Verschwörungen und kein Ende. In: Kursbuch 124: Verschwörungstheorien. Berlin 1996, S. 12-26.
Hahn, Michael: Beyond Color-Blind Liberalism and Afrocentric Essentialism: Toward a New Concept of Race as a Social Relation. In: Parabel Bd. 17: Gegen die Restauration der Geopolitik. Zum Verhältnis von Ethnie, Nation und Globalität. Gießen 1996. S. 64-102.
Hale, Constance: How do you say Computer in Hawaiin? In: WIRED, August 1995, 3. Vol, S. 90-100.
Hancock, Mary: Hindu culture for an Indian nation: Gender, politics, and elite identity in urban south India. In: American Ethnologist, 22 (4) 1995, S. 907-926.
Hannerz, Ulf: The world in Creolisation. In: Africa 57 (4), 1987 S. 546-559.
Hannerz, Ulf: "Kultur" in einer vernetzten Welt. Zur Revision eines ethnologischen Begriffes. In: Wolfgang Kaschuba (Hg.): Zeithorizonte. Kulturen - Identitäten - Diskurse. Perspektiven europäischer Ethnologie. Berlin 1995, S. 64-84.
Heckmann, Friedrich: Ethnische Minderheiten, Volk und Nation. Soziologie inter - ethnischer Beziehungen, Stuttgart 1992.
Heckmann, Friedrich: Ethnos - eine imaginierte oder reale Gruppe? Über Ethnizität als soziologische Kategorie. In: Hettlage, Robert / Deger, Petra / Wagner, Susanne (Hg.): Kollektive Identität in Krisen. Opladen 1997.
Heider, Ulrike: Schwarzer Zorn und weisse Angst. Frankfurt 1996.
Heider, Ulrike: Zum Teufel mit der Bibel. Das neue Buch von Charles Murray, dem Erfinder der 'Bell Curve': Wieder ein Plädoyer für die Ungleichheit. In: Die ZEIT, Nr. 42, 10. Oktober 1997, S. 65.
Heitmeyer, Wilhelm / Müller Jochen / Schröder, Helmut: Verlockender Fundamentalismus. Türkische Jugendliche in Deutschland. Frankfurt/Main 1997.
Hennig, Christoph: Die Mythen des Tourismus. In: Die ZEIT Nr. 27, 25. Juni 1998, S. 47/48.

Hettlage, Robert: Identität und Integration: Ethno-Mobilisierung zwischen Region, Nation und Europa - eine Einführung. In: Hettlage, Robert / Deger, Petra / Wagner, Susanne (Hg.): Kollektive Identität in Krisen. Opladen 1997.

Heuser, Uwe Jean: Am Bildschirm allein zu Haus. In: Die ZEIT, Nr. 43, 20. 10. 1995, S. 54.

Hobsbawm, Eric J.: Nationen und Nationalismus. Frankfurt 1991.

Hobsbawm, Eric J.: Zwischen Katastrophe und Erdrutsch. In: Sozialismus, Nr. 5, 1996, S. 16-21.

Holloway, Marguerite: Der Mann, der das Web erfand. In: Die ZEIT, Nr. 34, 15. August 1997, S. 54.

Holub, Renate: Aufstieg und Abschaffung von 'Affirmative Action' in Kalifornien. In: Argument Nr. 224: Grenzen, Vol. 40. Heft 1-2 1998, S. 41-50.

Hudson, David: Rewired: a brief (and optionated) net history. Indianapolis 1997.

Imhasly, Bernhard: Indiens Nukleartests - eine Hindubombe? Politische Ausschlachtungen der Atomversuche. In: Neue Züricher Zeitung, Nr. 134 vom 13/14 Juni 1998, S. 5.

Jain, Ravindra K.: Hieracy, Hegemony and Dominance. Politics of Ethnicity in Utttar Pradesh, 1995. In: Economic and Political Weekly, January 27th, 1996, S. 215-223.

Jameson, Fredric: The geopolitical aesthetic. London 1995.

Jenkins, Richard: Social anthropological models of inter-ethnic relations. In: John Rex / David Mason (Hg.): Theories of Race and Ethnic Relations. Cambridge 1986, S. 170-183.

Johnson, Steve: Interface Culture: How new technology transforms the way we create and communicate. San Francisco 1997.

Jordan, Tim: New Space, New Politics: The Electronic Frontier Foundation and the Definition of Cyberpolitics. 1998. In: Jordan, Tim / Lent. A.: Storming the Millennium: The new politics of change, London 1998. Kapitel erhalten vom Autor per Email im September 1998.

Kakar, Sudhir: Die Gewalt der Frommen. Zur Psychologie religiöser und ethnischer Konflikte. München 1996.

Kalb, Marvin: Presse im Tiefflug. Sind die US-Medien noch glaubwürdig? In: Die ZEIT Nr. 8, 12. Februar 1998.

Kalnins, Artur: Kapverdianer zwischen Hamburg und Kap Verde. Frankfurt 1991.

Kapferer, Bruce: Legends of people, Myth of State. Washington 1988.

Kapferer, Bruce: Nationalist Ideology and a Comparative Anthropology. In: Ethnos Vol. 54: III-IV, 1989, S. 161-199.

Kapferer, Bruce: The Feast of the Sorcerer. Chicago/London 1997.

Karakasoglu-Aydin, Yasemin: Jung, muslimisch = gewaltbereit? Kritische Anmerkungen zur Heitmeyer-Studie. In: Das Argument, Nr. 224, Heft 1-2 1998, S. 145-157.

Keating, Neil: What is a race? In: Anarchy. A Journal of Desire Armed, Nr. 37, Summer 93, Vol. 13, No.3 , S. 47.

Keefe, Susan Emiley: Ethnic identity: The domain of perceptions of and attachment to ethnic groups and cultures. In: Human Organizations, Vol. 51, No.1 1992, S. 35-43.
Keniston, Kenneth: Politics, Culture and Software. In Economic and Political Weekly; January 17th, 1998, S. 105-110.
Kößler, Reinhart / Schiel, Tilman: Nationalstaaten und Grundlagen ethnischer Identität. In: Kößler, R. / Schiel T. (Hg.): Nationalstaat und Ethnizität. Frankfurt/Main 1994, S. 1-21.
Kößler, Reinhart / Schiel Tilman: Ethnizität: Selbstorganisation und Strategie, In: Peripherie, Nr. 67, Vol. 17, August 1997, S. 7-28.
Kößler, Reinhart: Weltgesellschaft? oder: Grenzen der Luhmannschen Gesellschaftstheorie. In: Aktuelle Beiträge zur Soziologie. Münster 1997.
Kothari, Rajni: Under Globalization. Will Nation State hold? In: Economic and Political Weekly, July 1st, 1995b, S. 1593-1603.
Kramer, Dieter: Die Anthropologie der Vielfalt. In: Parabel Bd. 17: Gegen die Restauration der Geopolitik. Zum Verhältnis von Ethnie, Nation und Globalität. Gießen 1996, S. 51-62.
Krøvel, Roy: www.guerilla.net. In: Internet Today, November 1996. S. 22-25.
Krysmanski, Hans Jürgen: Karl Marx goes Hollywood. Artikel vom Autor erhalten am 2.3. 1998.
Kühler, Andreas: Chicanos und mexikanische Arbeitsmigranten: '3. Welt' in den USA, Münster 1989.
Lang, Bernard: Freie Software für alle. In: Le monde diplomatique (dt. Ausgabe), Januar 1998, S. 19.
Lau, Jörg: Mystik der neuen Medien. In: Die ZEIT Nr. 45, 31. Oktober 1997, S. 57.
Leggewie, Claus: Fed up with the Feds. Neues über die amerikanische Paranoia. In: Kursbuch 124: Verschwörungstheorien. Berlin 1996, S. 115-128.
Leggewie, Claus: Stolz deutsch zu sein. Die neue Angst vor den Fremden. In: Bade, Klaus (Hg.) Deutsche im Ausland. Fremde in Deutschland, München 1992.
Lexikon der Soziologie. Ungekürzte Sonderausgabe Opladen 1998.
Leyde, Irina: Technische und soziale Strukturen virtueller Welten am Beispiel von TubMud. Forschungsberichte des Fachbereiches Informatik. Berlin 1994.
Livingston, Paisley: Demystification and History in Girard and Durkheim. In: Dumouchel, Paul: Violence and Truth. Stanford 1988.
Llobera, Joseph R.: The God of Modernity. The Development of Nationalism in Western Europe. Oxford / Providence 1994.
Lovink, Geert / Schulz, Pit: Weltweit integrierter Kapitalismus. In: SPEX Nr. 5, Mai 1996, S. 61.
Luhmann, Niklas: Die Gesellschaft der Gesellschaft. Frankfurt am Main 1997.
Luhmann, Niklas: Die Realität der Massenmedien. Opladen 1996.
Luhmann, Niklas: Die Weltgesellschaft. In: Ders.: Soziologische Aufklärung 2. Aufsätze zur Theorie der Gesellschaft. Opladen 1975.
Maré, Gerhard: Ethnicity and Politics in South Africa. London 1993.

Martin, Hans-Peter / Schumann, Harald: Die Globalisierungsfalle. Der Angriff auf Wohlstand und Demokratie. Reinbeck 1996.
Mattelart, Armand: Les enjeux de la globalisation des résaux. In: Internet: L'extase et l'effroi. Le Monde diplomatique. Maniere de voir hors série. Octobre 1996, S. 10-14.
Mattelart, Armand: Von der Kanonenbootpolitik zu einer Diplomatie der Netze. In: Le Monde diplomatique (dt. Ausgabe) August 1995, S. 14/15.
Mauss, Marcel: La nation in: Œuvres III, cohésion sociale et division de la sociologie, Paris 1969.
McKay, Alex C.: Tibet and the British Raj. The Frontier Cadre 1904-1947. London 1997.
McCorduck, Jill: Sex, Lies and Avatars. In: WIRED, April 1996, S. 106-110 und 158-165.
McKenna, Andrew J.: Violence and Difference. Girard, Derrida, and Deconstruction. Chicago 1992.
Meillassoux, Claude: Gegen eine Ethnologie der Arbeitsmigration in Westeuropa. In: Blaschke, Jochen / Greussing, Kurt (Hg.): Dritte Welt in Europa. Probleme der Arbeitsmigration. Frankfurt/Main 1980.
Menzel, Ulrich: The West against the Rest. Samuel Huntingtons Rekonstruktion des Westens. In: Peripherie Nr. 68 (1997), S. 61-80.
Mercier, Paul: The Meaning of Tribalism in Black Africa. In: van den Berghe, Pierre L. (Hg.): Race and Ethnicity in Africa. Nairobi 1975 .
Merz, Martin: Der Tag des schwarzen Bewußtseins. In: Die ZEIT Nr. 47, 17. November 1995, S. 96.
Miller, D.: The Uses and Abuses of 'Ethnicity': A Review Article. In: Ethnos, Vol. 59 -2, 1994, S. 91-99.
Morley, David / Roberts, Kevin: Spaces of Identity. London 1995.
Mühlfeld, Claus: Der Mensch als ärgerliche Tatsache - Der erkenntnistheoretische Stellenwert des Individuums in der selbstreferentiellen Systemtheorie. In: Hörmann, Georg (Hg.): Im System gefangen. Zur Kritik systemischer Konzepte in den Sozialwissenschaften. Frankfurt/Main 1997, S. 113-139.
Mühlmann, Wilhelm E.: Rassen, Ethnien, Kulturen. Neuwied / Berlin 1964.
Münch, Richard: Dynamik der Kommunikationsgesellschaft. Frankfurt 1995.
Nairn, Tom: Breakwaters of 2000. From Ethnic to Civic Nationalism. In: New Left Review, Nr. 214, Nov. / Dec. 1995, S. 91-102.
Nassehi, Amin : Die "Welt"-Fremdheit der Globalisierungsdebatte. In: Soziale Welt, Nr. 49, 1998, S. 151-166.
Neuman, Lin: The Resistance Network. In: WIRED, January 1996, Vol.4, S. 108-114.
Ng, Roxana: Sexismus, Rassismus und kanadischer Nationalismus. In: Argument Sonderband 201, Hamburg 1992. S. 104-117.
Opitz, Peter J.: Das Flucht- und Migrationsproblem seit dem Ende des Zweiten Weltkriegs - Befunde, Bilanzen, Perspektiven. In: Ders.: Der globale Marsch. Flucht und Migration als Weltproblem. München 1997.

Parsons, Talcott: Some historical Considerations on the Nature and Trends of Change of Ethnicity. In: Glazer / Moynihan: Ethnicity. Cambridge 1975.
Pfeffer, Georg: The Scheduled Tribes of India. Vortrag auf der Tagung: Asian Minorities, Cultures in Transition, 1996 in Münster.
Pinzler, Petra: Zerbrochene Träume. niedrige Löhne, verschmutzte Umwelt - der Freihandel zwischen den Vereinigten Staaten und Mexiko nützt den Arbeitern in Tijuana bislang wenig. In: Die ZEIT, Nr. 21, 14. Mai 1998, S. 31/32.
Pollack, Andrew: Cultural War of Words Looms on the Internet. In: Herald Tribune, Toulouse, 8. August 1995; S. 1
Popitz, Heinrich / Bahrdt, Hans Paul / Jüres, Ernst August / Kerting, Hanno: Das Gesellschaftsbild des Arbeiters. Tübingen 1967.
Poster, Mark: The Second Media Age. Cambridge 1995.
Poster, Mark: Virtual Ethnicity. Aufsatz vom Autor erhalten im Sommer 1997. Erschienen in: Jones, Steve (Ed.): Cybersociety 2.0 (Sage, 1998) S. 184-211.
Projektgruppe videocolor am Institut für Soziologie der Universität Münster: 'Der Sozialplan ersetzt mir ja nicht den Arbeitsplatz'. Betriebsschließung und Besetzungsstreik bei videocolor Ulm. Köln 1987.
Prunier, Gérard: Rätedemokratie Somaliland. In: Le Monde diplomatique, Oktober 1997(dt. Ausgabe) vom 17. Oktober 1997, S. 9.
Quéau, Phillipe: Wenn der Cyberspace zum Privatbesitz wird. In: Le Monde diplomatique, Februar 1997 (dt. Ausgabe) S. 10/11.
Ramonet, Ignacio: Anschwellende Datenflüsse. In: Le Monde diplomatique April 1997 (dt Ausgabe), S. 1 und 16/17. (zitiert als 1997b)
Ramonet, Ignacio: Régimes globalitaires. In Le Monde diplomatique, Janvier 1997, S. 1. (zitiert als 1997a)
Ramonet, Ignacio: Une logique d'oppression. In: Le monde diplomatique. Maniere de voir. Scénario de la mondialisation, Nr. 32, novembre 1996, S. 6/7.
Randeria, Shalini: Hindu-Nationalismus: Aspekte eines Mehrheits-Ethnizismus. In: Kößler, Reinhart / Schiel, Tilmannn (Hg.): Nationalstaat und Ethnizität, Frankfurt 1994, S. 75-109.
Ranger, Terence: Kolonialismus in Ost- und Zentralafrika von der traditionellen zur traditionalen Herrschaft. Einsprüche und Widersprüche. In: Grevemeyer, Jan-Heeren: Traditionale Gesellschaften und europäische Kolonisation. Frankfurt/Main 1981.
Rapaport, Richard: Bangalore. In: WIRED Februar 1996, S. 110-112 und 164-170.
Raum, Johannes W.: Reflections on Max Weber's thoughts concerning ethnic groups. In: Zeitschrift für Ethnologie, Nr. 120, 1995, S. 73-87.
Reminick, Ronald A.: Theory of Ethnicity. An Anthropological Perspective. Boston 1983.
Rex, John: 'Rasse' und 'Ethnizität' als sozialwissenschaftliche Konzepte. In: Dittrich , Eckard J. / Radtke, Frank Olaf (Hg.): Ethnizität. Opladen 1990, S. 141-153.

Rheingold, Howard: Virtuelle Gemeinschaften. Bonn/Paris/Reading 1994.
Roberston. Roland: Globalization. Social Theory and Global Culture. London 1992.
Robinson, Michael: Enduring Anxieties: Cultural Nationalism and Modern East Asia. In: Befu, Harumi (Ed.): Cultural Nationalism in East Asia. Representation and Identity. Berkeley 1993, S. 167-186.
Rushdie, Salman: East, West. London 1995.
Rushdie, Salman: Shame. London. 1983/1995.
Sams Publishing: The Internet Unleashed Everything you need to master the Internet. Indianapolis 1994.
Sassen Saskia: The Global City. Princeton 1991.
Sassen, Saskia: Wirtschaft und Kultur in der Global City. Zur Bedeutung des Raumes in der informellen Ökonomie. In: Forum Wissenschaft, Nr. 2, 1995, S. 6-11.
Sassen, Saskia: Überlegungen zu einer feministischen Analyse der globalen Wirtschaft. In: Prokla, Heft Nr. 111, Vol. 28, 1998, S. 199-216.
Schiller, Dan: Les marchands du 'village global'. In: Internet: L'extase et l'effroi. Le Monde diplomatique. Maniere de voir hors série. Octobre 1996, S. 26-29.
Schiller, Dan: Les marchands á l'assaut d'Internet. In: Le Monde Dioplomatique, mars 1997, S. 1 und 24/25.
Schiller, Herbert I.: Information Inequalities. London 1995.
Schiller, Herbert I.: Die militanten Vorreiter der digitalen Revolution. In: Le Monde diplomatique (dt. Ausgabe), November 1996, S. 20/21.
Senjkovic, Reana: The Use, Interpretation and Symbolization of the National. In: Journal of European Ethnology, Nr. 25, 1995, S. 67-77.
Sigrist, Christian: Regulierte Anarchie. Eine Anthropologie herrschaftsfreien Zusammenlebens. In: Kindlers Enzyklopädie 'Der Mensch', 1984, S. 108-125.
Sigrist, Christian: Über das Fehlen und die Entstehung von Zentralinstanzen in segmentären Gesellschaften. In: Sigrist, Christian / Neu, Rainer (Hg.): Ethnologische Texte zum Alten Testament. Band I. 1989, S. 138-152.
Sigrist, Christian: Das gesellschaftliche Milieu der Luhmanschen Theorie. In: Das Argument 178, 1989, S. 837-853 (zitiert als 1989a).
Sigrist, Christian: Menschenrechte, Selbstbestimmung und Ethnizität: Staatsfreie Zonen als Lösung. In: Das Parlament, Nr. 17, 23. April 1993, S. 14.
Sigrist, Christian: Regulierte Anarchie. Hamburg 1967/1994.
Sigrist, Christian: Ethnizität als Selbstorganisation. In: Kößler, R. / Schiel, T. (Hg.): Nationalstaat und Ethnizität. Frankfurt/Main 1994, S. 45-55.
Sigrist, Christian: Zum Beispiel Tschetschenen und Inguschen. Ethnische Selbstorganisation und Nationalstaat. In: Vereinte Nationen Nr. 2, 1995, S. 54-61.
Sigrist, Christian: Kritische Implikationen des Konzepts 'Ethnizität als Selbstorganisation'. Loccumer Protokolle 26/1996.
Smith, Anthony D.: Nations and Nationalism in a Global Era. Cambridge 1995.

Smith, Anthony D.: The Ethnic Revival. Cambridge 1981.
Smith, Anthony D.: The Ethnic Origins of Nations, Oxford 1986
Smith, M.G.: Pluralism, race and ethnicity in selected African countries. In: Rex, John / Mason, David (Ed.): Theories of Race and Ethnic relations. Cambridge 1986, S. 187-225.
Southall, Aidan: Nuer and Dinka are people: Ecology, Ethnicity and logical Possibility. In: MAN 1976 No.II, S. 463-491.
Stallabrass, Julian: Empowering Technology: The Exploration of Cyberspace. In: New Left Review, No. 211, 1995, S. 3-32.
Steinberg, Stephan: The Ethnic Myth. Race, Ethnicity and Class in America. New York 1981.
Stoll, Clifford: Und die Vögel singen auch nicht. Clifford Stoll über die Wüste Internet. In: Frankfurter Rundschau 11. Mai 1996, S. 14.
Stubbs, Paul: Civil Society, Social Movements or globalized new professional middle class?: NGO work with refugees and displaced persons in Croatia. Vom Autor per Email persönlich erhalten im November 1996.
Szczypiorski, Andrzej: Kant, Voltaire und die kleinen Jungs aus dem Internet. Frankfurter Rundschau, 2. November 1996, S. 16.
Tambiah, Stanley: Ethnic Conflict in the World Today. In: American Ethnologist, Vol. 16, No. 2, May 1989, S. 335-350.
ter Wal, Jessika: The social representation of immigrants: the Pantanella issue in the pages of La Repubblica. In: New community 22(1), Januar 1996, S. 39-66 .
Terkel, Studs: Race. London 1992.
Thomas, Nicholas: The inversion of tradition. In: American Ethnologist Vol .19 No. 2, May 1992; s.
Torrès, Astrad: Faut-il brûler Internet. In: Internet: L'Extase et L'Effroi. Maniere de Voir hors série, octobre 1996, S. 57-60.
Tricoire, Bruno: Quand les Triangles font la ronde: L'oeuvre de René Girard et la question du social. In: Tricoire, Bruno/Maugin, Marcelle/Robert, André: Le travail social à l'épreuve des violences modernes. Paris 1993, S. 9-48.
Turkle, Sherry: Life on the screen. Cambridge 1995.
U.S. Congress, Office of Technology Assessment (OTA): Telecommunications Technology and Native Americans: Opportunities and Challenges, OTA-ITC-621 (Washington, DC: U.S. Government Printing Office) August 1995.
Uimonen, Paula: Addressing the Information Gap. In: On The Internet, Vol. 3, Nr. 6, November/December 1997, S. 22/23.
van den Berghe, Pierre L. : Race and Ethnicity in Africa. Pierre L. van den Berghe. (Ed.) Introduction. Nairobi 1975.
Venzky, Gabriele: Computerkids in Bangalore. In: Die ZEIT Nr. 18, 28. April 1995, S. 40.
Verbunt, Giles: Minderheiten und Sozialwissenschaften in Frankreich. In: Das Argument Sonderband 201, Hamburg 1992.

Videlier, Philippe: Ziviler Ungehorsam gegen Rasenhaß. In: Le Monde diplomatique (dt. Ausgabe) Mai 1997, S. 10/11.
Virilio, Paul: Der reine Krieg. Berlin 1984.
Virilio, Paul: Freier Blick. Kontraktion der Zeit - Dehnung des Raums. In: Frankfurter Rundschau, 25. Oktober 1997, S. ZB2.
Voregger, Michael: Condor im Sturzflug. Hacker-Krieg um die Freiheit des Webs: Der Fall des inhaftierten Keven Mitnick. In: Frankfurter Rundschau, Samstag, 4. April 1998, S. M13.
Wallerstein, Immanuel: Ethnicity and National Integration in West Africa. In: Cahiers d´Etudes Africaines. No. 3, Paris 1960.
Wallman, Sandra: Ethnicity and the boundary process in context. In: Rex / Mason (Ed.): Theories of Race and Ethnic Relations. Cambridge 1986, S. 226-245.
Watson, James L.: Arbeitimmigranten in Großbritannien - neuere Entwicklungen. In: Blaschke, J. / Greussing, K. (Hg.): Dritte Welt in Europa. Probleme der Arbeitsmigration. Frankfurt/Main 1980.
Weber, Max: Wirtschaft und Gesellschaft. Tübingen 1972/1985.
Wieviorka, Michel: Gewalt, Gesellschaft und Identität. Eine europäische Perspektive. In: Wimmer, Michael, /Wulf, Christoph / Dieckmann, Bernhard: Das zivilisierte Tier. Zur historischen Anthropologie der Gewalt. Frankfurt/Main 1996,S. 164-180.
Wulf, Christoph: Die Unhintergehbarkeit von Gewalt. In: Wimmer, Michael, /Wulf Christoph / Dieckmann, Bernhard: Das zivilisierte Tier. Zur historischen Anthropologie der Gewalt. Frankfurt/Main 1996, S. 77-83.
Yamaguchi, Masao: Towards a Poetics of the Scapegoat. In: Dumouchel, Paul: Violence and Truth. Stanford 1988.

# Literatur
## Teil II: Internetquellen


Anderson, Jon W. : Middle East Diasporas on the Internet. Vortrag gehalten auf der INET 96 Konferenz der Internet Society in Montréal 1996: http://www.isoc.org/inet96/proceedings/e8/e8_2htm

Barbrook, Richard: Neo-Liberal Fantasies. London 1998.: http://ma.hrc.wmin.ac.uk/kids/ma.theory.4.4.db

Barlow, John Perry: Africa Rising. In: WIRED Januar 1998. : http://www.wired.com/wired/archive/6.01/barlow.html

Bowker, Geof: Thoughts on the history of the Internet. Comments on three papers presented at the Social Studies and Society for the History of Technology Annual General Meetings, Charlottesville, Virginia 18-22 October 1995. Erhalten über den RRE-Newsletter am 4. Novemnber 1995.: http://communication.ucsd.edu/pagre/rre.html

Cisler, Steve: The Internet and indigenous groups. Cultural Survival Quarterly, No. 4, Vol. 21 1998: http://www.cs.org/scq/csqinternet.html

Cleaver, Harry: The Zapatistas and the electronic fabric of struggle. Vortrag gehalten auf der INET 96 Konferenz der Internet Society in Montréal 1997. CD-Rom:http://www.isoc.org/inet96/proceedings/e1/e1_3.htm

Debatin, Bernhard: Metaphern und Mythen des Internet. Demokratie, Öffentlichkeit und Identität im Sog der vernetzten Datenkommunikation. 1998.: http://www.uni-leipzig.de/~debatin/German/NetMet.htm

Delgado-P., Guillermo / Becker, Marc: Latin America: The internet and indigenous texts. In: The Internet and indigenious groups. Cultural Survival Quarterly, No. 4, Vol. 21 1998.: http://www.cs.org/scq/csqinternet.html

Fink, Christina: Burma: Constructive engagement in cyberspace. In: The Internet and indigenious groups. Cultural Survival Quarterly No. 4, Vol. 21 1998.: http://www.cs.org/scq/csqinternet.html

Fortier, François: Virtuality Check. A political Economy of Computer Networking. 1998: http://www.yorku.ca/reserach/dkproj/crit-ict/ff1.htm

Fuchs, Peter: Realität der Virtualität - Aufklärungen zur Mystik des Internet 1998.: http://www.netzservice.de/Home/maro/others/pf_rdv.htm

Gabrial, Albert: Assyrians: '3.000 years of history. Yet the Internet is our only home'. In: The Internet and indigenous groups. Cultural Survival Quarterly No. 4, Vol. 21, 1998.: http://www.cs.org/scq/csqinternet.html

Goltzsch, Patrick: Abkürzung in die Sackgasse. In: Digest: 'Netz und Politik '(NETPOL-Digest) 8 vom 22. April 1998.: http://www.fitug.de/netpol

Graves, William H.: All Packets Should Not Be Created Equal. The Internet2

Project. D-lib Magazine April 1998. Ausgedruckt am 20 April 1998.: http://www.dlib.org/dlib/april98/graves/04graves.html
Internet Society: Comments of the Internet Society in regards to the Department of Commerce, National Telecommunications and Information Administration. 15 CFR Chapter XXIII, Letze Änderungen am 19. März 1998, ausgedruckt Am 16 April 1998.: http://www.isoc.org/internet/news/isocgreen.shtml
Ishii, Kei: Regularien im Internet. Über Strukturen eines Computervermittelten Kommunikationsmediums. Diplomarbeit, Berlin 1995. (html-Version vom Januar 1996).: http://www.ig.cs.tu-berlin.de/DA/IR/index.html
Jarren, Otfried: Neue Techniken und ihre Mythen. In: Neue Züricher Zeitung. NZZ Online, Freitag, 20. Februar 1998.: http://www.nzz.ch/online/01_nzz_aktuell/internet/hintergrund/nzz908220mythen.htm
Jordan, Tim: A Sociology of Hackers. Vortrag, INET 98-Konferenz der Internet Society in Genf 1998: http://www.isoc.org/inet98/proceedings/2d/2d_1.htm
Klimkiewicz, Beata: Ethnic Minorities and Media in Poland: Democracy without Advocacy? 1997.: http://www.isdnet.org/papers/BEATA-KLIMKIEWICZ.HTM
Le Micro Bulletin: LMB actu. 2. Juli 1998, Butinage thematique: Berbère en ligne.: http://lmb.cnrs.fr/Webdo.html
Leggewie, Claus / Dyson Esther: Laß die Inhalte für sich selbst streiten! Claus Leggewie sprach mit Esther Dyson über Kontrolle und Demokratie im Internet. In: Telepolis. : http://www.heise.de/tp/deutsch/inhalt/co/2326/1.html
Leiner, Barry M./Cerf, Vinton G.et al.: A brief history of the Internet v3.1, 1998. Ausgedruckt am 7. April 1998.: http://www.isoc.org/internet/history/brief.html
May, Timothy C.: Crypto-Anrachy and Virtual Communities. 1995.: http://lannert.rz.uni-düsseldorf/anarchy.htm
Müller, Markus: Interview with René Girard. In: Anthropoetics II, no. 1 (June 1996).: http://humnet.ucla.edu/humnet/anthropoetics/AP0201/interv.htm
Nader, Ralph /Love, James: Microsofts Ambitions and Antitrust policy. Remarks at the Cato Institution Policy Forum on Antitrust and Microsoft, 20. April 1998. Erhalten über den RRE-Newsletter am 11 Mai 1998. : http://communication.ucsd.edu/pagre/rre.html
Nakamura, Lisa: Race in/for cyberspace: Identity Tourism and Racial Passing on the Internet. In: Works and Days Vol. 13 no. 1 & 2, Spring/Fall 1995 S. 181-194: http://www.hnet.uci.edu/mposter/readings/nakamura.html
Polly, Jean Armour: Standing Stones in Cyberspace: The Oneida Indian Nation's Territory on the Web. In: The Internet and indigenous groups. Cultural Survival Quarterly No. 4, Vol. 21 1998.: http://www.cs.org/scq/csqinternet.html
Reid, Elisabeth M.: Electropolis: Communication and Community on Internet

Relay Chat. Melbourne 1991. (Ausdruck 22,3,98): http://www.ee.mu.oz.au/papers/emr/electropolis.html
Ribeiro, Gustavo Lins: The Condition of Transnationality. Exploring Implications for Culture, Power and Language.: http://www.ibase.org.br/~esocius/t-gustav.html
Rötzer, Florian: Mobilisierung der Aufmerksamkeit. 1998. In: Telepolis.: http://www.heise.de/tp/deutsch/inhalt/buch/2022/1. html
Rubin, Brian: The Internet: Taking the streets to the Web. In: Hype. Monitoring the black image in the media.: http://afrikan.net/hype/gangs1.html
Smith, Alastair, G. : Fishing with New Nets: Maori Internet Information Resources and Implications of the Internet for Indigenous people. Vortrag gehalten auf der INET'97 Konferenz der Internet Society 1997 in Kuala Lumpur: http://www.isoc.org/inet97/proceedings/E1/E1_1.HTM
Werber Niels: Verarbeiten, Speichern, Koppeln. Zu Nikals Luhmanns verstreuten Bemerkungen über die Medien der Gesellschaft 1998. In: Telepolis.: http://www.heise.de/tp/deutsch/inhalt/buch/1271/1.html
Zakon, Robert 'Hobbes': Hobbes' Internet Timeline v3.3 1993-8. Ausgedruckt am 1. März 1998. http://www.isoc.org/guest/zakon/Internet/History/HIT.html

# Anhang I
## Der Fragebogen, deutsche Version

### 1. Demographische Daten

Wie alt sind Sie?

Geschlecht?

Welches ist der höchste von Ihnen erreichte Bildungsabschluß?

Welchen Beruf üben Sie zur Zeit aus?

In welchem Land leben Sie zur Zeit?

In welchem Land sind Sie geboren?

Welche Nationalität haben Sie?

Welcher ethnischen/kulturellen Gruppe würden Sie sich zuordnen?

Gibt es eine Kategorisierung durch Dritte, die von Ihrer Nationalität oder ethnischen/kulturellen Identität abweicht?

*Sind Sie oder Ihre Eltern eingewandert?*

| | | |
|---|---|---|
| *JA* | *O* | *wenn ja weiter mit 2.1-2.7* |
| *NEIN* | *O* | *wenn nein weiter mit 2.8 -2.12* |

### 2. Fragen zur Migration und zu inter-kulturellen Kontakten

*Diese Fragen beziehen sich auf den Status von Migranten im Gastland und Ihre eventuellen Kontakte zum Herkunftsland oder zu anderen Migranten.*

2.1 Warum leben Sie ausserhalb ihres Heimatlandes/Geburtslandes? (Zutreffendes bitte ankreuzen, Mehrfachnennungen sind möglich)

- Ich studiere im Ausland
- Ich arbeite im Ausland
- Ich bin politischer Flüchtling
- Ich bin Kriegsflüchtling
- Ich bin ausgewandert
- aus familiären Gruenden
- oder aus anderen Gruenden

2.2. Haben Sie Kontakte zu ihrem Heimatland?

ja O
nein O

Wenn ja:

2.3 Welcher Art sind diese Kontakte? (Mehrfachantworten sind möglich)

- familiär O
- beruflich O
- freundschaftlich O
- politisch O

2.4 Haben Sie Kontakte zu Leuten/Gruppen aus ihrem Heimatland, die in andere Länder als Sie selbst gewandert sind?

ja O
nein O

2.5 Pflegen Sie Kontakte zu anderen ethnischen/nationalen Gruppen in dem Land, in dem Sie leben?

ja O
nein O

wenn ja:

2.6 Welcher Art sind die Kontakte? (Mehrfachnennungen sind möglich)

- familiaer O
- beruflich O
- freundschaftlich O
- politisch O

2.7 Inwiefern beeinflusst Ihre ethnische Identität Ihr Leben in der 'fremden' Gesellschaft? Nennen Sie bitte höchstens 6 der für Sie wichtigsten Punkte.

*Wenn sie nicht in 1. oder 2. Generation in das Land eingewandert sind, in dem sie zur Zeit leben, beantworten sie bitte die Fragen 2.8 - 2.12.*

2.8 Haben sie Kontakt zu Menschen in anderen Ländern?
ja O
nein O

2.9 Welcher Art ist dieser Kontakt?

- familiär O
- beruflich O
- freundschaftlich O
- politisch O

2.10 Wo leben diese Menschen?

-in ihrem eigenen Geburtsland? O
-in anderen Ländern: O
und zwar in:

2.11 Wie halten Sie Kontakt zu diesen Menschen? (Mehrfachnennungen sind möglich)

- per Telephon O
- per Briefkontakt O
- über persönliche Besuche O
- über Dritte O
- per Internet O
- andere: O

2.12 Welche Rolle spielt das Internet dabei?
Nennen Sie bitte maximal die 5 für Sie wichtigsten Punkte.

**3. Internet und kulturelle Identität?**

*Dieser Fragenkomplex behandelt die Nutzung des Internets im Zusammenhang mit kultureller / ethnischer Identität. In einem ersten Abschnitt geht es eher um ein allgemeines Nutzungsverhalten und Ihre Einschätzung der Wirksamkeit des Mediums; in einem weiteren Teil dann um Ihre persönlichen Interessen und eine damit verbundene Nutzung des Internets.*

3.1 Welcher Art ist ihr Internet-Provider?
-kommerziell O
-nicht kommerziell O

3.2 Welche Dienste umfasst der Zugang?

- WWW O
- Netnews O
- e-mail O
- ftp O
- andere: O

3.3 Was kostet ihr Internetzugang durchschnittlich im Monat?

3.4 Gab es Schwierigkeiten einen Zugang zu erhalten? Wenn ja, welche?
3.5 Welche Dienste nutzen Sie hauptsächlich?

| | sehr viel - | mässig viel - | wenig - | gar nicht |
|---|---|---|---|---|
| -WWW | O | O | O | O |
| -Netnews | O | O | O | O |
| -Email | O | O | O | O |
| -Ftp | O | O | O | O |
| -andere | O | O | O | O |

und zwar:

*Die nächsten Fragen beziehen sich auf Ihre Einschätzung der Inhalte auf dem Internet.*

3.6 Welche Inhalte auf dem Internet interessieren Sie besonders? Nennen Sie bitte die 4 wichtigsten.

3.7 Kennen sie Internetressourcen, die sich mit ethnischen/kulturellen Themen beschäftigen? Nennen Sie bitte maximal 5.

3.8 Wie häufig nutzen Sie diese Ressourcen in in folgender Form?

| | sehr häufig - | weniger häufig - | wenig - | gar nicht |
|---|---|---|---|---|
| -Netnews | O | O | O | O |
| -Mailing-Listen | O | O | O | O |
| -WWW-Seiten | O | O | O | O |
| -FIDO-Net | O | O | O | O |
| -Gopher | O | O | O | O |

3.9 Welches ist die fuer Sie bevorzugte Form fuer eine Beschäftigung mit ethnischen/kulturellen Themen?
Nennen Sie bitte die Form und ihre 4 wichtigsten Vorteile.

3.10 Wie sinnvoll halten Sie solche Ressourcen, die Informationen zu ethnischen/kulturellen Gruppen geben.?

sehr sinnvoll - mässig sinnvoll - wenig sinnvoll - gar nicht sinnvoll

O O O O

3.11 Wie geeignet halten Sie das Internet zur Loesung von ethnischen /kulturellen Konflikten?

Sehr geeignet - mässig geeignet - wenig geeignet - gar nicht geeignet

O O O O

*Jetzt kommen verschiedene Fragen, die sich mit Ihren persönlichen Interessen und einer damit verbundenen Nutzung des Internets beschäftigen.*

3.12 Nutzen Sie solche Internetressourcen, die Ihre eigene ethnische/kulturelle Identität zum Thema haben?

ja O
nein O

3.13 Was sind die Inhalte der Informationen, die über diese Internetessourcen ausgetauscht werden? Nennen Sie bitte maximal 6.

3.14 Unterscheiden sich diese Inhalte von denen ausserhalb des Internets (in Bezug auf die ethnische/kulturelle/nationale Gruppe)? Nennen Sie bitte die 5 wichtigsten Unterschiede.

3.15 Welchen Stellenwert hat Ihre kulturelle Identität in Ihrem Leben?

sehr wichtig - mässig wichtig - weniger wichtig - nicht wichtig

O O O O

3.16 Wie wuerden Sie die Darstellung ihrer eigenen ethnischen/ kulturellen/ nationalen Gruppe auf dem Internet bewerten?

Die Darstellung ist...

| | sehr - | mässig - | wenig - | nicht |
|---|---|---|---|---|
| -repräsentativ | O | O | O | O |
| -stereotypisiert | O | O | O | O |
| -verfälscht | O | O | O | O |
| -umfangreich | O | O | O | O |
| -ausschnitthaft | O | O | O | O |
| -differenziert | O | O | O | O |

*Die nächsten Fragen beziehen sich auf allgemeingesellschaftliche Themen und Inhalte.*

3.17 Welche politischen, gesellschaftlichen oder kulturellen Themen interessieren Sie persönlich? Nennen Sie bitte maximal die 5 für Sie wichtigsten Themen

3.18 Finden Sie Informationen dazu auf dem Internet?

ja O
nein O

3.19 Finden sie diese Informationen zufriedenstellend?

ja O
nein O
wenn nein, bitte nennen Sie maximal 5 Gruende

3.20 Wie haeufig nutzen Sie andere Informationsquellen ausser dem Internet?

| | sehr häufig - | weniger häufig - | wenig - | gar nicht |
|---|---|---|---|---|
| -Radio | O | O | O | O |
| -Fernsehen | O | O | O | O |
| -Zeitung | O | O | O | O |
| -Zeitschriften | O | O | O | O |
| -Flugblätter | O | O | O | O |
| -Andere | O | O | O | O |

3.21 Sind Sie in irgendeiner Weise politisch oder sozial engagiert?

ja O
nein O

3.22 Welches Gebiet/Welcher Art?

3.23 Nutzen Sie das Internet für dieses Engagement?

ja O
nein O

3.24 Wenn Sie das Internet für diese Aktivitäten nutzen, nennen Sie bitte Ihre naximal 5 wichtigsten Gründe.

## 4. Einschätzung von Aussagen

*An dieser Stelle sollen Sie eine Reihe von Aussagen bewerten. Es handelt sich um Aussagen, die im Zusammenhang von Informations- und Weltgesellschaft sowie dem Internet an verschiedenen Stelle geäußert wurden, z.B. in Artikeln zu den Folgen des Internets oder in politischen Programmen.*
*Geben Sie jeweils den Wert an, der Ihrer Einschätzung am ehesten entspricht.*

*Beispiel:*
*stimme zu - stimme mässig zu - stimme wenig zu - stimme nicht zu*
*1 2 3 4*
*z.B.:*
*'Auf dem Internet kann man viel Geld verdienen.' - 2 (=stimme mässig zu)*

1.Das Internet foerdert inter-kulturelle Kommunikation.
2. Das Internet kann zur Lösung ethnischer/nationaler Konflikte beitragen.
3. Mit dem Internet entstehen neue Gemeinschaften, die die bisherigen ersetzen werden
4. Der Nationalstaat spielt im Internet keine Rolle mehr.
5. Der Nationalstaat spielt in einer Weltgesellschaft keine Rolle mehr.
6. Das Internet stärkt die kulturelle/ethnische Identität.
7. Das Internet fördert die Aufsplitterung der Gesellschaft.
8. Das Internet verhilft zu mehr Demokratie.
9. Durch das Internet und andere Kommunikationsmittel werden wirtschaftliche, soziale und politische Ungleichheiten zwischen 1. und 3. Welt abgebaut.
10. Das 'globale Dorf' macht Regierungen und Staaten ueberflüssig.
11. Technologie ist die Ursache für gesellschaftliche Veränderungen.
12. Das Internet ist ein Werkzeug, nicht Selbstzweck.
13. In den letzten Jahren haben sich weltweit die Lebensstile und kulturellen/ethnische Identitäten angeglichen.
14. Das Internet fördert kulturelle/ethnische Abkapselung.
15. Das Internet vermischt kulturelle Identitäten.
16. Die Kommunikationstechnologie beeinflußt die kulturelle Identität.
17. Das Internet ist gut für die Gesellschaft.
18. Das Internet ist schlecht für die Gesellschaft.
19. Das Internet vereinfacht Informationssuche und erhöht damit das individuelle Wissen.

**5. Fragen zu Weltgesellschaft und Ethnizität**

*Der letzte Fragenkomplex beschäftigt sich mit Ihren persönlichen Einschätzungen und Einstellungen zu kultureller Identität und Weltgesellschaft. Es kommt hierbei wesentlich auf Ihre ganz persönliche Meinung an. Antworten Sie bitte in Stichworten soweit dieses möglich ist.*

5.1 Nennen Sie die 5 für Sie wichtigsten Assoziationen im Zusammenhang mit dem 'globalen Dorf'.

5.2 Nennen Sie die 5 für Sie wichtigsten weltpolitischen Probleme.

5.3 Was definiert für Sie die kulturelle/ethnische Identität eines Menschen? (Nennen Sie bitte maximal 5 Punkte)

5.4 Was ist für sie persönlich am wichtigsten für ihre kulturelle/ethnische Identität? (Nennen Sie bitte maximal 5 Punkte)

5.5 Was sind die für Sie bedeutsamsten Veränderungen, die durch die Informationsgesellschaft hervorgerufen werden? (Nennen Sie bitte maximal 5 Punkte)

5.6 Welche politischen, kulturellen oder sozialen Veränderungen trauen Sie dem Internet zu? (Nennen Sie bitte maximal 5 Punkte)

*Ich danke Ihnen für ihre Zeit und die Hilfe bei meiner Untersuchung.*

*Wenn sie an den Ergebnissen interessiert sind und/oder eventuell bereitstehen würden für Fragen, die sich erst aus der Auswertung der Fragebögen ergeben könnten, geben Sie es bitte hier an.*

*JA O, dann wird Ihre e-mail Adresse separat aufbewahrt*
*NEIN O, dann wird Ihre e-mail Adresse vollständig gelöscht*

# Anhang II

## A. Demographische Daten der IKI-Untersuchung

### In welchem Land leben Sie?

Argentinien
Australien
Belgien
Bermudas
Brasilien
Canada
Costa Rica
Deutschland
England
Finnland
Frankreich
Italien
Kroatien
Kuwait
Neuseeland
Niederlande
Österreich
Schweiz
Schweden
Türkei
Ungarn
USA

### In welchem Land sind Sie geboren?

Agentinien
Australien
Bermudas
Brasilien
Canada
Costa Rica
Cuba
DDR
Deutschland
Finnland
Frankreich
Indien
Indonesien
Israel
Kroatien
Marokko
Mexico
Neuseeland
Niederlande
Österreich
Schweiz
Schweden
Türkei
UK
USA
Vietnam

### Nationalität

Argentinien
Australien
Brasilien
Britisch
Canada
Costa Rica
Deutschland
Finnland
Frankreich
Indonesien
Indien
Israel
Italien
Kroatisch
Marokko
Mexico
Neuseeland
Niederländisch(Dutch)
Österreich
Peru
Schweden
Schweiz
Türkei
USA

## Selbstzugeschriebene ethnische Gruppe

*(Aufgeführt sind hier alle genannten Kategorien. Für die Analyse wurden bei Doppelnennungen jedoch nur die erstgenannten verwendet, so daß hier mehr aufgelistet sind, als in Kapitel 7.1.)*

Alpenslaven
American-indian
amerikanisch
Angelsachse
Araber
Argentinisch
Asiatisch
Australier
Berber
Bisexual female
Black
Canada
Caucasian
Celtic
Deutsch
Dutch (Holländisch)
Europäer
Französisch
Französisch-Canadisch
Gay/homosexuell
Germanisch
Global
Gringo
Hispanic
Indisch
Irish-american
Israeli
Jüdisch
Kroatisch
Lateinamerikanisch
Lateiner
Mittelklasse
New Zeelander/Pakeah
Nordeuropäer
Österreichisch
Pennsylvannia German
Polnisch
Schwedisch sprechender Finne
WASP
Weiß/white

## Weitere Kategorie durch Dritte.

*(Die häufigste Antwort auf diese Frage war 'ja' oder nein'; nur wenige nannten tatsächlich auch die verwendeten Bezeichnungen. Daher sind hier nur vier aufgeführt.)*

Amerikaner
Asian/asiatisch
Cherokee
jüdisch

## 'Regionale' Einteilung der ethnischen Kategorien

*(Diese Einteilung ist ein Resample basierend auf den genannten ethnischen Kategorien)*

Europäisch
Asiatisch / Naher Osten
Lateinamerikanisch
Nordamerikanisch
Australien / Neuseeland
Überregional / cosmopolitsich
Gay / lesbian
Keine

## B. Kategorien der offenen Fragen

**Frage 2.7:** Inwiefern beeinflußt Ihre ethnische Identität Ihr Leben in der 'fremden' Gesellschaft ?

- Benachteiligung bei der Arbeit
- Mangel an kulturellem Wissen der fremden Kultur
- Diskriminierung /Rassismus
- Sprachkompetenz
- Isolation
- Fehlen der eigenen Gruppe - Netzwerke
- Fehlen der eigenen Kultur - Essen, Musik etc.
- Schwierigkeiten bei der Anpassung
- Kulturelle Unterschiede
- Bereicherung des Lebens / Herausforderung
- Besseres Verstehen von 'Anderen'/Fremden
- Gesteigertes Interesse an Politik
- Guten Kontakt zu Anderen Migranten
- Andere

**Frage 2.12:** Welche Rolle spielt das Internet dabei?

- Billig
- Schnell
- Unkompliziert
- Informell
- Umfangreiche Dienste
- Email für einen schnellen, asynchronen Austausch
- Ständige, ortsungebundene Erreichbarkeit
- Viele Informationen leicht zugänglich
- Kontakt halten mit Freunden und Verwandten weltweit
- Zum Freunde machen weltweit
- Austausch von Informationen
- Treffen von Gleichgesinnten
- Andere

**Frage 3.4:** Gab es Schwierigkeiten einen Zugang zu erhalten? Wenn ja, welche?

- Infrastrukturprobleme - allgemeine Anbindung
- Technische Probleme - Hardware
- Zugangsprobleme

**Frage 3.6:** Welche Inhalte auf dem Internet interessieren Sie besonders? *(die Zahlen in Klammern verweisen auf die Zuordnung des jeweiligen Punktes im Resample unter 3.6.2)*

- Allgemeine Informationen (7)
- Bildungsinformationen (8)
- Freizeit (3)
- Kommerzielle Informationen (6)
- Nachrichten (5)
- *Netnews/Email /Mailing*-Listen - Austausch (1)
- Online Journale (1)
- Politische Informationen/Dokumentationen (2)
- Professionelle Informationen (2)
- regionale Informationen (7)
- Software/Computer Informationen (3)
- spezielle Informationen - (z.B. sexuelle Orientierung, Hobbies) (2)
- Sport (3)
- Suchmaschinen (4)
- Andere (15)

### 3.6.2 (Resample)

1. Austausch
2. Politische/gesellschaftliche Informationen
3. Freizeit
4. Suche
5. News
6. Wirtschaft
7. Sonstige Infos
8. Bildungs- und Wissenschaftsinformationen
15. Andere

**Frage 3.7:** Kennen Sie Internetressourcen, die sich mit ethnischen/kulturellen Themen beschäftigen?

- spezielle *Mailing*-Listen (ML) - *ethnic*
- spezielle WWW Seiten - *ethnic*
- ML -spezielle Interessen (*gay/lesbian*)
- WWW - spezielle Interessen (*gay/lesbians*)
- ML- wissenschaftliche Quellen zu Gruppen
- WWW - wissenschaftliche Quellen zu Gruppen
- ML - Andere Informationen
- WWW - Andere Informationen
- *Clearinghouses*/Kataloge
- Andere

**Frage 3.9:** Welches ist die bevorzugte Form für eine Beschäftigung mit ethnischen/kulturellen Themen?

**Form:**

- *Email/ Mailing*-Listen
- *Gopher*
- *Netnews*
- WWW
- Andere

**Vorteile der Form:**

- Aktualität
- Angebotsbreite
- Angebotspalette
- Austausch / Gemeinschaft
- Billig
- Fokussiert
- Geschwindigkeit
- Handhabbarkeit
- *Links*
- Meinungsvielfalt
- *Push*-Faktor
- Suchmaschinen
- Visualität
- Zugang ist leicht
- Andere

**Frage 3.13:** Was sind die Inhalte der Informationen, die über diese Ressourcen ausgetauscht werden?

- Allgemeine Informationen
- Alternative Informationen und Nachrichten
- Austausch und Anschluß
- Gruppenspezifische Informationen (Geschichte, Veranstaltungen etc.)
- Informationen zum Herkunftsland
- Kulturelle Informationen
- Nachrichten (*news*)
- Nachrichten aus der 'Heimat'
- Politische und gesellschaftliche Informationen
- Sport
- Unterstützung und Solidarität
- Wissenschafts- und Bildungsinformationen
- Andere

**Frage 3.14:** Unterscheiden sich diese Inhalte von denen außerhalb des Internets (in bezug auf die ethnische / kulturelle / nationale Gruppe)?
*(Die Ergänzungen positiv, neutral, negativ, andere, keine hinter den Kategorien weisen auf die Zuordnung beim Resample dieser Punkte hin.)*

| | |
|---|---|
| - eher global als lokal nutzbar | neutral |
| - ehrlicher und offener | positiv |
| - eingeschränkter | negativ |
| - größere Meinungsvielfalt | positiv |
| - keine Unterschiede | keine |
| - leichter und besser zugänglich | positiv |
| - mehr Gleichgesinnte auf dem Internet | positiv |
| - mehr Austausch mit Anderen | positiv |
| - schneller | positiv |
| - sicherer, weil anonymer | positiv |
| - spezifischer | positiv |
| - unpersönlicher | negativ |
| - Andere | andere |

**Frage 3.17:** Welche politischen, gesellschaftlichen oder kulturellen Themen interessieren Sie persönlich?

- Arbeit
- Bildung
- Entwicklungsfragen
- Frauenthemen
- gesellschaftspolitische Themen
- Globalisierung
- Internet
- Konflikt und Friedensthemen
- Kultur
- Menschenrechte
- Migrations- und Ethnizitätsthemen
- Musik
- Politik (verschiedene Bereiche)
- regionale Themen
- Religion
- Sexualität und Geschlechterfragen
- Sport
- Umwelt
- Wirtschaft
- Wissenschaftliche Forschung (natur- und geisteswissenschaftlich)
- Andere

**Frage 3.19:** Finden Sie diese Informationen zufriedenstellend? Wenn nein, warum nicht?

- Mangel an Informationen zu einem Thema oder Region
- Problematische Zugangsmöglichkeiten
- Veraltete Websites
- Zu neu
- Zu niedriges Niveau

- Zu oberflächlich (zu wenig *full text*)
- Zu viel Informationen
- Zu viel Propaganda
- Zu viel Rauschen
- Andere

**Frage 3.22:** Welches Gebiet/Welcher Art (des politischen/sozialen Engagements)?

- Anti-Rassismus/Diskriminierung
- Bildungsbereich
- Hilfsorganisationen
- Politisch
- Religiös
- Sexuelle Orientierung
- Sozial
- Andere

**Frage 3.24:** Wenn Sie das Internet für diese Aktivitäten nutzen, nennen Sie bitte Ihre max. 5 wichtigsten Gründe.

- Aktualität
- Anonymität
- Austausch
- Austausch mit Gleichgesinnten
- Billig
- Meinungsvielfalt
- Ohne Kontrolle
- Reichweite
- Schnelligkeit der Informationsbeschaffung
- Unkompliziert
- Verfügbarkeit der Informationen
- Andere

**Frage 5.1:** Nennen Sie die 5 für Sie wichtigsten Assoziationen im Zusammenhang mit dem 'globalen Dorf'.

*(Die Ergänzungen positiv, neutral, negativ, Andere, hinter den Kategorien weisen auf die Zuordnung beim Resample dieser Punkte hin.)*

| | |
|---|---|
| - Andere Organisationen | neutral |
| - EU | neutral |
| - Fiktion/Utopie | negativ |
| - Frieden und Verständnis | positiv |
| - Gefahr für die Kultur | negativ |
| - Gemeinschaft | positiv |
| - Gleichheit | positiv |
| - global/Weltgesellschaft | neutral |
| - Informationsfreiheit | positiv |
| - Kapitalismus | neutral |
| - Keine Grenzen | positiv |
| - Kommunikation | neutral |
| - Konflikt | negativ |
| - Kulturverständnis | positiv |
| - McLuhan | neutral |
| - Medienkonzerne | neutral |
| - NATO | neutral |
| - Privilegierte Gruppen | negativ |
| - Telekommunikation | neutral |
| - UN | neutral |
| - Vernetzung | positiv |
| - Vielfalt | positiv |
| - Westlicher Imperativ | negativ |
| - Zusamenarbeit | positiv |
| - Andere | andere |

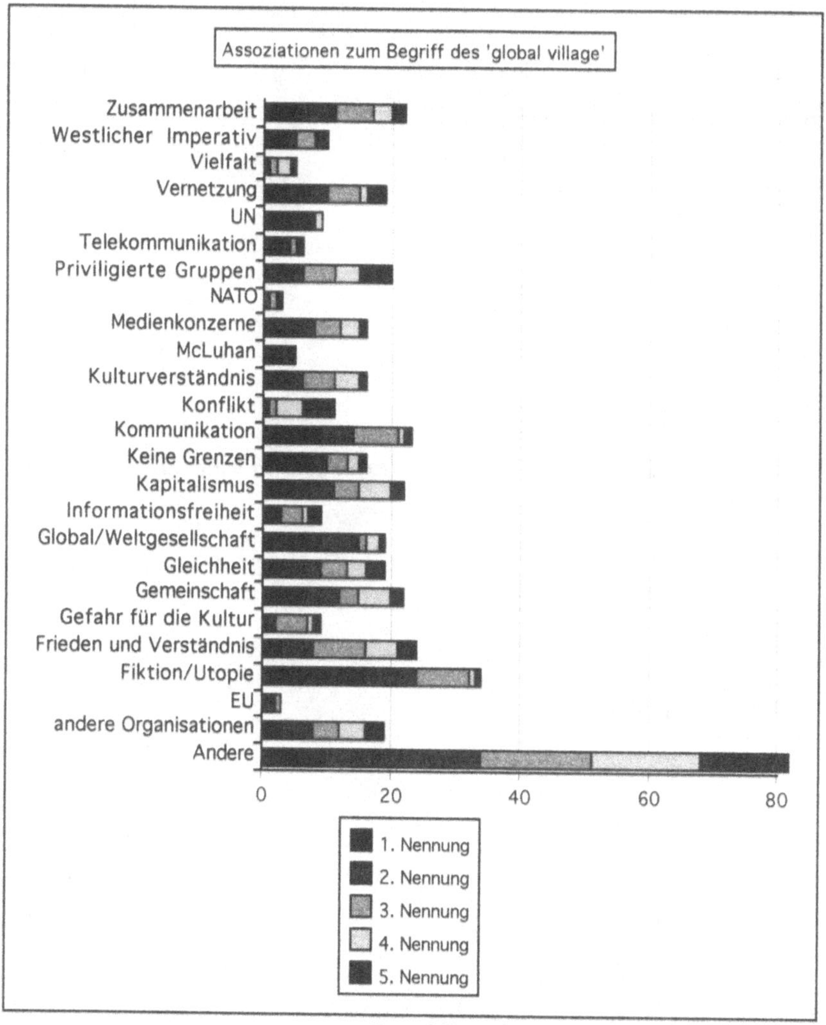


**Graphik 7**

**Frage 5.2:** Nennen Sie die 5 für Sie wichtigsten weltpolitischen Probleme.

- Angst
- Armut
- Ausbeutung
- Bildungsmangel
- Gesundheit
- Gewalt/Kriege/Konflikte

- Gier/Korruption
- Globalisierung
- Hunger
- Ideologien
- Internationale Organisationen
- Kapitalismus/TNC's
- Mangel an Demokratie
- Mangel an Respekt vor dem Anderen
- Menschenrechte
- Nationalstaaten
- Probleme der 3. Welt
- Rassismus/Diskriminierung
- Überbevölkerung
- Überheblichkeit
- Umwelt
- Ungleichheit
- Andere

**Frage 5.3:** Was definiert für Sie die kulturelle/ethnische Identität eines Menschen?

- Alltag
- Bildung
- Biologie, Erscheinung (Hautfarbe)
- Fremdzuschreibung
- Geschlecht
- Herkunft (historisch)
- Herkunft(räumlich)
- Kindheit und Jugend
- Lebensumfeld
- Medien
- Mythen und Erzählungen (Kultur)
- Persönliche Erfahrungen
- Religion
- Selbstzuschreibung
- Sprache
- Verhältnis zu Anderen
- Werte und Normen
- Andere

**Frage 5.4:** Was ist für Sie persönlich am wichtigsten für <u>Ihre</u> kulturelle/ethnische Identität?

- Alltag
- Freiheit
- Fremdzuschreibungen
- Geschlecht/sexuelle Orientierung
- Herkunft (geographisch)
- Herkunft (historisch)
- Ikonen
- Kindheit/Jugend
- Kultur
- Nationalität/nationaler Status

- Persönliche Erfahrungen
- Religion
- Selbstzuschreibungen
- Sprache
- Traditionen
- Verhältnis zu Anderen Gruppen
- Vorfahren
- Weltanschauung
- Wirtschaftliche Situation
- Andere

**Frage 5.5:** Was sind die für Sie bedeutsamsten Veränderungen. die durch die Informationsgesellschaft hervorgerufen werden?

- Abbau von Grenzen
- Art der Kommunikation
- beserer Austausch mit Gleichgesinnten
- Bessere/schnellere Informationsverteilung
- Email ersetzt die Post
- Gefahr der Fälschung von Informationen
- globale Wahrnehmung durch die Menschen
- Globalisierung
- Information als Handelsware
- Information ist nicht gleich Wissen
- Macht aufgrund von Informationen
- Mehr Demokratie
- Sprachen werden sich mehr und mehr vermischen
- Technikabhängigkeit
- Trennung der Gesellschaft in *online* und *offline/have und have-nots*
- Unterstützung Benachteiligter durch die Technologie
- Veränderung des Wirtschaftslebens
- Veränderungen der Arbeit und des Arbeitsmarktes
- Verbessertes Lernen und Verstehen des 'Anderen'
- Verbesserung des Wissens und der Wissenschaft
- Verlust persönlicher Kommunikation
- Virtualisierung der Welt
- Weltweiter Austausch von Informationen und Ideen
- Weniger staatliche Kontrollen
- Zusammenkommen der Länder und Menschen
- Zuviele Informationen (Informationsflut)
- erhöhter kultureller Kontakt
- Informationsgesellschaft ist Rethorik und Semantik
- Bildungschance
- Verlust von Wissen
- Verlust von eigenständigem Denken
- Dominanz der USA und ihrer Kultur
- Keine
- Andere

**Frage 5.6:** Welche Veränderungen trauen Sie dem Internet zu?

- Bringt unterschiedliche Menschen zusammen
- Erhöht Demokratie
- Alternative Informationen können verbreitet und diskutiert werden
- Weltweite Verständigung
- Jeder kann an Informationen herankommen
- Wegfall von Klassenschranken
- Vereinsamung der Menschen
- Fragmentierung von Gesellschaft
- Interkulturelles Verständnis
- Ungleichheiten bestehen durch Internet weiter
- Verlust persönlicher Kommunikation
- Mehr Falschinformationen
- Mehr Wissen über amdere Länder und Menschen
- Mehr sozialer Wandel durch das Internet
- Verbesserte globale Wahrnehmung
- Vermehrter Austausch zwischen Menschen
- Verbesserter Zugang zu Bibliotheken etc.
- Schnellerer und billigere Informationen
- Das Ende totalitärer Herrschaften
- Weicht Grenzen auf
- Zuviel Informationen
- Veränderung von Beziehungen zwischen Mensch und Gesellschaft
- Überwachungsstaat
- Dominanz des Englischen
- Gemeinschaften sind nicht mehr nur geographisch organisiert
- Mehr Wissen ist zugänglich
- Mehr Bildung

# Sach- und Personenindex

## SOZIOLOGIE UND ANTHROPOLOGIE

Herausgeber: Prof. Dr. Christian Sigrist

Band 1 Dimitris Charalambis: Gesellschaftliche Klassen, politische Krise und Abhängigkeit. Die politischen Strategien der herrschenden Klasse in Griechenland und die innerbürgerlichen Widersprüche (1952 - 1974). 1980.

Band 2 Hubert Kahl: Grundeigentümer, Bauern und Landarbeiter in Südeuropa. Vergleichende Studie zur Entwicklung landwirtschaftlicher Produktionsverhältnisse in Spanien, Portugal und Italien vom Mittelmeer bis in die Gegenwart. 1983.

Band 3 Gisela G. Geisler: Der Preis der Frauen. Wirtschaftsethnologische Untersuchungen zum Brautpreis in Afrika. 1985.

Band 4 S. Djalal Madani: Iranische Politik und Drittes Reich. 1986.

Band 5 Ursula Schneider: Land ist unser Leben. Galiläische Dörfer im Nahostkonflikt Ibillin-Mi ilya-Al-Ğiš. 1987.

Band 6 Christian Sigrist: Das Rußlandbild des Marquis de Custine. Von der Civilisationskritik zur Rußlandfeindlichkeit. 1990.

Band 7 Şahizer Aydın: Gesellschaftsbilder in der türkischen Literatur von 1983 bis 1987. 1991.

Band 8 Artur Kalnins: Kapverdeaner zwischen Hamburg und Kap Verde. Emigration, Heimaten, Identität und soziale Wirklichkeit. 1991.

Band 9 Volker Riehl: Natur und Gemeinschaft. Sozialanthropologische Untersuchungen zur Gleichheit bei den Tallensi in Nordghana. 1993.

Band 10 Isabel Alves-Duarte: Auswirkungen der EG-Integration auf Struktur und Funktionsweise des fragmentierten Arbeitsmarktes in Portugal. 1994.

Band 11 Nils Zurawski: Virtuelle Ethnizität. Studien zu Identität, Kultur und Internet. 2000.

FSC
www.fsc.org
MIX
Papier | Fördert
gute Waldnutzung
FSC® C083411

Kolibri 360 GmbH
Ferdinand-Jühlke-Straße 7
99095 Erfurt, Deutschland
produktsicherheit@kolibri360.de

Druck:
CPI Druckdienstleistungen GmbH
im Auftrag der
Kolibri 360 GmbH
Ferdinand-Jühlke-Str. 7
99095 Erfurt